中古中国视觉文化与物质文化
国际学术研讨会论文集

中央美术学院人文学院　编

李　军　主编

贺西林　副主编

GUANGXI NORMAL UNIVERSITY PRESS

广西师范大学出版社

·桂林·

中古中国视觉文化与物质文化国际学术研讨会论文集

ZHONG GU ZHONG GUO SHI JUE WEN HUA YU WU ZHI WEN HUA

GUO JI XUE SHU YAN TAO HUI LUN WEN JI

出 版 人：黄轩庄
出版统筹：冯　波
责任编辑：谢　赫
助理编辑：张尧钦
营销编辑：李迪斐　陈　芳
责任技编：王增元
装帧设计：洪　诚

图书在版编目（CIP）数据

中古中国视觉文化与物质文化国际学术研讨会论文集/
中央美术学院人文学院编. -- 桂林：广西师范大学出版
社，2024.3
　　ISBN 978-7-5598-6807-7

　　Ⅰ．①中… Ⅱ．①中… Ⅲ．①视觉艺术－中国－古
代－文集②文化史－中国－古代－文集 Ⅳ．①J06-53
②K220.3-53

　　中国国家版本馆 CIP 数据核字（2024）第 020195 号

广西师范大学出版社出版发行

（广西桂林市五里店路 9 号　邮政编码：541004 ）
　网址：http://www.bbtpress.com
出版人：黄轩庄
全国新华书店经销
广西广大印务有限责任公司印刷
（桂林市临桂区秧塘工业园西城大道北侧广西师范大学出版社
集团有限公司创意产业园内　邮政编码：541199）
开本：787 mm × 1 092 mm　1/16
印张：22.75　　　　字数：395 千
2024 年 3 月第 1 版　　2024 年 3 月第 1 次印刷
定价：148.00 元

目 录

第一章
考古新发现

太原地区唐墓"树下人物图"之管见

龙　真（太原市文物保护研究院）

古人事死如事生，因而陵墓的建筑形制和随葬品均仿照生时修建和制造，此乃历代之流俗。因地域不同，墓葬涉及的文化内涵也不尽相同。西安和太原是出土唐墓"树下人物图"最集中的两个地区，两地的图像既有联系也有区别。太原地区唐墓"树下人物图"发现早、数量多，但内容难以识读，因而引起研究者极大关注，有学者称之为"太原模式"[1]。众多学者各显所长，但言人人殊，迄无定论。

目前，太原地区已经发掘的唐代壁画墓有20余座，全部带有"树下人物图"。其中，保存较好、资料较为完整的有17座，有确切纪年的6座，分别是赵澄墓（696）、郭行墓（700）、赫连山墓（727）、赫连简墓（727）、温神智墓（730）和乱石滩□范墓（736）。另有龙山火葬场唐墓，由于墓志（砖质）文字漫漶，依稀可辨是开元年间。纪年墓以开元年间（713—741）最多，没有纪年的墓葬，发掘者也大多将年代推定在初唐至中唐。（见附表一）

近年来，太原地区发掘了一批绘画水平较高且保存较好的带有"树下人物图"的唐墓，为这一题材的研究提供了新材料。笔者不揣浅陋，做些粗浅探讨，以就教于方家。

一、"树下人物"可能是墓主人

一般认为，屏风画"树下人物图"仅作为棺床上的一种装饰，内容为高士图、

1　王炜、张丹华、冯钢：《赫连山、赫连简墓壁画的绘制、描润与配置——兼谈唐代壁画墓的"太原模式"》，《文物》2019年第8期，第1、68—75页。

孝子图，也有一些学者认为与道家修炼有关，但笔者以为，"树下人物图"有可能是将墓主形象代入人们熟悉的典故中以宣扬墓主道德高尚，类似于现今的角色扮演。这样做的好处是，在有限的空间内不需要任何歌功颂德的语言就可以把墓主人的德行表达得淋漓尽致，正如墓志铭中的"溢美之词"。我们可以将"树下人物图"理解为"溢美之图"，其与高士图、孝子图之说并不冲突，可以理解为墓主之德堪比某孝子、胜似某高士。

屏风画"树下人物图"位于整个墓室的主位，是墓葬壁画中最核心的部分，而这一位置通常为墓主画像之所在。墓室中出现墓主画像自古有之，也是历代墓葬壁画较为流行的题材，此点无需赘述，但为何到了唐代，墓主画像这一题材"不再流行"？纵观历史，也仅仅在唐代"不流行"，这一现象值得反思。

《宣和画谱》记："画明皇者，不知仪范伟丽，有非常之表，但止于秀目长须之态而已，又恐览者不能辨，则制衣服冠巾以别之。此众人所能者，不足道也。"[1] "恐览者不能辨"是画师的心态，"制衣服冠巾以别之"则是画师常用的手法，也是众人之所能。再看太原地区"树下人物图"中的人物，服饰、样貌基本一致，大有画师恐览者误辨而"制衣服冠巾以同之"的意味。所以屏风画中的人物很可能是同一个人，此人为墓主人的可能性最大。再看南朝模印砖壁画"竹林七贤与荣启期图"，八位贤士神态各异，样貌、服饰也有区别，作者还借助不同的道具，力求刻画出每个人物的特点，使观者能观其形而知其名，辨识度越高越能体现绘者的水平。尽管如此，绘者仍不自信，还要将诸贤名讳题于壁上。而太原地区"树下人物图"受限于篇幅，绘画内容简而又简，使观者难解其意，即便如此也绝无榜题，恐怕是刻意为之。贺西林认为，"榜题的缺位，或许是有意淡化和消解壁画的具体内容和故事情节"[2]。榜题的作用在于凸显典故中主人公的身份，如此标注，虽易于观者辨别典故，但也会影响对墓主人身份内涵的理解。所以，没有榜题，或是出于弱化典故中的主人公，而融入墓主身份的目的。

这些唐墓中，可以确定墓主身份的多为处士或有勋爵无实职的开国元从。这一阶层喜欢标榜自己的淡泊名利，喜欢将自己与德高又不出仕的高士相提并论，"溢美之图"可能也是墓主未竟诉求的一种表达。

1　〔宋〕《宣和画谱》卷五，人民美术出版社，2017，第 105 页。

2　贺西林：《道德再现与政治表达——唐燕妃墓、李勣墓屏风壁画相关问题的讨论》，载《读图观史：考古发现与汉唐视觉文化研究》，北京大学出版社，2022，第 110 页。

二、"树下人物图"中的逻辑和理念

巫鸿认为："按照社会考古学的空间理论，墓葬研究的目的是要发现墓葬设计、装饰和陈设中隐含的逻辑和理念。"[1]墓葬壁画作为一种特殊的绘画形式，脱离不了时代背景和社会风俗。在封建社会，上至天子，下到百姓，无不崇神信佛，士亦不能免。成汉开国皇帝李雄，"母罗氏死，雄信巫觋者之言，多有忌讳，至欲不葬"[2]。封建丧葬礼仪凸显的就是孝道，如果不遵守传统，那么会被视为不孝，被族人群起攻之。在这种社会风气下，不迷信的人也得考虑家族压力和社会舆论。这也导致很多平民为了厚葬父母而倾家荡产。

封建礼仪中，孝至关重要，儒释道都将孝摆在极为重要的位置。"《孝经》者，百行之宗，五教之要。"[3]"子曰：夫孝，德之本也。"[4]"子曰：夫孝，天之经也，地之义也，民之行也。"[5]更重要的是，"孝悌之至，通于神明，光于四海，无所不通"[6]。孝是儒家道德的基础，以孝感动天则是其最高境界。

佛教也将孝列为登极乐的首要条件。据《佛说观无量寿佛经》，"我今为汝广说众譬，亦令未来世一切凡夫，欲修净业者，得生西方极乐国土。欲生彼国者，当修三福：一者，孝养父母，奉事师长，慈心不杀，修十善业。二者，受持三归，具足众戒，不犯威仪。三者，发菩提心，深信因果，读诵大乘，劝进行者。"道教也是一样。《抱朴子》称："欲求仙者，要当以忠孝、和顺、仁信为本。若德行不修，而但务方术，皆不得长生也。"[7]佛、道在唐代对百姓的影响之深自不必说，而百姓求神拜佛只为求富贵、保平安、登极乐，所以"溢美之图"不仅是道德的标榜，可能也有墓主符合登极乐条件的含义。

汉魏至北朝，墓葬壁画中都有着较为浓重的升仙思想，及宋金，墓葬壁画则完全世俗化，而处于二者之间的唐墓壁画，必有承上启下的内涵。陈寅恪即认为："唐代之史可分前后两期，前期结束南北朝相承之旧局面，后期开启赵宋以降之

1　巫鸿：《东亚墓葬艺术反思：一个有关方法论的提案》，载《时空中的美术：巫鸿中国美术史文编二集》，生活·读书·新知三联书店，2021，第162页。

2　〔唐〕房玄龄等：《晋书》卷一二一，中华书局，1974，第3037页。

3　〔宋〕邢昺：《孝经注疏序》，载《孝经注疏》，中华书局，2000，第2页。

4　〔宋〕邢昺：《孝经注疏》卷一《开宗明义章第一》，第3页。

5　〔宋〕邢昺：《孝经注疏》卷三《三才章第七》，第22页。

6　〔宋〕邢昺：《孝经注疏》卷八《感应章第十六》，第60页。

7　王明：《抱朴子内篇校释》卷三，中华书局，1996，第53页。

新局面，关于政治社会经济者如此，关于文化学术者亦莫不如此。"[1] 太原地区"树下人物图"主要出现在初唐至中唐，这一时期应该更多地承袭北朝文化，这些歌功颂德的图案或许也隐含升仙思想。

胡适曾言："中国人民对于这类形而上的理论却并不感兴趣，在一般人心目中，佛教所以是一个伟大的宗教，因为它首先就告诉中国人有许多重天和很多层地狱；首先告诉中国人以新奇的轮回观念和同样新奇有关前世、今生和来世的善恶报应观念。"[2] 老百姓不会去研究精妙的佛法和宗教哲学，他们最关心的是如何能"升天"。对逝者来说，道教的仙界、佛教的极乐世界，都是令人向往的地方，只要能升仙，选择哪种信仰并不重要。而各个宗教升天、升仙的要求又很接近，也浅显易懂，并不需要深入研究。因此，我们不必以高深的宗教哲学来解释墓葬中的宗教元素，从民俗层面加以审视，或许更接近当时的实际情况。

北宋司马光曾言："世俗信葬师之说，既择年月日时，又择山水形势，以为子孙贫富贵贱，贤愚寿夭，尽系于此。"[3]《册府元龟》记载，后周太祖广顺二年（952）十一月丙午敕曰："古者立封树之制，定丧葬之期，著在典经，是为名教。洎乎世俗衰薄，风化陵迟，亲殁而多阙送终，身后而便为无主。或羁束于仕宦，或拘忌于阴阳，旅榇不归，遗骸何托？但以先王垂训，孝子因心，非以厚葬为贤，只以称家为礼。扫地而祭，尚可以告虔，负土成坟，所贵乎尽力。"[4]"拘忌于阴阳"出现于圣敕之中，阴阳在丧葬习俗中的地位可见一斑。

徐苹芳也曾指出："唐宋时代的墓葬形制和埋葬习俗，在很多地方都是根据当时的堪舆家所规定的制度来安排的，特别是在葬式、随葬明器、墓地的选择和墓区的地面建筑等方面，与堪舆术的关系极为密切。"[5] 太原出土的一些墓志中也有占筮之记载，如郭行墓志记："龟筮协允，宅兆馨宜，青乌集墓之辰，白鹤临茔之地。"温神智墓志记："改窆灵榇，龟筮协从。爰遵郭璞之占，远符陶侃之相。"这两座墓均绘有"树下人物图"。

墓葬对古人来说牵涉甚大，既是逝者灵魂的归宿，又是子孙后代"富贵、贫

1 陈寅恪：《论韩愈》，载《金明馆丛稿初编》，生活·读书·新知三联书店，2001，第 332 页。
2 胡适：《中国人思想中的不朽观念》，载《胡适全集》第八卷，安徽教育出版社，2003，第 172 页。
3 〔宋〕司马光：《司马氏书仪》卷七"卜宅兆葬日"条，商务印书馆，1936，第 75 页。
4 〔宋〕王若钦、杨亿等辑《册府元龟》卷一六〇《帝王部·革弊第二》，凤凰出版社，2006，第 1786 页。
5 徐苹芳：《唐宋墓葬中的"明器神煞"与"墓仪"制度——读〈大汉原陵秘葬经〉札记》，《考古》1963 年第 2 期，第 87—106 页。

贱、福祸"之所依，还能检验逝者子孙的孝心，孝顺与否更是关系到生者以后能否往生极乐。《大汉原陵秘藏经》中多有"亡者生天界，生者安吉大富贵""主生人安乐，亡者升天"的描述。阴阳葬师是丧葬活动的直接操办者，他们将《葬经》等书奉为经典，甚至秘而不宣，不过是为了神化其职业。然"葬师所有之书，人人异同，此以为吉，彼以为凶，争论纷纭，无时可决。其尸柩或寄僧寺，或委远方，至有终身不葬，或累世不葬，或子孙衰替，忘失处所，遂弃捐不葬者"[1]。可见阴阳葬师的水平并不高明，但大家仍然对他们言听计从。他们将亡者和生者的利益捆绑起来，这样更便于控制生者。程子和朱熹都曾感叹，时人治丧，"不以奉先为计，而专以利后为虑"[2]。

综上，墓葬壁画不仅是一种流行之物，更多的是出于迷信的讲究。墓葬壁画虽然是画师所作，但所画内容应该也是为了"生人安乐，亡者升天"而拘忌于阴阳的讲究，或遵从于葬师的意见。"树下人物图"要表达的中心思想可能是表明逝者可以升天往生极乐。这些图像寄托了子孙对亡者升天的期望，对逝者具有重要意义。

三、"树下人物图"未详典故试探

单独解释一幅或几幅图像相对简单，将其置于一个墓葬会得出很多言之有理的结论，但随着研究的深入，要想做出接近真相的释读，就要将其放在所有墓葬中进行整体考量，做横向、纵向比较之余，还要将研究成果放在不同的组合里加以验证。

太原地区的"树下人物图"，内容大多趋于程式化，有的内容甚至高度雷同，有的所运用的典故比较流行且容易辨识。从认同度较高的几个典故来看，王裒泣墓、孟宗哭竹宣扬的是孝，随侯受珠则是仁，与之并列的图像内容、内涵也应与仁、孝相类。这些图像在各个墓葬内又有不同的组合，重叠度较高，从整体考量的话，几乎所有图像都有一个共同的中心思想，从而形成整体的协调统一。这些图像极有可能是以孝为主、以传统的伦理道德为辅的图像组合。下面对未详典故的内容试做探讨。

---

1 〔宋〕司马光：《司马氏书仪》卷七"卜宅兆葬日"条，第75页。

2 〔宋〕朱熹、吕祖谦纂，张京华辑校《近思录集释》卷九，岳麓书社，2010，第771页。

（一）季札挂剑

焦化厂唐墓壁画（图1）中，人物手持宝剑，将剑柄伸向树枝，剑柄与剑格比较清晰，宝剑的特征很明显，可能是采用季札挂剑的典故。后人对季札推崇备至，孔子称赞季札为"至德"，季札挂剑的典故则可称为"至信"，信与仁、孝均为儒家道德，内涵相符。季札挂剑这一题材流传甚广，汉画像石中也有所表现。

图1　焦化厂唐墓壁画

图2　赤桥村唐墓

目前，仅太原焦化厂唐墓保存的该典故的图像比较清晰。赤桥村唐墓也有一幅类似的图像，发掘简报称："左手拿一器物，向上举起，指向树枝。"[1]（图2）因其临摹稿不甚清晰，故不深入探讨。

（二）王裒攀号

王裒是西晋著名的大孝子，广为后世推崇。《晋书·王裒传》记载："王裒字伟元，城阳营陵人也。……裒少立操尚，行己以礼，身长八尺四寸，容貌绝异，音声清亮，辞气雅正，博学多能，痛父非命，未尝西向而坐，示不臣朝廷也。于是隐居教授，三征七辟皆不就。庐于墓侧，旦夕常至墓所拜跪，攀柏悲号，涕泪著树，树为之枯。"[2]

攀号之典引用者甚繁，《南史·梁本纪下》："攀号之节，忍酷于逾年；定省之制，申情于木偶。"[3]《陈书·后主纪》："上天降祸，大行皇帝奄弃万国，攀号擗踊，无所迨及。"[4]刘禹锡《慰国哀表》："伏惟皇帝陛下，孝思至性，攀号罔极。"[5]欧阳修《英宗皇帝灵驾发引祭文》："臣以官守有职，不得攀号

1　太原市文物考古研究所：《山西太原晋源镇三座唐壁画墓》，《文物》2010年第7期，第40页。

2　〔唐〕房松龄等：《晋书》卷八八《王裒传》，第2277—2278页。

3　〔唐〕李延寿：《南史》卷八《梁本纪　下》，中华书局，2013，第251页。

4　〔唐〕姚思廉：《陈书》卷六《后主纪》，中华书局，2015，第105页。

5　〔清〕董诰等编：《全唐文》卷六〇〇《慰国哀表》，中华书局，2018，第6070页。

于道左，谨择顺天门外，恭陈薄奠，瞻望灵舆。"[1]此典亦多见于墓志中。咸通二年（861）《吴清墓志》：其子"攀号昼夜，泣血绝浆，人子之道备矣"[2]。永徽四年（653）《韩逻墓志》："诸子攀号，绝浆七日，苫庐枕块，泣血三年。"[3]山西襄垣出土的隋代《浩喆墓志》："逐得扇枕温床，冬夏无爽；昏定晨省，造次弗忘。既而风树不停，荼蓼奄至，寝苫茹痛，攀柏婴号。"[4]太原出土的开耀元年（681）《龙敏墓志》："援柏缠哀。"[5]太原出土的圣历三年（700）《郭行墓志》："嗣子怀道等情缠攀柏，思结寒泉，叩地靡依，号而罔极。"[6]

从壁画来看，金胜村 5 号墓中确有一幅"树上人物图"[7]（图 3），可能就是"攀号之典"，太原地区也仅此一幅。从单幅图像来看，人物不太美观，与其他站立的人物也不甚协调。如此作画，费力且不讨好。"攀号之典"太过著名，更换典故也非易事，因而导致画师对粉本的修改。（图 4）人物似乎也有攀爬的动作，可能是修改粉本后的图像。郭行墓（图 5）与焦化厂唐墓（图 4）极为相似，应为同一典故[8]。

图 3　金胜村 5 号墓　　　图 4　焦化厂唐墓　　　图 5　郭行墓

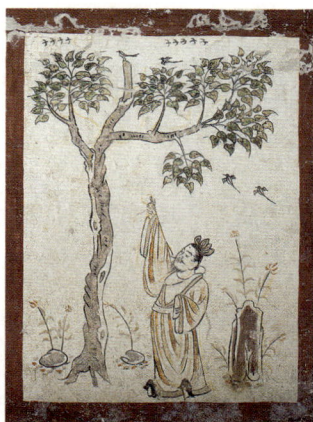

1　〔宋〕欧阳修：《欧阳修全集》卷五〇，世界书局，1936，第 341 页。
2　周绍良主编《唐代墓志汇编》，上海古籍出版社，1992，第 2388 页。
3　周绍良主编《唐代墓志汇编》，第 193 页。
4　襄垣县文物博物馆、山西省考古研究所：《山西襄垣隋代浩喆墓》，《文物》2004 年第 10 期，第 13、15 页。
5　太原市三晋文化研究会编《晋阳古刻选——隋唐五代墓志》，文物出版社，2013，第 92 页。
6　山西省考古研究院、太原市文物考古研究所：《山西太原唐代郭行墓发掘简报》，《考古与文物》2020 年第 5 期，第 56 页。
7　原简报中称"一老人在树杈之间"，故此处称之为"树上人物图"。见山西省文物管理委员会《太原南郊金胜村唐墓》，《考古》1959 年第 9 期，第 476 页。
8　这两幅图像程式化特征明显，但现阶段尚难准确识读，谨此推测，且备一说。

（三）寝苦枕块或庐于墓侧

出现墓丘的屏风画主要有两种：一种是人物面向墓丘哭泣，一般释读为王裒泣墓；一种是人物面向墓丘双手怀抱石块，可能是寝苦枕块或庐于墓侧。

《通典》载："周制……居倚庐，寝苦枕块。哭昼夜无时。"[1] 寝苦枕块是古代丧制中守孝的一种方式。《周书·武帝纪》载："缞麻之节，苫庐之礼，率遵前典，以申罔极。"[2]《旧唐书·于志宁传》："二人潜入其第，见志宁寝处苫庐，竟不忍而止。"[3] 丧制中虽然没有庐于墓侧之制，但现实中确有不少孝子效仿王裒以尽孝道。《旧唐书·孝友传》中也有数则寝苦枕块和庐于墓侧的记载："陈集原，泷州开阳人也。……永徽中，丧父，呕血数升，枕服苦庐，悲感行路。""张志宽……及丁母忧，负土成坟，庐于墓侧，手植松柏千余株。""元让，雍州武功人也。……及母终，庐于墓侧，蓬发不栉沐，菜食饮水而已。""裴敬彝，绛州闻喜人也。……母终，庐于墓侧，哭泣无节，目遂丧明。俄有白鸟巢于坟树。"[4]

庐于墓侧可能有更易于理解的表现方式，但是由于构图空间有限，如果要突出人物，表现方式就显得间接而含蓄了。乱石滩□范墓（图6）人物手中的石块比较清晰，石块的表现手法与人物背后的山丘相同。温神智墓（图7）图像不甚清晰，但石块依稀可辨，应为同一典故。

图6　乱石滩□范墓

图7　温神智墓

1　〔唐〕杜佑：《通典》卷八七"五服成服及变除"条，中华书局，2018，第2374页。

2　〔唐〕令狐德棻等：《周书》卷五《武帝纪》，中华书局，2014，第84页。

3　〔后晋〕刘昫等：《旧唐书》卷七八《于志宁传》，中华书局，2014，第2697页。

4　〔后晋〕刘昫等：《旧唐书》卷一八八《孝友传》，第4918、4922、4923页。

寝苦枕块是礼制，庐于墓侧则是超越礼制的大孝，寝苦枕块不必庐于墓侧，但庐于墓侧一定会遵守礼制。图中绘有墓丘，使人联想到"庐于墓侧"，只是隐去倚庐，而人物手中的石块便成为一个重要的暗示，壁画的核心仍是突出孝道。

（四）食芝草

郭行墓（图 8）、焦化厂唐墓（图 9）人物手中之物有茎有叶，似为芝草，古人以芝草为瑞草，认为服之能成仙，又有食玉英之说，谓能长生。葛洪《神仙传》："仙人者，或竦身入云，无翅而飞；或驾龙乘云，上造太阶；或化为鸟兽，浮游青云；或潜行江海，翱翔名山；或食元气，

图 8 郭行墓

图 9 焦化厂唐墓

或茹芝草；或出入人间，则不可识。"[1] 魏晋游仙诗中也多有此说。如庾阐《游仙诗》："朝嗽云英玉蕊，夕把玉膏石髓。"[2] 嵇康《诗》："俯漱神泉，仰叽琼枝。"[3] 庾信《道士步虚词》："石髓香如饭，芝房脆似莲。"[4] 汉画像石中也多见芝草类题材，王仁湘曾对此做过详细论述[5]。由此观之，食芝草图像亦当视作升仙思想的一种表现。

（五）碎器

焦化厂唐墓（图 10）左下角的几何图形不甚明显，但郭行墓（图 11）却可以明显辨识出器物的口沿和器底，很可能是在表现碎器。碎器本来就是一种葬俗，出现在墓葬壁画中符合情理。张碧波认为，毁物葬所毁器物分为死者生前所有和陪葬、祭奠等几种情况，前者是一种原始禁忌，而后者则是打碎器物使其"死

1　〔晋〕葛洪撰、胡守为校释：《神仙传校释》，中华书局，2010，第 16 页。

2　〔晋〕庾阐：《游仙诗》，载逯钦立辑校《先秦汉魏晋南北朝诗》，中华书局，1983，第 875 页。

3　〔魏〕嵇康：《诗》，载逯钦立辑校《先秦汉魏晋南北朝诗》，第 491 页。

4　〔北周〕庾信：《道士步虚词》，载逯钦立辑校《先秦汉魏晋南北朝诗》，第 2350 页。

5　王仁湘：《汉画芝草小识》，《中华文化画报》2012 年第 4 期，第 84—87 页。

图 10　焦化厂唐墓　　　　　图 11　郭行墓

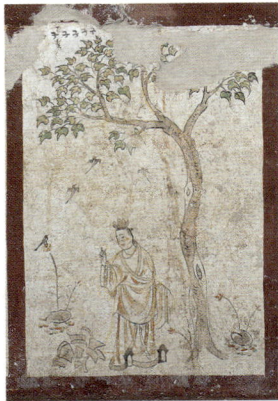

亡"，是万物有灵观念的体现[1]。

　　碎器图像并不多见，仅见于焦化厂唐墓和郭行墓。值得注意的是，郭行墓与金胜村 4 号墓"树下人物图"高度雷同，自西壁起第一至第七幅，不仅单幅画面相似，排列顺序也一致，但第八幅郭行墓是碎器图，金胜村 4 号墓却换作他图，高度雷同中的不同应该引起我们的重视（图 12、图 13），或许碎器图的使用有一定的讲究。

图 12　郭行墓

图 13　金胜村 4 号墓

1　张碧波：《关于毁尸葬、毁器葬、焚物葬的文化思考》，《中原文物》2005 年第 2 期，第 40 页。

（六）兵器

太原地区出土的"树下人物图"中出现的兵器主要有刀、枪、剑和弓。唐代是一个尚武的时代，并州又是一个尚武的地区，这一风俗应该引起重视。

弓仅出现在果树场唐墓（图 14）中，王炜将其释读为李广射虎[1]，这一题材正可视为尚武精神的体现。郭行墓（图 15）、金胜村 4 号墓（图 16）中人物所执兵器环首、长柄，似为仪刀。《唐六典》载："刀之制有四：一曰仪刀，二曰鄣刀，三曰横刀，四曰陌刀（今仪刀盖古班剑之类，宋晋以来谓之御刀；后魏曰长刀，皆施龙凤环；至隋，谓之仪刀，装以金银，羽仪所执）。"[2] 羽仪指帝王卫队，壁画上绘持仪刀形象，可能是为了显示墓主的身份，如郭行墓志云："君出忠入孝，阅武崇文，怀百战之奇谋，冠三军之勇毅，遂从太宗文武圣皇帝讨辽，阵必先锋，旋惟后殿，策勋赏效，乃授上骑都尉。"[3] 郭行有随太宗征辽经历，只授勋爵而无军职，很可能是帝王卫队成员。大臣死后赗赙物品中也有仪刀和班剑，陕西长安县唐代窦皦墓即出土有仪刀。此外，焦化厂唐墓中一幅"树下人物图"似绘有佩剑（图 17），赫连简墓壁画中也有一幅似绘有佩刀（图 18），都是为了显示墓主身具武功，或是尚武精神的体现。尤其考虑到赫连简还有"参戎旅"的经历，似乎与图像内容关联更强。

图 14　果树场唐墓　　　　图 15　郭行墓　　　　图 16　金胜村 4 号墓

1　山西大学王炜曾于私下讨论中指出，该图像石头顶部有虎头造型，或与李广射虎典故相关。

2　〔唐〕李林甫：《唐六典》卷一六《卫尉寺·武库令》，陈仲夫点校，中华书局，2014，第 461 页。

3　山西省考古研究院、太原市文物考古研究所：《山西太原唐代郭行墓发掘简报》，第 56 页。

图 17　焦化厂唐墓

图 18　赫连简墓

图 19　赫连山墓

再如赫连山墓中两幅"树下人物图",人物腰间佩带短枪(图 19、图 20)。据《唐六典》记:"枪之制有四:一曰漆枪,二曰木枪,三曰白干枪,四曰朴头枪(《释名》曰:'矛,冒也,刃下冒矜也。长八尺曰矟,马上所执。'盖今之漆枪短,骑兵用之;木枪长,步兵用之;白干枪,羽林所执;朴头枪,金吾所执也)。"[1] 赫连山墓壁画人物腰间配短枪,但同时又呈现出谦恭之态,其墓志云:"君以门族,潜龙不仕。无何,以匈奴大寇边,君投笔而起,裹革从戎,震虩虩声,雄雄剿夷,縠休侦烽,将军嘉之,奏上柱国而锡功,君遂不顾而还,归卧青云。所谓赴难而全仁,功成而知止,夫有此磊砢之节,汩没代尘,而不累声利者,可不伟欤?"[2] 虽然赫连山墓壁画很难理解,但有随侯受珠这一常见的题材,其内容不会太过新异。总体上来看,似乎有一种投笔从戎和功成身退的感觉,或许与墓志墓主的生平有关。

图 20　赫连山墓

1　〔唐〕李林甫:《唐六典》卷一六,陈仲夫点校,第 461—462 页。

2　太原市文物考古研究所:《山西太原唐代赫连山、赫连简墓发掘简报》,《文物》2019 年第 5 期,第 4—25 页。

（七）孝子夏侯诉

郭行墓（图21）、焦化厂唐墓（图22）与前文"攀号之典"图像非常类似，只是指向树梢的手前带有一团云气，另一只手上托着一只杯盏。赫连简墓（图23）、金胜村6号墓（图24）又略有不同，云气或出于鼻，或浮于空中。云和气最符合"无形"的定义，看得见却摸不着，所以常被用来描绘梦境。《晋书·刘殷传》记："刘殷尝夜梦人谓之

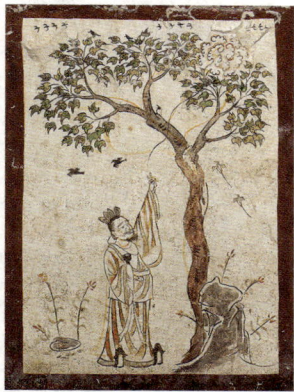
图21 郭行墓

图22 焦化厂唐墓

图23 赫连简墓

图24 金胜村6号墓

曰：'西篱下有粟。'寤而掘之，得粟十五钟，铭曰'七年粟百石，以赐孝子刘殷'。"[1]河南林州市几座宋代砖雕壁画墓中"刘殷行孝"就以云气来代表梦境[2]。（图25—图27）

---

1 〔唐〕房松龄等：《晋书》卷八八《刘殷传》，第2288页。

2 参见林州市文物管理所：《河南林州市李家池宋代壁画墓清理简报》，《华夏考古》2010年第4期；林州市文物保护管理所：《河南林州市北宋雕砖壁画墓清理简报》，《华夏考古》2010年第1期；张增午：《河南林县城关宋墓清理简报》，《考古与文物》1982年第5期。

图 25　河南林州市李家池宋代壁画墓

图 26　河南林州市北宋砖雕壁画墓

图 27　河南林县城关宋墓

孝子的典故多与梦境有关。据宋躬《孝子传》载："夏侯诉，字长况，梁国宁陵人也。母疾，屡经危困，诉衣不释带二年。母不忍见其辛苦，使出便寝息。诉出便卧，忽梦见其父来曰：'汝母病源深痼，天常矜汝至孝，赐药在屋后桑树上。'诉乃惊起，如言得药，而取水和进之，便得痊差。"[1] 太原唐墓所见这类图像或即与此相关，且备一说。

（八）壁画与墓志的呼应

墓志是非常珍贵的文字资料，在壁画研究中不应该被忽视。前文也涉及壁画与墓志的呼应问题，赫连简墓即两者关联度颇高，引以为例。赫连简墓志云："君传弓剑之业，备仁雅之风，时参戎旅，勋至上柱国，乃不干禄，恬然自怡。夫立功于国，忠也；奉亲于家，孝也；隐不违俗，高尚也；贞不矫时，得真也。"[2] 壁画中的持节图像可能与"立功于国，忠也"和"贞不矫时"对应；佩刀图像可

1　〔宋〕李昉等：《太平御览》卷四一一，中华书局，1995，第 1898 页。

2　太原市文物考古研究所：《山西太原唐代赫连山、赫连简墓发掘简报》。

能与"传弓剑之业""时参戎旅"对应;壁画中的墓丘图像一般释读为孝,与"奉亲于家,孝也"有关联;负薪在古时常用来指代平民,可能与"乃不干禄,恬然自怡"对应[1]。

四、小结

唐代张彦远《叙画之源流》:"夫画者:成教化,助人伦,穷神变,测幽微,与六籍同功,四时并运,发于天然,非繇述作。"[2]墓葬壁画虽然是特殊的画,恐怕也有"成教化,助人伦"之功,也是一种丧葬礼仪而非简单的装饰。这类图像往往在宣扬墓主道德的同时,也试图表明其满足登极乐或升仙的条件,暗含登极乐或升仙思想于其中,这样的图像才有足够的分量出现在墓葬的核心位置。

从现有材料来看,初唐"树下人物图"更加多元化,绘者也努力使图像中的典故易于辨识。武周前后,图像已经开始趋于程式化,中唐的图像更像是早期粉本的演化,以至于形似而神离,"树下人物图"也逐渐式微。

此外,我们也需认识到,尽管近年"树下人物图"材料有所丰富,但还不足以支撑对其开展全面系统的研究,其内涵尚难有定论,还有巨大的研究空间。笔者草成此文,有些观点尚不成熟,但作为引玉之砖,希望对大家的研究有所启发。

附表一 太原地区"树下人物图"唐墓一览表

序号	发掘时间	名称	墓号	树下人物图(幅)	墓葬尺寸(米)			年代	备注
					东西	南北	高		
1	1953年	董茹村赵澄墓						万岁登封元年(696)	《文物参考资料》1954年第12期
2	1958年	金胜村4号墓	1958M4	8	2.2	2.13	2.1	初唐时期	《考古》1959年第9期
3	1958年	金胜村5号墓	1958M5	8	2.07	2	2.1	武周时期	《考古》1959年第9期

---

1 此问题笔者拟另撰文探讨,兹不赘述。

2 〔唐〕张彦远:《历代名画记》,中华书局,1985,第7页。

续表

序号	发掘时间	名称	墓号	树下人物图（幅）	墓葬尺寸（米）			年代	备注
					东西	南北	高		
5	1987年	太原焦化厂唐墓（南郊唐墓）	1987M7	8	2.28	2.18	2.4	唐高宗或武周时期	《文物》1988年第12期
6	1988年	金胜村337号唐墓	1988M337	4	2.9	2.8			《文物》1990年第12期
7	1995年	果树场唐墓	1995TJGSCM1	8					未发表
8	2001年	温神智墓	TL2001M618	6	2.46	2.76	3.14	开元十八年（730）	《文物》2010年第7期
9	2001年	赤桥村唐墓	TC2001M1	4	2.84	2.4			《文物》2010年第7期
10	2001年	赤桥村金币唐墓	TL2001M552	6	1.9	1.9	2.5		《文物》2010年第7期
12	2013年	赫连山墓	2014TYNXM1	8	3.12	3.04		开元十五年（727）	《文物》2019年第5期
13	2013年	赫连简墓	2014TYNXM2	6	2.84	2.72		开元十五年	《文物》2019年第5期
14	2018年	西镇M1	2018TJXZM1	8					未发表
15	2018年	乱石滩口范墓	2018TJLSTM1	6	2.6	2.5	3.66	开元廿四年（736）	待刊
16	2019年	郭行墓	2019TWXJYM1	8	4.4	4.4	4.2	圣历三年（700）	《考古与文物》2020年第5期
17	2020年	西镇M13	2020TJXZM13	8					未发表

（原文刊于《故宫博物院院刊》2022年第8期。）

青海都兰热水墓群 2018 血渭一号墓墓主考

韩建华（中国社会科学院考古研究所）

青海都兰作为丝绸之路青海道的重要节点的观点被确认，是基于 1982 年热水墓群的考古发现。由此经过都兰穿诺木洪至格尔木，转西北过茫崖至新疆若羌的青海道路线得到考古实证的支撑。青海道的开拓与繁盛，与西迁青海的慕容鲜卑族的一支——吐谷浑有关。吐谷浑于 4 世纪初建吐谷浑国，龙朔三年（663）被吐蕃灭国，历时三百五十年。吐谷浑国强盛时，是一个拥有东西两千公里、南北一千公里国土面积的强大区域政权，完全控制了青海地区，为丝绸之路青海道的开拓和经营，以及东西方贸易和文化交流做出了卓越贡献。7 世纪，在青藏高原上强大起来的吐蕃，征服了羊同、苏毗诸部落后，建立了统一的吐蕃王朝。地处唐与吐蕃之间的吐谷浑，成为强盛的吐蕃王朝向外扩张时首要的征服对象。663 年，吐蕃大举进攻吐谷浑，吐谷浑可汗诺曷钵携弘化公主及数千帐逃入凉州，吐谷浑灭国。留在青海吐谷浑故地的亲蕃势力被纳入吐蕃统治之下。吐蕃灭吐谷浑占领青海地区，和青海道具有的重要战略、经济地位有关。

都兰作为丝绸之路青海道的重要节点，在其所连接的东西交通道路的沿线上，有大量重要遗迹、遗物，其中以热水墓群为代表，成为东西方文化接触、碰撞与交流的重要证据。

热水墓群位于青海省海西蒙古族藏族自治州都兰县热水乡境内。墓群分布于察汗乌苏河南北两岸，墓葬一般倚山面河，以山脚缓坡地带和黄土层深厚的冲积扇台地为主要分布地，整体呈树杈状分布。1982 年，青海省文物考古队（青海省文物考古研究所前身）发现了热水墓群并随即展开考古工作，从 1982 年 8 月开始，直到 1985 年 11 月，连续三年多的工作，共发掘了著名的血渭一号墓和其周边的五十座小墓。其中，血渭一号墓被文化部认定为全国六大考古新发现之一。1986年，青海省人民政府将热水墓群列为第四批省级文物保护单位，时代定为唐代（吐蕃）。1996年，都兰吐蕃墓群入选1996年全国十大考古新发现。同年，热水墓群被国务院公布为全国重点文物保护单位。从1982年发现以来，以血渭一号墓为中心的热水墓群的墓主身份和族属，成为学界讨论时间最长、争论最激烈的话题。

2018年，震动全国的"315"热水墓群被盗案破获，缴获涉案文物646件，工作人员针对被盗墓葬（编号2018血渭一号墓）进行抢救性考古发掘也取得了重要成果。该墓葬被评为2020年全国十大考古新发现。《考古》2021年第8期刊发了《青海都兰县热水墓群2018血渭一号墓》（以下简称《简报》），对这座墓葬进行了报道[1]。《简报》详细介绍了墓葬的形制及出土随葬品，依据墓葬的棚木树木测年，确定墓葬的年代为744±35年，根据出土印章，结合相关文献，推断墓主为吐谷浑王莫贺吐浑可汗。

由于该墓葬是热水墓群乃至青藏高原地区发现的布局最完整、结构最清晰、形制最复杂的王陵，又出土了吐蕃风格的"外甥阿柴王之印"印章，因此，笔者作为该墓葬的发掘者之一，从墓葬的形制和结构入手，根据随葬品特征特别是印章，并结合汉藏文献，对墓主的身份及相关问题做进一步论证。

一、墓葬遗存

2018血渭一号墓位于察汗乌苏河北岸，西邻2007QM1，西距血渭一号墓400多米。墓葬位于山前二级台地上，背山面河，地势北高南低。2018血渭一号墓坐西朝东，为木石结构，多室墓，由地上和地下两部分组成。地上为陵园，平面呈方形，由茔墙、祭祀建筑，以及封土和回廊组成。地下部分由墓道、殉马坑、照墙、甬道、墓门、墓圹、殉牲坑、砾石层、五室墓室组成。（图1）

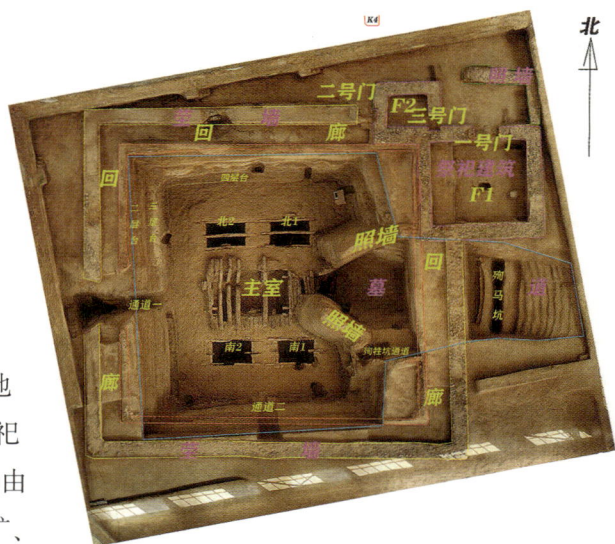

图1　2018血渭一号墓结构全景

1　中国社会科学院考古研究所、青海省文物考古研究所：《青海都兰县热水墓群2018血渭一号墓》，《考古》2021年第8期，第45—70页。

陵园地势北高南低，平面近方形，由茔墙围合，东西33米，南北31米，陵园茔墙上有门，还预留有排水口，显然陵园是有规划的。陵园内有覆斗形封土，封土四周由土坯墙围合。茔墙与封土之间是围绕封土的回廊。

陵园东北隅有祭祀建筑，由两座石砌房址（编号F1、F2）组成。房址平面均呈长方形。F1，东西10.9米，南北9.84米，北墙开门，门外有曲尺形石砌照壁，房址内地面有燎祭后堆放在一起的羊肩胛骨五块，旁边有插入地面的方形木柱，这些遗存与文献记载相吻合，是重要的祭祀遗存。F2位于F1西北侧，边长5.6米，东墙开门，应为守陵人的居址。

陵园系热水墓群首次发现，是墓葬茔域范围的标识和设施，也是墓葬等级的重要标志。根据唐代文献，官员墓田规模与封土高度有严格的标准。[1]从考古资料来看，唐代皇室高级成员，像皇帝、太子、公主等的陵墓四周是以夯土墙作为茔域的标识的。据此可推知2018血渭一号墓应该属于王陵级别。

2018血渭一号墓的陵园茔墙内有方形覆斗状封土，封土被四周的土坯墙围合。文献记载赞普松赞干布"墓作方形"，"四方墓形自此始"。比定为松赞干布陵的琼结1号藏王陵，经详细调查与实测，其封土平面接近方形，顶小底大呈覆斗形，故文献所说的"四方墓形"，应该就是指封土的形制。

在2018血渭一号墓陵园东北隅发现祭祀建筑，并在陵园茔墙与封土间发现回廊，陵园茔墙上还发现门址，这些遗迹与祭祀仪式相关，是截至目前在青藏高原上发现的吐蕃时期唯一的祭祀建筑遗存。回廊，提供了文献记载的王臣、属民环绕陵墓祭祀、绕陵供奉的通道，"一年之间王臣属民人等环绕（陵墓祭之），此后，届时年祭，并绕（陵）供奉"。祭祀建筑由一大一小两座方形房址组成，判断其为祭祀建筑的重要证据是在大房址中发现与祭祀相关的遗存，一是具有浓郁北方"烧饭祭"特征的焚骨燎祭的羊肩胛骨。北方的匈奴、乌桓和鲜卑社会祭祀时行焚烧之礼，所谓"烧饭"，《续后汉书·北狄传》载："（匈奴）杀马、牛、羊祭而食之，焚其骨，谓之'烧饭'。"《魏书》中记载乌桓"同祠以牛羊，祠毕皆烧之"。二是在"大室"地面所插的方形"杂木"，而文献记载吐蕃赞普死时"仍于墓上起大室，立土堆，插杂木为祠祭之所"，考古发现的"大室""杂木"，正是文献记载吐蕃赞普墓上祭祀的实物证据，也暗示2018血渭一号墓规格比照赞普级别。在唐代帝陵的考古中也发现了供奉和祭祀的寝宫遗址。

文献记载："在雅隆琼波建造陵墓（松赞干布陵，笔者注），其陵（范围）

1　〔唐〕中敕：《大唐开元礼》卷三《序例下·杂制》，民族出版社，2000，第34页。

之大小为一由旬，其陵内建有神殿五座……建四方形陵墓始于此"，"在陵内建神殿五座，其外封（土）如山"。可知，赞普级别的陵内为"五神殿"，而 2018 血渭一号墓发现四个侧室和一个主室，墓室四壁均为木石构筑，在主室还有涂红彩的木构梁架，墓室四壁有壁画，这种白色墙壁、红色梁架的建筑，正是仿照墓主生前的宫殿所描绘的。各侧室有明显的功能区划，北二侧室设有木床架，铺有木板，出土大量丝绸和皮革，此室与服饰收纳有关。南一侧室出土陶罐，内有炭化的青稞，还有石磨盘、漆盘、漆碗、木案、羊骨等，此室与庖厨有关。这种由木石构建、结构为五格的墓室，与文献记载 6 世纪的雍布拉康山顶宫殿的"珍宝墓"相似，同样为木石构的五格，据说那是松赞干布的祖父达日年色统治时期的遗存。

2018 血渭一号墓被盗严重，但仍出土大量随葬品，其中最为重要的随葬器物就是"外甥阿柴王之印"印章。该印为鼻形钮，印面方形，边长 1.8 厘米，印文为阴文，由一峰骆驼图像和藏文组成，是典型的吐蕃风格的印章，符合墓葬的时代。印文中的藏文可译为"外甥阿柴王之印"（图 2）。从印文可知墓主为吐谷浑王，印文中的"外甥"表明了吐谷浑王与吐蕃王室的联姻关系，在《新唐书·吐蕃传》中就有"吐谷浑与吐蕃本甥舅国"[1]的记载。

图 2 "外甥阿柴王之印"印章

2018 血渭一号墓棺椁破坏严重，彩绘棺板散乱。棺板残件表面施黑红彩并有贴金，彩绘内容无法辨识。大量的考古资料证明，彩绘木棺装饰是北朝鲜卑族的传统，青海出土的木棺彩绘系源于鲜卑的青海吐谷浑人的墓葬[2]。

2018 血渭一号墓出土有鸣镝两枚，为分体式铁镞骨哨鸣镝。哨部为椭圆状的橄榄形。鸣镝声作为发布命令的信号，主要是传递信息和报警。魏晋十六国时

1　〔北宋〕欧阳修等：《新唐书·吐蕃传》，中华书局，2013，第 6103 页。
2　仝涛：《木棺装饰传统——中世纪早期鲜卑文化的一个要素》，载四川大学中国藏学研究所主编《藏学学刊　第 3 辑》，四川大学出版社，2007，第 165—170 页。

期，从考古和文献方面来看，这一时期鸣镝使用者主要为鲜卑人，鸣镝最开始可能用于鲜卑族的狩猎工作，随着鲜卑南迁并建立政权，鸣镝开始成为身份的象征。[1]而墓主吐谷浑王是西迁的鲜卑族，固守民族传统，显然用鸣镝随葬，更多的是身份的象征。

2018 血渭一号墓从墓葬形制和随葬品来看，是一座吐蕃化的吐谷浑王陵。地上陵园和祭祀建筑与文献记载的吐蕃赞普的陵上祭祀相吻合，地下为长斜坡墓道的五室墓，墓室为木石结构，与吐蕃文献《贤者喜宴》所载的五神殿相吻合，同时在墓道、墓圹内发现有殉马坑和殉牲坑，也属典型的吐蕃苯教丧葬仪轨，具有明显的吐蕃化因素，但祭祀用羊肩胛骨、墓道东向、带台阶、彩绘木棺等，又带有明显的吐谷浑文化特征。

二、文献记载

2018 血渭一号墓，经树木年轮测年为 744±35 年，属于吐蕃统治时期。出土的银金合金的印章，其风格与墓葬的年代相符，是典型的吐蕃风格的印章，也是目前考古发掘出土的吐蕃印章中唯一的方形印章实物。印章在印形与印文格式方面均与法国藏敦煌古藏文卷子上的方形印戳相似，特别是与 P.T.1083 号卷子文末的朱色印戳风格完全相同[2]。P.T.1083 号卷子的

图 3 "大节度衙敕令之印"印章

印戳边长约 4 厘米，印文为阳文，由带翅蹲狮图像和藏文组成，藏文可译为"大节度衙敕令之印"（图 3）。"大节度衙"是吐蕃在新占领地区（边境地区）设立的军政合一的统治机构。2018 血渭一号墓的印章的藏文翻译为"外甥阿柴王之印"，其中的"阿柴王"表明了墓主人的身份。阿柴，是吐蕃对吐谷浑的称呼[3]，可知墓主为吐谷浑王。

1　石蒙蒙：《中国境内出土鸣镝研究》，硕士学位论文，黑龙江大学 2018，第 40 页。

2　西北民族大学、法国国家图书馆、上海古籍出版社编纂《法国国家图书馆藏敦煌藏文文献⑩》，上海古籍出版社，2009，第 307 页。

3　〔唐〕房松龄等：《晋书》卷九七《吐谷浑传》，中华书局，1974，第 2537 页。

吐谷浑本是辽东慕容鲜卑族，4 世纪初西迁至阴山一带，晋永嘉之乱时迁至临夏，定居甘南、青海地区，吐谷浑兼并周边的羌、氐等部落，不断壮大，建立吐谷浑国，并开创丝绸之路河南道，促进东西文明交融和沿线民族商贸往来。唐高宗龙朔三年（663），吐蕃灭吐谷浑国，吐谷浑故地悉数被吐蕃占领，亲蕃的吐谷浑王族与吐蕃政治联姻，形成甥舅关系，协助吐蕃政府处理民族与国家事务。

被吐蕃征服后的吐谷浑，文献记载零碎且不系统。敦煌发现的藏文写卷成为研究吐谷浑的重要参考史料。其中与吐谷浑相关的藏文写本有《吐谷浑（阿柴）纪年》残卷[1] 和《敦煌本吐蕃历史文书》[2]。

《吐谷浑（阿柴）纪年》残卷是斯坦因从敦煌藏经洞窃去的藏文写卷之一（Vol.69，fol.84），卷长 49 厘米，宽约 14 厘米，共存文 55 行。（图 4）"残卷是纪年性质的文书，而且是附属于吐

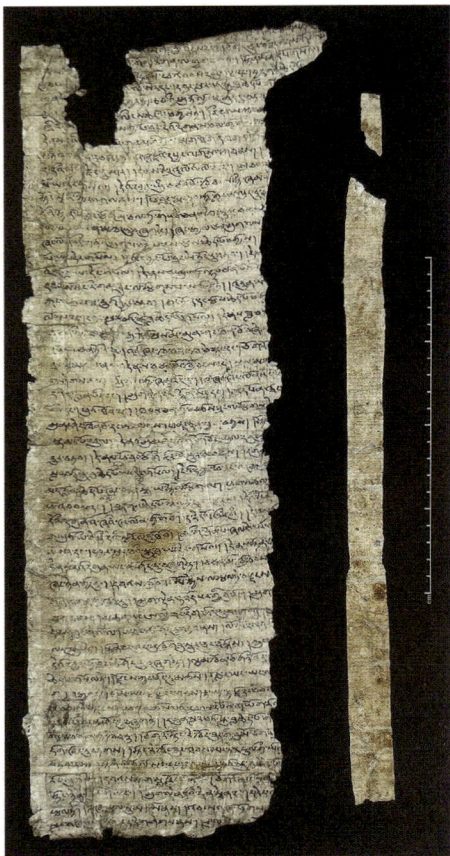

图 4 《吐谷浑（阿柴）纪年》残卷

蕃政权的吐谷浑王的一部大事纪年。"[3] 残卷记载了 706—715 年间吐蕃统治下的吐谷浑王莫贺吐浑可汗的大事，是研究吐谷浑史极为珍贵的资料，故乌瑞称之为"阿柴（吐谷浑）小王编年"[4]。

1　周伟洲：《关于敦煌藏文写本〈吐谷浑（阿柴）纪年〉残卷的研究》，载《吐谷浑资料辑录》，商务印书馆，2017；杨铭：《吐蕃统治敦煌与吐蕃文书研究》，中国藏学出版社，2008。

2　王尧、陈践译注《敦煌本吐蕃历史文书》P. T. 1288《大事纪年》，民族出版社，1992；F.W. 托马斯编著《敦煌西域古藏文社会历史文献（增订本）》，刘忠、杨铭译注，商务印书馆，2020。

3　周伟洲：《关于敦煌藏文写本〈吐谷浑（阿柴）纪年〉残卷的研究》，载《吐谷浑资料辑录》，商务印书馆，2017，第 360 页。

4　G. 乌瑞：《阿柴小王编年——斯坦因敦煌 vol.69，fol.84 号的年代与类型问题》，载《乔玛纪念文集》，布达佩斯汉学研究院，1978。

残卷汉译如下：[1]

1.……在羊山（G yang can）堡……

2.……蔡牙咄弃达（Sgra yo sto khri gdas）与属庐·穷桑达贡（Cog ro Cung bzang vdam kong）……

3.……向莫贺吐浑可汗（Ma ga tho gon khagan）致礼，并设盛宴……

4.送其子古银五枚及丰盛礼品……

5.……马年夏之孟月，举行圣寿大典……

6.巡视……此年夏宫定于玛曲之滨的曼头岭（mu rto Lying）……

7.……大围猎。群兽亦……

8.……之宫……其冬，在萨巴（Sra bal）之羊山堡度过……

9.此冬……莫贺吐浑可汗娶……之女……

10.为妃，至此吐谷浑（Va zha）王选妃之事完成……

11.晋升达热达通井（Da re davi Ltong jeng）。其后为猴年，于萨巴……

12.祭典。其夏，母后墀邦（Khri bangs）之侍从……

13.对各千户（东岱 Stong sde）课以新税。定宅于玛曲之兰麻梁（gLang ma lung）……

14.入秋，移居于萨巴之羊山堡……

15.于羊山堡过夏（应为"冬"）。尚甲赞（zhang rgyal tsan）任……

16.改二尚论之任。进行户口大清查……

17.举行祭典，定夏宫于色通（Se tong）。此后……

18.行圣寿大典。后神圣赞普之……

19.韦·通热纳云（dbavs stong re gnad nyng）等到来，参加议会……

20.制定六种职务之……再巡视并行户口大清查……狗

21.年夏之孟月，行圣寿大典。此后……月

22.赞普娶唐王之女 Mun sheng 公主为妃……

23.尚赞咄热（blsan to re）与没庐·尚墀桑喀切通（Vbro zhang khri bzangkha stong）及属庐……

24.蔡·牙咄到来。此后，母后墀邦与其子莫贺吐浑可汗……

1　关于敦煌藏文写本《吐谷浑（阿柴）纪年》残卷的翻译版本，周伟洲先生的《关于敦煌藏文写本〈吐谷浑（阿柴）纪年〉残卷的研究》和 F.W. 托马斯编著，刘忠、杨铭译注的《敦煌西域古藏文社会历史文献（增订本）》中的翻译稍有不同，此处采用了周伟洲先生的译本。

25. 抵达后，母后与可汗及侍从、吐谷浑大尚论……

26. 达热达弄夷（Da red da blon yi）与泥（dnyi）之官员慕登（Mug lden）到来，及马官旺（Wang）……

27. 宫廷的官员及位阶高之人……

28. 会见了 Mun cheng 公主，双方相互致礼，大宴会……

29. 奉献各种礼品。此后，Mun cheng 公主于藏（rTsang）域之中心地……

30. 居住。其后，宫室定于措（Tsog）之彭域度（Rbong yo du）。冬……

31. 圣寿大典于夏之孟月举行。夏宫定于郎玛（Lang ma）……

32. 朵（mdo）之大臣没庐·尚贪蔡牙咄（Vbro zhang brtan sgra ya ston）等来致礼……

33. 赐予丰盛礼品，以酬其劳。秋……

34. 此年冬，吐谷浑尚论高官达热达弄夷去世。其后……

35. 授予其家族玉石告身，内大臣、负责司法之……鼠

36. 年夏之孟月举行圣寿大典，大宴会……

37. 此后，冬季住于查雪（Tsha shod），母后墀邦……

38. 赠送礼品给尚宁（Czhang nyen）之子韦·墀尚钵叶（Dbars khri bzang spo skyes）……莫贺吐

39. 浑可汗于行宫娶慕登阿里拔（mug Lden Ha rod por）之女慕（Mug）……

40. 之后，赐名阿列班弟咱（A Lye bang dig zhing）……

41. 牛年，定宅于查雪。此年夏……

42. ……被罢免，任命苏仆墀苏布均（Shud pukhri gzu sbur cung）接任……

43. 此年夏，居于查雪。尼娥（Gnyi vod）公主……

44. 圣寿大典，赠送礼品。后（礼品）接踵而至……

45. 布百匹，百只骆驼及饲者，百匹马及饲者……

46. 一齐赠送，韦氏族人不分主仆，属父方的亲属全部……

47. 此后，定宅于查雪。初冬举行圣寿大典……莫贺吐

48. 浑可汗于行宫娶属庐·东热孔孙（Cog ro Stong re khong zung）之女为妃……

49. 名蒂兴（dig zhing）。东热孔孙由是晋升，位银字告身……

50. 得授。虎年，初夏举行圣寿大典……

51. 命令：韦·达札恭禄（Dbavs stag sgra khong lod）与属庐·东热孔孙……

52. 东列布孔（Stong nyen sbur kong）与慕登达奔奔（Mug lden davi dve
nsben）及达热……

53. 送至吐谷浑国后，外甥（Vbans）吐谷浑臣民受到劫掠……

54. 又赴援吐谷浑国，途中……

55. ……母与其子……

残卷内容包括莫贺吐浑可汗选妃、大婚、举行圣寿大典、清查户口、接待吐
蕃使臣、迎送唐朝金城县主等大事。残卷提到的"莫贺吐浑可汗"是吐蕃所立的
吐谷浑王，"母后墀邦（Khri bangs）"就是689年嫁与吐谷浑王的吐蕃公主，
53行"外甥（Vbans）吐谷浑……"明确了这种政治联姻形成的甥舅关系。

《敦煌本吐蕃历史文书》[1]是著名藏学家王尧、陈践合作译注的关于吐蕃史
的珍贵文献，内容分为吐蕃《大事纪年》《历代赞普传记》和《小邦邦伯家臣及
赞普照世系》三大部分，作者在译注的基础上，结合有关藏汉文历史文献，对赞
普、小邦家臣世系、历代朝臣和征战、会盟、颁赏、联姻等重大历史事件进行了
考释，是研究吐蕃历史最重要的文献。其中吐蕃《大事纪年》，包括藏于法国巴
黎的P.T.1288号和藏于英国伦敦的I.O.750号及B.M.8212（187）号敦煌古
藏文写卷，是编年体史书，记载了650—764年间吐蕃的重大事件。

《大事纪年》起自狗年，即唐高宗永徽元年（650），终于猪年，即玄宗天
宝六载（747），合计98年。下面又根据伦敦所藏S.8212（187）号的卷子补充，
起自猴年即玄宗天宝二年（743），甲申，744年之上一年（因年代信息处残缺，
应是羊年，即天宝元年癸未），终于兔年，即代宗广德元年，癸卯，763年之下
一年（也因年代信息处残破，应是猴年，代宗广德二年，甲辰，764年），共补
充21年。其中又有四年重出，实际总数为115年。这一百多年中吐蕃一侧记载
的大事，悉备于中[2]。

《大事纪年》第49—50行，牛年，即689年，"赞蒙墀邦嫁与阿柴王为妻"。
该赞蒙与《吐谷浑（阿柴）纪年》残卷中第12、24行出现的母后墀邦同名，时
代又相符，应该是同一个人。同时残卷中还有两人与《大事纪年》所记姓名和活
动年代相符的记载：残卷第23行出现的尚赞咄热与《大事纪年》中710年派往
唐朝迎接金城公主的迎亲使尚赞咄热拉金应为同一人；残卷第51行的韦·达札

1　王尧、陈践译注《敦煌本吐蕃历史文书》，民族出版社，1980。

2　王尧：《关于敦煌古藏文历史文书》，《中国史研究》1980年第3期，第43—49页。

恭禄（dBavs stag sgra khong lod）与《大事纪年》727 年、728 年的吐蕃大臣韦·悉诺逻恭禄完全相同。

《大事纪年》还记载了吐蕃进攻并灭亡吐谷浑国的整个过程：从 659 年派遣大论禄东赞开始进攻吐谷浑，至 663 年终于灭亡吐谷浑国，吐谷浑可汗诺曷钵与弘化公主率千余帐，走投唐凉州，禄东赞于 666 年"自吐谷浑境还"，于 667 年去世。至此原吐谷浑故地完全被吐蕃占领，留在故地的吐谷浑诸部归附吐蕃，《大事纪年》记载 669 年"吐谷浑诸部前来致礼，征其入贡赋税"[1]。其后，禄东赞之子大论钦陵在阿柴国或征战，或征集粮草。

上述两份敦煌古藏文文献是研究被吐蕃征服的吐谷浑的第一手资料，弥足珍贵。

三、墓主身份

663 年吐蕃征服吐谷浑后，为了统治原吐谷浑境内各部，就势必要扶植一个亲蕃的吐谷浑王。为加强对吐谷浑王的笼络与控制，吐蕃采用了政治联姻的方式，将公主嫁给吐谷浑王，形成甥舅关系，在《大事纪年》中有"赞蒙墀邦嫁与阿柴王为妻"的记载。吐谷浑与吐蕃因联姻形成的"甥舅之国"始于松赞干布时，据藏文文献《贤者喜宴》记载，松赞干布之子贡松贡赞娶吐谷浑公主蒙洁墀嘎为妃，而这位 13 岁执政的赞普，却先于其父松赞干布去世。《敦煌本吐蕃历史文书·赞普世系》中也有同样的记载，即"贡松贡赞与昆交芒木杰赤噶所生之子芒伦芒赞"，"昆交"当为"公主"之音译，芒木杰赤噶即蒙洁墀嘎。可知《贤者喜宴》所记不虚。[2] 同样，汉文文献也有记载，《资治通鉴》卷二〇一高宗麟德二年（665）正月条载，"吐蕃遣使入见，请复与吐谷浑和亲，仍求赤水地畜牧，上不许"，这也证明吐谷浑与吐蕃早就有和亲关系。吐蕃与吐谷浑形成的互为甥（dbon）舅（zhang）之国关系，因吐谷浑的灭国，而固定为吐谷浑王自称为甥，即《大事纪年》出现的"坌（dbon）"，"坌"在单独使用时则专指吐蕃赞普或吐谷浑王，意为外甥，只是到了后弘期的文献中才有侄子、女婿之意。[3]2018 血渭一号墓的

1　王尧、陈践：《敦煌本吐蕃历史文书》，民族出版社，1980。
2　胡小鹏、杨惠玲：《敦煌古藏文写本〈吐谷浑（阿豺）纪年〉残卷再探》，《敦煌研究》2003 年第 1 期，第 88—93 页。
3　于赫伯：《藏族亲属关系词"甥"考释》，沈卫荣译，载中国敦煌吐鲁番学会主编《国外敦煌吐蕃文书研究选译》，甘肃人民出版社，1992，第 375—389 页。

印章中出现"坌阿豺"，意思就是外甥吐谷浑，符合历史事实。

吐蕃灭吐谷浑后，亲蕃的吐谷浑王的序列并不清楚。统计文献可知：《大事纪年》中有坌达延墀松、坌达延赞松；《吐谷浑（阿柴）纪年》残卷中有莫贺吐浑可汗，这些就可能是自称外甥的吐谷浑王。坌达延墀松，在《大事纪年》中出现了三次：675 年，贡金鼎；687 年，与努布·芒辗细赞等于"桑松园"集会议盟；688 年，仍参与吐蕃的集会议盟。坌达延赞松于 706—714 年以大论身份主持吐蕃会盟。残卷中的莫贺吐浑可汗，明确是赞蒙墀邦之子，从 689 年墀邦出嫁吐谷浑王算起，到残卷所述年代（706—715）时，正好可以做年轻的莫贺吐浑可汗的母后。

关于吐谷浑王坌达延墀松和坌达延赞松的关系，有学者认为坌达延墀松是吐蕃吞并吐谷浑后册封的首位吐谷浑王，薨于 694 年。他于 689 年娶吐蕃公主墀邦为妻，其子为下任吐谷浑王坌达延赞松[1]。那么问题就来了，坌达延赞松与残卷中的莫贺吐浑可汗要么是双胞胎兄弟，要么就是同一个人。如果坌达延赞松是赞蒙墀邦之子，706 年时，他 16 岁不到，就以大论身份主持吐蕃会盟，"不可能膺此重任"[2]。而《大事纪年》中记载："及至兔年（727），任命外甥吐谷浑小王、尚·本登葱、韦·悉诺逻恭禄三人为大论"，此处的吐谷浑小王应该就指莫贺吐浑可汗。故学者指出坌达延赞松不可能是赞蒙墀邦之子，否则就无法解释莫贺吐浑可汗在位时坌达延赞松的身份[3]。

2018 血渭一号墓的棚木树木测年为 744±35 年，是吐蕃赞普赤德祖赞统治时期。出土的银质印章，是典型的吐蕃风格的印章，符合墓葬的时代。吐蕃赞普赤德祖赞统治时期，以外甥自称的吐谷浑王，非莫贺吐浑可汗莫属。同时该墓墓主人骨年龄为 55—60 岁，按残卷所记 689 年赞蒙墀邦嫁给吐谷浑王算起，以 744 年为准，按 690 年生莫贺吐浑可汗，到 744 年，其子年龄也就 55 岁左右，正好与人骨年龄相符。另外，从残卷记载 707—708 年娶妃，710 年与母后、大论等会见唐朝的金城公主，这一切都是在母后墀邦辅佐下进行，同时，残卷在行文中墀邦之名总是在可汗名字之前，也说明母后的地位高于可汗。另外《大事纪

1　仝涛：《青海都兰热水一号大墓的形制、年代及墓主人身份探讨》，《考古学报》2012 年第 4 期，第 467—488、547—550 页。

2　胡小鹏、杨惠玲：《敦煌古藏文写本〈吐谷浑（阿豺）纪年〉残卷再探》，《敦煌研究》2003 年第 1 期，第 88—93 页。

3　胡小鹏、杨惠玲：《敦煌古藏文写本〈吐谷浑（阿豺）纪年〉残卷再探》，《敦煌研究》2003 年第 1 期，第 88—93 页。

年》记载莫贺吐浑可汗曾率众十万寇临洮、攻打计巴堡城等，这与墓葬中出土大量的铠甲相吻合，出土的铠甲有铜甲、铁甲和漆甲之分。据此可确认墓主人应该就是莫贺吐浑可汗。

四、结语

吐谷浑本是辽东慕容鲜卑族，其西迁进入青海等地，兼并周边的羌、氐等部落，不断壮大，建立吐谷浑国，并开创丝绸之路青海道。唐高宗龙朔三年（663），吐蕃灭吐谷浑国，吐谷浑故地悉数被吐蕃占领，吐蕃为统治被征服的吐谷浑境内各部，扶植亲蕃的吐谷浑王族协助处理民族与国家事务，为加强对吐谷浑王的笼络与控制，以和亲形式，强化与吐谷浑王族的甥舅关系，授其可以承袭"莫贺"之号，统辖吐谷浑各部。这个王系一直延续到赤德松赞时期（798—815），《贤者喜宴》的一份诏书记载："小邦发誓者：外甥吐谷浑王堆吉布什桂波尔莫贺吐谷浑可汗。"[1] 亲蕃的吐谷浑王自称外甥，作为吐蕃的小邦而存在，地位远在诸小邦之上，在其管辖之内，设置相应的大尚论、尚论等不同级别的官吏，也有与吐蕃王朝相同的告身位阶制度，从表面上获得了相对独立的自治权。

2018 血渭一号墓墓主是吐蕃统治下自称外甥的吐谷浑王，从印章与墓葬测年可知墓主就是吐蕃赤德祖赞时期的莫贺吐浑可汗，为探索热水墓群的布局与墓主族属提供了有价值的线索。

综上所述，2018 血渭一号墓是一座典型的吐蕃化的吐谷浑王陵，墓葬形制包括地上陵园与地下五神殿，反映了吐蕃文化与鲜卑文化、中原文化融合的多元形态。

（原文刊于《中原文物》2022 年第 1 期。）

1　巴卧·祖拉陈瓦：《贤者喜宴——吐蕃史译注》，黄颢、周润年译注，中央民族大学出版社，2010，第 245 页。

近年来邺城考古的主要发现与收获
——以核桃园北齐大庄严寺的勘探与发掘为中心

何利群　沈丽华（中国社会科学院考古研究所）

邺城遗址位于河北省临漳县西南，地处华北平原南北交通要道。自东汉以来，先后成为曹魏、后赵、冉魏、前燕、东魏、北齐六朝国都，素有"三国故地、六朝古都"之誉。1983 年，中国社会科学院考古研究所与河北省文物研究所联合组建邺城考古队，迄今在邺城遗址已持续进行了四十年的考古勘探和发掘工作，确认了邺城作为中国中古时期都城规划肇始地，对东亚古代都城建设产生了深远的影响。

2000 年以来，围绕探寻东魏北齐邺南城外郭城范围和布局这一中心课题，邺城考古队在邺城遗址范围内进行了一系列考古勘探和发掘，先后发现和发掘了赵彭城北朝佛寺、北吴庄佛教造像埋藏坑、核桃园北齐大庄严寺、曹村北朝窑址、邺南城宫城区北部 206 号大殿及核心宫院等重要遗迹，取得了重要收获。（图 1）其中核桃园北齐佛寺是继赵彭城北朝佛寺之后进行大规模发掘的又一座东魏北齐时期的皇家寺院，为北齐文宣帝高洋于天保末年兴建的大庄严寺，为探讨北朝晚期邺城的城市格局以及佛教寺院布局与建筑结构等问题提供了重要的资料。

一、发掘缘起

核桃园北齐大庄严寺地处河北省临漳县习文乡核桃园村西南，位居东魏北齐邺城中轴线东侧，其中心西距赵彭城北朝佛寺东边界约 600 米、北距邺南城南墙约 1200 米。1971 年当地村民平整土地时，在遗址群最南端的台基中发现一件大型柱础石，四周还有排列整齐的较小柱础和大量东魏、北齐瓦片[1]。1992年，赵彭城村砖瓦厂在该村东南取土时发现隋大业九年（613）赵觊墓，墓志中提到其与夫人樊氏"合葬于明堂园东庄严寺之所"[2]。1998年，邺城考古队对该墓葬进行了抢救性清理，并在周边进行了大面积考古勘探，确认了一列处于同一轴线上、南北向分布的四座大型建筑基址。（图2）明堂和庄严寺均为东魏北齐邺城重要地标性建筑，对于探索东魏北齐邺城平面布局具有重要意义，邺城考古队遂于2012年起，开始对核桃园建筑基址群进行了持续的考古勘探和发掘，先后发掘了寺院中轴线上的1号塔基、5号门址、2号佛殿、3号基址东

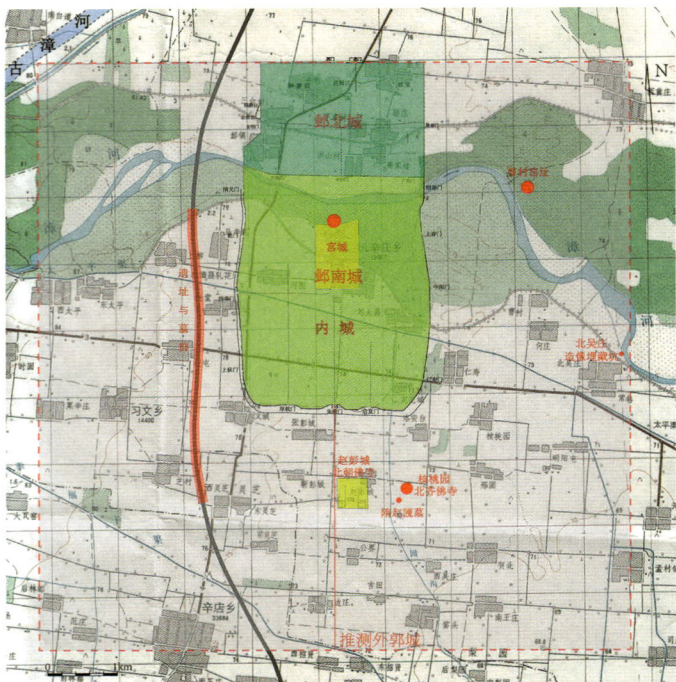

图1　东魏北齐邺城平面图（布局图）

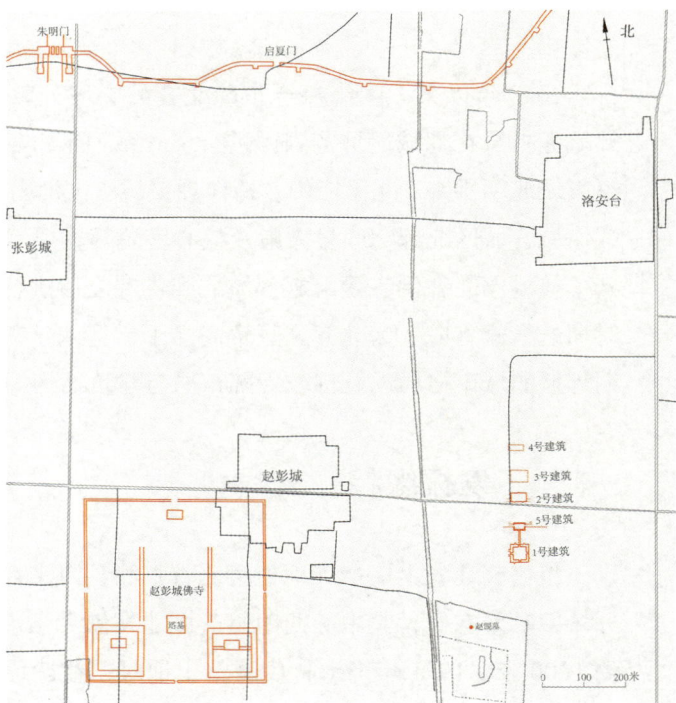

图2　东魏北齐邺城东南郭区遗迹分布图

1　河北省临漳县文物保管所：《邺城考古调查和钻探简报》，《中原文物》1983年第4期，第9—16页。

2　中国社会科学院考古研究所、河北省文物研究所、河北省临漳县文物旅游局编著《邺城文物菁华》，文物出版社，2014，第119页。

南角以及周边围合的 6 号、7 号廊房
以及 8 号复廊等建筑遗迹。（图 3）

二、发掘经过与主要收获

（一）核桃园 1 号塔基的发掘

2012 年 10 月至 2013 年 5 月，邺
城考古队对核桃园 1 号建筑基址进行
了全面发掘，面积约 2600 平方米。发
掘确认基址由地上夯土台基和地下夯
土基槽两部分组成，方向北偏东 7 度。
当时地面以上的台基部分残损严重，
基槽保存基本完好。夯土台基部分现
存中心台基、四出踏道、包边沟槽、
铺砖地面、砖铺散水和青石遗存等[1]。
（图 4、图 5）

中心台基夯土已基本破坏殆尽，
但由于四周包边沟槽尚存，因此可以

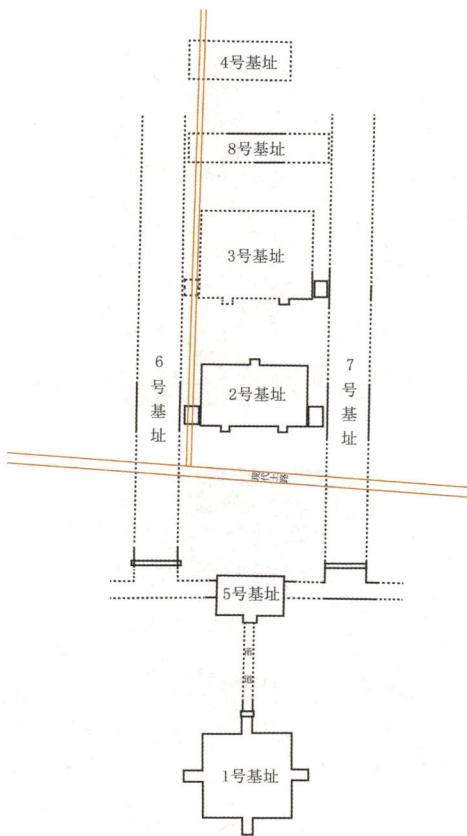

图 3　核桃园北齐大庄严寺建筑遗迹平面图

图 4　核桃园 1 号塔基（北—南）

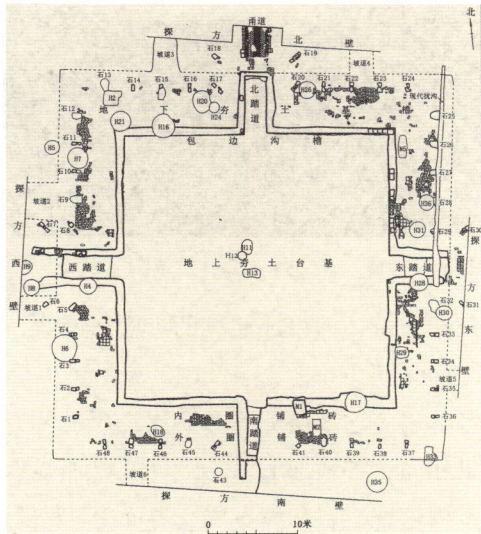

图 5　核桃园 1 号塔基平面实测图

1　中国社会科学院考古研究所、河北省文物
研究所邺城考古队：《河北临漳邺城遗址
核桃园一号建筑基址发掘报告》，《考古
学报》2016 年第 4 期，第 563—591、
593—600 页。

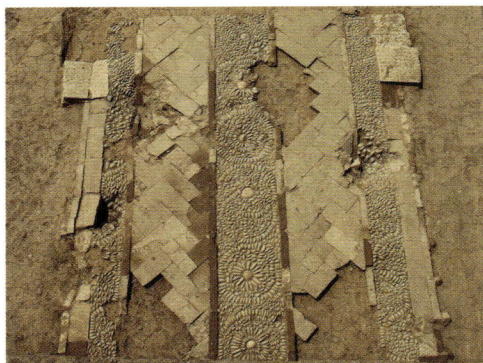

图 6　核桃园 1 号塔基北端甬道（北—南）

图 7　核桃园 1 号塔基南部基槽结构

推知台基边长约 30 米。台基四面正中均设有踏道，踏道长约 6.3 米、宽约 2.5 米、残高 0.3—0.5 米，夯土台面上未见敷设砖石痕迹。中心台基和踏道外围有一周包边沟槽，局部沟槽内还有砖石残存。沟槽宽 0.6—0.7 米、深约 0.4—0.55 米。台基包边方式为先在沟槽底部铺垫一层夯土，再在夯土上铺设一层青石条，石条一般长 65—86 厘米、宽 50—82 厘米、厚 20—25 厘米，随后在石条上沿台基方向顺砌三排砖。铺砖地面和砖铺散水位于中心台基外围。铺砖地面宽约 2.5 米，位于内周，由上、下两层砖组成，下层为较残破绳纹条砖，上层为方砖。砖铺散水位于外周，由单层绳纹条砖组成，两者衔接处用三角形或五边形牙子砖和侧立条砖间隔。同时在砖铺散水外缘发现一周由青石组成的遗存，每面 12 组，共 48 组。在北踏道北侧还发现一条由卵石和条砖铺成的甬道，保存较好。（图 6）甬道发掘宽约 3.2 米，长约 3.6 米。甬道表面可分为五个部分，中心为一条卵石带，铺设成连续的圆形莲花图案，两侧为人字形铺砖，再往外为两条卵石带，铺设成连续的半圆形图案，边缘用侧立条砖和牙子砖围挡。夯土基槽平面呈正方形，边长约 42 米，深 3.65—4 米。基槽上半部用纯净夯土夯筑，下半部用多达 8 层卵石和 7 层夯土交替夯筑，对应中心台基部位的基础部分分别向下和向上各增加 1—2 层卵石，以加强承重能力。（图 7）在 1 号建筑基址的正中心、基槽内夯土层和卵石层交界面上，发现可能与舍利瘗埋相关的石函和青瓷罐遗存。这组遗存未被盗扰，保存完好。石函顶部距残台基顶面约 2.3 米，距基槽开口约

图 8　核桃园 1 号塔基中心出土石函及卵石遗迹（南—北）

图 9　核桃园 1 号塔基石函内出土部分遗物

图 10　核桃园 1 号塔基石函周边 2 号罐及出土遗物

1.87 米。石函青石质，略呈正方体，由函盖和函身两部分组成，长 42.5—44 厘米、宽 36—38 厘米、通高 26.6—28.6 厘米，函身内深 7.4—9.5 厘米。石函通体较为粗糙，未经打磨，在函身上边缘四角刻有字迹，其中右上角和右下角依稀可辨分别为"三"和"宝"字样，另外两角字迹磨损不清。（图 8）石函内物种类繁多，主要以腐朽的有机质残存物为主，还有各种质地的管、珠、坠饰、圆形和椭圆形石饰、铜钱、铜饰件、琉璃器残片、钟乳石质指节状物等，保存较好的一件长颈琉璃瓶中还残存有水银。（图 9）石函四角各发现一件小青瓷罐，东南角有一件大青瓷罐，旁有两枚双股铜钗，在大青瓷罐南侧还发现一朽烂的漆木容器残迹，内有一枚"永安五男"压胜钱和大量"常平五铢"铜钱等遗物。四角小瓷罐除西南角小罐内仅有铜棍一件、玻璃块和玻璃珠各两件外，其余三罐内均有大量的"常平五铢"铜钱，钱币之间夹杂个别"半两""五铢"和剪轮"五铢"等，各罐内还分别发现有玻璃、水晶和玛瑙质的珠、管类饰件及铜环、铜片饰和铜印等，大瓷罐内则盛放了近三百件各种质地的珠饰。（图 10）

在夯土基槽卵石层以上两层夯土的平面上，发现一组有规律排列的卵石遗存。（图 11）该组卵石遗存位于石函南面正中约 40 厘米处，卵石南端被盗洞破坏，残余部分有七块大卵石呈箭头状摆放，北端四块大卵石中部还有十五块小卵石，分上、下两层分布，上层八块，下层七块，在两层小卵石中部发现一疑似漆木容器痕，包含物均朽蚀不辨，外缘有一枚"常平五铢"铜钱。在塔基中心部分的解剖过程中，从距塔基残存台面1.3米处开始，一直到倒数第三层卵石层上方，每间隔75—100厘米，即零散出土数枚"常平五铢"铜钱，在

图 11 核桃园 1 号塔基中心出土卵石遗迹

倒数第二层卵石平面上还发现一件青瓷罐，罐内上层铺"常平五铢"铜钱，中间有一团白色的有机质板结物，板结物中包含八件不同质地的珠、管、圆石饰及金属饰片。

出土遗物以绳纹砖、板瓦、筒瓦、莲花瓦当及各类陶质、石质建筑构件为主，少数瓦上有戳记痕，字迹可辨者有"相凤""田方用"等。另有部分陶兽面瓦、鸱尾、当沟及石质建筑构件残块出土。板瓦和筒瓦多见表面黑灰压光者，这在邺城地区东魏北齐时期大型建筑中相当常见，在一定程度上反映了该建筑的级别。

（二）核桃园 5 号门址的发掘

核桃园 5 号基址位于 1 号塔北侧约 40 米处，2014 年 3—5 月，邺城队对 5 号基址进行了全面发掘[1]。发掘发现早晚两期建筑遗迹，晚期建筑直接叠压早期建筑，并利用了早期建筑的条形夯土基础。早、晚两期建筑轴线方向基本一致，均为北偏东 7 度，晚期建筑中轴线相对早期建筑整体向东平移约 1 米。早期建筑位于晚期建筑南半部中部，规模明显小于晚期建筑。

晚期建筑遗迹（即 5 号基础）主要包括中央夯土台基、四周砖铺散水、南部砖砌沟槽、砖石混铺甬道及两翼连廊。中央夯土台基平面呈长方形，东西面阔 23.75 米、南北进深 14.3 米。砖石混铺甬道与南面 1 号基址北部甬道相连接。两翼连廊位于台基东西两侧偏北处，关于其走势和围合状况，还有待进一步工作。（图 12）

早期建筑遗迹（即早于 5 号基础的建筑遗迹）地上部分破坏无遗，仅存地下

---

1 中国社会科学院考古研究所、河北省文物研究所邺城考古队：《河北临漳县邺城遗址核桃园 5 号建筑基址发掘简报》，《考古》2018 年第 12 期，第 43—60 页。

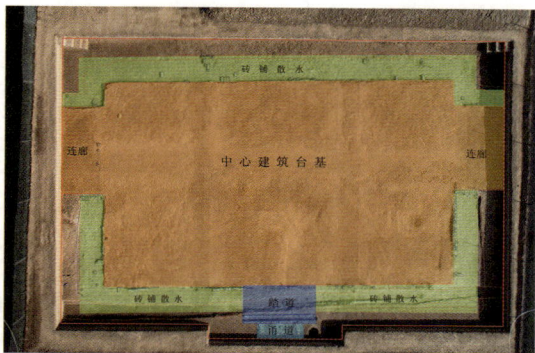

图 12 核桃园 5 号基址

图 13 核桃园 5 号门址出土板瓦戳记

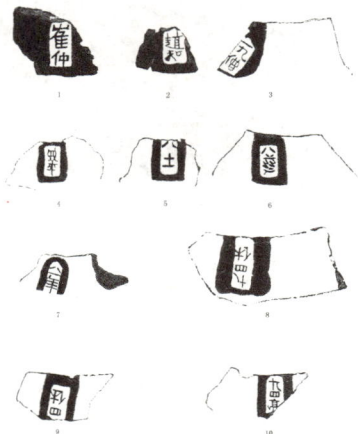

图 14 核桃园 5 号门址出土筒瓦戳记

基础部分。地下基础由东西向延伸的条形夯土和位于其南侧的 3 排 3 列共 9 个础墩组成。

出土遗物以各种规格的灰砖、板瓦、筒瓦、瓦当、当沟、兽面瓦、鸱尾等陶质建筑构件为主，另有极少量的石雕残块、琉璃瓦碎片及铜钱。其中板瓦和筒瓦上发现了较多的戳记文字，板瓦上可辨者有 "田虎" "李贵" "相凤" "照思" "四日□田" "六田□" "六牙" "六加生" "八崇四" "崇四" "八菀荣" "八揯担" "□遵伯" "九四元" "九牛习子" 等，筒瓦上可辨者有 "崔仲" "赵和" "一九僧" "四华" "□八土" "八慈" "八一年" "九四休一" "九四亮" 等多种。不少戳记在早年邺北城范围内的调查和发掘中也有发现，有些字体完全相同，也有略存差异者，这些都为邺城考古研究提供了新的资料。（图 13、图 14）

（三）核桃园 2 号佛殿及附属建筑的发掘

2016 年 4—12 月，邺城考古队对核桃园 2 号建筑基址及周边遗迹进行了勘探与发掘，发掘面积近 3000 平方米，发现一座规模宏大的殿堂类建筑及附属的连廊和廊房等遗迹，从建筑位置和形制分析，2 号基址应为大庄严寺内佛塔后方轴线上最重要的用于礼拜的佛殿遗迹（图 15）[1]。

图 15　核桃园 2 号佛殿及周边附属建筑

图 16　核桃园 2 号佛殿

2 号基址位于 5 号门址北约 50 米处，坐北朝南，平面呈横长方形，面宽约 38 米，进深约 22 米，由地上夯土台基和地下条形夯土基础两部分组成。地上夯土台基破坏严重，残高 0.3—0.5 米，未见础石及础坑痕，但在四角发现夯土中掺杂大量碎瓦片的迹象。台基南面设双阶，北面正中设单阶，台阶夯土宽 3.6 米、深 2.7 米、残高 0.3 米。台基边缘有条砖包砌和碎砖填缝的痕迹，其外侧砖铺散水，外缘以规整的三角形砑砖砌边。地下基础范围和形状与台基部分大体相当，经解剖确认为条形夯结构，其外围为回字形，内部由 5 条东西向平行分布的条形夯组成。中心条夯宽约 4.4 米、深 0.45 米，为纯夯土结构。南、北 4 道条夯分别位于两道宽约 8 米的大基槽内，底部由 5 层瓦片与夯土间隔夯筑而成，宽 2.25—3.45 米不等，深 1.1—1.15 米。根据大殿台基尺度及南面双阶和北面单阶的位置，结合地下条形夯土基础的分布状况，可以推测台基上所对应的建筑形制或为面阔七间、进深四间。（图 16）

2 号殿址东、西两侧设有连廊，通向东、西廊房。连廊亦由地上台基和地下基础两部分组成。地上台基平面近方形，东西面宽 5.2 米、南北进深 6.3 米、残高 0.3

1　何利群、朱岩石、沈丽华、郭济桥：《河北临漳邺城遗址核桃园北齐佛寺 2 号建筑基址及院落》，载国家文物局主编《2018 中国考古重要发现》，文物出版社，2019，第 125—130 页。

米。台基顶面在连廊与大殿连接处发现有地
栿槽痕，这应与登台设施有关；在台基外缘
发现包砖和宽约 1 米的散水痕。地下基础为
2 道东西向平行分布的条形夯。（图 17）

　　东、西廊房（6 号和 7 号基址）均为南
北走向，建在质量较差的堆土台基之上，台
基东西跨度约 15 米，残高 0.3 米，外缘有
牙砖填缝及砖铺散水痕，散水外缘的三角形
砑砖与大殿外围牙砖经连廊南北连为一体。
据遗迹现象分析，廊房结构为进深两间，面
宽、进深均约 4.3 米，前后有宽约 2.2 米
的廊道（图 18）。墙基系在夯土台上浅挖
而成，宽度 0.7—0.9 米，深浅不一。外墙
及室内东西向短隔墙墙基由三种不同类型的
残砖平铺，其上砌筑整砖；而室内南北向的
长隔墙墙基则是以碎瓦片铺垫，地面以上瓦
墙宽 0.8—0.9 米，外缘部分由排列整齐的
残瓦叠筑，内部的瓦片铺垫则较散乱。（图
19）墙基连接处均可辨明显方坑，底部铺细
沙，应为立柱础石被破坏后的遗留。廊房室

图 17　核桃园 2 号佛殿西连廊

图 18　核桃园 2 号佛殿东连廊及东廊房

图 19　核桃园 2 号佛殿东廊房中部隔墙

内空间略呈方形，面宽、进深为3.5—3.6
米，部分屋内尚保存较好的北朝地面及
倒塌的白灰墙皮。廊房的地下基础为磉
墩形式，等距分布，磉墩边长约1.5米、
深约0.5米。

出土遗物以砖、瓦类建筑构件为主，
种类有板瓦、筒瓦、瓦当、当沟、兽面瓦
件及各种类型的砖等。板瓦、筒瓦均破损
严重，几乎不见较完整者，表面多呈黑灰
压光处理，显示出时代的特性和建筑物的
级别。出土的许多板瓦和筒瓦上都有戳记，
数量达670余件，可辨戳记有"四九贵""四
洪""四王大""王仲三""七大""八
崇四""八冯国口""九三牛口""九三
口保"等。瓦当均为莲花纹，主要有两种
类型：一类为九瓣，莲瓣较瘦；另一类为
八瓣，莲瓣宽肥，瓣尖上卷。另还有极少
量尺寸仅8—9厘米的小莲花瓦当及联珠
纹瓦当。（图20）砖的种类较多，主要是
条砖、三角牙砖、方砖及一些为特殊建筑
部位特制的异形砖。陶兽面瓦件也发现多
件，均残破严重。此外还有个别莲花陶座、
石刻兽首及青、白石质造像残块等出土。
值得注意的是，在2号基址及其周边附属
建筑遗迹解剖沟的早期文化层中，发现了
"大魏兴和……"纪年的黑灰压光空心砖，
同时还出土了较多数量的琉璃瓦件，包括
琉璃板瓦、筒瓦和瓦当，均为泥质红胎，
釉色有砖红、黄绿、淡青、酱黑等色，是
邺城遗址东魏北齐时期建筑材料的首次集
中发现。（图21）

图20 核桃园2号佛殿出土莲花瓦当

图21 核桃园2号佛殿出土琉璃瓦件

（四）核桃园 3 号基址及寺院核心院落周边回廊的发掘

为了解核桃园 3 号建筑基址概况及寺院核心院落的围合情况，2017—2019 年邺城队分阶段对寺院轴线上的 3 号基址及附属建筑，东、西两侧 6—7 号廊房南段以及北部的 8 号建筑基址中段进行了局部发掘。

核桃园 3 号基址位于 2 号佛殿北约 10 米处，仅发掘台基东南一角，分早、晚两期，早期殿址残高约 0.75—0.93 米，地下基槽为条形夯结构，深 1.92—2.22 米。晚期大殿在早期殿堂基础上南扩，未下挖基槽，但在柱网对应位置发现有础石坑底残迹及下部磉墩遗迹。3 号殿址与 2 号佛殿的附属建筑基本相同，东侧有连廊连接廊房，连廊东西 4.53 米，南北 5.56 米，四角各有一大型础坑，现存两件础石，边长 0.62—0.64 米。东廊房结构与 2 号殿址东侧廊房相同，墙基连接处发现一件础石。（图 22）

5 号门址东、西两侧的勘探和发掘，证实了 6 号和 7 号廊房向南延伸的走势。其中 7 号廊房建筑最南端发掘出廊房 6 间，每间宽 4.44 米左右，两侧有宽约 1.5

图 22 核桃园 3 号殿址及附属建筑

图 23 核桃园 7 号廊房南端

图 24 核桃园 8 号复廊

米的走廊，外缘散水宽约 1.2 米。发掘确认了 7 号廊房向南延伸，与 5 号门址向东延伸的夯土墙连接。廊房东西两侧还发现有跨度约 4.2 米的廊道，向西与 5 号门址连通，向东继续延伸，走向有待进一步勘探和发掘。（图 23）

8 号基址位于核桃园建筑基址群中轴线北端，发掘面积 170 平方米。初步认定 8 号基址是一东西向长廊式建筑，夯土台基残高 0.15—0.2 米，南北跨度 10.5 米，边缘有包砖痕。台基中部有一道断续的瓦墙，将建筑物南北等分为两部分，其中位于轴线处的瓦垛系筒瓦平铺，与其余处侧立瓦墙不同，疑为进出门址。台基边缘及中部瓦墙间等距离分布着柱础坑，其下均有磉礅，柱间距为4.04—4.24米。从建筑尺度及开间结构推测该基址可能是复廊式建筑。（图24）

三、学术意义

通过分析地层叠压关系、建筑特征及出土遗物，结合文献和赵觊墓志的记载，可以确认核桃园建筑基址群是北齐文宣帝高洋于天保九年（558）十二月建造的大庄严寺。这是继赵彭城北朝佛寺之后发现的又一座大型北朝皇家寺院遗址，为探索东魏北齐时期邺城外郭城的范围、布局以及里坊制度提供了重要的线索。

大庄严寺位于中轴线上的核心建筑位置明确、结构完整、布局清晰。1号塔基位于建筑组群最南端，2号、3号为轴线上的重要殿堂遗迹。5号门址及两翼连廊与6号、7号廊房和8号复廊围合成寺院的核心院落。5号门址两翼连廊在与6号、7号廊房连接后又继续向东、西延伸，与塔基的围合走势还有待进一步研究。

核桃园北齐大庄严寺的考古发现对于探讨北朝晚期佛教寺院形制、布局和功能均具有重要意义，与此同时，也为研究东魏北齐时期大型宗教礼制类建筑的空间布局与结构、建造技术与工艺以及舍利瘗埋制度等提供了丰富的实物资料。有关北齐大庄严寺的整体布局和外围界线将是今后邺城考古勘探与发掘工作中亟需解决的问题。

发现秘色瓷
——慈溪上林湖越窑考古新收获 *

谢西营（浙江省文物考古研究所）

陈佳佳（嘉兴博物馆）

一、问题缘起

（一）秘色瓷概念的出现

"九秋风露越窑开，夺得千峰翠色来。好向中宵盛沆瀣，共嵇中散斗遗杯。"[1] 陆龟蒙的这首《秘色越器》第一次向世人提出了"秘色瓷"的概念，并用"千峰翠色"四字来表现秘色瓷的神韵。陆龟蒙，生年不详，约卒于唐中和元年（881）。该诗在史书中未载写作年代，据其生平只能推断该诗的时代下限，即不晚于中和二年[2]。该诗是目前所见最早提及"秘色"这一概念的文献资料，并且明确将其与越窑联系在一起。

在此之前，陆羽在《茶经》一书中从品茶角度出发提到"越州""越瓷"，而未提"秘色"一词。"碗，越州上，鼎州次，婺州次，岳州次，寿州、洪州次。或者以邢州处越州上，殊为不然，若邢瓷类银，越瓷类玉，邢不如越一也；若邢瓷类雪，则越瓷类冰，邢不如越二也；邢瓷白而茶色丹，越瓷青而茶色绿，邢不如越三也。晋杜毓《荈赋》所谓：'器择陶拣，出自东瓯。'瓯，越也。瓯，越州上，口唇不卷，底卷而浅，受半升已下。越州瓷、岳瓷皆青，青则益茶，

---

* 本项研究为国家社科基金青年项目"浙江慈溪上林湖后司岙窑址发掘资料整理与研究"（项目批准号：19CKG013）成果之一。

1 中华书局编辑部点校《全唐诗（增订本）》卷六二九《陆龟蒙》，中华书局，1999，第1585页。

2 厉祖浩：《唐五代越窑文献资料考索》，载浙江省博物馆编《东方博物 第43辑》，第89—100页。

茶作白红之色；邢州瓷白，茶色红；寿州瓷黄，茶色紫；洪州瓷褐，茶色黑，悉不宜茶。"[1]陆羽，生于开元二十一年（733），卒于贞元二十年（804）前后。据《陆文学自传》，在上元二年（761），《茶经》三卷已经完成，故而《茶经》一书应是上元初年（760—761）陆羽隐居湖州时所作[2]。

陆龟蒙《秘色越器》之后，徐夤在《贡余秘色茶盏》中第二次提到"秘色"："捩翠融青瑞色新，陶成先得贡吾君。巧剜明月染春水，轻旋薄冰盛绿云。古镜破苔当席上，嫩荷涵露别江渍。中山竹叶醅初发，多病那堪中十分。"[3]细读此诗，我们可以看到徐夤进一步对秘色瓷的特点进行归纳，以"捩翠融青瑞色新"和"陶成先得贡吾君"从器物本身特征和器物使用对象两个维度进行概括。徐夤，生年不详，约卒于后梁乾化四年至贞明六年间（914—920）。唐乾宁元年（894）进士，当年即授秘书省正字，光化三年（900）后弃职离京，客游汴梁朱全忠幕二年，约天复二年（902）归闽中王审知，因不被礼重，内心不平，不久又往依泉州刺史王延彬，终老乡里。据相关学者研究，该诗应作于朱全忠改元开平（907）取代唐朝前，"陶成先得贡吾君"中的"君"应指大唐天子[4]。

（二）秘色瓷概念的演绎

1. 两宋时期

宋代是秘色瓷概念进一步发展的时期。对于秘色瓷的记载，根据修著者身份的不同，大致可以分为两类，一类为官修著作，一类为文人笔记。

官修著作主要涉及五代和北宋时期越窑贡瓷中的秘色瓷，但是对于秘色瓷的产品特征未详加说明，所载内容仅为某一时间进贡秘色瓷的情况（见表一）。

---

1 〔唐〕陆羽：《茶经》卷中《四之器》"碗"条，载《丛书集成》初编本第 1479 册，中华书局，1991，第 9 页。
2 厉祖浩：《唐五代越窑文献资料考索》，载浙江省博物馆编《东方博物　第 43 辑》，第 89—100 页。
3 中华书局编辑部点校《全唐诗（增订本）》卷七一〇《贡余秘色茶盏》，中华书局，1999，第 1793 页。
4 厉祖浩：《唐五代越窑文献资料考索》，载浙江省博物馆编《东方博物　第 43 辑》，第 89—100 页。

表一 宋代官修著作对于秘色瓷的记载

序号	作者	著作	相关记载
1	王钦若等（编）	《册府元龟》	"（后唐同光二年）九月两浙钱镠遣使钱询贡方物：银器、越绫、吴绫、越绢龙凤衣、丝鞋屦子。进万寿节金器盘、龙凤锦织成……金稜秘色瓷器……"[1] "（废帝清泰二年）九月杭州钱元瓘进……金稜秘色磁器两百事"[2] "（后晋天福七年）（钱弘佐）又贡……秘色瓷器……"[3]
2	徐松（辑）	《宋会要辑稿》	"（开宝六年）二月十二日……两浙节度使钱惟濬进……金稜秘色瓷器百五十事……"[4] "神宗熙宁元年十二月，尚书户部上诸道府土产贡物，……越州……秘色瓷器五十事"[5]

1　〔北宋〕王钦若等编《册府元龟》第二册，卷一六九"帝王部 纳贡献"，中华书局，1982，第 2035 页。

2　〔北宋〕王钦若等编《册府元龟》第二册，卷一六九"帝王部 纳贡献"，中华书局，1982，第 2037 页。

3　〔北宋〕王钦若等编《册府元龟》第二册，卷一六九"帝王部 纳贡献"，中华书局，1982，第 2041 页。

4　〔清〕徐松辑《宋会要辑稿》第一百九十册"蕃夷七"，新文丰出版公司，1976，第 7827 页。

5　〔清〕徐松辑《宋会要辑稿》第一百四十二册"食货四一"，新文丰出版公司，1976，第 5542 页。

　　文人笔记小说对于秘色瓷的记载较多，多相互传抄，以"供奉之物""臣庶不得用"作为秘色之名的由来，同时又对"秘色瓷始于唐代"以及"越窑烧造"基本达成共识，但并未言及秘色瓷本身的特征，使人无从知晓秘色瓷的真正面貌。此外，个别文献以越窑秘色作为类比，将其他地区生产的青瓷器也称为秘色瓷，如龙泉秘色、高丽秘色等。（见表二）

表二 宋代文人笔记对于秘色瓷的记载

序号	作者	著作	相关记载
1	赵令畤	《侯鲭录》	"今之秘色瓷器，世言钱氏有国，越州烧进，为供奉之物，臣庶不得用之，故云秘色。比见陆龟蒙进《越器》诗云：'九秋风露越窑开，夺得千峰翠色来。好向中宵盛沆瀣，共嵇中散斗遗杯。'乃知唐时已有秘色，非自钱氏始。"[1]
2	曾慥	《高斋漫录》	"今人秘色磁器，世言钱氏有国日，越州烧进为供奉之物，不得臣庶用之，故云秘色。尝见《陆龟蒙诗集·越器》云：'九秋风露越窑开，夺得千峰翠色来。好向中宵盛沆瀣，共嵇中散斗遗杯。'乃知唐已有秘色矣。"[2]
3	叶寘	《坦斋笔衡》	"宋叶寘《坦斋笔衡》云：陶器自舜时便有，三代迄于秦汉，所谓甓器是也。今土中得者，其质浑厚，不务色泽。末俗尚靡，不贵金玉而贵铜磁，遂有秘色窑器。世言钱氏有国日，越州烧进，不得臣庶用，故云秘色。陆龟蒙诗（云）：'九秋风露越窑开，夺得千峰翠色来。好向中宵盛沆瀣，共嵇中散斗遗杯。'乃知唐世已有，非始于钱氏。"[3]
4	顾文荐	《负暄杂录》	"陶器自舜时便有，三代迄于秦汉，所谓甓器是也。今土中得者，其质浑厚，不务色泽。末俗尚靡，不贵金玉而贵铜磁，遂有秘色窑器。世言钱氏有国日，越州烧进者，不得臣庶用，故云秘。陆龟蒙诗（云）：'九秋风露越窑开，夺得千峰翠色来。好向中宵盛沆瀣，共嵇中散斗遗杯。'乃知唐世已有，非始于钱氏。"[4]
5	周辉	《清波杂志校注》	"越上秘色器，钱氏有国日供奉之物，不得臣下用，故曰'秘色'。"[5]
6	赵彦卫	《云麓漫钞》	"青瓷器，皆云出自李王，号秘色；又曰出钱王。今处之龙溪出者色粉青。越乃艾色。唐陆龟蒙有进越器诗，云：'九秋风露越窑开，夺得千峰翠色来。好向中宵盛沆瀣，共嵇中散斗遗杯。'则知始于江南及钱王均非也。近临安亦自烧之，殊胜二处。"[6]
7	徐兢	《宣和奉使高丽图经》	"狻猊出香，亦翡色也。上有蹲兽，下有仰莲以承之。诸器惟此物最精绝。其余则越州古秘色，汝州新窑器，大概相类。"[7]
8	陆游	《老学庵笔记》	"耀川出青瓷器，谓之越器，似以其类余姚县秘色也。"[8]
9	庄绰	《鸡肋编》	"处州龙泉多佳树……又出青瓷器，谓之'秘色'，钱氏所贡，盖取于此。宣和中，禁庭制样须索，益加工巧。"[9]
10	太平老人	《袖中锦》	"高丽秘色"[10]

1 〔宋〕赵令畤:《侯鲭录》卷六"秘色瓷器"条,载《侯鲭录·墨客挥犀·续墨客挥犀》,中华书局,2002,第149页。

2 〔宋〕曾慥:《高斋漫录》,载《文渊阁四库全书·子部·小说家类一》,商务印书馆,1983,1038册,第314页。

3 〔宋〕叶寘:《坦斋笔衡》,收入〔元〕陶宗仪《南村辍耕录》"窑器"条,中华书局,1959,第362—363页。

4 〔宋〕顾文荐:《负暄杂录》,收入〔元〕陶宗仪《说郛》卷十八,据上海古籍出版社编《说郛三种》,1988,第328页。

5 〔宋〕周辉:《清波杂志校注》卷五"定器"条,中华书局,1994,第213页。

6 〔宋〕赵彦卫:《云麓漫钞》卷十,中华书局,1996,第171页。

7 〔宋〕徐兢:《宣和奉使高丽图经》卷三十二《器皿三》"陶炉"条,商务印书馆,1937,第110页。

8 〔宋〕陆游:《老学庵笔记》卷二,中华书局,1979,第23页。

9 〔宋〕庄绰:《鸡肋编》卷上《龙泉佳树与秘色瓷》,中华书局,1997,第5页。

10 〔宋〕太平老人:《袖中锦》"天下第一"条,载《四库全书存目丛书·子部·杂家类》,1995,第101册,第385页。

2. 明清时期

(1) 明代文献

明代学者对于秘色瓷的认识进一步发展,在继承"秘色瓷出于上林湖""秘色瓷为唐五代时期烧造"等观点之上,提出了"南宋时秘色瓷继续存在"以及"越窑即柴窑"等新观点(见表三),但并未涉及秘色瓷本身的器物特征。

表三 明代文献对于秘色瓷的记载

序号	作者	著作	相关记载
1	顾存仁	《嘉靖余姚县志》	"秘色磁器,初出上林湖,唐宋时置官监窑,寻废。"[1]
2	李日华	《六研斋笔记》	"南宋时,余姚有秘色瓷,粗朴而耐久,今人率以官窑目之,不能别白也。"[2]
3	徐应秋	《玉芝堂谈荟》	"……陆龟蒙诗所谓'九秋风露越窑开,夺得千峰翠色来',最为诸窑之冠。至吴越有国日愈精,臣庶不得用,谓之秘色,即所谓柴窑也,或云制器者姓,或云柴世宗时始进御云。"[3]

1 〔明〕顾存仁等:《嘉靖余姚县志》卷六《风俗记 物产》,中国科学院图书馆据浙江宁波天一阁藏本摄影胶卷。

2 〔明〕李日华：《六研斋笔记》卷二，载《六研斋笔记·紫桃轩杂缀》，凤凰出版社，2010，第114页。

3 〔明〕徐应秋：《玉芝堂谈荟》卷二十八"柴窑秘色"条，上海古籍出版社，1993，第673—674页。

（2）清代文献

清代文献（见表四）对于秘色瓷的记载主要涉及以下几个方面：第一，关于五代北宋时期的越窑贡瓷，主要见于《十国春秋》一书，较之两宋时期的贡瓷文献资料，又有新发现，即关于前蜀王建取秘色瓷进贡后梁王朝的记载。第二，关于秘色瓷的时代和性质问题，见于《陶说》和《景德镇陶录》两书。《陶说》一书认为，越窑秘色瓷始于吴越国而非唐朝，以及秘色瓷是瓷器的名称而非为吴越国专控，并以前蜀王建取之进贡后梁为据进行佐证。《景德镇陶录》一书结合"秘色"一词的写法以及历史文献的比对，认为秘色瓷的生产起于唐代，止于明初，故而进一步得出"秘色"即为瓷器颜色的结论，也即"可见以瓷色言为是"[1]。第三，即地方县志资料，见于《余姚县志》，基本沿袭旧说，无甚创新。从清代文献的相关记述来看，清代人对于秘色瓷的产品特征也无从了解。此外，文献中新出现"南越秘色瓷"的说法。

表四 清代文献对于秘色瓷的记载

序号	作者	著作	相关记载
1	吴任臣	《十国春秋》	"（永平二年）二月……丁巳，梁遣光禄卿卢玭、阁门副使少府少监李元来聘……别幅云：……金棱琉璃碗十只，银棱秘色钞锣二面……（王建）又谢信物等曰：……金棱碗，越瓷器并诸色药物等，皆大梁皇帝降使赐贶……金棱含宝碗之光，秘色抱青瓷之响。"[1] "（宝大元年）秋九月，王遣使钱询贡唐方物，银器、越绫……秘色瓷器……"[2] "（清泰二年）九月，王贡唐锦绮五百……金棱秘色瓷器二百事。"[3] "（天福七年）十一月，王遣使贡晋铤银五千两……秘色瓷器……"[4] "（乾祐二年）十一月甲寅，王遣判官贡汉御衣……秘色瓷器……"[5] "（开宝二年）秋八月，宋遣使至，……是时王贡秘色窑器于宋。"[6]

1 〔清〕蓝浦、郑廷桂：《景德镇陶录图说》，连冕编注，山东画报出版社，2004，第267页。

续表

序号	作者	著作	相关记载
2	朱琰	《陶说》	"唐越窑，实为钱氏秘色窑之所自始，后人因秘色为当时烧进之名，忘所由来。"7 "钱氏有国时，越州烧进。""《高斋漫录》：越州烧进，为供奉之物，臣庶不得用，故云秘色。""王蜀报朱梁信物，有金棱碗，致语云'金棱含宝碗之光，秘色抱青瓷之响'。则秘色是当时瓷器之名，不然吴越专以此烧进，而王蜀亦取以报梁耶。"8
3	兰浦 郑廷桂	《景德镇陶录》	"秘色窑：吴越烧造者。钱氏有国时，命于越州烧进，为供奉之物，臣庶不得用，故云秘色。其式似越窑器，而清亮过之。唐氏《肆考》云：蜀王建报朱梁信物，有金棱碗。致语云，金棱含宝碗之光，秘色抱青瓷之响。则秘色乃是当时瓷器之名，不然，吴越专以此烧进，何蜀王反取之以报梁耶？按《坦斋笔衡》谓，秘色唐世已有，非始于钱氏，大抵至钱氏始以专供进耳。岂王蜀遂无唐之旧器哉？有徐夤有《贡余秘色茶盏》七律诗，可见唐有之辩非谬。特《辍耕录》疑为即越窑，亦误。南宋时秘色窑已移余姚，迄明初遂绝。"9 "秘色，古作祕色，《肆考》疑为瓷名，《辍耕录》以为即越窑，引叶寘"唐已有此"语。不思叶据陆诗，并无祕色字也。按秘色特指当时瓷色而言耳，另是一窑，固不始于钱氏，而特贡或始于钱氏，以禁臣庶用，故唐氏又谓蜀王不当有。不知祕字，亦不必因贡御而言。若以钱贡为祕，则徐夤《秘盏诗》亦标贡字，是唐亦尝贡，何不指唐所进御云秘？岂以唐虽贡，不禁臣庶用，而吴越有禁，故称祕耶？《肆考》又载秘色至明始绝，可见以瓷色言为是。"10
4	刘体仁	《爱日堂抄》	"自古陶重青品，晋曰缥瓷，唐曰千峰翠色，柴周曰雨过天青，吴越曰秘色。其后宋器虽具诸色，而汝窑在宋烧者，淡青色，官窑、哥窑以粉青为上；东窑、龙泉，其色皆青。至明而秘色始绝。"11
5	张怡	《玉光剑气集》	"后赏莲，以水精为食床，空其中，置金鳞翠藻，食器皆南越秘色瓷。"12

1　〔清〕吴任臣：《十国春秋》（全四册）第一册，卷三十六《前蜀高祖本纪　下》，中华书局，1983，第514—518页。

2　〔清〕吴任臣：《十国春秋》（全四册）第三册，卷七十八《吴越二　武肃王世家　下》，中华书局，1983，第1097页。

3　〔清〕吴任臣：《十国春秋》（全四册）第三册，卷七十九《吴越三　文穆王世家》，中华书局，1983，第1122页。

4　〔清〕吴任臣：《十国春秋》（全四册）第三册，卷八十《吴越四　忠献王世家》，中华书局，

1983，第 1135 页。

5　〔清〕吴任臣：《十国春秋》（全四册）第三册，卷八十一《吴越五　忠懿王世家　上 》，
　　中华书局，1983，第 1150 页。

6　〔清〕吴任臣：《十国春秋》（全四册）第三册，卷八十二《吴越六　忠懿王世家　下》，
　　中华书局，1983，第 1166 页。

7　〔清〕朱琰：《陶说》（全两册）第一册，卷二"古窑考　唐岳州窑"条，丛书集成初编
　　本，中华书局，1991，第 50—53 页。

8　〔清〕朱琰：《陶说》（全两册）第一册，卷二"古窑考　唐岳州窑"条，丛书集成初编
　　本，中华书局，1991，第 53—54 页。

9　〔清〕蓝浦、郑廷桂：《景德镇陶录图说》，连冕编注，山东画报出版社，2004，第 169 页。

10　〔清〕蓝浦、郑廷桂：《景德镇陶录图说》，连冕编注，山东画报出版社，2004，第 267 页。

11　〔清〕刘体仁：《爱日堂抄》，载傅振伦：《〈景德镇陶录〉详注》，书目文献出版社，
　　1993，第 139 页。

12　〔清〕张怡：《玉光剑气集》卷十七，魏连科点校，中华书局，2006，第 649 页。

3. 近现代研究

民国时期，对于秘色瓷产自上林湖的认识，地方志中还是有清晰体现的。
对此，成书于民国九年（1920）的《余姚六仓志》中就有明确记载："秘色瓷，
出林湖，始自唐宋时，寻废。今湖滨岗阜尤多沉埋遗器，土人掘得，拙朴而古。"[1]
这一时期也是近代考古学传入中国的时期。在近代考古学的影响下，越窑窑址
的考古调查工作也开启了。陈万里先生是第一个走出书斋、以田野考古的方式
来对越窑窑址进行调查的学者。自 20 世纪 30 年代始，他先后七下绍兴，调查
了余姚上林湖越窑窑址，搜集到大量瓷片标本，并撰写了《越器图录》[2]、《瓷
器与浙江》[3]、《中国青瓷史略》[4] 等专著。其《越窑与秘色瓷》一文对秘色瓷
的内涵进行了阐释，得出"秘色瓷因供御而得名"的结论[5]。日本人小山富士夫
也在 1937 年调查了上林湖窑址，并于 1943 年出版了《中国青瓷史稿》[6]，其中
也涉及秘色瓷相关问题。

1949 年以来，特别是随着 1956 年以来的第一次全国文物普查工作的开展以

1　杨积芳：《余姚六仓志》，载《中国地方志集成·乡镇志专辑25》〔据民国九年（1920）铅
　　印本影印〕，江苏古籍出版社、上海书店、巴蜀书社，1992。

2　陈万里：《越器图录》，中华书局，1937。

3　陈万里：《瓷器与浙江》，中华书局，1946。

4　陈万里：《中国青瓷史略》，上海人民出版社，1956。

5　陈万里：《越窑与秘色瓷》，载《陈万里陶瓷考古文集》，紫禁城出版社、两木出版社，
　　1990，第 16—19 页。

6　小山富士夫：《中国青瓷史稿》，日本中文堂，1943。

及 1957 年因上林湖水库建设而进行的详细考古调查工作，文物工作者对上林湖、上岙湖、白洋湖、杜湖、古银锭湖进行多次调查，并在调查资料的基础上完成《浙江余姚青瓷窑址调查报告》[1]。之后在 1981 年秋至 1985 年间展开的第二次全国文物普查工作，调查规模超过第一次，《青瓷与越窑》[2]即这次普查的主要成果之一。

这一时期对于秘色瓷的认识，学术界的讨论主要是在古籍文献检索整理的基础之上，借助古窑址的实地调查、探勘，以厘清传说中秘色瓷的真相。大体上，对于浙江上林湖晚唐、五代窑区就是当时秘色瓷的产地这一观点，逐渐形成共识。

（三）秘色瓷概念的揭秘

随着 1987 年陕西扶风法门寺地宫的开启[3]，考古工作者发掘出土了 14 件越窑瓷器（图 1），包括青釉瓷碗 7 件（图 2）、盘 6 件（图 3）和八棱净瓶 1 件（图 4）。与此同时，地宫出土一件唐咸通十五年（874）衣物帐——《应从重真寺随真身供养道具及恩赐金银器物宝函等并新恩赐到金银宝器衣物帐》上明确提到，"瓷秘色碗七口内二口银棱，瓷秘色盘子、碟子共六枚"，正好与地宫出土的 13 件越窑瓷器完全吻合。另外一件青瓷八棱净瓶，尽管在衣物帐中没有记载，但从其釉色及制法与其他 13 件秘色瓷器风格一致，表明其也应属于秘色瓷。

法门寺地宫的考古发现第一

图 1　法门寺地宫出土秘色瓷情形（图片采自陕西省考古研究院等编著《法门寺考古发掘报告》，文物出版社，2007）

图 2　法门寺地宫出土秘色瓷葵口碗（图片采自李军编著《千峰翠色：中国越窑青瓷》，宁波出版社，2011）

图 3　法门寺地宫出土秘色瓷花口盘（图片采自李军编著《千峰翠色：中国越窑青瓷》，宁波出版社，2011）

图 4　法门寺地宫出土秘色瓷八棱净瓶（图片采自李军编著《千峰翠色：中国越窑青瓷》，宁波出版社，2011）

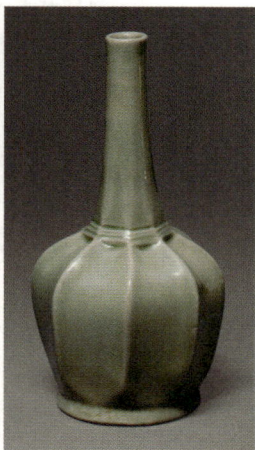

1　金祖明：《浙江余姚青瓷窑址调查报告》，《考古学报》1959 年第 3 期，第 107—120 页。

2　林士民：《青瓷与越窑》，上海古籍出版社，1999。

3　陕西省考古研究院、法门寺博物馆、宝鸡市文物局等编著《法门寺考古发掘报告》，文物出版社，2007。

次以实物资料向世人揭开了秘色瓷的神秘面纱，也第一次给出了唐代秘色瓷的标准，使学术界可以此为参照"达到何种标准"可称为秘色瓷。法门寺地宫秘色瓷实证的发现，再次掀起了秘色瓷研究的热潮。

二、早期发现与认识

（一）秘色瓷概念的继续探索

尽管法门寺地宫考古发掘给出了秘色瓷的实证，但是对于秘色瓷含义和性质仍是众说纷纭、莫衷一是。童兆良认为，晚唐秘色瓷窑场就是 1977 年在慈溪上林湖所发现的"光启三年"青瓷墓志罐文中所指的"当保贡窑"，秘色瓷应该是越窑产品中的最佳瓷器，再在其他地方进行金银扣等加工程序后的贡瓷；秘色瓷在加工前之款式、釉色、胎质等方面，与一般上林湖贸易用瓷并无不同，贡窑与非贡窑之间的发展，是齐头并进的。[1] 董其祥认为，"碧色"因为同音相假为"秘色"，所以秘色瓷可以泛指一切青瓷。[2]

为了进一步加深对法门寺地宫考古发掘价值的认识，法门寺博物馆于 1990年举办了首届国际法门寺历史文化学术讨论会，会上学者们针对地宫衣物帐上"瓷秘色"进行了讨论。宋伯胤重申了陈万里先生所说的秘色瓷样式、颜色、御用三条件，认为法门寺地宫出土的那件八棱净瓶不是秘色瓷，并希望以法门寺出土的这 13 件秘色瓷为标准器，将其胎骨、釉色、造型、装饰、窑炉技术等五项作为科学检验的标准，以提供鉴定标本的数据[3]；朱伯谦对秘色瓷的概念提出了相当明确的界说，并首次提出在贡窑烧制秘色瓷的时候，由于龙窑内部的温度和气氛很不一致，所以烧成后呈黄釉、青釉、生烧、过火的都有[4]。会后，高西省引述典籍记载，认为古代的"秘"是指香草名，所以秘色在唐和唐以前的本意是一种

1　童兆良：《贡窑概论》，载中国古陶瓷研究会、中国古外销陶瓷研究会：《中国古代陶瓷的外销：一九八七年福建晋江年会论文集》，紫禁城出版社，1988，第 147—151 页。

2　董其祥：《秘色瓷考辨兼论蜀窑秘色瓷》，载中国古陶瓷研究会、中国古外销陶瓷研究会：《中国古代陶瓷的外销：一九八七年福建晋江年会论文集》，紫禁城出版社，1988，第 153—157 页。

3　宋伯胤：《"秘色越器"辨证》，载张岂之、韩金科主编《首届国际法门寺历史文化学术研讨会论文集》，陕西人民教育出版社，1992，第 241—249 页。

4　朱伯谦：《古瓷中的瑰宝——秘色瓷》，载《揽翠集——朱伯谦陶瓷考古文集》，科学出版社，2009，第 138—144 页。原载张岂之、韩金科主编《首届国际法门寺历史文化学术研讨会论文集》，陕西人民教育出版社，1992。

香草色，五代以后才引申为使用、烧制隐秘之意[1]；谢纯龙从形制、胎釉、纹饰和装烧技术上，将秘色瓷分为唐、五代、北宋三期，并且认为秘色瓷的生产主要是靠越窑这个群体来共同完成的，也就是说"贡窑"烧造秘色瓷，而秘色瓷不全是"贡窑"所烧[2]。

1995年，上海博物馆召开了"越窑、秘色瓷国际学术讨论会"，学者们围绕着秘色瓷的产地、概念、"秘"的含义、窑场性质、八棱净瓶、烧造年代上限、分期等问题展开了深入讨论[3]，参会者论文于会后在《文博》[4]杂志和《越窑、秘色瓷》[5]一书中刊载，其中对于"衣物帐"中未载的八棱净瓶是不是"秘色瓷"以及"秘色瓷"是否为晚唐五代到北宋初期越窑质量上乘的贡瓷产品等问题，均得到了与会专家的正面肯定；对于秘色瓷分期以及秘色瓷含义等这些固有问题进行了激烈讨论，尚未达成共识。

这次会议之后，学术界从分期[6]、工艺[7]、文献[8]、制度[9]、性质[10]、产地[11]等角度出发，对一些争议问题进行了探讨，达成了一些共识，但大多数问题仍在激烈

1　高西省：《秘色瓷与秘》，《东南文化》1993年第1期，第220—223页。

2　谢纯龙：《"秘色瓷"诸相关问题探讨》，《东南文化》1993年第5期，第173—178页；谢纯龙：《越窑青瓷"秘色瓷"诸相关问题》，《浙东文化》1994年第1、2期合刊，第52页。

3　陆明华：《'95"越窑、秘色瓷国际学术讨论会"述评》，《文博》1995年第6期，第4、9—13页。

4　《文博》1995年第6期，"秘色瓷"专号。

5　汪庆正主编《越窑、秘色瓷》，上海古籍出版社，1996。

6　孙新民：《越窑秘色瓷的烧造历史与分期》，《文博》1995年6期，第145—148页；李军：《五代吴越钱氏越窑秘色瓷分期研究》，载中国古陶瓷学会编《中国古陶瓷研究　第12辑》，紫禁城出版社，2006，第182—183页；李军：《越窑综论》，载《千峰翠色：中国越窑青瓷》，宁波出版社，2011，第17—24页。

7　杜文：《唐代秘色瓷银棱装饰工艺及相关问题》，《文博》1996年第3期，第79—80页；刘良佑：《从形制观点谈"秘色瓷"相关问题》，载浙江省文物考古研究所编《浙江省文物考古研究所学刊　第5辑》，杭州出版社，2002，第78—96页。

8　王莉英、王兴平：《秘色越器研究总论》，《故宫博物院院刊》1996年第1期，第53—61页；权奎山：《唐代越窑秘色瓷的秘色涵义初探》，载沈琼华主编《2007'中国·越窑高峰论坛论文集》，文物出版社，2008，第123—127页；尚刚：《古瓷札记两则》，《文物》2012年第11期，第77—78页。

9　郑嘉励：《"秘色瓷"说》，《东方博物》2005年第1期，第24—26页；郑嘉励：《越窑秘色瓷及相关问题》，《华夏考古》2011年第3期，第121—125页。

10　赵宏：《秘色瓷续考》，《景德镇陶瓷》1997年第2期，第35—38页。

11　周晓陆：《由"瓷秘色"论及柴、汝窑》，《西北大学学报（哲学社会科学版）》1996年第1期，第37—40、55页。

讨论之中[1]。

（二）秘色瓷窑址的考古学探索

在学术探讨之外，文物考古工作者也对秘色瓷的产地进行了艰苦卓绝的探索。法门寺地宫秘色瓷被发现之后，各地的文物考古工作者开始对所在区域内的窑址进行调查。其实，早在1983年文物考古工作者就于上林湖越窑产区采集到与法门寺秘色瓷一致的器物[2]。

上林湖窑址群是唐宋时期越窑青瓷最为重要的生产中心之一，窑址群包括四个片区——上林湖（图5）、白洋湖、杜湖和古银锭湖。

20世纪90年代以来，浙江省文物考古研究所与慈溪市文物管理委员会办公室联合对慈溪上林湖越窑窑址群

图5　上林湖片区全景照

进行了详细的考古调查工作，并先后对古银锭湖低岭头窑址[3]、上林湖荷花芯窑址[4]、古银锭湖寺龙口窑址[5]、白洋湖石马弄窑址[6]进行了考古发掘工作。文物考古工作者在调查和发掘过程中于多个窑址点都采集到了秘色瓷残片。就目前考古调

1　最新研究当属沈岳明：《"秘色"探秘》，载浙江省文物考古研究所、慈溪市文物管理委员会办公室编著《秘色越器：上林湖后司岙窑址出土唐代秘色瓷器》，文物出版社，2017。

2　慈溪市博物馆编《上林湖越窑》，科学出版社，2002。

3　沈岳明：《修内司窑的考古学观察——从低岭头谈起》，载中国古陶瓷研究会编《中国古陶瓷研究　第4辑》，紫禁城出版社，1997，第84—92页。

4　浙江省文物考古研究所、慈溪市文物管理委员会：《慈溪上林湖荷花芯窑址发掘简报》，《文物》2003年11期，第4—25页。

5　浙江省文物考古研究所、北京大学考古文博院、慈溪市文物管理委员会：《浙江越窑寺龙口窑址发掘简报》，《文物》2001年第11期，第23—42页；浙江省文物考古研究所、北京大学考古文博学院、慈溪市文物管理委员会编《寺龙口越窑址》，文物出版社，2002。

6　浙江省文物考古研究所、慈溪市文物管理委员会：《浙江慈溪市越窑石马弄窑址的发掘》，《考古》2001年第10期，第59—72页。

图6 荷花芯窑址出土秘色瓷执壶

图7 石马弄窑址出土秘色瓷花口盘

查与发掘资料来看，上林湖片区的荷花芯（图6）、后司岙、黄鳝山、茭白湾等窑址点都存在秘色瓷产品，其中仅在后司岙窑址采集到与法门寺地宫同款的八棱净瓶残片；白洋湖片区的石马弄窑址采集到与法门寺地宫出土的相同形制的青瓷盘（图7）；古银锭湖片区的寺龙口窑址也发现过五代时期烧造秘色瓷的专用匣钵和瓷器标本（图8）。在这些窑址点中，后司岙区域窑址产品质量最高，但限于各方面条件的制约，直到2015年10月，后司岙窑址的考古发掘工作才得以实现。

图8 寺龙口窑址出土秘色瓷碗与瓷质匣钵粘连标本（图片采自浙江省文物考古研究所等编《寺龙口越窑址》，文物出版社，2002）

三、上林湖后司岙窑址考古新收获

作为浙江省文物考古研究所越窑考古研究课题的重要一环，同时配合考古遗址公园建设与世界文化遗产的申报，浙江省文物考古研究所与慈溪市文物管理委员会制订《上林湖越窑遗址2014—2018年考古工作计划》，并于2014年6月获国家文物局批准。其中，后司岙窑址的考古发掘便是该计划内的重要组成部分，旨在探明秘色瓷的烧造历史和烧造工艺。

2015年10月至2017年12月，浙江省文物考古研究所、国家文物局水下文化遗产保护中心、宁波市文物考古研究所、慈溪市文物管理委员会办公室联合组队，对后司岙窑址及后司岙水域实施了主动性田野考古发掘和水下考古调查工作，其中陆地发掘面积为 2350 平方米，取得了重要成果。此次发掘基本厘清了以后司岙窑址为代表的晚唐五代时期秘色瓷窑场的基本格局、晚唐五代时期秘色瓷的基本面貌与生产工艺、秘色瓷生产的兴衰过程、唐代法门寺地宫与五代吴越国钱氏家族墓出土秘色瓷产地等问题。

（一）后司岙窑场格局

在窑场格局上，后司岙窑址以窑炉为中心进行布局。（图 9）窑炉是依山而建的南方传统龙窑，基本为正南北向，较好保留了包括窑头、窑床、窑尾排烟室、窑门、窑炉两侧的多道匣钵护墙等在内的完整结构。窑炉使用砖坯砌筑，而外围的挡墙则用废弃的匣钵叠砌。窑炉西边是堆积丰厚的窑业废品，主要为倾倒窑业垃圾处，废品与窑炉之间使用多道匣钵挡墙隔开。

图 9　后司岙窑址窑场格局

图 10　房址遗迹

窑炉东边主要是作坊，包括房址（图 10）、釉料缸、储泥池等。它与普通窑场以窑炉为中心、两侧堆积废品的布局有明显区别。

（二）秘色瓷产品面貌

后司岙窑址出土的秘色瓷产品种类相当丰富，以碗、盘、钵、盏、盒等为主，亦有八棱净瓶（图 11）、执壶、穿带瓶（图 12）、罐、碟、炉、盂、枕（图 13）、扁壶、圆腹净瓶、盏托、器盖（图 14）等，每一种器物又有多种不同的造型，如碗有花口高圈足碗、玉璧底碗、玉环底碗等，盘有花口平底盘、花口高圈足盘等。

图 11　后司岙窑址出土秘色瓷
八棱净瓶

图 12　后司岙窑址出土秘色
瓷穿带瓶

图 13　后司岙窑址出土秘色瓷枕

图 14　器盖

胎质细腻纯净，完全不见一般青瓷上的铁锈点等杂质；釉色呈天青色，施釉均匀，釉面莹润肥厚，达到了如冰似玉的效果。

　　器物装饰均为素面，以造型与釉色取胜。许多器物为首次出土。

（三）秘色瓷装烧工艺

　　从装烧工艺上看，秘色瓷的出现与瓷质匣钵的使用（图15）密切相关。瓷质匣钵的胎与瓷器基本一致，极细腻坚致，匣钵之间使用釉封口，以使在烧成冷却过程中形成强还原气氛。在窑业废品堆积中分别发现了带有“大中”“咸通”与“中和”

图 15 秘色瓷与瓷质匣钵

年款窑具的地层。这种瓷质匣钵在至少“大中”年间前后开始出现，但普通的粗质匣钵仍旧在大量使用，此后比例不断提高，到了“咸通”年间前后瓷质匣钵已

图 16　后司岙窑场秘色瓷兴衰过程示意图

图 17　瓷质钵形匣钵叠烧示意

占相当的比例，而"中和"年间前后完全取代粗质匣钵，一直到五代中期，均完全使用高质量的细瓷质匣钵。五代晚期，匣钵的颗粒开始变粗，密封性下降。

　　结合纪年地层中出土物情况，我们可以确定最迟于唐大中年间前后，后司岙窑址就已经开始生产秘色瓷，至唐咸通年间秘色瓷已占有相当比例，于唐中和年间秘色瓷的生产达到鼎盛，其后一直持续到五代中期，此后走向衰落。（图16）因此瓷质匣钵及由此带来的秘色瓷生产，当是以后司岙为代表的上林湖地区窑场的重大发明。

　　瓷质窑具（图17）主要是匣钵与匣钵盖，还有少量的垫具。匣钵主要有"M"形、钵形、筒形等，大小不一。匣钵之间除均用釉封口外，部分匣钵在套叠后作为盖部分的内面施有釉，封口的釉常见窑变现象。匣钵盖极浅，近"M"形，匣钵盖与"M"形匣钵中心均呈圆形浅下凹以放置器物，并有多个泥点。绝大多数器物均为满釉单件仰烧，器物与匣钵之间使用多个泥点间隔。少量器物为覆烧，覆烧器物使用环形支圈，剖面呈"L"形，多个叠烧，宽沿上有泥点痕。匣钵的叠烧方式因器物高矮、大小而不同，以"M"形与直筒形匣钵直接叠烧最为常见，此外还有钵形与"M"形、钵形与匣钵盖、钵形与钵形对扣后再多组叠烧，钵形上叠多个重叠的环形匣钵等。净瓶使用特殊的喇叭形匣钵。垫具总体上数量不多，以垫饼为主，亦见有少量的垫圈。垫饼中心多有较大的圆孔而呈圆环状，偶见实心呈饼状的。

（四）宫廷用瓷的重要产地

后司岙窑址出土的秘色瓷产品，与唐代法门寺地宫中以及五代吴越国钱氏家族墓中出土的秘色瓷不仅在器型、胎釉特征上十分接近，而且装烧方法亦几乎完全相同，其中八棱净瓶目前仅见于后司岙窑址中。因此可以确定，晚唐五代时期的绝大多数秘色瓷器当为本窑址的产品。

在后司岙窑址的发掘过程中，发现了多个"官"字款匣钵（图18），结合1971年在其北边的吴家溪一带出土的光启三年（887）"殡于当保贡窑之北山"墓志罐，可以确定后司岙窑址是晚唐五代时期烧造宫廷用瓷的主要窑场，代表了这一时期的最高制瓷水平。

此外，经过水下考古调查，考古工作者发现了深埋在上林湖之下的古水道、古水坝等重要水下文化遗存，为研究古上林湖的地形地貌、水位变迁与产品运输、聚落分布等提供了弥足珍贵的实物材料（图19）。

图 18　后司岙窑址"官"字款匣钵残片

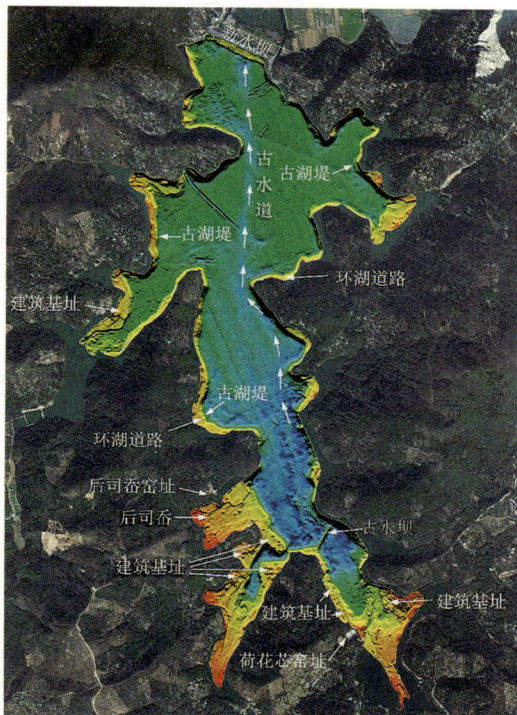

图 19　上林湖三维数字模型及部分水下遗存分布示意图

四、结语

秘色瓷这一概念自晚唐时期出现以来，经五代、两宋、元明清时期的不断演绎，其面貌越来越模糊，这一状况一直持续到近现代，直至1987年陕西扶风法门寺地宫的开启，秘色瓷这一概念成功揭秘。以上通过对自晚唐至明清文献的梳理，我们大致明确了各个时期文人墨客和官方文献中对秘色瓷的记载情况。1987 年陕西扶风法门寺地宫的开启，给出了秘色瓷的实证，使秘色瓷的研究拥有了实物参照。其实早在 1983 年全国第二次文物普查工作的过程中，慈溪文物工作者就曾在后司岙窑址附近采集到八棱净瓶的残片，包含其底部、颈部等，但当时并不知道这就是秘色瓷。限于各方面因素的制约，后司岙窑址的系统性考古发掘工作直至 2015 年才得以实现。通过为期两年多的发掘，以后司岙窑址为代表的秘色瓷的生产历史、烧造工艺等问题得以解决。目前我们正在对后司岙窑址出土遗物进行系统性整理，以期早日公布考古发掘报告，推动秘色瓷研究的深入。

第二章
视觉文化

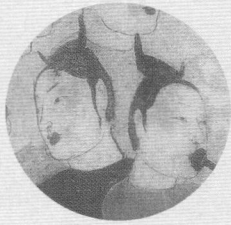

论中国绘画"分科"之原始

——以北朝石葬具画像为中心

郑　岩（北京大学艺术学院）

　　南朝梁昭明太子萧统《文选序》论"记事之史，系年之书"的赞论叙述，称其"事出于沉思，义归乎翰藻"[1]。传统的史书写作尚且要以华美精丽的文字来表达其"义"，何况其他文章？追求文字的形式美是汉唐之间文学的重要转变，在这一时期，绘画的实践与观念也发生着相似的变化。这篇小文试图借助北朝晚期石葬具所见图像材料，从一个侧面对此略加讨论。

　　装饰彩绘或线刻画像的石葬具在北魏平城时代已多有所见[2]，北魏洛阳时代的材料更为丰富，此外，这类葬具在东魏、北齐、北周的墓中也有发现[3]。石葬具的形制或为带围屏的大床，或为殿堂式，根据题记，前者自名为"石床"[4]，

1　〔南朝梁〕萧统编、〔唐〕李善注：《文选》，上海古籍出版社，1986，第3页。

2　王雁卿：《山西大同出土的北魏石棺床》，《文物世界》2008年第2期，第12—18、23页。

3　有关北魏洛阳时代石葬具的综述，见贺西林：《北朝画像石葬具的发现与研究》，载巫鸿主编《汉唐之间的视觉文化与物质文化》，文物出版社，2003，第341—376页；赵超：《北朝石床与石屏风：由深圳博物馆"永远的北朝——北朝石刻艺术展"谈起》，载赵超、吴强华主编《永远的北朝——深圳博物馆北朝石刻艺术展》，文物出版社，2016，第5—18页。

4　关于床形石葬具，我曾使用过另外的名称，现在则应以赵超的定名为准，径称之为石床。新近入藏于深圳金石艺术博物馆的东魏武定元年（543）翟育葬具自名为"石床"，是对于这一定名最直接的支持。见赵超：《介绍胡客翟门生墓门志铭及石屏风》，载荣新江、罗丰主编《粟特人在中国——考古发现与出土文献的新印证》，科学出版社，2016，第673—684页。

后者自名为"石堂"[1]或"石屋"[2]。一方面，作为安置死者遗体的用具，石床围屏和石堂四壁雕刻的画面在很大程度上受到丧葬制度、习俗和观念的制约，如以墓主像为中心的牛车、乘马画像，便是从西晋以后的墓葬系统内逐步发展出的一套图像组合，其含义与墓内壁画和俑群并无不同。[3]另一方面，石葬具的结构模仿现实生活中的床和殿堂，石床画像均采用屏风的形式，石堂四壁画像也与屏风十分相似。通过这种模拟的手法，墓葬被转化为死者的室宅，成为日常生活图景的影子。考虑到前一个方面，研究者应注意探讨这些画像在丧葬语境中的意义；着眼于后一方面，则可以通过葬具画像研究当时日常生活中绘画艺术的变化。

我此前曾讨论北朝葬具孝子题材画像与死者和生者意义上的关联，同时也注意到北朝时期这些传统绘画题材在语言方面的发展。[4]这篇短文是对后一个问题的补充，所不同的是，本文不再以画面的主题（subject matter）或意义（meaning）为框架，而是进一步观察构成这些画面的母题（motif）类型的新变化，具体来说，主要是讨论早期中国绘画"分科"的出现。[5]

一

唐宋以后的中国绘画有"分科"一说，分科的标准不是其文化意义（如历史绘画、宗教绘画、丧葬绘画），而是画面所描绘的具体物象，即构成画面的母题。

1　北魏太安四年（458）殿堂式的解兴葬具，其朱书题记可释读为"石堂"。（张庆捷：《北魏石堂棺床与附属壁画文字——以新发现解兴石堂为例探讨葬俗文化的变迁》，载北京大学中国考古学研究中心编《两个世界的徘徊——中古时期丧葬观念风俗与礼仪制度学术研讨会论文集》，科学出版社，2016，第233—249页）西安井上村北周大象二年（580）凉州萨保史君墓同类石葬具的题记自名为"石堂"，是更为确切的证据。（西安市文物保护考古研究院编著，杨军凯著《北周史君墓》，文物出版社，2014）

2　2021年发现的山西大同智家堡北魏太安二年（456）吕续墓殿堂式葬具自名"石屋"，见山西省考古研究院：《2021年度山西考古新发现　大同市平城区智家堡北魏吕续浮雕彩绘石椁墓》，"考古汇"微信公众号，2021年12月20日发布。

3　杨泓：《北朝陶俑的源流、演变及其影响》，载《汉唐美术考古和佛教艺术》，科学出版社，2000，第126—139页。关于这一时期墓主像的研究，见郑岩：《墓主画像的传统与转变——以北齐徐显秀墓为中心》，载《逝者的面具——汉唐墓葬艺术研究》，北京大学出版社，2013，第195—218页。

4　郑岩：《北朝葬具孝子图的形式与意义》，《美术学报》2012年第6期，第42—54页。

5　利用文献材料讨论绘画分科的研究成果，比较有代表性的见 Lothar Ledderose, "Subject Matter in Early Chinese Painting Criticism," *Oriental Art*, vol. XIX, no. 1, Spring 1973, pp.69-83。本文则更偏重对于图像材料的利用。

唐人张彦远《历代名画记》曰：

> ……开元、天宝其人最多，何必六法俱全（原注：六法解在下篇），但取一技可采。（原注：谓或人物，或屋宇，或山水，或鞍马，或鬼神，或花鸟，各有所长。）[1]

　　晚唐人朱景玄《唐朝名画录》将绘画分作四类，即人物、禽兽、山水和楼殿屋木；[2] 北宋初郭若虚《图画见闻志·纪艺中》分作人物、山水、花鸟、杂画四门；[3] 大约成书于北宋嘉祐二年（1057）的刘道醇《圣朝名画评》分作人物、山水林木、畜兽、花草翎毛、鬼神、屋木六门；[4] 成书于嘉祐四年（1059）的刘道醇的另一部著作《五代名画补遗》则分作五门，为人物、山水、走兽、花竹翎毛、屋木；[5] 北宋《宣和画谱》分作十门，即道释、人物、宫室、番族（附番兽）、龙鱼（附水族）、山水（附窠石）、畜兽、花鸟、墨竹、蔬果（附药品、草虫）；[6] 两宋之际的邓椿所著《画继》分作八门，为仙佛鬼神、人物传写、山水林石、花竹翎毛、畜兽虫鱼、屋木舟车、蔬果药草、小景杂画[7]。这种分类，使绘画的传习可专于一门，行有余力者，则旁及其余，而不必面面俱到。进一步讲，分门分科，意味着绘画内部分工的细化和专门化。由此还产生了对于不同类别绘画的价值判断，如元人汤垕在《画论》中称："世俗论画，必曰画有十三科，山水打头，界画打底。"[8]
　　值得注意的是，《历代名画记》还保存了东晋画家顾恺之的一段言论：

> 顾恺之《论画》曰：凡画，人最难，次山水，次狗马，台榭一定器耳，

1　〔唐〕张彦远：《历代名画记》卷一，俞剑华注释，上海人民美术出版社，1964，第17页。
2　〔唐〕朱景玄：《唐朝名画录》，载于玉安编《中国历代美术典籍汇编　第六册》，天津古籍出版社，1997，第288页。
3　〔宋〕郭若虚：《图画见闻志》卷三，人民美术出版社，1963，第67页。
4　〔宋〕刘道醇：《圣朝名画评》，载卢辅圣主编《中国书画全书　第一册》，上海书画出版社，1993，第446—447页。
5　〔宋〕刘道醇：《五代名画补遗》，载卢辅圣主编《中国书画全书　第一册》，第460页。
6　〔宋〕《宣和画谱》，载于安澜编《画史丛书　第二册》，上海人民美术出版社，1963，第6—18页。
7　〔宋〕邓椿、〔元〕庄肃：《画继／画继补遗》卷六、卷七，黄苗子点校，人民美术出版社，1964，第71—97页。
8　〔元〕汤垕：《画论》，载于安澜编《画论丛刊　上册》，人民美术出版社，1989，第63页。

难成而易好，不待迁想妙得也。以此巧历不能差其品也。[1]

论画之难易，始于《韩非子·外储说左上》：

> 客有为齐王画者。齐王问曰："画孰最难者？"曰："犬马最难。""孰易者？"曰："鬼魅最易。"夫犬马，人所知也，旦暮罄于前，不可类之，故难。鬼魅无形者，不罄于前，故易之也。[2]

这个故事在汉代亦为人所熟知，《淮南子·泛论训》："今夫图工好画鬼魅，而憎图狗马者，何也？鬼魅不世出，而狗马可日见也。"[3]《后汉书·张衡传》记张衡言："譬犹画工，恶图犬马而好作鬼魅，诚以实事难形，而虚伪不穷也。"[4]《韩非子》与汉代人所强调的难易，指的是再现性绘画和观念性绘画之间的区别，而顾恺之所论，则包含着对于绘画母题更为细致的划分。如果说画科的划分在东晋已经出现，也许言过其实，但从实物材料来看，一些母题至迟在 6 世纪已成为相对独立的表现对象。

二

顾恺之所言，最难画的"人"，是表现人类自身形象的母题，其历史久远，自不待赘论。对于晋宋之后人物画的变化与成就，前人也已有较为丰富的研究成果，我在此仅略做补充。

中原地区缺少偶像崇拜的传统，汉代绘画很少细致地刻画人物容貌，而注重表现人物活动的场景、故事的情节[5]。作为"像教"的佛教在魏晋南北朝时期普遍传播，极大地改变了人们对于神明的想象和理解。如净土宗关于"观像"的理论，便为人们凝视一张脸的图像提供了重要基础。佛像的刻画必须直指人心，方能达

1　〔唐〕张彦远：《历代名画记》卷五，俞剑华注释，第 102 页。

2　〔清〕王先慎：《韩非子集解》，钟哲点校，中华书局，2003，第 270—271 页。

3　刘文典：《淮南鸿烈集解》，冯逸、乔华点校，中华书局，1989，第 432 页。

4　〔宋〕范晔：《后汉书》，〔唐〕李贤等注，中华书局，1965，第 1912 页。

5　一个特别的例子是山东金乡东汉晚期的"朱鲔石室"画像，见郑岩：《视觉的盛宴——"朱鲔石室"再观察》，载《美术史研究集刊》第 41 期，台湾大学美术史研究所，2016，第 61—144 页。

到其教化目的。[1] 史载戴逵雕造丈六无量寿像及菩萨像，"乃潜坐帷中，密听众论，所听褒贬，辄加详研，积思三年，刻像乃成"[2]，反映了这一时期神明形象的刻画不再满足于粗具其形，其用心用力之精深前所未见，这种变化对于世俗艺术也会产生重要的影响。

在陕西西安北郊上林苑住宅小区发掘的北周天和六年（571）康业墓石床画像中，墓主的形象反复出现，匠师采用了多种不同的图式，表现墓主的仪态。[3]（图1）美国波士顿美术馆所藏洛阳出土北魏横野将军甄官主簿宁想石室（石堂）后壁外侧的一组画像，从三个角度刻画了同一位男子及其侍女，构图被立柱分为三格，与屏风形式相似。[4]（图2）同样的图式也见于20世纪70年代末在洛阳东关发现的一通碑刻的底座上，其背面刻画四位男子左右顾盼，均有一至两位侍者扶持。[5]（图3）联系碑座正面的博山炉和狮子等画像看，四位男子应是供养人，说明这种图式在世俗墓葬和宗教艺术中均可使用。列奥·施坦伯格（Leo Steinberg）指出：相连的正反面形象乃是传达或维系三位对象完整信息的常用手段。他所举出的一个范例是在罗马时代被反复临摹，到文艺复兴时期热情复活，并且一直存活到现代的艺术中的美惠三女神（The Graces/Kharites）。[6] 艺术家通过三种不同的角度刻画希腊神话中代表妩媚、美丽、优雅三种品质的女神（图4），展现了理想化人体的美。这种连续性结构同样见于洛阳石刻，其中宁想石室的画像甚至有可能表现的是同一个人。这种图式表现出观者与被观者相对的运动，既可以理解为画中人物自身的"表演"，又可以理解为观者围绕同一个人物转动而摄取的不同瞬间，大大拓展了画面的空间。在刘义庆《世说新语》"容止"一节，"容止"的同义词之丰富令人惊异——风姿、姿容、神情、美容、容姿、容仪、形貌、美形，同样，我们也可以将画像中人物角度的多样化理解为与文学语言相似的修辞手法。

1　颜娟英：《佛教造像缘起与瑞像的发展》，载康豹、刘淑芬主编《信仰、实践与文化调适》，"中央研究院"，2013，第271—307页。

2　〔唐〕张彦远：《历代名画记》卷五，俞剑华注释，第123页。

3　郑岩：《逝者的面具——汉唐墓葬艺术研究》，第219—265页。

4　郭建邦编著《北魏宁懋石室线刻画》，人民美术出版社，1987。研究者多将与石室同出的墓志中死者的姓名读作"宁懋"，曹汛主张读为"宁想"。见曹汛：《北魏宁想石室新考订》，载王贵祥主编《中国建筑史论汇刊　第4辑》，清华大学出版社，2011，第77—125页。

5　黄明兰：《洛阳出土一件线刻碑座》，《考古与文物》1986年第4期，第108页、封二、封三。

6　列奥·施坦伯格：《另类准则——直面20世纪艺术》，沈语冰、刘凡、谷光曙译，江苏美术出版社，2013，第204—206页。

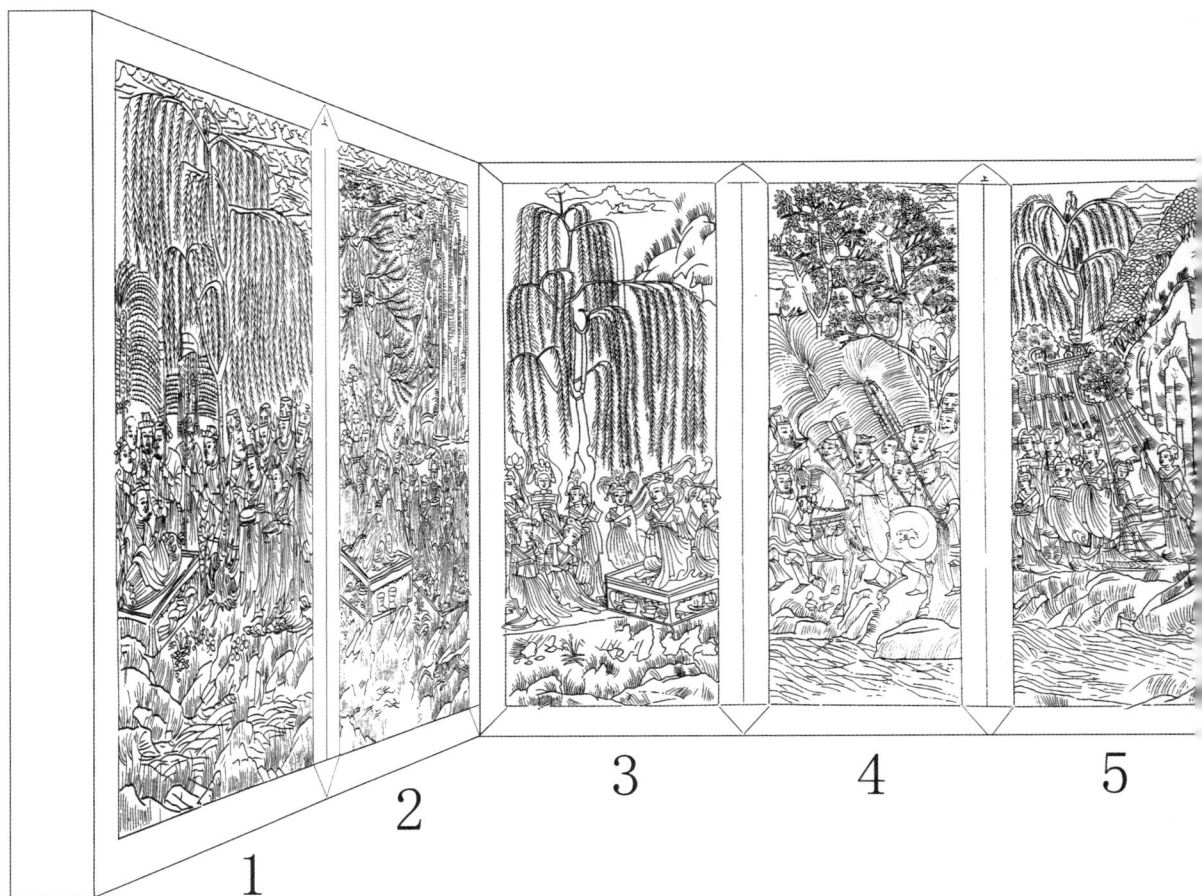

图 1　陕西西安上林苑住宅小区北周康业墓石床围屏画像线稿

图 2　美国波士顿美术馆藏北魏宁想石室背面画像线稿

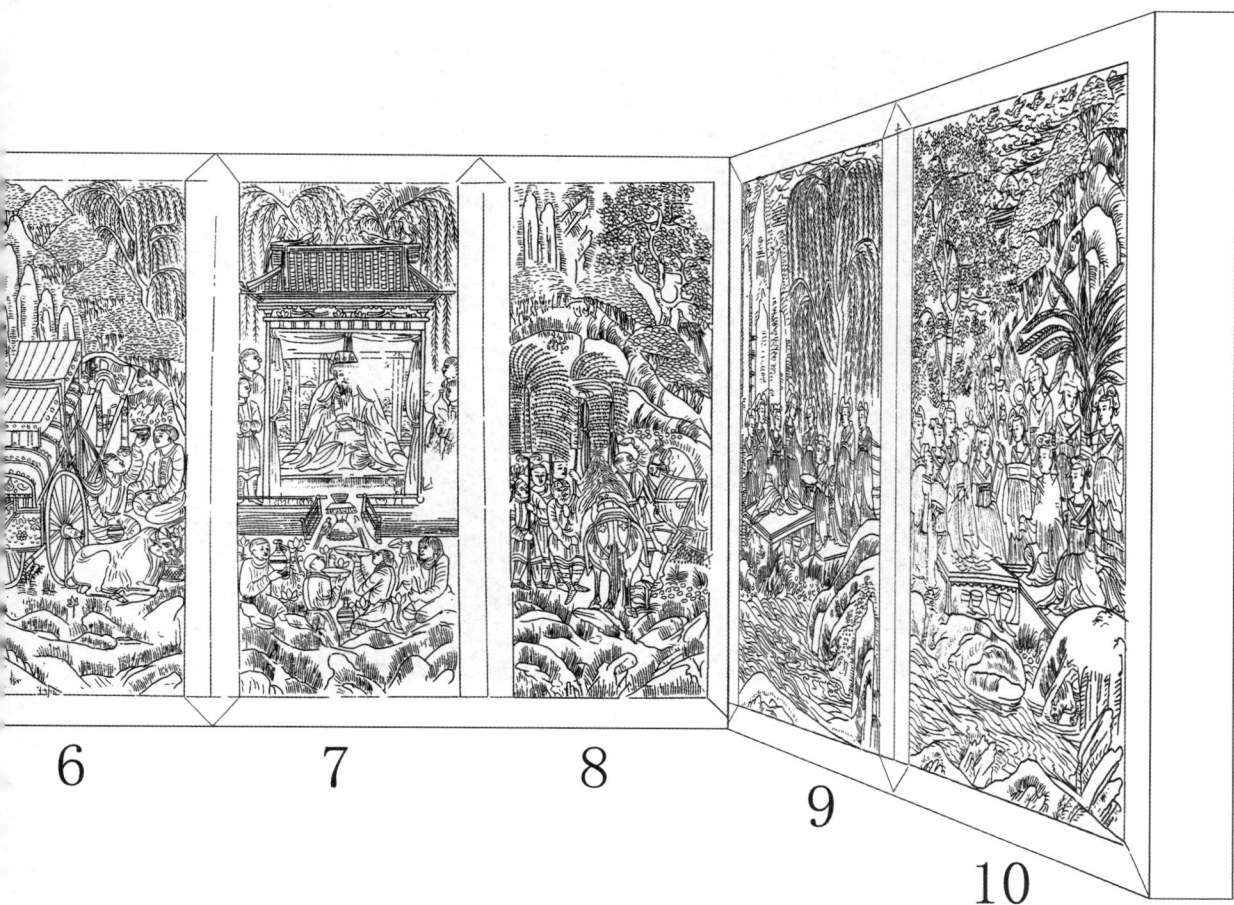

6　　7　　8　　9　　10

图3　河南洛阳东关北魏石碑座供养人画像拓片（反相）

图4　拉斐尔（1483—1520）　《美惠三女神》

　　我们并不知道这些精彩的画像的作者是谁，一些著名的艺术家很可能与某些图式的发明或提升有关。深圳金石艺术博物馆新入藏的东魏武定元年（543）胡客翟育石床出现了胡化的竹林七贤形象[1]。这种题材的源头可以追溯至南朝，最著名的莫过于江苏南京西善桥宫山墓出土的竹林七贤与荣启期拼镶砖画[2]。这组画像表现出人物画创作前所未有的高度，不仅有"手挥五弦"，也有"目送归鸿"，在体态和神情的刻画中均极为精到。日益丰富的考古材料和研究成果表明，宫山墓的范本在年代更晚的南朝墓葬中不断被复制，这种复制的行为使原稿被经典化，也显示出宫山墓壁画背后那幅有可能出自名家之手的画稿的巨大影响力[3]。

　　值得一提的是，深圳金石艺术博物馆新近入藏的另一组北朝石床围屏上的一位男子形象（图5），动态居然与传顾恺之《女史箴图》摹本中的一个人物极为类似；而康业墓石床画像中的一位女子（图6）又可与《女史箴图》（图7）

1　赵超：《介绍胡客翟门生墓门志铭及石屏风》，第680—681页。

2　南京博物院、南京市文物保管委员会：《南京西善桥南朝墓及其砖刻壁画》，《文物》1960年第8、9期合刊，第37—42页。

3　郑岩：《前朝楷模，后世之范》，载上海博物馆编《壁上观——细读山西古代壁画》，北京大学出版社，2017，第374—389页。

图5　深圳金石艺术博物馆藏北朝石床围屏画像

图6　陕西西安北周康业墓石床围屏北壁自西而东第三幅画像局部及线稿

图7　（传）顾恺之　《女史箴图》（局部）

摹本中的女子形象进行比对。随着考古材料的不断增加，我们有可能重新认识这类传世绘画。

三

我此前有小文专论早期山水画的问题[1]，为便于与其他几种母题对比，以下对其中涉及北朝的材料略做重述。

山东济南马家庄北齐武平二年（571）祝阿县令□道贵墓正壁墓主像背后绘一具九曲屏风（图8）[2]，屏风上画出远山和云气，线条简率，缺少细节，未见设色，但很明显是描绘自然景色的独立画面，其中尤以右数第二曲最为分明。康业墓石床围屏正面自西而东第五幅也刻画正面墓主像（图9）[3]，人物坐在一具与石床结构完全相同的大床上，其背后的屏风上以阴线刻出山峦与树木。这种格局的壁画还见于山东嘉祥杨楼英山隋开皇四年（584）驾部侍郎徐敏行墓（图10）[4]。该墓正壁墓主夫妇画像背后的多曲屏风上也绘有山水，约略可见以青色横向点染

图8　山东济南马家庄北齐□道贵墓北壁壁画

1　郑岩：《妙迹苦难寻，兹山见几层——早期山水画的考古新发现》，载上海博物馆编《翰墨荟萃——细读美国藏中国五代宋元书画珍品》，北京大学出版社，2012，第100—113页。

2　济南市博物馆：《济南市马家庄北齐墓》，《文物》1985年第10期，第42—48、66页、105页。

3　西安市文物保护考古所：《西安北周康业墓发掘简报》，《文物》2008年第6期，第1、14—35页。

4　山东省博物馆：《山东嘉祥英山一号隋墓清理简报——隋代墓室壁画的首次发现》，《文物》1981年第4期，第28—33、97—98页。

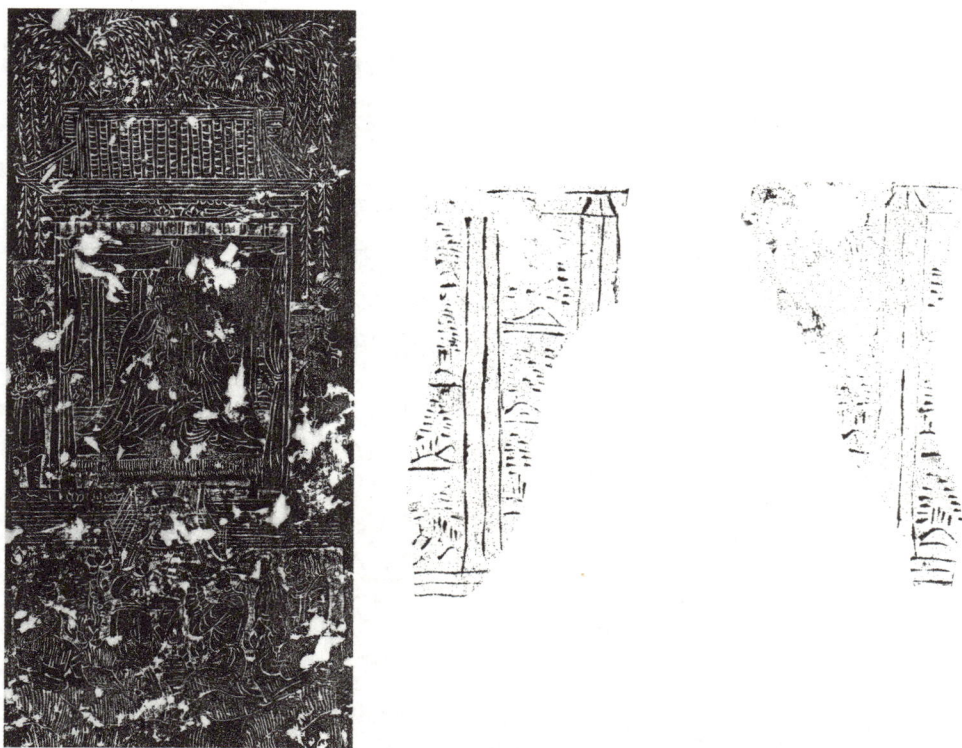

图 9　陕西西安北周康业墓石床围屏北壁自西而东第五幅画像及屏风线稿

图 10　山东嘉祥杨楼英山隋徐敏行墓北壁壁画

的树冠和以赭色平行于竖线构成的树干，其右端一曲至少有四排树丛上下布列。徐敏行生于梁大同九年（543），曾在梁、北齐、北周和隋任职。已有研究者指出，其墓内壁画很大程度上继承了北齐的传统[1]。对照□道贵墓和康业墓可知，这类山水屏风显然也是继承北朝而来的。

在这三个例子中，由于墓主身体的遮挡，我们看不到屏风的全貌，作者目的也不在于精心描绘屏风上的画面。但是，屏风中的树木、山峦、流云历历在目，确定无疑。壁画中的人物并不在屏风之内，可知屏风上所绘的是一组纯粹的山水，而不是人物的衬景。这种格局，与在同一个画面中作为人物背景出现的山水有着本质的差别。

山东临朐海浮山北齐天保二年（551）东魏威烈将军、南讨大行台都军长史崔芬墓四壁绘制十七曲屏风[2]，多绘有高士、舞人、鞍马，背景衬以树木奇石。用作背景的树石见于纳尔逊－阿特金斯美术馆（Nelson-Atkins Museum of Art）所藏北魏孝子棺画像，然而，在崔芬墓东壁南端两扇（图11）和西壁南端两扇屏风中，树木和奇石则被单独加以表现，而树木和奇石均是后世山水画的重要元素。此外，山水题材的绘画也见于仪仗器物的装饰，深圳金石艺术博物馆

图 11　山东临朐海浮山北齐崔芬墓东壁南端壁画

1　杨泓：《隋唐造型艺术渊源简论》，载荣新江主编《唐研究　第 4 卷》，北京大学出版社，1998，第 361—372 页。

2　山东省文物考古研究所、临朐县博物馆：《山东临朐北齐崔芬壁画墓》，《文物》2002 年第 4 期，第 4—26 页；临朐县博物馆编《北齐崔芬壁画墓》，文物出版社，2002。

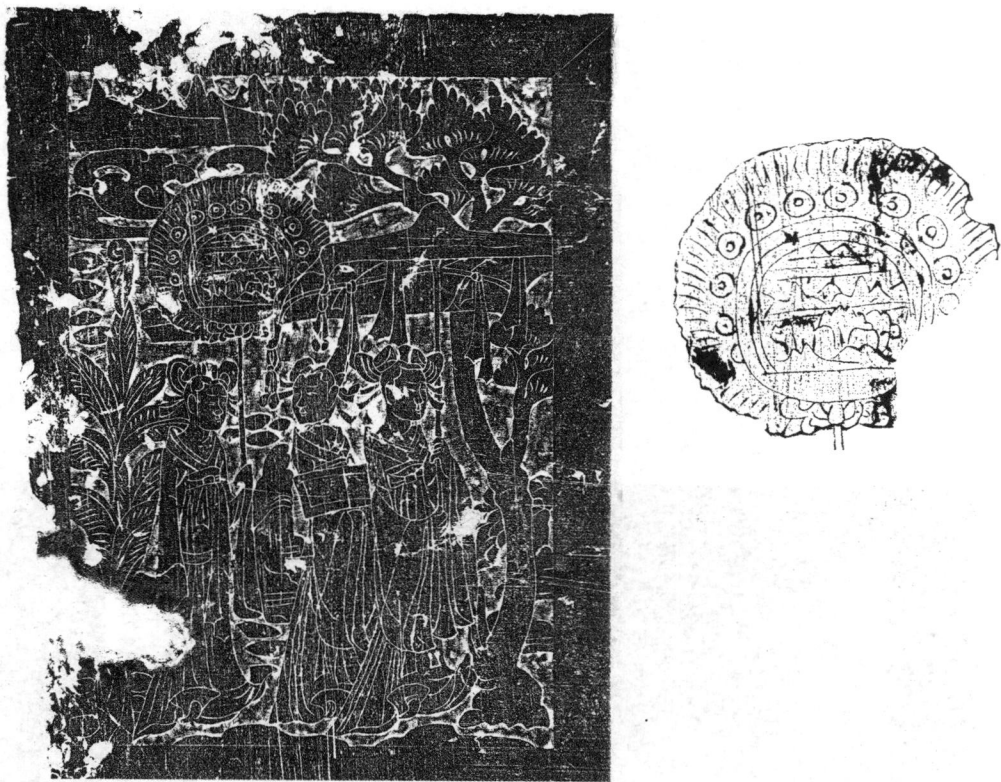

图 12　深圳金石艺术博物馆藏北朝石床围屏画像及羽葆线稿

收藏的一具北朝石床的围屏上刻画一手持羽葆[1]的侍女，羽葆中心的山水清晰可辨（图 12）。

《历代名画记》记顾恺之所绘"绢六幅图，山水"[2]，或有可能是上述山水屏风的前身。《宋书·宗炳传》云："（炳）有疾还江陵，叹曰：'老疾俱至，名山恐难遍观，唯当澄怀观道，卧以游之。'凡所游履，皆图之于室，谓人曰：'抚琴动操，欲令众山皆响。'"[3]宗炳卒于刘宋元嘉二十年（443）。这种与"卧"相关的山水图画，有可能也是画在环绕床榻的屏风上。如果说晋宋时期的这些例子还只是偶然出现的一些个性化创作的话，那么，由上述考古发现可确知，大约一个世纪后，这种做法已蔚然成风。文献记载这一时期的山水画"或水不容泛，

<hr>

1　邹清泉在 2023 年的一次讲话中认定此物为羽葆。
2　〔唐〕张彦远：《历代名画记》卷五，俞剑华注释，第 102 页。
3　〔梁〕沈约：《宋书》，中华书局，1974，第 2279 页。

或人大于山"[1]，大概指的是画家尚难以恰当地处理人物与背景的比例关系，这与以山水独立成画并不矛盾。随着材料的进一步丰富，我们或有可能对这一时期山水画的问题重做评估。

四

已有许多学者讨论 1982 年甘肃天水石马坪文山顶出土的石床（图 13、图14）[2]，推定其年代在北周至隋，墓主为胡裔贵族，并认为其围屏画像中的人物活动与祆教信仰有关。从视觉的角度来看，这组画像最引人注目的特征是对于建筑的表现。除原简报编号为 11 的画面表现了山林狩猎、编号为 9 的画面表现酿

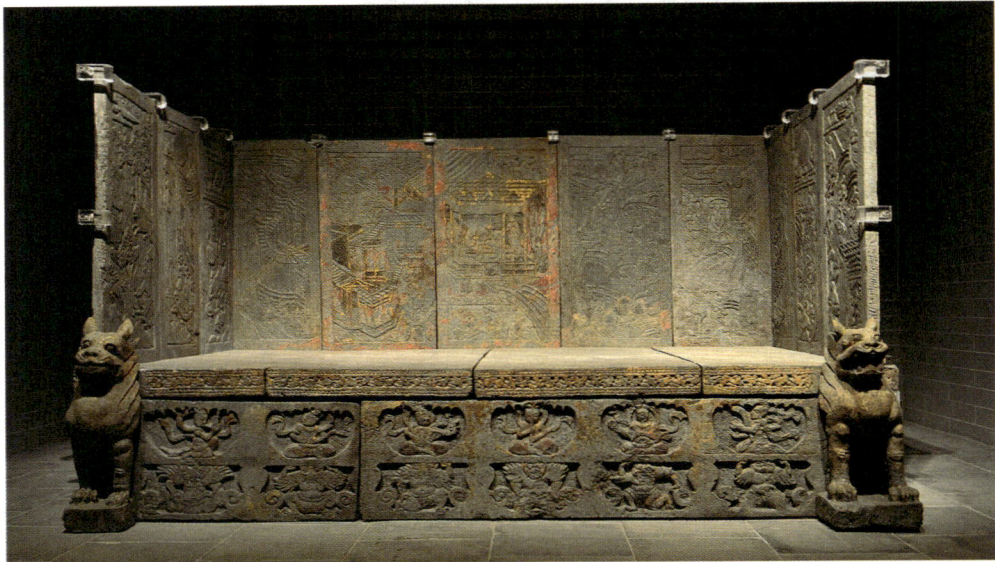

图 13　甘肃天水石马坪文山顶石床

1　〔唐〕张彦远：《历代名画记》，俞剑华注释，第 26 页。

2　天水市博物馆：《天水市发现隋唐屏风石棺床墓》，《考古》1992 年第 1 期，第 46—54、103—104 页。有关研究，见姜伯勤：《中国祆教艺术史研究》，生活·读书·新知三联书店，2004，第 155—172 页；B. I. Marshak, "The Sarcophagus of Sabao Yu Hong, a Head of the Foreign Merchants (592—98)", *Orientations*, 35, 7, 2004, pp.57-65（中译见李润渊译《胡商首领萨保虞弘石椁研究》，《信息与参考》2005 年总第 6 期，第 162—165 页）；宋莉：《甘肃天水石棺床年代考》，《西北美术》2006 年第 1 期，第 44—47 页；李宁民：《天水出土屏风石棺床再探讨》，《中原文物》2013 年第 3 期，第 85—91、105 页；沈睿文：《天水石马坪石棺床所见希腊神祇》，载荣新江、朱玉麒主编《西域考古·史地·语言研究新视野——黄文弼与中瑞西北科学考察团国际学术研讨会论文集》，科学出版社，2015，第 497—511 页。

图 14　甘肃天水石马坪文山顶石床围屏画像编号

酒外，其他画面都不同程度地出现了建筑的母题，[1] 如第 1 幅中单层的亭阁，第 4 幅中的阙门，第 5、6、7、8、10 幅的单层屋宇，第 3 幅双重的楼阁，第 5、8 幅曲折的水上长廊，第 1、2、6、7 图中的桥等。作者较为恰当地处理了人物与建筑的比例关系，使得人物成为建筑的点缀。换言之，建筑在这里成为画面的主体，而不只是人物活动的场所。

　　天水石马坪石床画像所见对于建筑的兴趣，难以用"地域风格"或"时代风格"来简单解释。2002 年出土于天水后被盗到国外的另一组年代相近的石床也是入华胡人墓的葬具（图 15），[2] 其围屏并没有表现出对于建筑的偏好，而是以人物和各种神祇形象为主。建筑的母题在西安北周安伽墓石床、康业墓石堂等例子中也有所见，[3] 但均未像石马坪石床围屏画像那样集中和大面积地加以刻画。

　　孙机曾论及石马坪石床第 1 幅画像中单层的亭阁，以此作为粟特建筑的典

1　沈睿文对于其中廊庑、阙和楼阁做了详细的讨论，见沈睿：《天水石马坪石棺床墓的若干问题》，载荣新江、罗丰主编《粟特人在中国——考古发现与出土文献的新印证》，第 466—500 页。

2　Boris I. Marshak, Catherine Delacour, Pénélope Riboud, et al., *Lit de pierre, somme il barbare, Présentation, après restauration et remontage, d'une banquette funéraire ayant appartenu à un aristocrate d'Asie centrale venus' établir en Chine au VIe siécle, Paris*, Musée Guimet, 2004.；屈涛：《出生证：一个无法回避的问题——法文版〈石屏，野蛮睡眠〉一书的另外一种"读后感"》，载荣新江、罗丰主编《粟特人在中国——考古发现与出土文献的新印证》，第 368—380 页。

3　陕西省考古研究所编著《西安北周安伽墓》，文物出版社，2003；西安市文物保护考古研究院编著，杨军凯著《北周史君墓》，文物出版社，2014。

图 15　流散到国外的甘肃天水石床

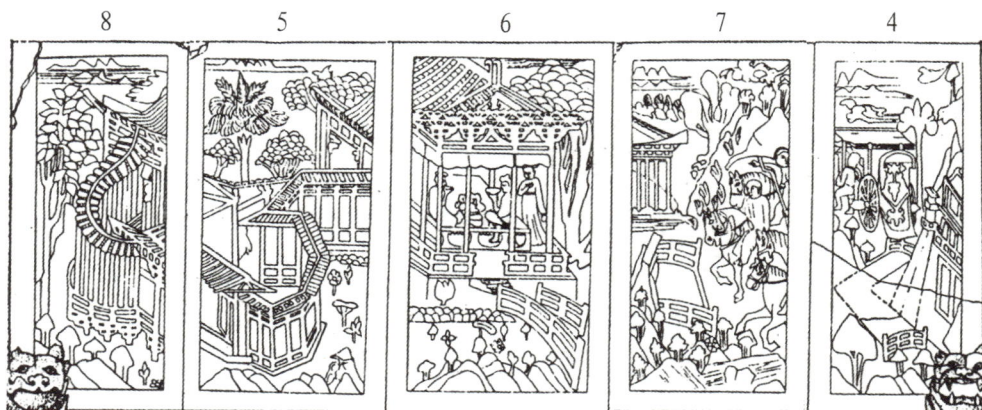

图 16　根据李宁民文章调整后的甘肃天水石马坪围屏正壁画像次序

型，[1] 但这组屏风中更多的建筑为中原风格。最近，李宁民撰文对原发掘报告的一些细节提出质疑，怀疑其报告有不准确之处。他指出："在这次修复中，我们发现因铁质构件锈蚀膨胀造成的第八幅右上角和第五幅左上角的崩落范围一致，另一个原因是我们发现，如果没有屏风边框，这些作为背景出现的园林回廊、河流、山石等组成的大致是一幅画面……如果将第五幅和第七幅对换位置……调整对换后第八幅、第五幅和第六幅形成一个比较完整的园林空间。这个园林里主体建筑为歇山式厅堂建筑，有曲形回廊、池塘和莲花。第四幅和第七幅形成园林外

1　孙机：《我国早期单层佛塔建筑中的粟特因素》，载《宿白先生八秩华诞纪念文集》编辑委员会编《宿白先生八秩华诞纪念文集　下》，文物出版社，2002，第 425—433 页。

图 17　山西忻州九原岗北朝墓照墙壁画

的空间，主要内容为车乘和出行。"[1]（图 16）虽然这个调整方案的证据尚显薄弱，但调整后的视觉效果的确颇为圆融，值得充分注意。当然，即使按照这种调整方案重新拼合，在各扇屏风相连接的部分，画面的细节仍难以全面吻合。也许有一种可能性存在，即屏风的画像来源于现成的画稿，只是在雕刻过程中产生了细微的偏差，而发掘报告的介绍也产生了位置的错乱。诚如是，则其原始画稿或许类似后世所见的"通景屏"，即在多扇屏风上表现连续性的画面。

　　论及这一时期中原绘画中对于建筑的迷恋，山西忻州九原岗北朝墓照墙壁画是一个典型的例子（图 17）。[2]画面中有对屋宇斗拱多角度的描绘，既全面地呈现出精巧复杂的结构，也展露出针对其视觉效果的审美之眼。这类对于建筑的兴趣还可以追溯至汉代壁画，如河北安平逯家庄东汉墓右侧室北壁壁画中的建筑已

1　李宁民：《天水出土屏风式石棺床的修复及研究》，载荣新江、罗丰主编《粟特人在中国——考古发现与出土文献的新印证》，第 191—206 页。

2　山西省考古研究所、忻州市文物管理处：《山西忻州市九原岗北朝壁画墓》，《考古》2015 年第 7 期，第 2、51—74 页。

79

明确使用了界尺引线[1]。

一般认为专门表现建筑的界画到晚唐五代才较为成熟，至宋元普遍流行。[2]《宣和画谱》称，界画"虽一点一笔，必求诸绳矩，比他画为难工，故自晋宋迄于梁隋，未闻其工者；粤三百年之唐，历五代以还，仅得卫贤，以画宫室得名"[3]。这段文字认为迟至五代卫贤方以画宫室名著于世，但也将这一传统上溯到晋宋。

顾恺之将台榭与人、山水、狗马相提并论，而石马坪石床画像则明确将建筑诉诸于屏风式绘画，说明建筑或已成为一个独立的绘画类型。当然，此例尚属孤证，其意义在于启发我们提出这个新的问题，具体情况还有待于今后随着材料的丰富而加以进一步探索。

五

考古材料显示，初唐已有形式上比较独立的花鸟画。陕西乾县出土神龙二年（706）至景云二年（711）章怀太子李贤墓石椁正壁外侧发现三幅线刻花卉画（图18）。[4] 卒于开元二十五年（737）的贞顺皇后的敬陵出土的石椁外壁左（南）、右（北）、后（西）三面雕刻的 14 幅花鸟画构图基本相同（图19），[5] 皆在上部

图 18　陕西乾县唐李贤墓石椁正壁外侧线刻花鸟

1　河北省文物研究所编《安平东汉壁画墓》，文物出版社，1990，图版50—52。

2　关于宋元界画概念的讨论，见陈韵如：《"界画"在宋元时期的转折——以王振鹏的界画为例》，《美术史研究集刊》第 26 期，台湾大学美术史研究所，2000，第 143—149 页。

3　《宣和画谱》，载于安澜编《画史丛书　第 2 册》，卷八，上海人民美术出版社，第 81 页。

4　樊英峰、王双怀编著《线条艺术的遗产——唐乾陵陪葬墓石椁线刻画》，文物出版社，2013，第 47、84—89 页。

5　程旭、师小群：《唐贞顺皇后敬陵石椁》，《文物》2012 年第 5 期，第 74—97 页、封三。

图 19　陕西西安长安区庞留村唐贞顺皇后石椁西壁外侧线刻花鸟

刻画整株花树（种类可辨者有海棠、牡丹、菊花等），下部刻一禽鸟（包括鹤、鸳鸯、鹦鹉、鸿雁等），顶部还有对称的小鸟或蜂蝶，花树两侧有小棵的野花、野草，底部有的点缀小块山石，所见花鸟已经是比较固定和成熟的形式。这种程式在晚唐、五代的墓葬中延续下去。[1]

　　唐墓中所见花鸟画如此固定的图式，应不是其初始阶段的状态，上文提到的东魏翟育石床上的画像，为探讨花鸟画的渊源提供了新的线索。其中带有"胡客翟门生造石床屏风吉利铭记"铭文的一扇屏风刻墓主像（图 20），在墓主像的背后有一具三面的围屏，与前述康业墓正面的墓主像属于同一类型。翟育像背后的屏风至少可以看到正面的三扇和左右侧面各一扇，每一扇皆有一株花（图 21），与唐代屏风上每扇一株花木、一一平列的构图十分相近。所不同的是，唐代屏风所见花木生动自然，较为写实，而翟育石床所见较为装饰化，其主干为反向的双"S"形，叶子也较为概念化，尚无法确定这是描摹到石床后所产生的变化，还是当时的屏风绘画原有的形态。对照康业墓画像所见，至少可以推断这类题材在当时与山水画一样，也是一个比较独立的类型。这个线索意味着将来有可能将花鸟画历史上溯至 6 世纪。

1　关于唐代花鸟画较新的研究，见刘婕：《唐代花鸟画研究》，文化艺术出版社，2013。

图 20　深圳金石艺术博物馆藏东魏翟育石床墓主像

图 21　深圳金石艺术博物馆藏东魏翟育石床墓主像背后屏风上的花卉线稿

在南北朝时期，屏风是绘画的重要载体。[1]《历代名画记》卷二云："必也手揎卷轴，口定贵贱，不惜泉货，要藏箧笥，则董伯仁、展子虔、郑法士、杨子华、孙尚子、阎立本、吴道玄屏风一片，值金二万，次者售一万五千。"[2] 屏风上的绘画可以随时替换，便于携带，因此像当时流行的手卷一样，成为爱画者购求赏玩、鉴识收藏的对象，是严格意义上的绘画艺术作品。

由于材料有限，尚不足以将"画科"概念的出现提前到南北朝，但从葬具上的屏风可以看到，人物、山水、台榭、花卉作为绘画独立的表现对象，在这一时期已初露端倪。这些新出现的实物材料，突破了我们过去对于中国早期绘画的认识，需引起重视。山水、台榭、花卉皆不是经世致用的母题，而偏重于审美，传统的人物题材在这一时期也更加突出对于仪容神态的刻画，这些现象均是绘画作为一门艺术形式开始走向自觉的表现，至于其背后内外各种因素的作用，则需要另做讨论。

毫无疑问，上述讨论问题的起点是同期文献（如顾恺之的言论）和晚期的绘画理论，所使用的材料则是地下出土的考古材料。顾恺之等人所言及的题材类型，并不能涵盖所有的图像材料，相反，"分科"的概念应是从同时期大量艺术实践与艺术活动中提炼、概括和总结而来。这时期有许多服务于审美和收藏的便携、可移动的绘画，如手卷，同时又有大量存在于宫殿、寺院、石窟、佛塔、墓葬等公共性、礼仪性空间的绘画，也有介于二者之间的、布置于日常居所的屏风画，还有装饰于器物上的绘画。这些性质不同的绘画，并不能以"画科"的分类方式全面地加以概括，与我们所列举的上述例子不同，更多例子呈现的是各种母题的交错，这些母题也出现于不同的宗教与文化空间，但是，画科的意识和概念一旦被意识到并加以理论化的表述，便会反过来作用于艺术实践，在后来，这些构成画面的"母题"，逐步发展为绘画的"主题"，如独立的山水画、花鸟画，逐步形成新的风尚，表达了新的意义，衍生出新的理论，也反过来再次介入各种礼仪空间中。

[原文为《关于早期绘画"分科"问题的思考——以北朝石葬具画像为中心》，徐润庆译，（韩）《美术史论坛》总第48期，2019年6月，第7—38页。本次发表为修订版。]

1　杨泓：《逝去的风韵——杨泓谈文物》，中华书局，2007，第32—45页。

2　〔唐〕张彦远：《历代名画记》，俞剑华注释，第43—44页。

太原北齐徐显秀墓图像改动现象探析[*]

　　山西太原北齐武平二年（571）太尉、武安王徐显秀墓在迄今所知同时期墓葬中，壁画保存状况最好，绘制水平甚高，题材内容也较为丰富，加之墓主地位尊隆，又有明确纪年，自二十年前考古发掘以来，已成为探讨中古丧葬礼仪制度和墓葬美术的重要材料。[1]（图1）不过，徐显秀墓壁画却非完璧，从刊布的照片

[*]　本文系国家社科基金青年项目"魏晋南北朝陵墓制度新探"（19CKG011）阶段性成果。

[1]　徐显秀墓基础资料有三种。山西省考古研究所、太原市文物考古研究所：《太原北齐徐显秀墓发掘简报》，《文物》2003年第10期，第4—40页；太原市文物考古研究所编《北齐徐显秀墓》，文物出版社，2005；汪万福等：《北齐徐显秀墓壁画保护修复研究》，文物出版社，2016。有关该墓的研究成果已相当丰硕，在北齐政治和地理格局下考察徐显秀墓的有渠传福：《徐显秀墓与北齐晋阳》，《文物》2003年第10期，第50—52、65页。对墓葬图像进行研究的有罗世平：《北齐新画风——参观太原徐显秀墓壁画随感》，《文物》2003年第10期，第63—65页；郑岩：《北齐徐显秀墓墓主画像有关问题》，《文物》2003年第10期，第58—62页；金申：《从杨子华的绘画和墓室壁画考证北齐皇室的生活》，《考古与文物》2005年第3期，第78—83、97页；何京：《太原北齐徐显秀墓"羽翼兽"试析》，《文物春秋》2009年第2期，第24—29页；庄程恒：《北齐晋阳—邺城地区墓室壁画的丧葬主题及其空间营建——以北齐徐显秀墓为中心》，《美术学报》2011年第2期，第23—32页；吴伟烨：《从娄叡墓壁画、徐显秀墓壁画看"杨子华"概念的生成》，《美术大观》2020年第6期，第60—61页。着重考察该墓与域外文化的联系有荣新江：《略谈徐显秀墓壁画的菩萨联珠纹》，《文物》2003年第10期，第66—68页；郎保利、渠传福：《试论北齐徐显秀墓的祆教文化因素》，《世界宗教研究》2004年第3期，第114—122、155—156页；施安昌：《北齐徐显秀、娄叡墓中的火坛和礼器》，《故宫博物院院刊》2004年第6期，第41—48、157页；徐岩红：《太原北齐娄叡墓葬艺术中祆教图像解析》，《文艺研究》2012年第4期，第146—147页。专注对该墓出土器物研究有张庆捷、常一民：《北齐徐显秀墓出土的嵌蓝宝石金戒指》，《文物》2003年第10期，第53—57页。另外，在诸多考古、历史、美术史综合性研究专著和教材中也有对徐显秀不同方面的讨论，恕不一一列举。

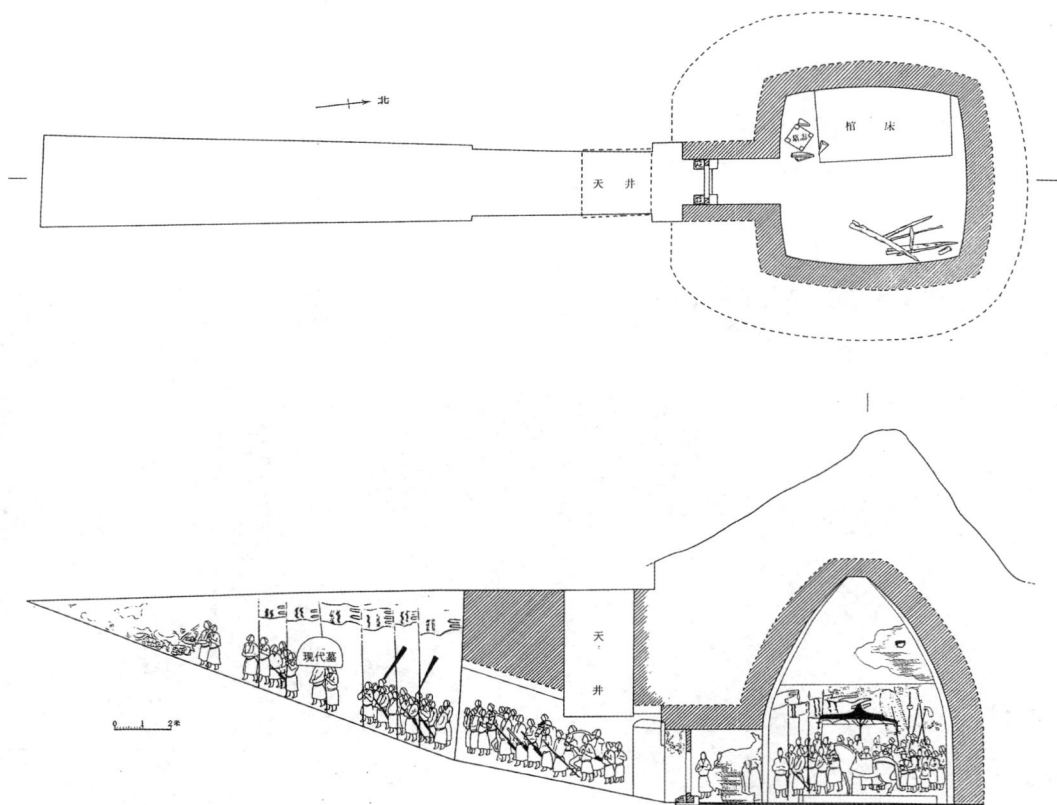

图 1　徐显秀墓平、剖面图（图片采自《太原北齐徐显秀墓发掘简报》，图三）

中就能观察到绘制过程中出现若干瑕疵，至少可分为两种情况。第一种情况应为画师遗漏所致，如在墓室正壁画面最靠东的位置有一位呈吹笛状的男性乐师形象，手中的笛子却未画出。第二种情况是对已完成画面进行改动，有两处比较明显：一处发生在墓室正壁居中的墓主夫人画像面部，可以看出先后画了两只右眼；另一处是石墓门上的部分浮雕被后加的彩绘所遮掩。上述第一种情况没有太多可讨论的空间，而第二种情况涉及技术性调整和对原有题材内容及表现手法的完全否定，属于有意为之，因此有必要对改动的动机、过程、效果和意义进行探讨。本文从有关墓葬建造尤其是图像创作的技术分析入手，结合制度、礼仪、信仰等因素展开多维度考察，尝试辨析墓葬空间中不同位置图像的性质和功能，进而重新评估徐显秀墓的营建水平。

一、墓主夫人画像眼睛部位的改绘

墓主夫人画像的面部颇为奇特，出现了三只眼睛，即画出了两只右眼，构成这两只眼睛的眼眶轮廓线存在部分重合，说明画师并非要塑造异相，而是进行过改绘。（图2、图3）

图2　徐显秀墓墓室北壁（正壁）墓主夫妇宴饮图（图片采自《北齐徐显秀墓》，图15）

我们需要从古代壁画工序流程来理解这一改绘的原因。中国古代壁画的绘制包括起稿、定稿、着色和对重要部位进行复勾四个基本环节，为了增加壁画气氛，还会使用"贴金"和"沥粉"[1]。大型壁画皆为团队协作完成，团队内部明确分工，前述数道工序由不同的画师承担，每一道工序虽然均以此前的工作为基础，但并

1　刘凌沧：《传统壁画的制作和技法》，《美术研究》1984年第1期，第30—34页。

非依样画瓢，而是经常发生调整或失误。[1] 因此，壁画作为集体性和历时性产物，最终的效果与最初的设计往往存在偏差。

文献对于墓葬壁画绘制方式的记载几近阙如，但多年的考古工作已揭示，墓葬壁画制作过程中同样普遍存在修改，尤其表现为定稿线或复勾的线条经常"偏移"起稿线。这是由于以毛笔、炭条或竹签起稿，只是确定所画对象的位置和轮廓，通常又有粉本或稿本可凭，所以未必要由高手承担，即便由主绘画师操刀，也只需草成形象。而以浓墨等深色线条定稿这一步对画师水平要求很高，虽以起稿线为依准，但并不拘泥于已有的形式，遇有需要调整之处，画师便在定稿过程中予以修改，并且不乏即兴创作。至于最后的复勾，为了突出形象，提升画面的感染力，也须由经验丰富的画师完成。此类技术性调整早在墓葬壁画初兴的西汉便有表现。[2]

徐显秀墓现存壁画面积达 330 平方米之巨，显然也需要多工种、分步骤完成。单就墓室壁画来说，《北齐徐显秀墓壁画保护修复研究》一书对壁画绘制进行了技术研究，认为墓室壁画绘制过程是"先以淡色起稿，然后再填色，最后用重色勾定物象的结构轮廓"[3]。在这一过程中，就有多处定稿线与起稿线不相重

1　例如主绘画师一般只负责勾线，而着色由弟子或工人完成，由于后者水平往往参差不齐，画作效果或因之增辉，或大打折扣。以唐代吴道玄为例，张彦远《历代名画记》记录了他主持创作的多处寺观壁画，卷九云："翟琰者，吴生弟子也。吴生每画，落笔便去，多使琰与张藏布色，浓淡无得其所。"可见吴道玄只负责画出人与物的外形线条，从不参与着色，他的弟子翟琰和张藏技术过硬，深谙师意，能做到"随类赋彩"，为默契合作的佳例。（〔唐〕张彦远：《历代名画记》，人民美术出版社，2016，第 177 页）同书卷三《记两京外州寺观壁画》则记载了若干因工人布色失误而损坏吴道玄画稿的案例，如长安"兴唐寺……塔院内西壁，吴画金刚变，工人成色，损"（第 53 页）。"菩提寺，佛殿内东西壁，吴画神鬼。西壁工人布色，损"（第 54 页）。"安国寺……三门东西两壁释天等，吴画，工人成色，损。……大佛殿东西二神，吴画，工人成色，损。……西壁西方变，吴画，工人成色，损。殿内正南佛，吴画，轻成色"（第 56 页）。"总持寺，门外东西，吴画，成色损"（第 65 页）。邓椿《画继》卷五记载出身于书法世家的宋代成都人李蕃，在继承家学的基础上转而为画，很有成就，在蜀中绘制了多处寺观壁画，"但蕃不善布色，以俗工代之，反晦其所长耳"。在这种情况下，李蕃干脆自己钻研着色技能，"后十年，又用青城山长生观门龙虎君样，翻天王二壁于青莲院门，且自傅彩，遂胜于前也"。（〔宋〕邓椿：《画继》，人民美术出版社，2016，第 66—67 页）
2　郑岩注意到西安理工大学基建工地西汉壁画墓东壁射猎图，"在底稿中，有的马前腿本来是向后收起的，但在定稿时，画者又将前腿改为平行前伸的样子，这样一来，马儿的动势更加强烈"。这一改动显然与主题无关，目的只是为取得更好的视觉效果，体现彼时的画工已经具有了自觉意识。见郑岩：《压在"画框"上的笔尖——试论墓葬壁画与传统绘画史的关联》，载《逝者的面具——汉唐墓葬艺术研究》，北京大学出版社，2013，第 374—377 页。亦见西安市文物保护考古研究院编著《西安西汉壁画墓·序》，文物出版社，2017，第 3 页。
3　汪万福等：《北齐徐显秀墓壁画保护修复研究》，文物出版社，2016，第 22 页。

图3 墓主夫人画像面部（图片采自《北齐徐显秀墓》，图17）

图4 徐显秀墓正壁壁画乐队局部（图片采自《北齐徐显秀墓》，图21）

合的情况，如正壁西部最后一排几位女性伎乐头部外侧留有淡色起稿线，表明最初勾勒的人物头部轮廓甚大，应当只是为了粗略定位，而用浓墨定稿时完全重新创作（图4）。其他几座代表北朝晚期墓葬壁画最高水平的墓葬也存在类似现象，如磁县湾漳北朝墓，"东壁第21、22人所持仪仗的许多部位，以朱红色定稿，而起稿的浅墨线也还清晰可见。东壁第29人所持仪仗的定稿，与初稿相比位移较大，浅墨线初稿被涂改，涂改的痕迹现已变成浅褐色"[1]。（图5）太原北齐娄睿墓墓道壁画的绘制方法，是先用竹签趁石灰壁面还处于湿软时勾勒轮廓，然后定稿和着色，观摩原物可以发现多处毛笔定稿线与竹签起稿线的错位，最明显的一处是西壁第二层中段的引导图像，可以清楚看到壁面上保留两匹马的整体外形，以及导骑二人的头部、所配的弓和弓套的竹签起稿线（图6），[2]反映定稿时进行了大幅度调整。

　　墓主夫人像的右眼改绘同样发生在定稿环节。徐显秀墓的正式考古报告尚未出版，就笔者所见，太原市文物考古研究所编的图录《北齐徐显秀墓》是刊布该墓壁画高清图片数量最多的公开出版物。从该书"墓主"图像（图7）来看，虽然两只右眼墨色浓淡难以区分，但与左眼一起观察可知，位置偏低、尺寸偏小、

1　中国社会科学院考古研究所、河北省文物研究所编著《磁县湾漳北朝壁画墓》，科学出版社，2003，第186页。

2　山西省考古研究所、太原市文物考古研究所：《北齐东安王娄睿墓》"画17"，文物出版社，2006，第36—37页。

呈半月形的右眼是先行绘制的，作用似乎主要是定位，此时尚未绘制左眼，而在定稿时重绘出一只更为修长、呈柳叶形的右眼，并画出与之位置对称、形状一致的左眼，脸部轮廓线的改绘也应同在此时。从脸部残留的晕染痕迹来看，可能曾敷色覆盖先绘的那只右眼，但效果不佳。

如上分析，改动过程并不复杂，属于壁画创作过程中的技术性调整，但是这一改动发生在墓主夫人的眼部，就显得非比寻常。如果从学界的既有认识出发，至少会产生两个疑问。

第一个疑问来自绘画史本身。墓主画像可以归入中国传统绘画中最早发展起来的画科——人物画的范畴。

图5 湾漳墓墓道东壁壁画第29位人物形象局部［图片采自《磁县湾漳北朝壁画墓》，彩版40（XL）.1局部］

图6 娄睿墓墓道西壁壁画第二层中段局部（作者自摄）

89

六朝时期，人物画经顾恺之、陆探微、张僧繇、杨子华等名家之手臻于成熟，尤重仪态之美，讲求"气韵生动"。从少量传世六朝手卷的唐宋摹本看，高水平画作的确注意突出人物相貌的个性特征，而眼睛被视为最能"传神写照"的"阿堵物"[1]，是画家推敲最多的位置，徐显秀壁画创作团队理应格外重视。

第二个疑问来自北朝尤其北齐墓葬制度。中国古代墓葬壁面图像装饰经过长时间发展，于 5 世纪下半叶的南北朝时期被纳入以帝王陵墓为代表的最高等级墓葬范畴，成为丧葬制度的重要组成部分。南方以大型拼砌砖画为特色，北方则满饰彩绘壁画，后者尤以 6 世纪中期的东魏、北齐墓葬表现最为明显，自帝王至勋贵以及中高级官员墓葬，出现相当一致的题材内容和布局形式。宿白最早注意到京畿邺都的壁画内容中带有制度因素，并进一步区分出体现级别高低的元素，特别指出处于墓道前端的巨幅青龙、白虎画像可能为帝陵特有[2]。杨泓较早对邺都墓葬壁画特征进行了归纳[3]。郑岩进一步提出"邺城规制"，着重强调东魏、北齐墓葬壁画的开创性[4]。近来韦正分析认为邺城与北魏洛阳墓葬文化存在较强联系的一面，进而提出"洛阳规制"[5]。虽然各家对于东魏、北齐墓葬壁画的历史定位尚有分歧，但一致认为这种壁画面貌的形成主要是受制度的约束。[6]

根据装饰空间的不同，可以将北朝墓葬壁画粗略划分为墓道壁画和墓室壁画两部分。东魏北齐高等级墓道壁画主体内容为仪仗队列、仙人和神禽异兽，附加起装饰效果的莲花、流云、忍冬等，但不同墓葬之间也存在差异，这不仅表现为

1　《世说新语·巧艺》："顾长康画人，或数年不点目精。人问其故，顾曰：'四体妍蚩，本无关于妙处，传神写照，正在阿堵中。'"（〔南朝宋〕刘义庆：《世说新语笺疏》下册，〔南朝梁〕刘孝标注，余嘉锡笺疏，周祖谟、余淑宜、周士琦整理，中华书局，2007，第 849 页）

2　宿白：《关于河北四处古墓的札记》，《文物》1996 年第 9 期，第 58 页。

3　杨泓：《南北朝墓的壁画和拼镶砖画》，载《汉唐美术考古和佛教艺术》，科学出版社，2000，第 84—102 页。

4　郑岩：《魏晋南北朝壁画墓研究（增订版）》之六《"邺城规制"初论》，文物出版社，2016，第 162—188 页。

5　韦正：《北朝晚期墓葬壁画布局的形成》，载中山大学艺术史研究中心编《艺术史研究　第 16 辑》，中山大学出版社，2014，第 145—188 页。

6　实际上，壁画的统一性并非孤立现象，这一时期高等级墓葬采用带长斜坡墓道的近方形单室墓，以及随葬数量大、种类多的陶俑，也是政治力量介入丧葬活动的直接表现，三者应作为整体看待。

部分题材可能体现了等级、地域和时代差别，[1] 更显著的区别来自图像布局方式。大多数墓葬的墓道壁画沿着斜坡由外向内、由高向低绘制，人物形象与送葬队伍的视线保持同一高度，到达墓道底部后自然延伸至甬道和墓室，使得全墓壁画与实际的观者处于同一水平线上，徐显秀墓即属此类。而娄睿墓和忻州九原岗墓的墓道两侧壁则逐层向下内收，形成多级台阶，壁画据此分层绘制，水平分栏，娄睿墓墓道壁画分三层，九原岗墓多达四层[2]。

相比之下，墓室壁画的规划布局更为统一。杨泓早年总结的"在正壁（后壁）绘墓主像，旁列侍从卫士。侧壁有牛车葆盖或男吏女侍。墓主绘作端坐帐中的传统姿势，如高润墓。室顶绘天象图，其下墓壁上栏分方位绘四神图像，闾叱地连墓保存较完整"[3]。此种布局屡被此后的新发现所证实，就很能说明问题。

简而言之，在墓室空间内，最稳定的构图是墓顶绘制天象，正壁以正面端坐的墓主像为中心的宴乐场面，配以两侧壁以牛车、鞍马为中心的仪仗出行场面，它们处在墓壁的下栏，与生人视线基本持平。单个来看，这些都是传承已久的题材，但对其进行选取从而形成布局和构图方面的固定组合，确是在邺城完成的。唯墓门所在的前壁图像题材选取不太受限。

东魏与北齐的情况又有不同，可以看到所谓"邺城规制"的形成过程。已发掘的东魏高等级墓葬壁画保存情况普遍很差，有天平四年（537）皇族、徐州刺史、卫将军元祜墓[4] 和武定八年（550）茹茹邻和公主闾叱地连墓[5] 的材料可供讨论。这两座墓葬的墓室壁画虽然保存不甚完整，但从残迹仍可获知基本布局。元祜墓东壁南部存青龙图案，西壁对称位置原有白虎，龙、虎之后各有一个官吏形象，北壁（正壁）正中为端坐于三足榻上的墓主人，由此可知龙、虎未居侧壁上栏，至于有无牛车、鞍马无法确定。茹茹公主墓北壁（正壁）残存玄武形象，其下有七名女子，居中者着冠，当为墓主画像，西壁上沿残存白虎，其下绘女侍十人，东壁残存少量人物头像，容貌服饰似为男子，从简报的描述推测，可能没有绘制

1　邺城地区的东魏武定八年（550）茹茹邻和公主闾叱地连墓和被普遍推测为北齐乾明元年（560）文宣帝高洋所葬武宁陵的湾漳墓，墓道前端绘有画幅巨大的青龙与白虎，应反映帝陵和皇亲级别的葬制特征；娄睿墓马队、驼队和忻州九原岗墓的狩猎图像，与并州一带的地理环境是否有关，值得探索。
2　山西省考古研究所、忻州市文物管理处：《山西忻州市九原岗北朝壁画墓》，《考古》2015年第7期，第51—74页。
3　杨泓：《南北朝墓的壁画和拼镶砖画》，载《汉唐美术考古和佛教艺术》，第97页。
4　中国社会科学院考古研究所河北工作队：《河北磁县北朝墓群发现东魏皇族元祜墓》，《考古》2007年第11期，第3—6页。
5　磁县文化馆：《河北磁县东魏茹茹公主墓发掘简报》，《文物》1984年第4期，第1—9、97—102页。

牛车、鞍马。元祐和茹茹公主均属皇室，墓葬壁画的题材组合理应最受制度约束，而两墓的时代分处于东魏政权（534—550）的初创和终结，前者的墓葬面貌明显接续洛阳传统，后者则表明整个东魏时代仍处于墓葬图像制度的形成阶段。倪润安指出东魏邺城墓葬壁画的新范式之所以迅速实现，"得益于北魏晚期石葬具画像题材的积累"[1]。

墓室内规范配置"邺城规制"图像的墓葬，目前所知集中发现在北齐（550—577）两京地区。邺都代表性墓葬为北齐武平七年（576）侍中、假黄钺、左丞相、文昭王高润墓[2]，在受邺都影响的陪都晋阳，发现的材料更多，包括天统四年（568）司徒、大将军韩祖念墓[3]，武平元年（570）东安王娄睿墓[4]，以及武平二年（571）徐显秀墓，在稍大地理范围内还有规模宏大的忻州九原岗北朝晚期墓[5]以及推测墓主为北齐后期当地军政长官的朔州水泉梁壁画墓[6]。由此可以认为，"邺城规制"要到北齐时才确定下来，如保守推测，可以将范围缩小至北齐后期。

明确了时空框架，我们便会意识到，徐显秀墓壁画正是"邺城制度"成熟阶段的产物。该墓的修建应有官方介入，相对于墓道来说，墓室图像内容更为规整，应该最受制度约束。北朝大中型墓葬沿中轴线布置长斜坡墓道、天井、过洞、墓门、短甬道和单一墓室，徐显秀墓室正壁上被多达24名男女侍从和乐伎簇拥的墓主夫妇，正处于墓葬中轴线的终点，也应是墓葬制度的聚焦点。画师在绘制墓主形象时，理应慎之又慎，那么，徐显秀夫人右眼的起稿为何如此草率？或者说这一瑕疵在没有得到很好遮掩的情况下，为何能被徐显秀这样的显贵之家所接受？抑或为何能通过可能存在的官方"验收"？于情于理似乎都很难说得通。

要解答以上疑惑，我们需要进入墓葬这个古人设想的"超越性空间"，从画像的实际功能角度展开分析。

藏于幽冥之中的墓葬图像与供人展阅观赏的架上绘画，两者性质和功能的差异会造成视觉效果上的区别。司马迁曾在汉宫中见过张良画像，说："余以为其人计魁梧奇伟，至见其图，状貌如妇人好女。"[7]这位运筹帷幄之中，决胜千里

1　倪润安：《北齐墓葬文化格局论》，《故宫博物院院刊》2015年第2期，第51—52页。
2　磁县文化馆：《河北磁县北齐高润墓》，《考古》1979年第3期，第234—243页。
3　太原市文物考古研究所编著《太原北齐韩祖念墓》，科学出版社，2020。
4　山西省考古研究所、太原市文物考古研究所：《北齐东安王娄睿墓》。
5　该墓时代尚不能确定，发掘者推测应为东魏至北齐早期。
6　山西博物院、山西省考古研究所编著《山西朔州水泉梁北齐壁画墓发掘报告》，科学出版社，2019。
7　〔西汉〕司马迁：《史记》卷五十五《留侯世家》，中华书局，2014，第2488页。

之外的英雄人物，却相貌阴柔，不仅出乎太史公的意料，恐怕也与时人的普遍想象不同，恰能说明这幅画像重在写实。这很容易让人想到存于麒麟阁和云台的功臣像，在那样的纪念性空间里，画像便是开国诸勋的化身，"法其形貌"[1]是题中应有之义，可以说接近现代意义上的肖像画，但在墓葬空间中，墓主画像却不具备功能的唯一性。徐显秀墓的墓室中有三个"徐显秀"，除了壁上的形象，还有作为文字记录的"徐显秀"，在中国文化传统中，字斟句酌、镌刻于石的墓志铭起到盖棺论定的作用，被认为更具永恒性。最重要的是，在画像和墓志之间的棺床上，还安放着墓主的遗体。因此，画像只是构建这个超越性空间的必要元素，是象征性的，不等于墓主，亦非墓主的化身。

郑岩指出，徐显秀墓墓主画像具有程式化特征，描绘的是当时流行的理想化面孔，"这种正面偶像式的画像是死者灵魂的替代物，是整套壁画的中心和主角，是人们对死者在另一世界'生活'的想象"[2]。"理想化"是对中古时期墓主画像性质的精准概括。徐显秀墓壁画中，夫妇二人均为鸭蛋脸，额头饱满，鼻梁直挺，人中深凹，嘴巴窄小，唇部丰厚，这不是特意表现"夫妻相"，因为该墓一些乐师、侍从的脸部

图 7　徐显秀画像面部（图片采自《北齐徐显秀墓》，图 16）

造型与之十分接近，类似形象在同时期的娄睿墓、水泉梁墓（图 8）中也能见到，体现了那个时代的审美倾向。

徐显秀夫人眼睛发生的改动，让我们有机会观察该墓的绘画团队在塑造"理想化面孔"过程中是如何进行自我修正的。

如果把墓主夫人的两只右眼与该墓壁画中其他人物的眼睛加以比较，会发现先画的半月形右眼与墓中伎乐、侍从的眼形接近，而改绘的柳叶形右眼则与徐显秀双眼形状基本一致（图 9）。笔者推测，两次绘制非同一位画师所为，具体过程可能如下：第一位画师给墓主夫人和其他人物画出同样造型的眼睛，这或是依据现有粉本，或是他的习惯画法，但还未及画出墓主夫人左眼就被叫停，改由另

1　"甘露三年，单于始入朝。上思股肱之美，乃图画其人于麒麟阁，法其形貌，署其官爵、姓名。"见《汉书》卷五十四《李广苏建传》，中华书局，1962，第 2468 页。

2　郑岩：《北齐徐显秀墓墓主画像有关问题》，第 59 页。

图 8　水泉梁墓墓室正壁墓主夫妇像（图片采自《山西朔州水泉梁北齐壁画墓发掘报告》，图 5-44）

图 9　徐显秀夫妇眼型与同墓其他人物眼型比较（图片均采自《北齐徐显秀墓》）

一位画师承担墓主夫妇面部形象的加工定稿。从圆润流畅的墓主夫妇面部轮廓定稿线可以看出第二位画师水平甚高。很可能，他认为眼睛是突出墓主夫妇身份地位的要素，给二人画出在他看来更为尊贵，也与墓主身份更为匹配的柳叶形眼睛。

　　但是，在"纠错"的同时，这位画师并没有尽力除去原来的线条，似乎并不担心完工之后会遭到丧家或官方的诘问。这可能与墓室环境有关，壁画的绘制是在墓葬砌筑完毕后进行的，在墓葬封闭之前，墓室虽然可供施工人员进出，但已经是一个幽暗的空间，只能依靠光照范围有限的油灯作画。同样，来自丧家或官方的监督也受限于这样的条件——墓室壁画不容易被观看——顾及不到画面上的所有细节。

　　近年公布的两座墓葬新资料给笔者带来启发。一是与徐显秀墓地域、时代都

图 10　韩祖念墓墓室东壁壁画临摹本（图片采自《太原北齐韩祖念墓》，图版六）

非常接近的韩祖念墓，墓主身份为司徒、大将军，该墓也采用了斜坡墓道单室砖墓的北齐高等级墓葬形制，虽经盗掘，但仍出土相当数量的精致随葬品，如 176 件陶俑组成的庞大俑群，20 件铜器中有 13 件专为随葬制作的鎏金铜器，还有带有萨珊风格的高足玻璃杯，这些与韩祖念的身份地位相匹配。然而，该墓墓室壁画水平极差，笔法稚陋，线条生硬，比例失调，表情呆板，竟给人儿童简笔画的感觉，而且是直接绘制在十分酥脆的白灰浆地仗层上[1]（图 10）。朔州水泉梁墓则将原属墓道壁画的马队，以缩小尺幅的方式"压"到墓室和甬道的壁面上，

图 11　水泉梁墓墓室西部壁画局部（图片采自《山西朔州水泉梁北齐壁画墓发掘报告》，图 5-58）

1　据报告披露，韩祖念墓发掘于 1982 年，由于年代久远，当年的发掘资料保存至今的已经所剩不多，未见壁画实物，也未见现场拍摄的壁画照片，报告中刊布的是当时发掘者的临摹壁画稿。结合报告中对壁画的文字描述，可以认为临摹稿能基本反映该墓壁画的真实面貌。

又让人耳目一新。(图11)如前所述,这两座墓葬的墓室壁画亦符合"邺城规制",可见所谓的墓葬制度只是规定了墓室壁画的题材内容和基本构图,至于雇佣什么样的绘画团队,画成什么样的风格和水平,则不在监督范围内,不同的丧家对于墓室壁画的重视程度有所区别,在实际操作中具有灵活性。

不同于墓室壁画的封闭性,墓道壁画具有外向性特征。从中国古代墓葬形制的长时间发展过程来看,北齐的长斜坡墓道单室墓形制可以上溯至魏晋。汉代流行的多室墓,到曹魏、西晋时期发生了引人注目的变化,即墓室数量由多变少,单室墓逐渐发展为主流,并一直影响到东晋十六国和南北朝墓葬。

笔者认为,葬礼中祭奠活动是否存在和其繁简程度,直接决定了地下礼仪性空间结构发挥什么样的功能。东汉中晚期特别是首都洛阳墓葬盛行的横前堂,学界普遍推测是祭奠场所,送葬的亲朋故旧把亡者的灵柩推入后室之后,在前室里依次摆放不同质地和类别的随葬品,他们中的一部分人在此举行祭奠仪式。而西晋流行的单室墓空间逼窄,如洛阳地区单室墓的墓室长宽多只有三四米,放置棺椁和器物之后,根本没有多少容人活动的空间。考古发掘中有一些迹象反映祭奠活动移到墓道靠近墓门、甬道处举行。属于西晋帝陵陪葬墓的偃师枕头山 M4 在青石墓门之外放置三具动物骨骸,发掘者认为"它们显然是有意识埋进墓内的,应与封墓前的祭奠仪式有关"[1](图12-1)。时代约为西晋末至

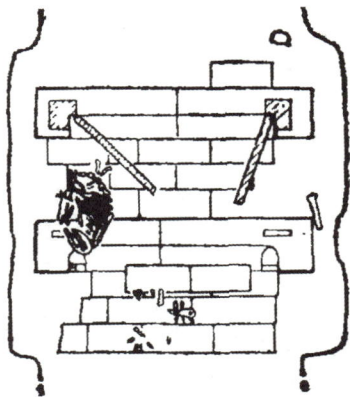

图 12　部分六朝墓葬墓外祭祀遗存
图 12-1(左图)　偃师枕头山 M4 墓门外遗物分布情况(图片采自《西晋帝陵勘察记》,图 5)
图 12-2(右图)　临沂洗砚池 M1 墓外"祭台"(图片采自《临沂洗砚池晋墓》)

1　中国社会科学院考古研究所洛阳汉魏故城工作队:《西晋帝陵勘察记》,《考古》1984 年第 12 期,第 1102 页。

图 12-3　南京雨花台区警犬研究所 M1 外观（图片采自《南京市雨花台区警犬研究所六朝墓发掘简报》，彩插一 .1 ）

东晋初的山东临沂洗砚池 M1，在墓门外砌封门墙，"该墙自上而下呈阶梯状内收，共分四级……在最上层的中间有一块长方形立砖，砖西侧放置有青瓷四系罐、瓷砚滴、陶羊、铜钱、蚌壳等，应为祭祀用品"[1]（图 12-2）。时代被推定为南朝中晚期的南京雨花台区警犬研究所 M1 在墓室外封土护墙前端发现砖砌结构的祭台，"平面呈凸字形，由祭台面和台阶两部分组成。祭台面东西长 2米、南北宽 2.7 米"[2]（图 12-3）。这几座墓葬的祭奠活动都是在墓室外举行的，祭祀用品放置在墓外能够被看到的地方，送葬的大多数人可以站在墓道侧上方的地面上参与和观看仪式。

文献亦有所证，两晋之际的大儒贺循所著《葬礼》云："至墓之位，男子西向，妇人东向。先施幔屋于埏道北，南向。枢车既至，当坐而住。遂下衣几及奠祭。哭毕枢进，即圹中神位。既窆，乃下器圹中。荐棺以席，缘以绀缯。植翣于墙，左右挟棺，如在道仪。"[3] 显然，送葬的人到达墓地后，在墓室以外的地方设幔帐、布器皿、迎枢车，进行奠祭，哭毕后再将灵枢和随葬器物安放到墓室中去。

<hr>

1　山东省文物考古研究所、临沂市文化广电新闻出版局：《临沂洗砚池晋墓》，文物出版社，2016。

2　南京市博物馆雨花台区文化广播电视局：《南京市雨花台区警犬研究所六朝墓发掘简报》，《东南文化》2011 年第 2 期，第 42 页。

3　〔唐〕杜佑：《通典》卷八十六《凶礼八》，王文锦等点校，中华书局，1988，第 2346 页。

祭奠活动逐步从墓内移至墓外的习俗，很大程度上推动了双室墓消失、单室墓独大局面的形成，这一点对于理解北朝墓道壁画的展示性不无裨益。笔者曾数次考察北朝墓葬考古发掘现场，发现站在墓道上方两侧，基本可以看到墓道壁画的整体面貌，由此推想，不只是护送灵柩的队伍在沿着斜坡墓道进入墓室的过程中可以观看两侧的壁画，更多参加葬礼的人站在地面也会对墓道壁画有直观感受。做一个稍显武断但可能接近事实的判断：墓室壁画具有永恒性，想象中的观者是死者本人，即墓葬的拥有者，当葬礼完成，墓门封闭后，就构成了一个独立的神圣空间，四壁图像构成"闭环"；而墓道壁画是一次性的，供参加葬礼的人们观摩，仪式完成后，填土掩埋墓道，必然对壁画造成损伤，这说明它的作用至此已经完成。

对家庭、家族来说，为死去的成员举行丧事，举办一场隆重的葬礼，既是为了寄托伤逝之痛，也是对内凝聚和激励人心，还是对外展示实力的有效方式。虽然墓室壁画更具神圣性，题材更受制度约束，但丧家实际上更看重具有展示性的墓道壁画。我们论及北朝墓葬壁画的成就，言必称湾漳墓墓道的仪仗队列和娄睿墓墓道的"出行图""回归图"，除了它们保存状况较好，还是墓室中的视觉重点所在。不可否认，墓道壁画也具有类型化特点，但正如前文分析，其内容和布局较为多样，个性色彩突出，可能正是各个画师团队争相竞比的结果。一个有趣的例证是，湾漳墓和茹茹公主墓还在墓道斜坡地面上绘制色彩艳丽的花草纹"地画"，仿佛铺上巨大、华丽的地毯，这种做法从未见于墓室。

二、石门扇图像的改动

在具有展示性的墓道空间中，视觉装饰的重点除两侧壁外，还有位于墓道底端的墓门及其上方的空间。东魏北齐大中型墓葬的墓门一般为石制，部分墓葬在墓门上方绘制大幅彩绘，如邺城附近发掘的湾漳墓、茹茹公主墓、北齐天统三年（567）尧峻墓[1]，照墙正中均绘正面的朱雀，娄睿墓墓门上方绘制摩尼宝珠、莲花等，九原岗墓门墙上则绘制门楼图。

徐显秀墓墓门上方未见大幅彩绘，装饰集中在石墓门本身，半圆形门额正中刻一怪兽，两边各有一只口衔莲花的神鸟（图13），两件石门扇均有浮雕彩绘，门扇上部各有一只造型相似的兽首鸟身蹄形兽，东门扇下部雕刻一青龙，西门扇下部

1　磁县文化馆：《河北磁县东陈村北齐尧峻墓》，《文物》1984 年第 4 期，第 16—22 页。

图 13 徐显秀墓石门额（图片采自《太原北齐徐显秀墓发掘简报》，图二三）

西门扇 东门扇

图 14 徐显秀墓墓门西门扇、东门扇浮雕彩绘（图片采自《太原北齐徐显秀墓发掘简报》，图二四、图二五）

99

雕刻一白虎，但在后期彩绘时，将青龙、白虎改绘为神鸟。这一改绘可谓精心为之，神鸟的躯干部位基本借用了龙、虎躯干，使用红彩和白彩，而不得不另起炉灶的鸟首和腿爪部位，则用浓重的黑彩尽力遮掩原先的浮雕线条。（图14、图15）

图 15　徐显秀墓墓门东门扇下部浮雕彩绘，浮雕青龙被彩绘神鸟所覆盖（图片采自《北齐徐显秀墓》，图 11）

对此，李星明有一个基于墓葬图像逻辑的判断，认为此墓的宇宙、神瑞图像系统比较特别，未绘有在其他同时期壁画墓中常见的青龙、白虎、朱雀、玄武四神图像，而将通常居次要地位的畏兽当为主角。石墓门图像改动，"看来此墓的建造者有意回避墓葬中通常使用的四神图像而突出畏兽图像"[1]。许多学者认为，徐显秀墓的装饰和随葬器物中带有一定的西方和祆教色彩。[2] 笔者赞同李星明的解读。

不过，对于墓门图像的改动，还可以提出另一种基于材质工艺的解释。根据表一的统计可知，门额是石墓门上使用浮雕的重点部位，并且在浮雕上施加彩绘，显得繁缛华美，如娄睿墓半圆形门额、门框雕刻兽头、缠枝莲花和摩尼宝珠等，并填以各种色彩，局部贴金箔，韩裔墓门额正中雕有兽头，徐显秀墓亦是如此，半圆形门额正中刻一怪兽，两边各有一只口衔莲花的神鸟，上施红彩和白彩。还有一些墓葬的门额未用浮雕，而是直接彩绘，如厍狄迴洛墓、九原岗墓。

1　李星明：《唐代墓室壁画研究》，陕西人民美术出版社，2005，第 27 页。

2　如荣新江：《略谈徐显秀墓壁画的菩萨联珠纹》；郎保利、渠传福：《试论北齐徐显秀墓的祆教文化因素》；施安昌：《北齐徐显秀、娄叡墓中的火坛和礼器》；徐岩红：《太原北齐娄叡墓葬艺术中祆教图像解析》。

表一　东魏北齐高等级墓葬石墓门一览表

年代	墓主身份	墓葬位置	石门情况
东魏武定八年（550）	高湛妻，茹茹邻和公主闾叱地连	河北磁县	发现有石门楣、门框，皆为素面，未发现石门扇。[1]
北齐天保二年（551）	威烈将军、南讨大台都军长史崔芬	山东临朐	两件门扇朝外面粗糙，朝内面精细，浅浮雕四排各五个菱形或圆形装饰，上下两端均雕刻忍冬花纹带，中部有小方孔安装铁门环。门扇显然装反了。[2]
北齐天保四年（553）	元良，北魏皇族后代	河北磁县	两扇青石大门，应无装饰。[3]
北齐大宁二年、河清元年（562）	定州刺史、太尉、顺阳王库狄迴洛	山西寿阳	石门的门楣和门扇彩绘壁画。门楣正面绘朱雀，下方浮雕莲花形的门簪三枚。右门扇上绘白虎，左门扇上绘青龙。[4]
北齐天统三年（567）	骠骑大将军、青州刺史韩裔	山西祁县	石墓门由门额、门柱、门槛、门扇组成。门额正面有雕刻兽头，下部有三个圆涡形图案。石门粗糙，门扇无装饰。[5]
北齐天统三年（567）	仪同三司、北府少卿库狄业	山西太原	石墓门为粗砂石质，对称构件尺寸不一，装饰花纹镌刻不甚精细，无榫卯结构，只是拼对而成，象征性。未起到防盗效果。门扇下部雕凿出门楣，上镌有三个凸起装饰。两门扇正面平整，每扇正面雕三排，每排四个门钉装饰。[6]
北齐天统三年（567）	怀州刺史尧峻	河北磁县	石墓门遭破坏，发现倾斜的半月形石门额一块，门额南北有断折的石门两扇，折断的石门框两根。石门应无装饰。[7]
北齐天统四年（568）	司徒、大将军韩祖念	山西太原	发现门框、门额、门柱，未安装石门扇。[8]

续表

年代	墓主身份	墓葬位置	石门情况
北齐武平元年（570）	东安王娄睿	山西太原	墓门用青石琢成。两个门扇，正面平整，背面粗糙未加修饰。石门上安一对门环，另有铁链、大铁环、大铁棍。门扇彩绘，东绘青龙，西绘白虎，彩云烘托。门柱有虎形圆雕门墩。半圆形门额、门框雕刻兽头、缠枝莲花和摩尼宝珠等。门额正中刻辟邪（正面），头上绘摩尼宝珠及仰莲座。辟邪两侧对称绘金翅鸟。门楣有五朵莲花。门砧刻绘怪兽。[9]
北齐武平二年（571）	祝阿县令□道贵	山东济南	甬道南口用三块不规则的石板做石门封堵。[10]
北齐武平七年（576）	文昭王高润	河北磁县	石墓门包括门额、两门扇，东门扇尚在原位，西门扇被推倒。石门应无装饰。[11]
东魏	皇族成员	河北磁县	石墓门被毁，残留构件有门扇、门轴、门槛条石，都是石灰岩，一面打磨光滑平整，另一面粗糙。石门应无装饰。[12]
东魏北齐	推测为东魏或北齐统治集团的一位重要人物	山西忻州九原岗	石墓门由门墩、门槛、门框、门扇组成，门墩和门扉已被盗走，门框和门槛残块散落在盗坑里。东侧门框绘有四十五个红色乳钉，西侧门框绘有三十一个红色乳钉。门额下方东侧浮雕莲花，西侧莲花被毁。门额中部彩绘一只朱雀，两边有云彩和花草。[13]
北齐乾明元年（560）	推定为北齐文宣帝高洋的武宁陵	河北磁县	石墓门由半圆形门楣、门框、门扇组成。门楣上施彩绘，正面中央绘火焰宝珠，左右各一朱雀，背面绘画保存不好，中央似绘有神兽，左右对称绘有忍冬纹。门框、门扇均遍涂朱红色。石门扇减地留出门钉位置，门钉四排，每排七个。门鼻、门环鎏金。[14]

续表

年代	墓主身份	墓葬位置	石门情况
北齐后期	推测墓主为镇守朔州的军政长官	山西朔州水泉梁	石墓门由门框、门槛、门枕石、两门扇组成。门墩部分圆雕成卧兽状。门扇左右各一，发掘时已倾倒在甬道中，门扇正面錾刻平整，墨绘三排门钉，每排五个，门环处各有一方形孔，里面发现铁锈门环痕迹，石门背面粗糙，大体平整。[15]

1   磁县文化馆：《河北磁县东魏茹茹公主墓发掘简报》，第1页。
2   山东文物考古研究所、临朐县博物馆：《山东临朐北齐崔芬壁画墓》，《文物》2002年第4期，第4—5页。
3   磁县文物保管所：《河北磁县北齐元良墓》，《考古》1997年第3期，第33页。
4   山西省文物工作委员会：《北齐库狄迥洛墓》，《考古学报》1979年第3期，第379、397页。
5   陶正刚：《山西祁县白圭北齐韩裔墓》，《文物》1975年第4期，第65页。
6   太原市文物考古研究所：《太原北齐库狄业墓》，《文物》2003年第3期，第27页。
7   磁县文化馆：《河北磁县东陈村北齐尧峻墓》，《文物》1984年第4期，第16—17页。
8   太原市文物考古研究所编著《太原北齐韩祖念墓》，第5页。
9   山西省考古研究所、太原市文物考古研究所：《北齐东安王娄睿墓》，第8—9页。
10   济南市博物馆：《济南市马家庄北齐墓》，《文物》1985年第10期，第42页。
11   磁县文化馆：《河北磁县北齐高润墓》，《考古》1979年第3期，第235页。
12   河北省文物研究所、邯郸市文物保护研究所、磁县文物保管所：《河北磁县又发掘一座东魏皇族墓葬》，《中国文物报》2008年5月9日第5版，第1页。
13   山西省考古研究所、忻州市文物管理处：《山西忻州市九原岗北朝壁画墓》，第52—53页。
14   中国社会科学院考古研究所、河北省文物研究所编著《磁县湾漳北朝壁画墓》，第11页。
15   山西博物院、山西省考古研究所：《山西朔州水泉梁北齐壁画墓发掘报告》，第25页。

　　至于门扇装饰，除徐显秀墓外，几乎看不到其他门扇上带有繁复浮雕的例子。多数墓葬的门扇没有特别装饰，如湾漳墓石门扇涂朱，减地留出门钉位置，或者仅浮雕门钉，如库狄业墓门扇，再如水泉梁墓门扇正面錾刻平整，墨绘门钉。太原发现的晚至隋开皇十七年（597）崇国公、仪同大将军斛律徹墓，石门扇的装饰仍是正面浮雕圆形凸起的门钉三行，每行八枚[1]。库狄迥洛墓和娄睿墓则是在石门扇上粉作地仗后直接画出色彩华丽的龙虎，似乎反映了北齐中后期晋阳地方特色。（图16）

---

1   山西省考古研究所：《太原沙沟隋代斛律徹墓》，科学出版社，2017，第10页。

图 16　库狄迴洛墓与娄睿墓墓门彩绘龙虎
上图：库狄迴洛墓（图片采自《北齐库狄
迴洛墓》，图版壹）
下图：娄睿墓（图片采自《北齐东安王娄
睿墓》，彩版八）

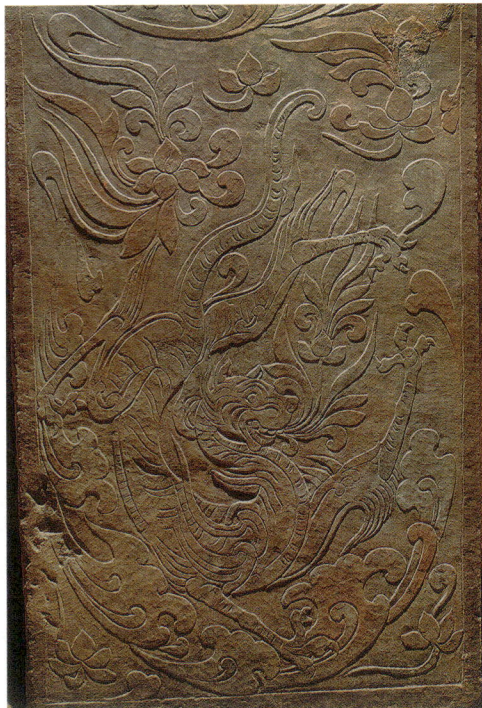

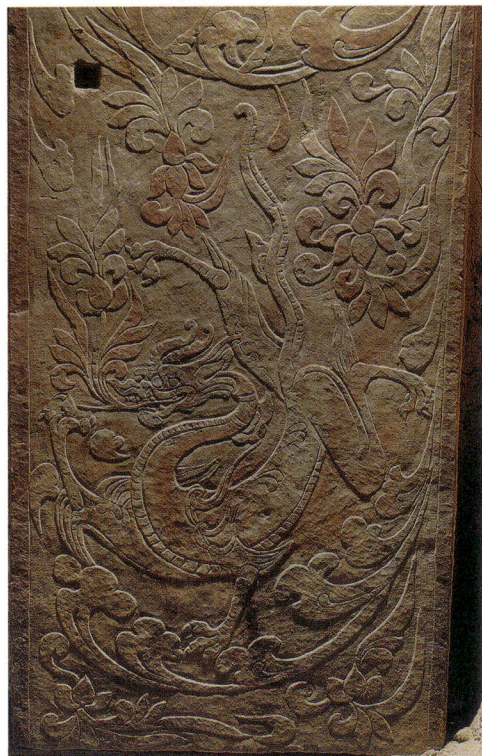

图 17　徐显秀墓墓门西门扇下半部（上图）、
东门扇下半部（下图）浮雕原貌（图片采自《北
齐徐显秀墓》，图 14、图 12）

石雕在北朝时期很流行，仅就墓葬设施来说，不仅见于门额，也见于各类石葬具，因此门扇不用浮雕应是有意回避。笔者由此推测徐显秀墓石墓门采用浮雕技艺，首先就不符合规制，施加彩绘的目的应是予以掩盖，并且与墓道和墓室壁画构成统一的整体，即全墓的立面都以彩绘壁画的形式进行装饰。从发掘时拍摄的照片来看，彩绘遮掩的效果很好，远观更是不易辨识，只是长期氧化褪色后如今才暴露出本来的工艺。（图17）其次，徐显秀墓石门扇上的图像配置很奇特，在其他墓葬中，无论是湾漳墓、茹茹公主墓在墓道入口处两壁绘制巨大的青龙、白虎，还是库狄迴洛墓占据整个门扇的彩绘青龙、白虎，它们显然都处于十分重要的地位，而徐显秀墓石门扇仅在下半部浮雕青龙、白虎，尺幅与上半部的异兽一致，空间均分，并不突出，对其进行改绘，或许还因为丧家对于如此"屈尊"的龙虎图像感到不满意。

山东临朐崔芬墓形制为甲字形石砌单室墓，墓室甬道的东西两壁原曾阴线刻有戴小冠的执仪刀门吏各一，后抹白灰，并彩绘手腕悬挂长刀的铠甲武士各一，在身后和周围绘有树木、假山和云朵。这一改动可能是旧物利用，执剑门吏的造型与北魏洛阳时代的十分相似，如元怿墓壁画、元谧石棺、曹连石棺、上窑村石棺上都有这种文吏型门卫的形

图18 崔芬墓甬道东壁、西壁彩绘壁画（图片采自临朐县博物馆：《北齐崔芬壁画墓》，文物出版社，2002，彩图1、2）

象，将其改绘成接近天王形象的铠甲武士，似乎增添了一定的佛教色彩，并且与全墓壁面使用彩绘进行装饰相一致。（图18、图19）墓葬营建过程中旧物利用的情况不算少见，仅就石材的重复利用而言，考古发现山东、河南等地一些魏晋墓虽用画像石砌筑，但普遍没有把画像石安排在合理位置上，而石材的制作技法、形态规格、图像风格等方面都具有明显的汉代特征，魏晋丧家似乎为图省便，直接将旧物拿来充当建墓材料，学界把这类墓葬称为"再造画像石墓"。

那么，徐显秀墓的石门扇，是否也有挪用他物的可能？笔者认为不能排除这种可能性，雕刻这一构图复杂的大幅作品需要精心设计，费工费时，而种种迹象表明，徐显秀墓的营建过程较为仓促。

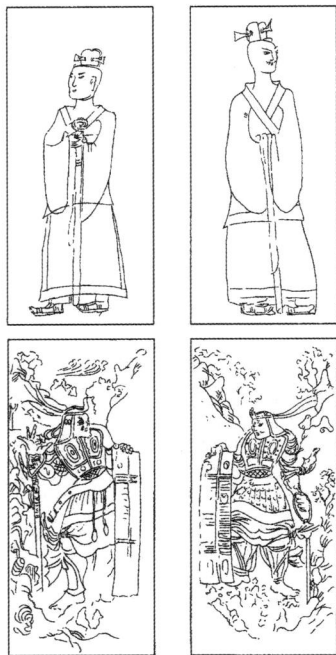

图 19　崔芬墓甬道东壁、西壁线刻和彩绘摹本，上为线刻摹本，下为彩绘摹本（图片采自《山东临朐北齐崔芬壁画墓》，图十四）

三、整体图像创作比较仓促

徐显秀于武平二年（571）正月卒于晋阳家中，享年七十岁，同年十一月葬于晋阳城东北，即墓葬发现地王家峰。不同于娄睿墓志记载"窆于旧茔"，徐显秀墓志没有透露有关墓葬本身的信息，王家峰一带也没有发现徐氏家族墓地，因此我们对其墓葬营建工期的长短无从得知，但通过对墓葬遗存本身的观察，可以肯定它的修建实际上是比较仓促的。仅就墓葬壁画方面，笔者总结如下四点：

（一）北朝晚期高等级墓葬在壁画绘制之前要对墓道和墓室壁面进行加工处理，湾漳墓、娄睿墓和九原岗墓处理得比较精细，均先用草拌泥作地仗，在地仗上面抹石灰，将石灰面全部抹平后，在其上面彩绘壁画，湾漳墓和九原岗墓还贴着墓道两壁先砌筑土坯墙。而徐显秀墓则简单得多，未施草拌泥地仗层，"墓道、过洞、天井两壁只是在土墙壁上粉刷了一层厚约1—2毫米的白灰，画面墙壁凹凸不平，仍然保留原有的工具痕迹，壁画直接绘于其上"。甬道和墓室"于砖壁涂抹厚3—10毫米的白灰泥地仗，壁画直接绘制于白灰泥地仗层上"[1]。

1　汪万福等：《北齐徐显秀墓壁画保护修复研究》，第59页。

（二）壁画题材较少。据表二，与时代、身份最为接近的娄睿的墓相比，徐显秀墓墓室四壁壁画只有两层图像，缺乏十二辰，据称，该墓墓顶绘有一周蓝色纹饰带，可能原本也要画十二辰，却最终未画。[1] 墓道仪仗上方为旗帜和鼓吹，除墓道入口处外，其余位置缺乏云气、花卉、异兽等点缀，显得较为疏空。

表二　徐显秀墓与娄睿墓墓室壁画组合对比

徐显秀墓	娄睿墓
墓顶：天象图	墓顶：天象图
墓室四壁可分为两层： 上层：莲花、神兽 下层：墓主夫妇、帷帐、侍从、伎乐、备马、 备车、仪仗	墓室四壁分为三层： 上层：十二辰 中层：四神 下层：墓主夫妇、侍从、备马、备车

（三）对粉本的过分依赖。这不仅体现在人物形象程式化，而且对整体构图缺乏应有的调整，这表现在墓室两侧壁图案配置的不合理。从魏晋时期开始，无论是在陶俑、线刻还是壁画中，鞍马、牛车都与男、女墓主存在特定的联系，北朝墓葬在空间配置上也分别靠近男、女墓主画像，娄睿墓、水泉梁墓即如此。徐显秀墓墓室正壁图像中，徐显秀居东，夫人居西，但备马图和备车图却分别绘于西壁和东壁，可见画师只是根据既有粉本依样画瓢，而未及调整。（图 20）

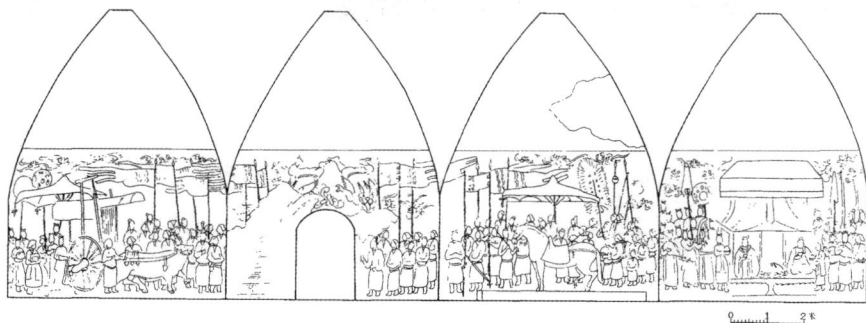

图 20　徐显秀墓墓室壁画展开示意图〔图片采自《太原北齐徐显秀墓发掘简报》，图二十〕

1　简报未提及这一现象，承倪润安教授参观现场后告知。

图21-1　男乐师手中笛子未画出（图片采自《北齐徐显秀墓》，图 15）

图21-2　屏风图像上的毛刷痕迹（图片采自《北齐徐显秀墓》，图 16）

图21-3　牛车局部（图片采自《北齐徐显秀墓》，图 29）

图21-4　女乐师嘴唇上的颜料流淌痕迹（图片采自《北齐徐显秀墓》，图 21）

（四）墓室壁画许多细节反映了作画的匆忙。除了本文开头提到的乐师手中的笛子没有画出（图21-1），又如牛车顶棚没有着色；墓主夫妇身后的屏风上可以清楚看出用毛刷快速涂抹大团色块的痕迹，并未构成具体的形象（图21-2）；牛车上的一些装饰，如表现高杆接口的黑线画得十分草率（图21-3）；许多人物脸部的晕染是起稿后紧接着进行的，定稿时往往处于脸部轮廓线之外，颜料流淌的痕迹在墓室内更是多见（图21-4）。总体来看，墓室壁画只有一些重要位置是由高手完成的，其余大部分位置，即便定稿也是由技术不太过关的画师负责。

通过上述分析，笔者认为墓主夫人画像和石墓门图像的改动，也有现实层面的原因，前者是仓促作画后的补救措施，后者是旧物挪用后的必要调整，都反映了徐显秀墓这座高等级墓葬，实际上是在相当仓促的情况下修建的。

四、结语

由此，本文对徐显秀墓图像的改动现象进行了多个维度的分析，发现墓主夫人眼睛和石墓门上神兽的改动，既可以从礼仪、制度、信仰、空间设计等"形而上"的层面解读，也能在"形而下"的壁画制作技术层面找到线索。笔者指出徐显秀墓存在的这些瑕疵，并非要否定该墓壁画的重要价值。实际上，从已有的考古材料看，各个时期高等级墓葬中都不乏对装饰图像进行有意调整改动的例子。应该说，徐显秀墓壁画创作团队，尤其是主绘师统观全局的能力很强，将繁复的题材内容安排得和谐妥当，其快速简练的勾线和着色手段体现了创作中的自主性。

由于墓葬的本质是"藏"，加之受儒家"未知生，焉知死"态度的约束，相对于中国古代悠久丰富的丧葬实践而言，文献尤其正史中的有关记述十分有限，因此这类图像改动现象的存在，为我们提供了"倒推"墓葬壁画具体创作过程的可能性，也有利于揭示影响墓葬营建背后的种种力量，是值得重视的研究方向。

（原刊于《故宫博物院院刊》2022年第3期。）

中古墓室壁画的改绘现象[*]

中古墓室壁画的改绘现象*

李梅田　　郭东珺（中国人民大学历史学院）

墓室壁画不只是对墓壁的装饰，更是对墓内礼仪空间的塑造，在每个不同时期的墓葬中画像都有较为固定的图式，叙事主题和逻辑较为明确，但在考古发现的壁画遗存中，也常见一些逻辑较为混乱、主题较为模糊的反常现象，这些可能是壁画改绘的结果，而改绘的原因很可能与特殊的丧葬行为有关。由于墓室壁画大多保存状态欠佳，改绘现象不一定很明显，因此有必要做一些甄别，这是解读壁画内容之前的一项基础性工作，不仅有关壁画的制作，也有关葬仪葬俗。本文将以北朝和唐代的几座壁画墓为例，对正常的壁画图式和反常的改绘壁画做一些粗略的讨论。

一、北魏梁拔胡墓、破多罗太夫人墓

这两座北魏平城时期的墓葬并没有壁画改绘的现象，此处论及是为了讨论壁画的图式与葬仪的关系。一般来说，墓室壁画的图式是依据一定的程式来配置的，各部位的画像之间有着较明确的逻辑联系，共同围绕一定的主题进行叙事。从汉末开始，墓室壁画形成了一套以墓主受祭图为中心的画像系统，北朝时期进一步完善，形成了以正壁的墓主受祭图为中心，在左右配置牛车、鞍马出行和家居、户外生活场景的图式，可称为"墓主受祭—车马出行图式"。在这个图式中，有

* 本文是中国人民大学科研基金重大项目"古龟兹地面佛寺遗存的考古调查与研究（21XNL010）"的阶段性成果；国家社科基金重大招标项目"隋唐五代壁画墓与中古文化变迁研究（2020&ZD249）"的阶段性成果。

单人葬和合葬两种不同的画像配置方式。以大同发现的北魏平城时期梁拔胡墓和破多罗太夫人墓为例[1]：

梁拔胡墓（大同仝家湾北魏墓 M9）是一座夫妻合葬墓，墓室发现了两具木棺，人骨残骸也分属两个个体。墓室壁画采取的是典型的"墓主受祭—车马出行图式"，但壁画只表现了与男墓主有关的内容，如正壁（北壁）屋宇帷幔之下只有正面端坐的男墓主像，前置一个曲足案，案上及旁边地上置一组饮食器具，周边立有男女侍者。墓主像的左侧是一组伎乐舞蹈和杂耍画像，右侧是鞍马出行图，鞍马上没有乘者，所有人皆躬身面向墓主。这组画像显然只为男墓主一人而设，正壁没有女墓主像，侧壁也没有为女墓主备好的牛车。作为一座明确的夫妻合葬墓，这组单人式的"墓主受祭—车马出行图式"显然不合常规。据墓门处的朱书题记"大代和平二年，岁在辛□三月丁巳朔，十五日辛未□□，散骑常侍选部□□、安乐子梁拔胡之墓"，可知男墓主梁拔胡葬于和平二年（461）。这段题记写在甬道处的彩画神兽旁，颜色与壁画一致，都是朱红色，应是与墓室壁画同时完成的。值得注意的是，在这段题记的左侧上方另有墨书的"和平二年"四个小字，字体明显叠压在朱书题记之上，表明是壁画完成后添加的，很可能是同年其妻合葬时书写的。这是一座以卑祔尊的合葬，壁画是初次埋葬时为男墓主而作，并没有预设未来合葬的壁画，当男墓主妻子葬入时，除添加题记外，未对壁画做任何改动。（图1）

图1　大同北魏梁拔胡墓正壁壁画及墓门题记

1　山西省考古研究所、大同市考古研究所：《山西大同南郊仝家湾北魏墓（M7、M9）发掘简报》，《文物》2015 年第 12 期；大同市考古研究所：《山西大同沙岭北魏壁画墓发掘简报》，《文物》2006 年第 10 期。

与之形成鲜明对比的是年代略早的破多罗太夫人墓（大同沙岭壁画墓），这也是一座夫妻合葬墓，但壁画采取的是二人式的"墓主受祭—车马出行图式"，各个画像单元都表现了夫妻二人的存在。如正壁（东壁）绘有夫妇的正面端坐像，右侧绘有为夫妇二人准备的牛车和鞍马，左右侧壁所绘的家居生活、庭院生活、出行场景中都以男女墓主人的活动为中心。根据墓内出土的墨书文字"主客尚书、领太子少保、平西大将军□，破多罗太夫人□，殡于第宅，迄于仲秋八月，将祔葬□□□□于殡宫"[1]，可知破多罗太夫人是太延元年（435）祔葬于其丈夫之墓。这也是以卑祔尊的合葬，但可能在丈夫去世时就预设了适合合葬的壁画，妻子入葬时未做改动。（图2）

前壁（西）			右侧壁（北）						正壁（东）			左侧壁（南）		
						异兽				异兽			异兽	
						女侍行列			女侍行列		男侍行列	男侍行列		
持盾武士	墓门	持盾武士	导骑	鼓吹	杂耍	马车	骑兵 侍卫		牛车 鞍马	墓主夫妇	侍者	跽坐宾客 跽坐宾客 跽坐宾客 男墓主 伎乐	伎乐 女墓主	粮仓 运货小车 卷棚车 毡帐 烤肉 汲水 杀羊
			出行						祭祀			家居		

图2 大同破多罗太夫人墓壁画配置示意图

这两座北朝合葬墓分别采用了单人葬和合葬式的"墓主受祭—车马出行图式"，所有画像都围绕一人或二人进行配置，画像有明确的设计意识，图式有明确区分。这说明在当时的丧葬礼俗中可能存在两套壁画图式的粉本，画工在制作时会根据丧家的意愿来选择，当再次打开墓室合葬时，如果是以卑祔尊的合葬，一般不会对壁画做任何改动。

二、北齐崔芬墓

山东临朐发现的北齐天保二年（551）行台府都军长史崔芬墓是一座方形单室石室墓，木棺和遗骨已朽。该墓墓志仅述男墓主崔芬事迹，但从墓室西壁壁龛横额上的男女主人出行群像，以及墓室侧壁的牛车、鞍马图来看，采取的是二人式的壁画图式，这可能是一座夫妻合葬墓。壁画保存状况较好，可能没有完工，

1　赵瑞民、刘俊喜：《大同沙岭北魏壁画墓出土漆皮文字考》，《文物》2006年第10期。

也存在壁画改绘的现象。[1]

　　画像以正壁（北壁）为中心向左右展开，左、右两侧绘17扇屏风，其中位于东壁的备马出行图和西壁的鞍马回归图大致处于对称位置，以备马待行和系马于树表现墓主的出行与回归。这组画像采用的应当是北朝流行的"墓主受祭—车马出行图式"，但正壁未见墓主受祭图，从南壁墓门左侧两扇留白的屏风来看，此墓壁画尚未完工，这可能是正壁不见墓主受祭图的原因。左、右两个侧壁的画像也较为特殊，以屏风方式构图，绘树下人物、舞伎、树木假山，或留白。其中8扇屏风上的树下人物皆坐于方形茵席上，袒胸露背，姿态各异，皆有侍女侍于侧，与南朝墓室壁画所见的竹林七贤图相似。这种壁画图式与中原地区流行的图式有所差异，具有一定的地域特征。（图3）

　　改绘现象位于甬道两壁。甬道两壁原来刻有挂剑武士，是戴小冠的武士形象，与洛阳北魏石棺上的守门武士形象非常相似，但后来又在这对石刻武士像上加

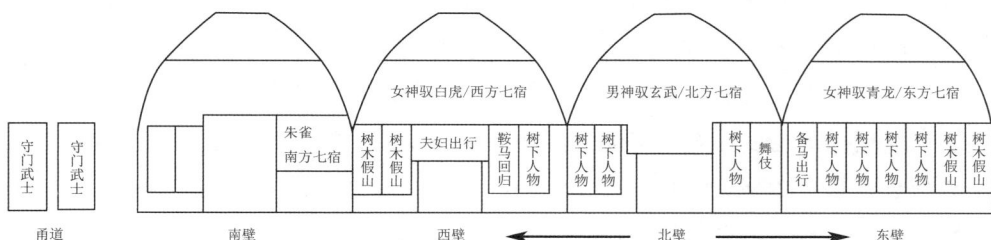

图3　临朐北齐崔芬墓壁画配置示意图

图4　北齐崔芬墓甬道的改绘现象

1　山东省文物考古研究所、临朐县博物馆：《山东临朐北齐崔芬壁画墓》，《文物》2002年第4期。

上了彩绘，改成了更威猛的持盾铠甲武士像，应是与墓室壁画同时完成的。（图4）原来的石刻武士可能是对前代北魏墓室的再利用，利用前代石室墓再葬的现象在山东地区是有先例的。总的来说，这座墓的壁画与墓葬建筑是作为一个整体来设计的，应是首次下葬时为合葬而设计的，第二次下葬时未做改动。

三、水泉梁北朝壁画墓

山西朔州水泉梁壁画墓是一座保存较好的北朝壁画墓，采用了典型的北齐高等级墓形制，由长斜坡墓道、短甬道和弧方形、穹窿顶的砖砌单室组成。在甬道两壁、墓室都有壁画，壁画内容与磁县、太原等地发现的北齐壁画墓基本一致，都是以墓主夫妇图为中心，在两侧安排侍者、牛车鞍马、仪卫等内容[1]，但是画像的配置明显不合常规，在甬道和墓室侧壁上存在大小两种画幅，两种画幅的人物群像比例相差悬殊。发掘者认为这是画师对远近透视关系的探索与尝试，以个体较大的门吏等人物作为近景，而以个体较小的骑马仪仗作为远景。[2] 南北朝时期确实出现了近大远小的透视画法，但主要是对山水画的初步尝试，在人物画中还没有发现明确的近远景画法的先例，甚至唐代的人物群像中也很少见到近大远小的画法。水泉梁墓室壁画的人物大小不一致的现象，恐怕还不能以透视画法来解释，更有可能是二次绘制导致的。

根据人物群像的画幅、风格、叠压关系，明显可以看出这是两套图式（图5）：

A．位于底层的画幅较小，包括甬道两壁和墓室侧壁的鞍马出行图，这组连贯的出行图与武平元年（570）右丞相东安王娄叡墓的墓道壁画相似，一侧是出行，另一侧是回归。[3] 这部分的绘画水平较为稚嫩，上色似乎尚未完成。

B．位于上层的画幅较大，由甬道口的挂剑门吏和仪卫、墓室侧壁的备马、备车图构成。这套图式与武平二年（571）武安王徐显秀的壁画相似[4]。绘画水平

1　山西省考古研究所等：《山西朔州水泉梁北齐壁画墓发掘简报》，《文物》2010 年第 12 期；山西博物院、山西省考古研究所编《壁上乾坤——山西北朝墓葬壁画艺术》，山西人民出版社，2019；山西博物院、山西省考古研究所：《山西朔州水泉梁北齐壁画墓发掘报告》，科学出版社，2019。

2　山西博物院、山西省考古研究所：《山西朔州水泉梁北齐壁画墓发掘报告》，科学出版社，2019。

3　山西省考古研究所、太原市文物管理委员会：《太原市北齐娄叡墓发掘简报》，《文物》1983 年第 10 期。

4　山西省考古研究所太原市文物考古研究所：《太原北齐徐显秀墓发掘简报》，《文物》2003 年第 10 期。

图 5　朔州水泉梁墓壁画的分层现象

要明显优于下层。

　　这两套图像存在着明显的叠压现象，根据叠压情况可知下层的小幅画像是先绘制的，上层的大幅画像是后绘制的。首次绘画时可能采取了与娄叡墓同样的粉本，除甬道和墓室基本与娄叡墓相似外，墓顶所绘四神十二时及天象也相似。改绘时采取了与徐显秀墓相似的粉本，以夫妇受祭图及备车、备马图构成典型的"墓主受祭—车马出行图式"。

　　发掘简报没有报道墓室棺木和遗骨的情况，无从得知是否为合葬墓，但从位于正壁的墓主夫妇图、左右侧壁的备车和备马图来看，推测应是一座夫妻合葬墓。上述改绘现象很可能是因合葬而产生的，壁画的内容、风格和水平相差较大，说明两次下葬之间有一定的时间间隔。

　　第一次绘制时，在墓道和墓壁绘连续的鞍马出行图；第二次在墓道和甬道绘门吏、仪卫、鼓吹图，覆盖了原来的鞍马出行图；墓室的两个侧壁绘备马、备车图，覆盖了原来的鞍马出行与回归图；正壁的墓主受祭图风格相似，可能也是第二次绘制的。可将两次绘画的内容分离，示意如下（图 6）：

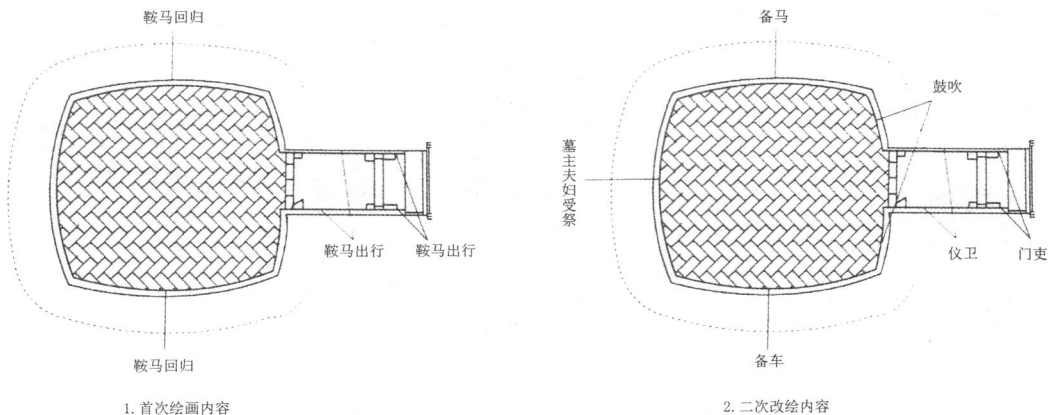

图 6　水泉梁壁画墓的二次绘制内容

　　由于没有发现墓志，不知具体的合葬情况。发掘者根据墓葬形制、随葬品和壁画情况，推测墓主人是北齐后期镇守朔州的军政长官。从壁画两次绘制的情况来看，首次入葬时可能预设了适合合葬的壁画，第二次入葬的时间间隔可能较长，或是入葬者的地位更加尊显，所以对壁画进行了更加精细的改绘，两次绘制采用的图式粉本有一定的差异。

四、唐阿史那忠与定襄县主合葬墓

　　陕西礼泉县九嵕山东南麓的阿史那忠墓是太宗昭陵的陪葬墓之一，是薛国公阿史那忠和定襄县主的合葬墓。[1]定襄县主卒于永徽四年（653），阿史那忠在上元二年（675）卒于洛阳，同年迁回昭陵与县主合葬，夫妻卒年相差 22 年。地面有残存的封土堆和两通石碑，一为"大唐故右骁卫大将军薛国贞公阿史那府君之碑"，一为清毕沅所立。这是一座带 5 组天井和过洞的单室砖墓，全长 55 米，墓室边长 3.7 米，墓顶距地面 12.7 米。在墓室西侧置一座砖砌棺床。在墓道、过洞和天井处绘壁画，墓道内绘青龙、白虎、马和骆驼引导的牛车出行行列，过洞和天井两壁绘男女侍者，第一过洞的顶部绘楼阁，第一天井两壁绘列戟架，两壁共列戟 12 杆。发掘者称在西壁列戟架损毁处的下层还有一架 6 杆的列戟架，说明壁画存在改绘的现象，这应与合葬有关。

1　陕西省文物管理委员会、礼泉县昭陵文管所:《唐阿史那忠墓发掘简报》,《考古》1977 年第 2 期。

116

　　定襄县主先葬于昭陵，墓葬形制和地面上的封土等设施应体现的是定襄县主的埋葬等级，县主是正二品，第一天井西壁下层的 6 杆列戟架是符合县主身份的。时隔 22 年后，从一品的阿史那忠死后，打开墓室合葬，重新绘制了壁画，将原来的壁画覆盖了，但阿史那忠的从一品与县主的正二品在列戟数上是一样的，因此新绘的列戟壁画仍是一架 6 杆、两侧共 12 杆。除壁画改绘外，合葬时可能还加入了新的陶俑群和其他随葬物品。沈睿文认为定襄县主下葬时先依据其等级绘了底层，阿史那忠合葬时又重新绘了一层，上层壁画的侍从是被有意识绘制给定襄县主和阿史那忠墓夫妇二人的[1]。这座墓葬壁画改绘的原因可能是两次埋葬的时间间隔较长，原来的壁画已经损毁，因此合葬时重新绘制了新的壁画。由于夫妻二人的身份品级相近，两次绘画采用的图式可能没有明显差别。

　　值得注意的是，唐代墓室壁画不再是"墓主受祭—车马出行图式"，没有了墓主像，也似乎没有明确的单人葬和合葬的区分，改绘现象中的图式差异可能不是由单人葬或合葬导致的，而主要是时代或身份等级的差异造成的。

五、唐金乡县主夫妻合葬墓

　　位于西安东郊灞桥吕家堡的金乡县主墓是正二品的县主与从五品的夫君朝散大夫于隐的合葬墓，也是同穴合葬。位卑者于隐先葬，葬于武则天天授元年（690）；县主为尊者，后葬于开元十二年（724），两次埋葬间隔 34 年。[2] 由于夫妻二人的品级和下葬年代相差较大，使得墓葬形制、随葬品和壁画方面出现了不匹配的现象。

　　地下部分是带长斜坡墓道和甬道的单室土洞墓，墓道内设有 3 个天井、3 个过洞、2 个壁龛。墓室为方形穹窿顶式土洞，底部边长 3.5 米左右。这种墓葬形制在盛唐时期属第三等级，即五品以下，符合朝散大夫于隐的身份，应是按照于隐的身份于武则天天授元年建造的。34 年后，当金乡县主下葬时，没有改变墓葬的结构，但增加了石椁，并在地面设置了神道石刻，这些增加的内容是按照金乡县主的身份来布置的，随葬的陶俑群也符合县主的身份，其中精致的彩绘陶俑是专为皇家烧造的东园秘器，可能是金乡县主合葬时，把为于隐随葬的陶俑撤掉，换上了一套新的等级更高的俑群。

1　沈睿文：《阿史那忠墓辩证》，载朱玉麒主编《西域文史　第八辑》，科学出版社，2013。
2　西安市文物保护研究所：《唐金乡县主墓》，文物出版社，2002。

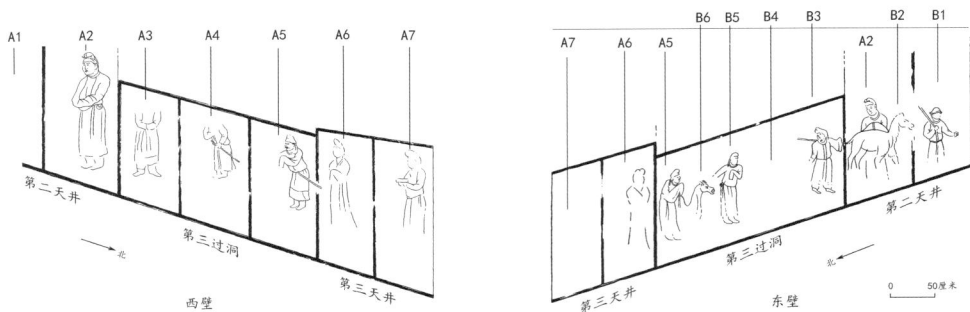

图 7　唐金乡县主墓墓道壁画的改绘现象

　　金乡县主的合葬也造成了壁画改绘的现象，从残存在墓道、天井和过洞的壁画来看，内容、构图和风格很不一致，有些地方有明显的叠压现象。发掘者观察到第二天井、第三过洞、第三天井壁画的改绘现象。根据发掘报告，可将二次绘制的情况区分为 A、B，其中 A 是首次为于隐绘制的，B 是第二次为金乡县主绘制的。（图 7）

　　墓道西壁的壁画较为完整，应是朝散大夫于隐下葬时绘制的，从前到后以红色廊柱分为 7 幅单独的画面，即第二天井 2 幅、第三过洞 3 幅、第三天井 2 幅。其中第 1 幅壁画已脱落（A1），应与第 2 幅一样绘袖手站立的男侍（A2）；第 3—5 幅绘的是袖手或拱手而立的三位男侍（A3—A5）；第 6—7 幅是两位持物女侍（A6—A7）。与之对称的东壁原来也应是相似的 7 位男女侍者，由于改绘的缘故，仅保留下来 4 位，即第三天井的两位侍女（A6、A7）、第三过洞的拱手而立的男侍（A5）、第二天井的拱手男侍（A2）。其中 A2 男侍被前方的骆驼遮挡了身子，人与骆驼的比例明显不协调，说明不是同时绘制的；A5 的男侍也与前方的骆驼比例不协调。因此，东壁的壁画应是金乡县主下葬时改绘的，改绘的内容是驼队，应由 3 只骆驼和 3 位牵驼人组成（B1—B6）。由于第二次绘制的画幅较小，并没有完全覆盖首次绘画的内容，如第二天井的骆驼（B2）小于此前绘的男侍（A2），第三过洞的前一匹骆驼已脱落（B4），后一匹骆驼似乎未完工，没有完全覆盖第一次画的男侍（B6）。此外，第二次的画迹还有覆盖红色廊柱的现象。此墓的墓室四壁绘的影作木构保留有部分女侍形象，女侍的绘画风格与墓道首次绘画的风格一致，应是于隐下葬时所绘。

　　第二次绘画虽然是为身份较高的金乡县主所绘，但没有完工，也比较草率。据墓志，金乡县主卒于开元十年（722），两年后的开元十二年（724）才与夫君合葬，按理说应有充足的时间来绘制壁画，但壁画却草草收工。这可能与金乡县主去世时家道衰落有一定关系，县主是滕王元婴的第三女，但元婴一生劣迹斑斑，没有大的作为，到金乡县主去世时已经家道衰落。虽然如此，县主去世时还是增设了神道石刻、石椁、新的陶俑群，墓志的尺寸也比于隐要大，这些都是彰显其身份地位的礼仪性设施，与隐秘性较强的墓室壁画是不一样的。由于壁画是隐秘性较强的绘画，有可能出现未完工、制作草率等现象。这座墓的壁画保存不完整，难以看出完整的图式，但两次绘画显然采用了不同的图式，可能是时代或墓主身份的差异导致的。

六、唐韩休夫妇合葬墓

西安郭庄发现的唐代宰相韩休夫妇合葬墓是一座保存较完整的壁画墓。韩休卒于开元二十八年（740），夫人柳氏于天宝七载（748）祔葬。在墓室东壁绘有一幅由男女二位舞者和男女二部伎乐构成的乐舞图，以树石为背景[1]。周伟洲、郑岩等通过仔细观察，发现存在多处改绘现象，如东壁乐舞图左侧的女伎前方以一位持竿男伎覆盖了一位奔跑的童子、童子前方的一只兔子被后绘的方毯覆盖、右侧的男伎由原来的 5 位男乐者增为 7 位。（图 8）

周伟洲认为初绘和改绘时间大致应在开元二十八年韩休卒时[2]。郑岩同意周伟洲对绘制时间的判断，并进一步将乐舞图的绘制过程分解为"五期"，认为其间由于画工无法面对复杂的画面结构而差错频出，导致了多处修改、覆盖的情况。[3]显然，这座墓的改绘现象不是由于合葬造成的，韩休夫妻二人下葬时间相差 8 年，夫人后葬时对壁画没做任何改动。

从上述几例壁画的改绘现象来看，大致可以得到以下几点初步认识：

1. 每个时期的墓室壁画都有相对固定的图式，北朝时还有单人葬、合葬的区别，唐代主要有身份等级、时代的区别，画工会根据丧家意愿来选择不同的图式粉本；2. 壁画改绘的原因是多方面的，包括对前代建材的改造、合葬、画工失误等原因；3. 在合葬情况下，如果两次下葬的年代间隔较长，或者合葬者的

1　陕西省考古研究院、陕西历史博物馆、西安市长安区旅游民族宗教文物局：《西安郭庄唐代韩休墓发掘简报》，《文物》2019 年第 1 期。

2　周伟洲：《唐韩休墓"乐舞图"探析》，《考古与文物》2015 年第 6 期。

3　郑岩：《试析唐代韩休墓壁画乐舞图的绘制过程》，《文物》2019 年第 1 期。

图 8　唐韩休墓东壁乐舞图

身份相差悬殊，壁画改绘的可能性就较大；4. 壁画图式与性别观、尊卑观的关系密切，一般以男性或尊者为标准来选择首次绘画的图式，如果是以卑衬尊，一般不做改绘，如果是尊者后葬，可能会做改绘；5. 壁画是一类隐秘的绘画，在葬仪中的重要性不如地面的神道石刻、葬具和随葬品，因此有未完工、制作草率等现象。

（原刊于《故宫博物院院刊》2022 年第 3 期。）

山西太原唐墓壁画"树下人物"图研究
——以赫连简墓为中心

赵 伟（中央美术学院人文学院）

赫连简墓位于山西省太原市晋源区悬瓮山前的缓坡地带，据《山西太原唐代赫连山、赫连简墓发掘简报》[1]（以下简称《简报》）介绍，该地当时共发掘了三座墓葬，除 M3 严重损毁未见遗物外，其余两座墓中均出土了完整的墓志和精美的壁画，二墓主人分别为赫连山和赫连简兄弟二人。对于兄长赫连山墓中的"树下人物"图，本人已做过初步探讨[2]，此次将围绕弟弟赫连简墓的"树下人物图"做一专门研究。

本文所要讨论的 6 幅赫连简墓"树下人物"图分别位于棺床的东、北、西三面，具体情况如图 1。其中北面 4 幅，东、西各 1 幅，最外两幅空白。下面，本

图 1 赫连简墓"树下人物"图布局（于敬彦制图）

1 太原市文物考古研究所：《山西太原唐代赫连山、赫连简墓发掘简报》，《文物》2019 年第 5 期。
2 赵伟：《山西太原赫连山墓"树下老人"图试读》，载贺西林主编《汉唐陵墓视觉文化研究》，高等教育出版社，2021，第 243—258 页。

文将依据《简报》给出的顺序，对赫连简墓 6 幅"树下人物"图展开讨论。

一、执爵[1] 并伴有云气图像（东壁）

按《简报》介绍，该图"高
0.92 米、宽 0.55 米。男子头戴
方冠，以簪固之，唇上'八'字
须，唇下短须，身穿浅黄色交领
袍，腰系带，足蹬高头履，左手
微屈执爵，右手扬掌向天，鼻中
有祥云仙气飘然冒出。男子左侧
绘长有草木的怪石，右侧绘重叠
的山峰"[2]。（图 2）

在太原唐墓中，与赫连简墓
此图较为相似的还有金胜村焦化
厂墓、金胜村 4 号墓、金胜村 6
号墓、金胜村 337 号墓以及郭行
墓。（图 3）以上诸墓均绘有一
位手中执杯的男子，同时也绘有
升起的云气，只不过云气的来源
并非如赫连简墓一般出自人的口
鼻处，而是来自"树下人物"向

图 2　执爵并伴有云气的"树下人物"图（赫连简墓东壁）

上伸出的食指和中指。虽然这些图像在具体表现上小有差异，但"树下人物"一
手执杯，一手指向云端的样式类似，部分草木的画法亦极为接近，表明该类图像
拥有相同的粉本以及共同的意涵。

对于上述图中男子，有学者做过专门研究，其中一种观点认为执杯者为竹林

1　由于该图模糊不清，人物手中是否执爵难以定论。按太原郭行墓、金胜村 337 号墓的图像表现，
　　器型颇类高足杯，本文暂以"杯"称之。据道经所载，法师演法时经常会使用"水盂""水钟"
　　类的法器，应即此物。
2　太原市文物考古研究所：《山西太原唐代赫连山、赫连简墓发掘简报》，《文物》2019 年第 5 期，
　　第 22 页。

图 3-1　金胜村 6 号墓　　　图 3-2　郭行墓　　　图 3-3　金胜村 337 号墓

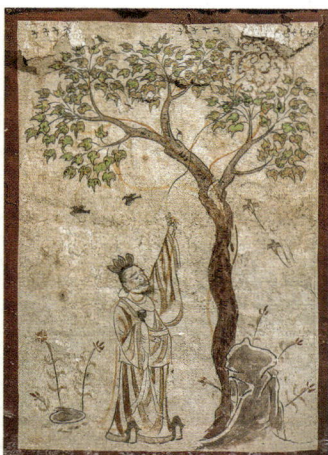

图 3-4　金胜村焦化厂墓　　　　　　　　图 3-5　金胜村 4 号墓

图 3　太原唐墓执杯状物并伴有云气的"树下人物"

七贤中嗜酒豪饮的阮籍[1]；另一种观点认为是望云思亲的狄仁杰[2]。对于阮籍，南朝墓葬中留有非常清晰的图像，与太原唐墓中的此类人物无论是样貌神态还是衣饰穿戴均无任何相似之处，所以无法以此印证二者的一致性。至于狄仁杰的说法，

---

[1]　商彤流：《太原唐墓壁画之"树下老人"》，《上海文博论丛》2006 年第 3 期，第 23 页。

[2]　沈睿文：《唐墓壁画中的渊明嗅菊与望云思亲》，载上海博物馆编《壁上观——细读山西古代壁画》，北京大学出版社，2017，第 416—433 页。

虽然史料中留有望云思亲的记载，但并无执杯记录，亦无图像流传，亦难以将其与太原唐墓中不同形象的执杯者对应。如果按照图像表现，赫连简墓手中执"爵"且口鼻处呼出气体的"树下人物"，与实施敕水（或噀水）仪式的道教法师拥有更多的相似性。

敕水，乃道教法术之一，早在魏晋南北朝时期就已广为人知。据《魏书·释老志》记载，当时的道士已经掌握了包括敕水在内的诸多法术："至于化金销玉，行符敕水，奇方妙术，万等千条。"[1]另一部道经《女青鬼律》也提到："右天师敕水，大邪鬼不敢害人。"[2]到唐代，道教法师朱君绪的《要修科仪戒律钞》[3]、张万福的《醮三洞真文五法正一盟威箓立成仪》和传为李淳风注的《金锁流珠引》中，也都频繁地提及敕水术。如张万福的《醮三洞真文五法正一盟威箓立成仪》称法师在"洁坛解秽"时会开目诵"四灵咒"，召集百神："次敕水，江河淮海，非凡水。""凡水"之后标有小字："云云，乃噀水一下，唱摄三下。"[4]《金锁流珠引》亦称："《正一考召仪》曰：夫考召法，是考鬼召神也。事大不小，须以清净，安坛立纂，建狱开门，引绳系坛及狱，坛开四门，禁步结界。以青香案明灯，夜一更三点及可。结界敕水禁坛，禹步居心，丁字绕外，噀水坛中。"[5]

唐代以后，敕水法术代有相传。北宋张商英在《金箓斋投简仪》中介绍道教高功开建道场仪式时，称其会"净坛敕水"[6]。南宋《黄箓九幽醮无碍夜斋次第仪》记录度亡仪式时亦称："次敕水，次界坛，次面西请三师，次宣建坛说戒仪。"[7]明代朱橚的《普济方》虽未被列入正统《道藏》，但内容融摄诸多道法，如"普救方书符总法"称："天师曰：凡书符法，先敕水炼神，皆闭气书之，如大想气，可含水噀之。"[8]一直到今天，敕水仍在道教仪式中扮演着重要角色。图4即为龙虎山天师府道长实施的敕水术，其手中所持长剑与太原唐墓"树下人物"所施剑诀[9]（图5）功能一致。

1　塚本善隆：《魏书释老志研究》，大东出版社，1974，第64页。

2　《道藏》第18册，文物出版社、上海书店、天津古籍出版社，1988，第247页。

3　《道藏》第6册，文物出版社、上海书店、天津古籍出版社，1988，第967—968页。朱君绪在《要修科仪戒律钞》卷十提到："行符敕水，治病救厄。"

4　《道藏》第28册，文物出版社、上海书店、天津古籍出版社，1988，第493页。

5　《道藏》第20册，文物出版社、上海书店、天津古籍出版社，1988，第370页。

6　《道藏》第9册，文物出版社、上海书店、天津古籍出版社，1988，第131页。

7　《道藏》第9册，文物出版社、上海书店、天津古籍出版社，1988，第749页。

8　〔明〕朱橚：《普济方》卷二六九，载景印文渊阁《四库全书》，商务印书馆，第0755册，第853页。

9　有关"剑诀"的探讨，可参见《山西太原赫连山墓"树下老人"图试读》一文。

图 4　龙虎山天师府敕水仪式　李磊拍摄

图 5-1　郭行墓

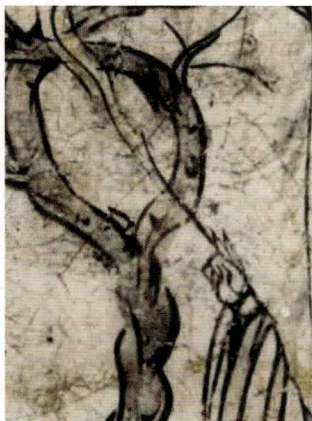

图 5-2　金胜村焦化厂墓

图 5-3　赫连山墓

图 5　郭行墓、金胜村焦化厂墓、赫连山墓和《百诀全图》中的"剑诀"图像

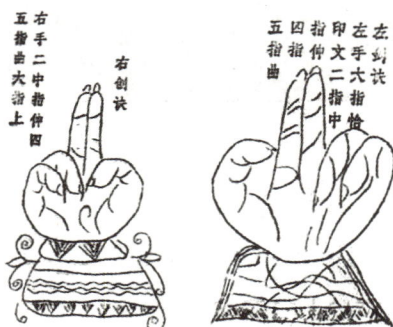

图 5-4　剑诀图

二、持节者图像（北壁）

该图"高 0.92 米，宽 0.55 米。男子头戴方冠，唇上'八'字须，唇下微须，身穿浅黄色交领袍，足蹬高头履，双手举节。男子左侧绘长有树木的土坡，右侧绘重叠的山峰"[1]。（图6）

在太原唐墓中，同样绘有持节人物图像的还有金胜村6号墓（图7），该墓中的持节人物曾被研究者识为苏武，但其身边所绘竹林与苏武所在的酷寒环境存在较大差异。按现存图像，持节人物基本可分为世俗人物和仙界人物两种。苏武作为世俗人物的代表，在持节人物中并不具有唯一性。除苏武之外，《列女仁智图》中的齐使者和许使者（图8）均可持节，东晋的一些墓主亦具有持节资格（图9-1、图9-2），只不过目前所见墓葬中的"主人之节"并未执于墓主手中，而是竖于其左侧。这种以节代表某人合法身份的方式在东晋直至唐代文献中均有保留。如《通

图6　持节者图像　赫连简墓北壁

图8　《列女仁智图》中的持节人物

1　太原市文物考古研究所：《山西太原唐代赫连山、赫连简墓发掘简报》，《文物》2019年第5期，第22页。

图7　持节者图像　金胜村6号墓

图 9-1　东晋两座身边竖节的墓主画像（霍承嗣墓）

图 9-2　东晋两座身边竖节的墓主画像（冬寿墓）

典》中载有东晋卒哭、祭奠、设置馔具和主人之节等相关葬仪，并提到大唐武德元年（618）改郡为州，改太守为刺史，加号持节之事。唐代之节出现了巨大变化，按《通典》所载：“后加号为使持节诸军事，而实无节，但颁铜鱼符而已。”[1]由此看来，东晋“主人之节”在唐墓壁画中之所以不再出现，有其制度上的渊源。

　　与世俗人物持节图像的际遇不同，仙界持节人物自汉以来一直大行其道，

1　《通典》卷三十三，载景印文渊阁《四库全书》，商务印书馆，第0603册，第395页。

直至宋元仍十分兴盛。其中，汉代仙人持节可以西汉卜千秋壁画墓中的羽人（图10）为代表。对于此类持节人物，孙作云曾称："本图中方士持节，即表明他是由神仙所委派前去迎接死者升天的。"[1] 贺西林也认为："羽人秉持象征王命的符或节。穿梭于云崖之巅，导护于赴仙者之列，状态非常紧迫，感觉不是在独享云游的快乐与惬意，而是在奋力接引奔赴天堂的众生。"[2] 贾艳红亦称："羽人手中之节即为天帝之信物。"[3]

图 10　西汉卜千秋墓中的持节羽人

到魏晋南北朝时期，仙界持节者形象在地上和地下两个图像系统中均得以保留。其中地上持节仙人可以敦煌石窟第 285 窟为代表，地下持节仙人可以南朝狮子冲墓拼砌砖画（图11）为代表。到宋代，河南登封黑山沟、新密平陌宋墓壁画（图12）以及传为武宗元的《朝元仙仗图》中也都绘有持节仙人，表明此类图像拥有深厚的信仰基础。

汉魏以来源远流长的仙人持节图像，反映了大众渴望成仙的心理需求。而不同时期道教人士的介入，则成为推进这一信念持续深入的核心力量。东晋葛洪在《抱朴子·内篇》卷四《金丹》中称太乙招魂魄丹法可以使死人复活，复活者"皆言见使者持节召之"[4]。《汉武帝外传》也称："武帝梦与少君俱上嵩高山，半道有绣衣使者乘龙持节，从云中下。"[5] 唐代道士张万福在《醮三洞真文五法正

1　孙作云：《洛阳西汉卜千秋墓壁画考释》，《文物》1977 年第 6 期，第 21 页。

2　贺西林：《汉代艺术中的羽人及其象征意义》，《文物》2010 年第 7 期，第 52 页。

3　贾艳红：《汉代民间信仰与地方政治研究》，山东大学出版社，2011，第 334 页。

4　《道藏》第 28 册，文物出版社、上海书店、天津古籍出版社，1988，第 186 页。

5　《道藏》第 5 册，文物出版社、上海书店、天津古籍出版社，1988，第 61 页。

图 11　南朝狮子冲墓拼砌砖画中的持节仙人（耿朔老师提供）

图 12　河南新密平陌宋墓壁画中的持节仙人

一盟威箓立成仪》中介绍法师实施洁坛解秽仪式时需"握固瞑目，存经、籍、度师在西面，存唐将军兵马佩剑执印在左，葛将军兵马执戟佩剑在右，周将军兵马执节在前……"[1]

　　由此可见，持节人物的出现是历代追求仙道者心愿达成的重要标志，太原金胜村 6 号墓和赫连简墓的持节人物，应该都是这一信仰的反映。

1　《道藏》第 28 册，文物出版社、上海书店、天津古籍出版社，1988，第 493 页。

三、拱手而立者图像（北壁）

该图"高 0.92 米，宽 0.61 米。男子头戴方冠，以簪固之，唇上'八'字须，身穿浅黄色交领袍，腰系带，足蹬高头履，双手拱于胸前。男子左侧绘低矮的土丘，长有树木，右侧绘高峻的山峰，长有草木，头上绘有多道长短不一的横线，应是表现云气"[1]。（图13）

由于该图除人物的拱手动作外，未绘制任何器物，暂时难以做出判断，容待后文讨论。

四、面对坟丘身后背篓者图像（北壁）

图 13　拱手而立的"树下人物"（赫连简墓北壁东端第二幅）

该图"高 0.92 米、宽 0.58 米。男子头戴方冠，以簪固之，唇上'八'字须，唇下微须，身穿浅黄色交领缺袴袍，外披白麻衣，足蹬高头履，双手抬至胸前，拢于袖中，背负一篓，篓中装物。男子左侧绘隆起的坟丘，右侧绘土坡，此外还绘有数株树木"[2]。（图14-1）

《简报》所称的白麻衣，应为树下人物手托之物，并非身上着装。而文中所言坟丘，在太原唐墓温神智墓、金胜村焦化厂墓和金胜村 6 号墓中亦有出现（图14）。对于此类图像，研究者多认为描绘的是孝子闻雷泣墓故事抑或寝苦枕块孝行，但就以上四幅图像分析，明确表现泣墓行为的仅有金胜村焦化厂墓一处，其他皆为"树下人物"手托或身背某物面向坟丘的形象，这种造型与现存的孝子泣墓类图像存在较大差异，无法确定其为共同主题。至于寝苦枕块的推测，虽符合丧葬传统，但难与图中人物恭敬地手托物品面向坟丘的举止对应。如以赫连简墓坟丘前站立的人物为例，不但其手中所托众多长条状物品与苦或土块无关，其身后背篓中的物品亦非苦或土块形状。而且，按《大唐开元礼》记载，唐代庐次和

1　太原市文物考古研究所：《山西太原唐代赫连山、赫连简墓发掘简报》，《文物》2019年第 5 期，第 22 页。

2　太原市文物考古研究所：《山西太原唐代赫连山、赫连简墓发掘简报》，《文物》2019年第 5 期，第 22 页。

图 14-1　赫连简墓北壁　　　　　　　图 14-2　金胜村 6 号墓

图 14-3　温神智墓　　　　　　　　　图 14-4　金胜村焦化厂墓

图 14　太原唐墓中面对坟丘者图像

寝苫枕块行为皆非发生在墓地，而是在殡堂附近："掌事者预为庐，于殡堂东廊下，近南北户，设苫块于庐内。"[1]《通典》载古礼，"里有殡，不巷歌"[2]，表明殡堂的位置一直处于居民区，非太原唐墓的旷野场景。

　　所以，太原唐墓手托或身背物品面向坟丘的图像表现的不太可能是孝子的"寝苫枕块"行为，而有可能是丧葬活动中的奠墓仪式。按《通典》记载，南朝留下

1　〔唐〕萧嵩等：《大唐开元礼》卷一百四十二，载景印文渊阁《四库全书》，商务印书馆，第 0646 册，第 845 页。

2　《通典》卷一百五，载景印文渊阁《四库全书》，商务印书馆，第 0604 册，第 320 页。

的诸多葬仪中，有不少和坟墓有关，如"凡移葬者，必先设祭告墓而开塚，从墓至墓皆设奠，如将葬朝庙之礼，意亦有疑。既设奠于墓所以终其事"[1]。《大唐开元礼》也记载了多种奠仪，如祖奠、启奠、致奠、遣奠、辟奠、酌奠、次奠等不下十余种，甚至"虞祭"仪式也在墓地实施："初下柩于墓，掌事者具虞祭之馔，设洗、罍、篚于灵幄西南如常。"[2] 其中洗、罍、篚等物，在《大唐开元礼》卷一百四十七下葬礼仪部分也有述及，称："祝与执樽、罍、篚者，各就樽、罍、篚所立。"[3] 而"卜宅兆"时，在祭奠后土仪式中，也要用到以上器物，具体操作方式是：由祝帅掌事者入圹，铺设后土氏神席，然后将酒樽、勺、洗、罍、篚等分置不同方位。此中的"篚"，应即赫连简墓"树下人物"所背之篓。《大唐开元礼》标注称："篚，实以巾爵加幂。"[4]

由此而论，赫连简墓树下背篓人物，为奠墓或祭神者的可能性更大。

五、负薪者图像（北壁）

该图"高 0.92 米、宽 0.57 米。男子面部不清，身穿浅黄色交领袍，腰系带，足蹬高头履，头部低垂，背负成捆的柴薪，手执捆绑柴薪的布带。男子左侧绘有草木，其中一株较高，顶部为莲瓣状，莲瓣上似乎还有物件，已漫漶"[5]。（图15-1）

"树下人物"身背柴薪的图像在太原唐墓中极为常见，除赫连简墓外，金胜村4号墓、金胜村6号墓、晋源镇M1号墓、温神智墓、郭行墓等均绘有此图。（图15-2—图15-5）前辈学者对金胜村6号墓的负薪图做过研究，认为图中负薪者是孝子曾参。[6]

虽然史料中留有曾参砍柴的记录，但与之有过同样经历的历史人物不在少数，

1　《通典》卷一百二，载景印文渊阁《四库全书》，商务印书馆，第0604册，第291页。

2　〔唐〕萧嵩等：《大唐开元礼》卷一百四十九，载景印文渊阁《四库全书》，商务印书馆，第0646册，第891页。

3　〔唐〕萧嵩等：《大唐开元礼》卷一百四十七，载景印文渊阁《四库全书》，商务印书馆，第0646册，第881页。

4　〔唐〕萧嵩等：《大唐开元礼》卷一百四十六，载景印文渊阁《四库全书》，商务印书馆，第0646册，第874页。

5　太原市文物考古研究所：《山西太原唐代赫连山、赫连简墓发掘简报》，《文物》2019年第5期，第22页。

6　相关研究可参照赵超先生的文章。

图 15-1　赫连简墓北壁　　　　　图 15-2　郭行墓

图 15-3　金胜村 6 号墓　　　图 15-4　金胜村 4 号墓　　　图 15-5　温神智墓

图 15　太原唐墓中负薪者图像

如先秦的钟子期、汉代的朱买臣、西晋的王质等都有过砍柴经历。所以，目前单凭文献资料无法确定太原唐墓负薪者的身份，需要参照图像系统加以综合考量。

现存最早的曾子砍柴图出现在宋代，但图像构成与太原唐墓中的负薪者存在较大差异。宋墓中的曾子砍柴图（图 16）都包含三个核心要素：扶杖并伸出手

图 16-1　山西长子南沟金代壁画墓

图 16-2　河南登封黑山沟宋代壁画墓

图 16　宋墓中的曾子砍柴图

指的曾母、短衣襟打扮的曾子以及一担柴薪。以上三个要素是图像绘制者针对"啮指心痛"故事精心刻画而成，凡是熟知这一典故的观者，皆可通过图像布局洞悉画面含义，再加上有些图像旁边还标有"曾参"二字，更容易使观者对号入座。宋墓这种人物指向极为明确的孝子图是汉代画像石和魏晋南北朝画像石棺中常见孝行图像的延续，也是绘画"成教化，助人伦"功能的基本反映。

与上述宋墓中的曾子砍柴图不同，太原唐墓的此类图像缺乏可以直接识别人物身份的基本信息。首先，故事主角之一曾母缺席；其次，可以确定人物身份的榜题和可以明确主题范畴的成组的孝子图像也不见踪影；再次，不同图像中的负薪者样貌、身形也存在较大差异，所着袍服、鞋履、头冠等亦非日常砍柴者的装扮。唯一与宋代砍柴图有关的柴薪，也未绘出柴担，而是采用背负的方式，柴薪质地还呈现出木本和草本两种形式，如温神智墓的柴薪体现的是木本特点，赫连简墓两头下垂的柴薪造型则似草本。以此而论，太原唐墓负薪图的制作者似乎不太重视柴薪的质地，这就使得我们在探讨该类图像时可以不必纠结于图中人物到底是砍柴还是打草，而是另辟蹊径探索"束薪"这一形式背后的文化意涵。

在上古时期，"薪"除可作燃料外，还被赋予过多种功能。其中与丧葬密切相关的是《易·系辞》所载的："古之葬者，厚衣之以薪，葬之中野，不封不树，丧期无数。"[1] 该记载表明"薪"曾被作为藏尸的工具。到有虞氏时，薪葬被瓦棺取代，[2] 但薪与尸体同在的心理暗示源远流长。汉《淮南子·说山训》称："束薪为鬼，以火烟为气。以束薪为鬼，竭而走。"[3] 其中，"束薪为鬼"被注解为："夜行见束薪，以为鬼，故去而走。"此处的"束薪"之所以被视为鬼，很明显出自时人对早期葬俗中尸体厚衣以薪的认识。

至迟到东晋时期，"束薪"被赋予了新的意涵。按葛洪《抱朴子·内篇》对《遁甲中经》的记述："求仙道入名山者，以六癸之日，六癸之时，一名天公日，必得度世也。又曰：往山林中，当以左手取青龙上草，折半置逢星下，历明堂入太阴中，禹步而行，三咒曰：诸皋，太阴将军，独开曾孙王甲，勿开外人，使人见甲者以为束薪，不见甲者以为非人。"[4] 此中"束薪"，成为当时追求仙道者获得遁甲法术保护的象征。而求助对象太阴将军，应为阴间炼形之所的神明之一。

1　景印文渊阁《四库全书》，商务印书馆，第 0116 册，第 452 页。

2　《汉典》卷八十五，载景印文渊阁《四库全书》，商务印书馆，第 0604 册，第 117 页。《通典》载："有虞氏瓦棺。"后有小字注："始不用薪也。有虞氏尚陶。"

3　《淮南鸿烈解》卷十六，载景印文渊阁《四库全书》，商务印书馆，第 0848 册，第 693 页。

4　《道藏》第 28 册，文物出版社、上海书店、天津古籍出版社，1988，第 237 页。

东晋时期的"束薪"遁甲术在后世道经中一直有所传续。约出于魏晋至隋唐的道经《黄帝九鼎神丹经诀》卷七"居山辟邪鬼恶贼虫兽法"称："凡住山居，止怖懼邪鬼，当以左手取青龙上物，折半置蓬星下，历明堂，入阴中，禹步。步毕，祝曰：诸皋，太阴将军，独开曾孙某甲，勿开外人，使见甲者以为束薪，不见甲者以为非人。"[1]

唐代道经《紫庭内秘诀修行法》也提到遁甲术，称："往山林中，当以左手取青龙上物，折半置蓬星下，历明堂，入阴中，禹步而行，乃祝曰：诸鼻，太阴将军，独开曾孙某甲，勿开外人，使人见甲者以为束薪，不见甲者以为非人。"[2]约出于宋代（一说元明）的道经《灵宝玉鉴》卷二十一"飞神谒帝门"条也明确记载了道教法师在行罡步、起青龙、活天门过程中的行符场景，其中"召真玉符"和"变化玉符"都提到："无令百鬼，中持伤我，莫使人见我，见我者以为束薪，不见我者以为非人。独开我门，以闭他人，急急如律令。"[3]

由此可见，太原唐墓中的负薪图应是道教法师在施法过程中的护佑手段之一，最终目的是兼利生死。

六、抬手直立者图像（西壁）

抬手直立着图像绘于赫连简墓西壁，"高0.94米、宽0.54米。男子头戴方形小冠，唇上'八'字须，唇下微须，身穿浅黄色交领袍，腰系带，足蹬高头履，双手抬起，似持物。男子左侧绘长有草木的怪石，右侧绘有土丘"[4]。（图17）

赫连简墓西壁此图，按其位置，正好与东壁敕水图相对。根据6幅"树下人物"的身体朝向，抬手直立者位于首位，敕水者为最后一位。由于拍手直立者手部漫漶严重，目前无法就此部分做出进一步的探讨。通过比较太原唐墓与赫连简墓中的草木造型，会发现《简报》所称的"长有草木的怪石"十分独特："怪石"的边缘线非常柔和，且为多层堆积方式，并垂有两条软带。按以上图像结构，该物体不似旷野中的石头，更像柔软的布帛类用品。

按古人丧葬礼仪，有"赠襚"之说。唐代虞世南在《北堂书钞》中称："《白

1　《道藏》第18册，文物出版社、上海书店、天津古籍出版社，1988，第814页。

2　《道藏》第18册，文物出版社、上海书店、天津古籍出版社，1988，第713页。

3　《道藏》第10册，文物出版社、上海书店、天津古籍出版社，1988，第296—297页。

4　太原市文物考古研究所：《山西太原唐代赫连山、赫连简墓发掘简报》，《文物》2019年第5期，第22页。

图 17　抬手直立者图像（赫连简墓西壁）

虎通》云：《礼》有'赗襚者，所以助生送死，追思终副至意'……货财曰赗，车马曰赗，玩好曰赠，衣服曰襚。赠之，为言称也；襚之，为言遗也。"[1] 唐人杨士勋所疏的《春秋谷梁注疏》也称"乘马曰赗，衣衾曰襚，贝玉曰含，钱财曰赗"[2]，并认为"归死者曰赠，归生者曰赗"[3]。按《唐六典》卷四所载，官方助葬物品中，以帛最为常见："既引，又遣使赠于郭门之外，皆以束帛，一品加璧。"[4] 以上所言之帛，还曾以"巾"或"信币"之名敬献给神祇。唐张万福的《醮三洞真文五法正一盟威箓立成仪》称，在祈请天地冥灵时首先要设坛座位，并依方位敷巾。[5] 后世编纂的《地理新书校理》在启告幽堂亭长、丘墓诸神时，也会用酒醴、信币等物敬献神祇，仰劳保佑。[6]

所以，赫连简墓的这幅绘有"怪石"的图像，很可能表现的是唐代葬俗中的赗襚场景，即以衣衾布帛类物品随葬逝者或敬奉神灵。

讨论完以上五幅图像之后，最后再看一下曾被搁置的第三幅图。虽然该图没有提供可供比对的器物，仅是描绘了一位拱手站立的男子，但是，如果将该图置于赫连简墓整个"树下人物"图像序列之内，便会发现这位拱手人物恰好位于奠墓和持节神祇之间。以此推测，赫连简墓北壁此位拱手而立的"树下人物"，或为道教法师正在呪请神祇降临的场景。

综上所述，以赫连山、赫连简兄弟墓为代表的太原唐墓"树下人物"图，表现的应该是道教法师参与俗人葬仪的场景，其目的是满足丧家意欲通过法师施法，使逝者得到护佑，以达镇墓安神拔度超升的愿望。

（原文刊于《故宫博物院院刊》2022 年第 8 期。）

1　〔唐〕虞世南：《北堂书钞》卷九十二，载景印文渊阁《四库全书》，商务印书馆，第 0889 册，第 436 页。

2　景印文渊阁《四库全书》，商务印书馆，第 0145 册，第 551 页。

3　景印文渊阁《四库全书》，商务印书馆，第 0145 册，第 558 页。

4　景印文渊阁《四库全书》，商务印书馆，第 0595 册，第 45 页。

5　《道藏》第 28 册，文物出版社、上海书店、天津古籍出版社，1988，第 492 页。

6　《道藏》第 18 册，文物出版社、上海书店、天津古籍出版社，1988，第 298 页。有关"信币"组成，成分复杂。按"币"字来源，与"巾"有关。《说文》称："币，帛也。"据崔振声道长介绍：信币一词，一般用于阴事法事，之前是请求仪式前出具的物资和费用，后来专指费用。近代"信币"特指璧状的纸钱。

第三章
物质文化

明尼阿波利斯美术馆藏铜车模的结构与工艺分析
——附论中世前中原铜车模

苏荣誉（中国科学院自然科学史研究所）

　　车是人类历史上的一项重大的技术发明，现有材料可以将其上溯至公元前第四千纪的高加索－乌拉尔地区，欧亚西部和中亚、近东、北非诸地的车，均源于彼。早期车以马牵引，虽然青铜时代及以后也出现牛、骆驼等牵引车，但马从来都是最重要的动力，直到机器动力的出现而式微，故早期车以马车概括。

　　车在中原的源起，扑朔迷离，争论不断。[1]明显的事实是出现较晚，可靠的材料属商代晚期，而功用在于随葬王公贵族；车与马同出，可以认为它们都是马车。西周时期马车明显增加，大型墓葬都有陪葬车马的附葬坑，且随葬车马数量有逐步增加的趋势。到春秋时代，往往以马车多寡衡量各诸侯国实力，有万乘、千乘和百乘之别。从文献看，战车在当时的战争中具有重要地位，直到战国晚期赵武灵王的胡服骑射改革，骑兵、步兵崛起，战车地位才有所下降，但依然是重要的运载工具。然而，马从来都是重要的军事物资，故而在东汉，牛成为牵引的主要畜力，牛车地位日渐重要。

　　中原牛车目前最早可上溯至战国时期的秦国，陕西凤翔八旗屯秦墓中出土两套泥质灰陶牛车模型，但极为偶然。马车基本单辕，而牛车双辕，从马车过渡到牛车，结构上需要发生较大的改变，已有若干研究聚焦车制。[2]车的结构如何发

1　相关的综述和比较深入的研究参见王海城：《中国马车的起源》，载余太山主编《欧亚学刊》第三辑，中华书局，2002，第1—75页。

2　王振铎（遗作）：《论牛车》，《中国历史博物馆馆刊》1996年第1期，第47—50、83页；李健：《对首都博物馆"牛年说牛"展中几件文物年代的商榷——兼谈汉末魏晋至隋唐时期牛车形制的演变》，载高凯军主编《首都博物馆丛刊》第23辑，2009，第192—202页；葛承雍：《北朝隋唐引牛驾车胡俑写实现象》，《中国历史文物》2010年第3期，第46—53页、图版6—8；买法元、华雯：《魏晋时期牛车形制研究》，《大众文艺》2018年第20期，第244—245页。

生改变，需要对古车进行更多、更全面的对比。

古车中另有长期被忽略的一类，即车模。车模在近东很多见，材料也多种多样。凤翔八旗屯出土即陶车模，颇为稀见，此后出现了若干铜车模，主要出现在汉代。东汉后牛车的兴起，出现了几件难能可贵的铜牛车模，成为本文讨论的对象，但是这些牛车模都失去了出土背景，严重欠缺研究资料。笔者不揣浅陋，围绕明尼阿波利斯美术馆藏车模，仔细分析其结构和工艺，并结合其他车模，认识这一时期牛车的结构和生产，讨论中古时代的青铜技术问题。

一、明尼阿波利斯美术馆藏铜车模

明尼阿波利斯美术馆(Min-neapolis Institute of Art,简称明城)收藏一件青铜车，未见图像和资料发表。

这驾车各要素齐全，一头健壮的大角牛费力拉拽一辆双辕无篷车，双辕前端与轭连接，轭架在牛颈上，赶车人手扶车辕与之并行。（图1）车厢 245 毫米 ×145 毫米，车轮直径 252 毫米，轮径大于车厢长度，属于高车。馆方将其年代初定于公元一世纪，未知依据。

图 1　明城牛车（柳扬先生惠供，本文未注明出处之图均系 笔者摄）

（一）牛

牛的造型较为别致，肩胛骨隆起有限，既没戴龙头，也没穿鼻环，可能表示牛尚未成年。（图 2-1）嘴、脸较短，两鼻孔朝前且较近，还有微微凸起的鼻梁；眼不见眼裂和眼珠，不下凹反倒凸出；不大的一对耳侧张，耳前面平，无耳蜗，背后鼓，轮廓粗糙；一对超大的犄角远大于牛头，不是从两额伸出，似乎从上面嵌入头顶，从两侧向上弧弯，角根相贯联，角尖相对（图 2-2）；项下垂肉不多，鼻孔中可见草绳残留（图 2-3）。牛身浑圆，肩胛稍隆，脊略陷，臀翘而短；四条粗壮长腿与腹有折痕，造型显然不够具象。

图 2-1 明城牛车之牛

图 2-4 明城牛车之牛前足

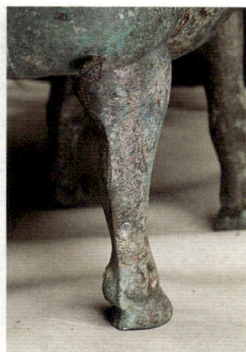

图 2-5 明城牛车之牛后足

图 2-2 明城牛车之牛前视

图 2-6 明城牛车之牛蹄面

图 2-3 明城牛车之牛颈下

牛四条长腿肌肉均甚发达，上粗下细，骨骼不明显，以致桡骨与掌骨、胫骨与跖骨的关节都不明显；悬蹄明显但偶蹄却不分明（图 2-4、图 2-5）。蹄底平，呈合瓦形（图 2-6）。后臀浑圆，长尾搭在臀尖并下垂（图 2-7）；尾的原始设计是搭接在臀尖之上（图 2-8a），故尾作"L"形，合瓦形截面内、外侧起棱，端头内设小柱可插入臀尖预设的圆孔中（图 2-8b）。下腹中央设有不规则形状

图 2-7 明城牛车之牛后视

图 2-8a 明城牛车牛尾搭接

图 2-8b 明城牛车牛尾

图 2-9 明城牛车牛下腹

的椭圆形孔（图 2-9）。

牛四足根部都有两个或三个"钉孔"（图 2-4、图 2-5、图 2-10a、图 2-10b）；一足端部出现未浇足缺陷，暴露出足内泥芯（图 2-11），可据此得知牛体、腿中空，至于鼻孔是否与空腹相通，有待检验。

牛背的脊线不够直，鼻梁、牛尾的脊棱可以与脊线贯通，但在牛头顶部，脊线被犄角打断（见图 2-2）。然而，在牛身下，自嘴至尾下有一条较宽的凸起带，上面有横向锉痕（图 2-12a、图 2-12b），但角、耳和牛面均无，因此，这两条纵向、可以闭合的凸棱线，并非块范法的铸造披缝，而应是间接失蜡法的缝合痕迹。直接失蜡法（direct lost-wax process）是以蜡塑模，模上覆耐火材料形成铸型外壳，干硬后加热使蜡流出即形成铸型，向其中注入熔融的青铜，冷凝

图 2-10a 明城牛车牛足根芯撑孔

图 2-10b 明城牛车牛后足铁芯撑

图 2-11 明城牛车牛蹄面缺陷

图 2-12a 明城牛车下腹合缝处

后形成铸件。河北青龙抄道沟出土晚商早期的鹿首青铜刀、河南下寺春秋楚墓出土的青铜禁和湖北随州擂鼓墩曾侯乙墓出土的透空附饰的曾侯乙尊盘，都是直接使用失蜡法铸造的。间接失蜡法（indirect lost-wax process）在中国传统工艺中称涮蜡法，其原始模未必是蜡质，或是实物，或是泥，或是玉石等其他质地，称之为祖模，可据祖模翻制出泥质模盒。以此牛为例，模盒是纵向剖分的两半牛身壳体，向左半模盒中灌入熔融的蜡并摇晃模盒，使蜡在模盒内均匀地摊铺一薄层，取下便成为左半个蜡模，如法做成右半个蜡模，二者相合成为完整蜡模，可刮修使其壁厚均匀。

牛体中空，故需要模盒翻制出泥芯，将泥芯表面刮去一层后，再将蜡模包住泥芯并对合，加热刀片并沿对合缝缓缓移动，蜡融后冷凝即缝合了

图 2-12b 明城牛车下腹合缝处

两片蜡模。缝合线可能高高低低，甚至中缝很大没法缝合时，需要向其中注入熔融的蜡，若堆积较高，则需要豁平，即牛腹下的凸棱形凸起。从牛腹内与缝合线相应的片状凸起看，似乎泥芯也是对开的两半对合而成，中间有较宽的间隙，蜡流入其中。（图2-13）

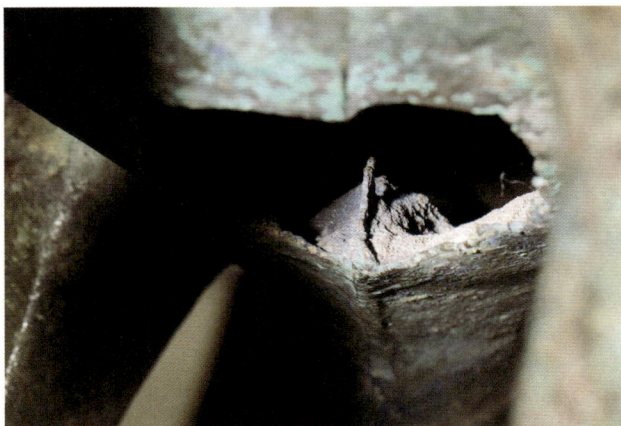

图2-13　明城牛车之牛腹内飞边

　　铸工将牛尾分铸卯接，故牛尾单独铸造。将犄角、四足与牛腹浑铸，必须把它们的蜡模与牛身蜡模组合黏连在一体。牛角上没有缝合线，应当是直接塑模，然后在牛蜡模的头顶开槽，将牛角蜡模嵌入并弥合缝隙。牛腿因表现肌肉和关节，造型略复杂。从成品看，牛腿前后均有缝合线（图2-3、图2-6、图2-7），说明腿模也是自模盒翻制出两半蜡模再对合而成完整模，然后接在牛腹。因为不是整体塑模，所以腿与腹结合处形成了褶皱。（图2-1、图2-4、图2-5、图2-10a）

　　如此，蜡模的泥芯为盲芯，需在腹中部开孔，可设置芯头从其中伸出接到范上，但还不足以支撑较大的盲芯，便在腿根部设置若干芯撑（chaplet）以加强支撑。芯撑一端插入泥芯中，另一端穿过蜡模与外面的范结合。足根的孔即芯撑孔，有的两个（见图2-4、图2-5），有的三个（见图2-10a）。其中右后腿根部没有孔，前侧有一个铁锈疤，后侧有一截生锈的铁棍头（见图2-12b），说明原芯撑为铁棍，右后腿的一根铁芯撑仍残存，一个已经锈蚀殆尽，残留铁锈。而其他的铁芯撑已完全锈蚀，且铁锈掉落，暴露出芯撑孔。

　　该牛身的诸多工艺痕迹，给出了这一时期失蜡法的具体信息。铸型材料，除知晓采用铁芯撑外，范和芯的材料均不知晓。从器物的完整性、没有出现裂纹、腹内泥芯均被掏出看，芯的溃散性相当之好。从足中残留的泥芯看，基本材料仍然是粉砂，但其中羼入了较多有机质，多孔特性明显（见图2-10b），值得进一步分析。

　　浇铸系统也只能从器身残留的工艺痕迹推知一部分。在双角的中央，有一个近乎长方形的高突，应当是浇道的残茬，因截面过大，打断后断口不齐（见图2-2），不易错磨修整，索性原样保留。牛腹缝合线很宽，其上设置浇道的可能性并非没有，但不能确定。

从牛头上残留的枣红色块看，质密、光滑（见图2-2），应该不是锈块，而是颜色块，即牛经涂色装饰，是否还有别的颜色，有待进一步研究。在涂色之前，合缝经过错磨。器表经过了打磨，到处都可见打磨的痕迹（见图2-2、图2-9、图2-11、图2-12a），但其中有些可能是蜡模修正的痕迹。在牛尾上，可见斜向错磨的痕迹，而铸造披缝的飞边未清除回用，而是将它们垂向一侧紧贴着牛尾（图2-14），做法少见，也表明青铜的锡含量不高。

赶车人具有冬瓜头形，除双耳侧立外，其余器官不清晰，似乎戴着面纱；身着长衣，外罩镶边的无袖短衫，穿长靴。一手贴胸，一手搭在辕上。装束异样，或寓意为外来客。通体不见有铸造披缝残留，也应是失蜡法铸造成形。

图2-14　明城牛车之牛尾飞边加工痕迹

（二）车

车的构件虽不齐全，其原本结构仍可探讨。

车属双辕型，车轮高大，舆的底板和侧板为透空的栏轪式。[1] 舆前无挡板，可以坐乘者或赶车人，两侧透空的栏轪与后面的斗槽，构成长方形车厢，但结构连接都是榫卯或者搭接的方式。（图3-1）

车辕是前细后粗的直杆，后端劈开作钳形，钳的两瓣嘴为片状，一个通孔对穿。与之连接的车厢，应出带孔扁榫插入钳口，一圆销钉穿过孔固定连接，即销接。馆方的复原在车前笭下设一两头上折横出的圆棍，两端分别穿辕端孔，并以

1　此前多称栏杆式（中国科学院考古研究所编著《长沙发掘报告》，科学出版社，1957，第139—153页；中国科学院考古研究所编著《上村岭虢国墓地》，科学出版社，1959，第42—45页），后来又称栏轪式（河北省文物研究所：《譻墓：战国中山国国王之墓》，文物出版社，1995，第305—310页）。

图 3-1　明城牛车

图 3-2a　明城牛车辕头

图 3-2b　明城牛车辕头

细绳捆缚（图 3-2a、图 3-2b），显然有悖于原初设计。轭作双曲板状，两下曲处立板状短柱，是否上插銮铃，需要考索；两头下端各有一圆形透孔，辕头从中穿出（图 3-3），但辕端头无横向孔以纳销，因此，辕

图 3-3　明城牛车辕、轭结合

与轭以绳索捆绑连接，紧固性较差。

车厢底板称茵，四边称轸，是牛车的基础。此茵为框格结构，由五条纵向板条和五道横向板条构成。它们宽度相若，都是底面平而上面棱鼓，空格则是底面小而顶面大。茵的前端仅两边的板条向前伸出些许（图3-4），但横条均在左右两侧出短头，长短不尽一致（图3-1），显然是模仿木车的做法。

两侧的栏轸由三纵条、五竖条构成，右侧板结构清晰而左侧因铸造时披缝过大而局部模糊。最上的纵条两端出头，另两条平齐；两侧边的竖条向上出头，向下出圆榫，中间的竖条也向下出圆榫，插入底板两侧纵条上的圆卯之中（图3-5a）。侧面栏轸内侧有逼真的木纹效果（图3-5b），明确模仿木车。这驾车另一个特别之处在于车厢后部的斗槽，呈一个口大底小的长方斗状（图3-6a），两头各横出一对略长的梁，紧靠侧板最后的竖条，架在中间纵条上，且别无固定措施（图3-6b），

图3-4　明城牛车舆底板

图3-5a　明城牛车舆侧板

图3-5b　明城牛车舆侧板

图3-6a　明城牛车舆后斗槽

149

图 3-6b 明城牛车舆后斗槽搭接

斗的后边有一对圆孔，似乎是防止水过满的溢流孔，具体功能不详。斗槽的形态有若后来马车和牛车的饮水槽。

博物馆复原的车轴的位置也存疑问。

和商周车一样，双轮与车厢有一定的距离，可能因为车毂大多较长的缘故。此车一条板状轴在两头的前后出歧，将车轮挡在外面，略窄的轴头插入轮毂中与之套合（图 3-7a）；而轴的另一端残断，车轮与车厢分离（图 3-7b）。此车轴有若扁担，在与茵两侧毂结合处，铸有圆卯孔（图 3-8a）。很明显，扁轴显然不能转动。轮毂绕轴头转动，但轴头过于细弱，所以残断。博物馆的复原是将轴置于茵中间横条上，由侧栏轸中间竖条的圆柱榫穿过轴的圆卯孔接在纵条圆卯孔内（图 3-8b）。但是，侧栏轸下方并

图 3-7a 明城牛车车轮

图 3-7b 明城牛车脱开车轮

图 3-8a 明城牛车轮与轴

图 3-8b 明城牛车扁轴与车舆

未设放置轴的凹槽结构，导致侧栏轸不能与轸紧密结合（图 3-1、图 3-5a、图 3-5b）。[1] 或者轴设在茵下更为合理。

车轮高大，辋为一整体圆环。板状，外缘略厚；八根辐条从辋内侧接到车毂上。车毂为长鼓形，中间粗而两端略细，辐接在正中（图 3-8a）。车毂中心有圆通孔以穿轴头，但此车的轴头扁形，从其中穿出（图 3-9a），圆孔与扁轴显然不配，而大多数辐条也不平直（图 3-9b）。

这驾车明显是用铜构造的仿木牛车模型，车的各部分均可拆卸、组装，具体结构为两辕、一轭、两轮、一轴、一茵、两侧栏轸、一斗槽，辕与舆的连接结构不明，其他各部件的结合部位，都是直接插入卯中或者以榫卯相连接，卯只有圆孔一类，榫也只有圆柱形，均未见销钉及钉孔，也没有焊接，结构不结实稳固，所以这是一个仅用于随葬的牛车模型。

图 3-9a 明城牛车车毂与轴

图 3-9b 明城牛车断轴

车的全部构件都是铸造成型的。从辋内侧的小飞边（图 3-9b）、车辐两侧很多的飞边（图 3-9a、图 3-9b）、栏轸纵与横条两侧大而多的飞边（图 3-2a、图 3-2b、图 3-4、图 3-5b），特别是舆右栏轸的很多空格已经被飞边漫过（图 3-5a），这些现象都说明舆的各部分都是以块范法铸造的。茵各条均是上窄下宽（图 3-4、图 3-5a、图 3-6b），两侧栏轸各条则是外窄内宽（图 3-5a、图 3-6a），说明铸造茵的铸型，底面范为平板，型腔在上面范内；铸造侧栏轸的铸型，内侧范是平板，型腔在外侧范内。

从铸件表面较为粗糙看，知其铸型材料较为粗糙，不如商周，甚至汉代泥范细腻，可能更接近于砂型，只是砂粒略细而已。车的铸造与牛大不相同，牛和赶车人以失蜡法铸造。可见，虽然牛车模型的铸工技艺不够精湛，但却熟练地掌握

---

1 为展陈时车的稳固起见，为车做了架子并使用了垫片。因车结构不完整且比较脆弱，未能将其移出展柜拆卸拍照。本文所用照片是笔者获得许可进入展柜拍摄的，用于支撑的架子仍在车下，拍摄时的照明和角度往往差强人意，特此致歉。此外，特别向明尼阿波利斯美术馆致谢。

了失蜡法和块范法，并运用于具体的铸件。

二、中原早期铜车模

两河流域苏美尔文明中，在公元前第四千纪晚期，先后有陶质和铜车模出现，既有马牵引的，也有骆驼和牛拉拽的。[1]此后各种类型的车模层出不穷、连绵不断，以至于近代车模仍是重要玩具。

晚商初现于殷墟的马车，实际使用者尚未见到，所见皆是陪葬于墓葬者，以木头打造，局部装饰以青铜，历经三千余年，木头早已糟朽腐烂，考古发现的都是炭灰痕迹，所以车的很多结构往往不清楚。最为关键的车毂和车轴，未见金属构件，说明都是木头。杨摩擦燃烧，说明那些随葬的车不能用于实际远途行旅和战斗，实际使用的车，有待发现和辨识。车模也未见。

直到春秋早期，一些装饰复杂的青铜盒，底下设轮，使之成为更吸引人的玩具，可能难以归入一般意义上的车模，在山西闻喜上郭村晋墓和甘肃礼县圆顶山秦墓均有出土。[2]

真正的车模，目前所知属战国时期。

陕西凤翔八旗屯战国中期秦墓 BM103 中，出土两件陶牛车模型。两牛出土时车轮置于牛身后左右两侧，它们之间有车辕、轴、舆等木质糟朽痕迹，且车辕为两根。出土时牛一牡一牝，牡牛长 190 毫米、高 138 毫米；牝牛长 200 毫米、高 120 毫米。两驾车车轮形制和大小相同，直径 110 毫米，毂长 60 毫米。考古简报指出在牛与轮之间有双辕、轴和舆等木质朽痕，认为两车是当时发现最早的双辕牛车模型，并指出较殷周以来的单辕车进步。[3]然而，在商周车和车模中，未见车有圆饼形轮，八旗屯秦墓车模显然具有特殊性。倒是近东至印度的青铜文明中，往往出现具有这类车轮的车模，它们之间的关系，值得考索。

铜车模的出现更晚，目前只能上溯至战国晚期。

1　Victor A. Novozhenov, *Communications and the Earliest Wheeled Transport of Eurasia*, Moscow: Taus Publishing, 2012, pp. 90-124.

2　朱华：《闻喜上郭村古墓群试掘》，载山西考古研究所编著《三晋考古　第一辑》，山西人民出版社，1994，第95—122页，图版4.5、图14。甘肃省文物考古研究所、礼县博物馆：《礼县圆顶山春秋秦墓》，《文物》2002年第2期，第4—30页，图18、图23。

3　吴镇烽、尚志儒：《陕西凤翔八旗屯秦国墓葬发掘简报》，载《文物参考资料　3》，文物出版社，1980，第67—85页，图10—图11、图26—图30。

（一）涟水三里墩铜车模

1965 年 年 初，农 民在江苏涟水三里墩挖土发现一座墓，经考古人员清理，系一座长方形竖穴土坑墓，椁以石块砌筑，漆绘盖和底板。墓中出土器物九十三件，其中青铜器四十七件，包括鼎、壶、镜、俑、马、兽各二，车模、罐、牺尊、架、箭、鹿、戈、镈、镦、轴头各一，耳杯八件，盘十四件，尖状器三件。另有若干刀币和五铢钱，还有若干金、银制品。两匹马可能为车的驾具。（图 4-1、图 4-2）据出土五铢钱和陶器，推断墓葬年代为西汉。对于其中一批具有"战国式"特点的青铜器，发掘报告

图 4-1　涟水三里墩铜车马模（图片引自《整个出土青铜器全集》，第 217 页）

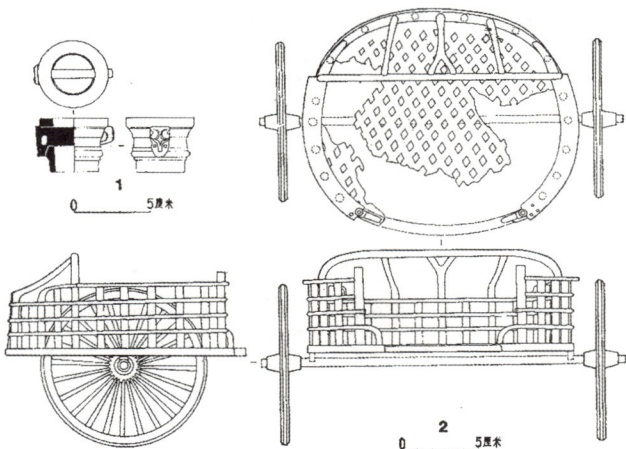

图 4-2　涟水三里墩铜车模线图（图片引自《江苏涟水三里墩西汉墓》，《考古》1973 年第 2 期，第 85 页，图 6.2）

表述较为矛盾：一方面参照河北满城中山靖王刘胜夫妇墓葬青铜器，认为"实际上就是西汉时期制作的佐证"；另一方面又认为"原为战国器物，后被西汉贵族攫为己有，死后又作为随葬器"；还援引河南陕县后川西汉墓随葬战国作风青铜器为佐证。两墓主则被推测为鳣侯应或其家族成员。

马均为直立姿态，身躯肥胖，短颈，矮足，尾端挽结。一件稍大，高 155 毫米；一件略小，高 134 毫米。

车出土时已经残碎成多块，大致可以复原。茵的平面呈椭圆形，长 190 毫米、宽 150 毫米，周缘围以栏轸，竖立二十五根栏杆，三层水平杆与榫卯结合，门设在车后中央，相对的前面有车轼，由相间的立柱延伸支撑。轮有二十五根辐条。

车的辕、横、轴等均未发现，发掘简报认为原为木质，已腐烂。同出的一件轴头，有辖和軎，軎为筒状，端头不封闭，辖头作兽头形。发掘简报未给出尺寸，据图示，其尺寸不能与车吻合，况且墓中只出土一件，不相关联。据线图，茵满布规则排列的菱形孔。[1]

舆的栏轸结构形式渊源甚早。河南三门峡虢国墓地 M1727 车马坑中随葬五辆车，车厢均为栏轸结构；后来发掘的梁姬墓 M2012 的车马坑随葬十九辆车排成三列，舆多如此，它们的年代在春秋早期。山西侯马上马墓地发现三座车马坑，一号和三号坑年代略早，近乎虢国墓地或略晚，为春秋早、中期，各随葬有三辆车，二号坑年代在春秋晚期，随葬五辆，它们的舆多具栏轸结构或者栏轸与木板相结合的结构；太原金胜村赵卿墓随葬车的舆也是如此。战国早期，湖北随州擂鼓墩曾侯乙墓出土马车的舆是栏轸结构，而山东临淄淄河店二号墓，年代与曾侯乙墓都属战国早期，墓主可能是一卿大夫，清理出二十二辆随葬车，均独辀，舆为栏轸结构，或方形，或圆角方形，多后侧开门，也有不设门的。1950—1951 年发掘的辉县琉璃阁战国车马坑，随葬了十九辆车，河北平山三汲战国中期中山王𰠖墓的二号车马坑随葬四辆车，舆均为栏轸结构。湖北江陵九店东周乙组墓地车马坑中随葬两辆车，四马单辀，湖北宜城罗岗车马坑出土的七辆马车，年代属于战国晚段，舆也是栏轸结构。[2] 陕西凤翔八旗屯秦墓车马坑发掘的四驾车，舆也相同。可见春秋战国时期，栏轸式车舆相当流行。涟水三里墩墓随葬的铜车模与楚墓地随葬车相较，年代应在战国晚期。

1　南京博物院：《江苏涟水三里墩西汉墓》，《考古》1973 年第 2 期，第 80—87、89 页，图 5、图 6.1、图 6.2。

2　中国科学院考古研究所：《上村岭虢国墓地》，科学出版社，1959，第 42—45 页，图 41；河南省文物考古研究所、三门峡市文物工作队编著《三门峡虢国墓》第一卷，文物出版社，1999，第 296—309 页，图 214；山西省考古研究所编《上马墓地》，文物出版社，1994，第 238—260、264—265 页，图 156—图 161；山西省考古研究所、太原市文物管理委员会：《太原金胜村 251 号春秋大墓及车马坑发掘简报》，《文物》1989 年第 9 期，第 59—86 页；湖北省博物馆编《曾侯乙墓》，文物出版社，1989，第 306—310 页；山东省文物考古研究所：《山东淄博市临淄区淄河店二号战国墓》，《考古》2000 年第 10 期，第 46—65 页，图 25—图 27；中国科学院考古研究所编著《辉县发掘报告》，科学出版社，1956，第 46—51 页，图 57—图 61；河北省文物研究所：《𰠖墓：战国中山国国王之墓》，文物出版社，1995，第 305—310 页；湖北省文物考古研究所编著《江陵九店东周墓》，科学出版社，1995，第 133—141 页，图 97—图 100；湖北省文物考古研究所等：《湖北宜城罗岗车马坑》，《文物》1993 年第 12 期，第 1—18、35 页，图 6—图 11。吴镇烽、尚志儒：《陕西凤翔八旗屯秦国墓葬发掘简报》，载文物编辑委员会《文物资料丛刊　第三辑》，文物出版社，1980，第 67—85 页，图 26—图 29。

（二）秦始皇兵马俑铜马车模

嬴政于始皇元年（前246）继承王位，次年即开始营建陵墓，规模恢宏。秦始皇三十七年（前210）病死于巡幸途中，运回咸阳后埋葬，随葬品极为奢侈。1980年，在陕西临潼秦始皇陵封土西侧陪葬坑内，出土了两驾彩绘四马青铜车马模型，为实际车的二分之一大小，分别编为一号和二号。考古学家据车结构，认为一号为立车，又称高车，属于兵车；二号车輢有铭"安车第一"，为安车，又称辒辌车。两辆车都是秦始皇车驾卤簿中的属车，于前210年随葬，制作则是在前221年统一全国后进行的，很可能由寺工在前221—前210年之间制造。[1]

一号车马出土时碎裂为1325片，除一些金银饰件外，全是青铜铸件，采用了铸接、焊接、铆接、销接、镶嵌、子母扣等连接方法，将诸多部件组装成车（图5）。经修复，通长2250毫米，通高1250毫米，总重1062千克。属于四驾独辀双轮车。舆为长方形，辟门开在车后，舆中竖立伞盖，盖下站立御官。

图5　秦始皇陵陪葬坑一号铜车马模（图片引自《中国青铜器全集》）

辀前端有衡，带有两轭。四马鞍具齐全，中间二马各负一轭，轭内角各一单靷，系在辀与轴的交接处；两侧骖马胸系大带，连着靷，系于舆下之桄。[2]

二号车马出土时残破成1555片，经修复，通长3170毫米，通高1062毫米，总重1241千克，其中金、银构件分别为3033克和4342克。这是一驾四马、独辀、双轮车。（图6）四马牵引与一号车一致，但长方形舆分前后，以带窗的板分隔；前边踞坐御官，从左侧门登车，后边坐车主人，从后门进入；后舆前有轼，后有

1　秦始皇兵马俑博物馆、陕西省考古研究所：《秦始皇陵铜车马发掘报告》，文物出版社，1998，第375—376页。

2　《秦始皇陵铜车马发掘报告》，第14—106页；《中国青铜器全集》编辑委员会编《中国青铜器全集》第十二卷，文物出版社，1998，图16；曹玮主编《秦始皇帝陵出土一号青铜马车》，文物出版社，2012。

图6　秦始皇陵陪葬坑二号铜车马模（图片引自《中国青铜器全集》）

门，左右设窗。舆顶有龟甲形帐篷，四周出檐。结构为仅见之例。[1]

　　两驾车主要差别在于舆，其他基本结构一致。双轮在轴两端，轴两侧的上面设伏兔以撑持舆，以皮条将舆、伏兔和轴绑缚在一起。轴中间的上面设当兔，辀的端头位于当兔与底板之间，在前后轸既设榫卯与辀连接，均以革带捆缚。同样，辀前端与衡的连接，也以革带捆缚。轮辐均三十根，与《考工记》相合。接腰鼓截面牙一端为圆柱形，接毂端扁平。毂中的穿中间大而两侧小，贯穿的轴为纺锤形，仅与毂两端接触。

　　据研究，两驾车的基本构件为青铜质，绝大多数以块范法铸造成型，只有伞盖是铸造与锻造相配合加工。事实上，一些部件如御官的头，系失蜡法铸造。[2]基本上每个部件都经过锉磨、抛光处理，也经过钻孔、冲孔、切削、錾刻、镶嵌等加工；部件之间的接合有铸接、焊接、铰接、销接、铆接、链接和捆绑等方式。整体构造完成后，进行通体彩绘，颜料均为矿物，颜色包括朱红、粉绿、绿、深蓝、天蓝、白、黑、赭等，以蓝、绿、白三色为主，饰有夔、凤、流云、菱花和多种几何图案。绘制前先勾纹样轮廓，然后平涂填色。[3]

　　很明显，秦始皇兵马俑铜车模延续了商周车制——马牵引的单辀车，可以认为是遗存商周马车中的极品。

1　《秦始皇陵铜车马发掘报告》，第140—232页；《中国青铜器全集》第十二卷，图21，《中国青铜器全集》第十二卷，图16；曹玮主编《秦始皇帝陵出土二号青铜马车》，文物出版社，2015。

2　苏荣誉：《熔合吉金：论陕西出土五件青铜器的铸接》，载山东大学《东方考古》编辑部编《东方考古》第十八集，科学出版社，2021，第188—207页。

3　《秦始皇陵铜车马发掘报告》，第140—232页。《中国青铜器全集》第十二卷，图21；《中国青铜器全集》第十二卷，图16；曹玮主编《秦始皇帝陵出土二号青铜马车》，文物出版社，2015。

大概受秦的影响，西汉时期少数墓中以车模型陪葬，质地多为木质或陶质。湖北江陵凤凰山西汉墓，年代在文、景之间（179—前141），其中随葬的纺织品、谴册木简颇为有名，但其中的一驾辂车模型也颇特殊。该模型是双辀一衡、辕为竹质。舆架在轴上的伏兔之上，内外彩绘，内饰绣绢，上有伞盖，御人踞坐车上。辋有四块，辐十六根，毂軎一体，车模通体黑彩，通长600毫米，高390毫米。[1]

三、双辀马车与牛车

双辀车大概出现在战国中期，前揭陕西凤翔八旗屯秦墓出土的陶车模，可能是最早的实例，颇为稀见。此后，河南淮阳马鞍冢合葬墓，两座车马坑分别随葬八辆和二十三辆车，其中多数为单辀车，也有双辀车，但车的结构多不详，时代大约在楚国都陈时期。[2]和八旗屯车模型一样，马鞍冢的双辀车出现得也很偶然，并未被秦和西汉早期所接受。山东长清双乳山汉墓墓主为武帝晚年末代济北国王刘宽（公元前97—前87年在位），随葬五驾车，其中一号车为双辀车，[3]同样具有偶然性。

甚至到东汉晚期，格局才发生巨变，双辀车成为主流，最具代表性的是甘肃武威擂台汉墓出土的车。[4]汉代和汉以前的车都以马牵引，无论是考古发掘的实物还是汉代画像石、画像砖上的图像皆然，东汉时期出现牛车，双辕流行是否与此相关，值得深探。

1969年，农民在甘肃武威雷台发现一座汉墓，并扰动了随葬品。经考古清理，确认墓葬是一座带封土和墓道的多室砖构墓，并发现了两处早期盗洞。即使如此，墓中仍出土各类遗物二百三十一件，其中铜器一百七十一件，主要是铜车马及其构件，包括马三十九匹，辂车四辆，大车和辇车各三辆，小车两辆、斧车

1 凤凰山一六七号汉墓发掘整理小组：《江陵凤凰山一六七号汉墓发掘报告》，《文物》1976年第10期，第31—35、50页。
2 河南省文物研究所、周口文化局文物科：《河南淮阳马鞍冢楚墓发掘简报》，《文物》1984年第10期，第1—17页。赵海洲：《秦汉时期的马车形制研究》，《中原文物》2010年第4期，第56—62页。
3 山东大学考古系等：《山东长清县双乳山一号汉墓发掘简报》，《考古》1997年第3期，第1—9页。崔大庸：《双乳山一号汉墓一号车马的复原与研究》，《考古》1997年第3期，第16—26页。
4 吴晓筠：《商周时期马车墓葬研究》，科学出版社，2009，第46—92页。

图 7-1 武威雷台汉墓车马仪仗（图
片引自《中国青铜器全集》）

图 7-2 武威雷台汉墓牛车

和牛车各一辆，与车相随的有铜俑四十五件，包括武士俑十七件（图 7-1）、奴
婢俑二十八件，八件铭"张氏奴"，四件铭"张氏婢"，还随葬铜钱两万余枚。
考古简报推断该墓葬年代为东汉晚期，墓主人为"张将军"夫妇。[1]

雷台汉墓出土的铜马、俑和车均引起关注，尤以奔马为最。[2]

雷台汉墓出土铜牛车模由牛、车和驭手（驾车奴）组成，通长 678 毫米，牛
长 307 毫米。（图 7-2）牛的造型差强人意，似乎用木头砍削而成。头两侧平，
嘴无轮廓，无鼻、眼、耳和角，嘴头和头顶各一钉孔，不知何用。身呈条形，背
微弧，不见肩胛骨隆起，身圆浑，无尾，下接四粗壮牛腿，相对而言，腿颇具象。
双辕甚长，置于舆下轴上，自轱下向前延伸，并呈弧形翘起，牛身侧若有树梢，
枝节明显，辕不光滑，成为雷台汉墓出土车一大特色。同时，辕也从舆后穿出相
当长一截，用意不明，但这类辕在雷台汉墓车中为数不少，与车厢、车轮构成常
见的架子车样貌。舆尾长方柜形，前头无板，驭手跽坐舆中赶车；两侧板平，首
柱向上出头，边栏向前出头；后板略高，上设方框形轼。车轮较小，牙扁而宽，
有十二辐。两辕前端设轭，舆为长方形，带有卷篷，前后各有门帘，被认为属于
辇车的一种。驭手手执赶牛棒，已掉落。[3]

---

1 甘肃省博物馆：《武威雷台汉墓》，《考古学报》1974 年第 2 期，第 87—109 页；《中国青
   铜器全集 第十二卷 秦汉》，文物出版社，1998，图 144。

2 苏荣誉、贾建威：《雷台东汉青铜奔马铸造技术》，纪念铜奔马发现 50 周年学术研讨会，兰州，
   2019，第 25—27 页。

3 甘肃省博物馆：《武威雷台汉墓》，《考古学报》1974 年第 2 期，第 87—109 页，图版 7.2；
   贾建威主编《甘肃省博物馆馆藏文物集萃》，甘肃人民出版社，2019，第 93 页。

四、山西博物院和深圳博物馆铜牛车模

山西博物院和深圳博物馆各收藏有一驾铜牛车模，均无出土背景，材料颇为稀缺，但未见研究讨论。

（一）山西博物院藏铜牛车模

这件铜牛车模（图8-1）系1987年公安移交文物，包括牛和车，通长300毫米，高200毫米。牛的造型十分具象，为一健壮的成年黄牛，漫步拉车并作哞叫状，一种意见将其年代断在唐代。[1]牛口半张，头戴皮条笼头，鼻拴系在龙头上，大眼圆睁，小耳后斜，一对锥形犄角从头顶斜向上耸。颈项粗壮，体健硕，肩胛骨隆起，脊椎骨明显，锥端的长尾曲作"S"形搭在臀和胯上，四条腿粗壮有力，偶蹄和悬蹄均明显，足底平。牛腹中空，腹下设圆孔，其中泥芯已被掏出。（图8-2）

图8-1 山西博物院铜牛车模

图8-2 山西博物院铜牛车牛下腹

车为双辕箱式舆带篷型，无驭手。两根车辕颇长且为基础，既为辕也作侧轸；侧轸作车厢底边，最粗，截面方形，并在车厢后伸出一段；在牛臀位置，向前的辕截面近乎圆形，并穿过了轭两端下面所设垂环，辕前端有垂直方向的孔，插入环后穿销钉，使辕、轭不能脱离。（图8-3）轭架在牛颈上，牛通过辕牵引车。

舆为长方体，虽然视觉如由条、板建构，但一体成形。以两辕为侧轸，前面、两侧面为仿栏轸结构，栏杆条中镶板；背后门为双合形式，但仅具一扇。门楣上饰浮雕蝴蝶花卉纹，前面篷下纹饰相同。茵向前后侈出，后窄前宽，前面称等，可供驭手座驾；两侧边向前出头。车顶为卷篷式，大体均布六道扁箍，篷向舆前、

---

1 山西博物院编《山西博物院藏品概览·青铜器卷》，文物出版社，2019，第252页。

图 8-3　山西博物院铜牛车舆

图 8-5　山西博物院铜牛车舆俯视

图 8-4　山西博物院铜牛车舆后面

图 8-6　山西博物院铜牛车舆底面

图 8-7　山西博物院铜牛车之轮

后均出檐。（图 8-5）

　　舆四轸均较厚，茵置其上。较粗圆柱形轴在轸下并直接承辕，轴两端较细（图 8-6），可穿轮之毂轵。轮毂短，牙和辐均扁，牙略宽，十六辐均为板条状（图 8-7）。

　　这驾车模型包括牛、轭、车、双轮五个铸件，牛和车无铸造披缝，结构复杂，应以失蜡法铸造，轭也有可能同铸法。双轮外缘为弧形，内大外小，可能以砂型铸造。除车厢底有一个浇不足的缺陷外，整架车的铸造质量很高。

（二）深圳博物馆藏铜车模

这副铜牛车模型（图9）长420毫米、高235毫米，其年代有定为北朝（439—581）者，造型为一头精壮黄牛颈上架轭拉拽车并作行走状。[1] 牛造型逼真，为中国黄牛种，大口微张，鼻镜起皱，大鼻孔中穿椭圆形鼻环，鼻环紧紧系在宽皮条扎的笼头上，大眼圆睁，一对长长的大耳水平张向两侧，额头一对尖角不大，说明是约两岁

图9　深圳博物馆铜牛车模（图片引自《中国文物精华（1993）》）

刚成年之牛。肩脊突出，脊梁和肚线大体平直，身体浑圆，四腿粗壮有力，作对侧步状，偶蹄和悬蹄均很明显。颈上的轭颇结实，中间向上弧弯而两端平伸，两端下侧设方形环以套接车辕，辕下方置钮并衔圆环，应当为绑缚固结辕与轭而设。

车结构比例准确，两侧长辕粗壮，是整个车的基础构件，前半略向下弧弯，截面近乎椭圆，并使前端略翘。在牛尾位置，即车轮之前，辕外侧另设钮并衔圆环，可能与穿缰绳有关，惜缰绳尽失。辕的后半段截面呈长方形，为车厢的基础并伸出车尾。端头略细，套入轭两侧圆环。刘永华认为，与晋代牛车相比，南北朝车辕更粗硕平直，车厢前边和左、右两侧具有格栅结构，均已封闭，车门开在后边。篷可能为毡、皮或木板为之，顶部有横向绷拉。车轮刻画较细，轮牙由八块轮辋拼合而成，拼合处用钉加固。轮有十六辐，均较粗，形态上靠近轮毂处粗、插入轮牙处细。轮毂短而浑圆，承辐一段特别膨出，车轴端部套车軎，并以车辖贯穿。[2]

这架牛车遗留的痕迹，说明曾经彩绘。牛身及其笼头色彩不便推测，轭在黑灰色底锈上散布蓝色锈块，笼头特别是轭的方环明确残留朱色。类似的朱色在车辕及其圆环、轮牙、车毂上都有。而蓝色在轮牙、辐条、棚盖和车厢也可见到，说明曾经彩绘，但很难复原。

1　《中国文物精华》编辑委员会编《中国文物精华（1993）》，文物出版社，1993，图98。
2　刘永华：《中国古代车舆马具》，清华大学出版社，2013，第220页。

此铜牛车模与山西博物院藏铜牛车模的铸造技术相同。

五、结语

对比山西博物院和深圳博物馆藏铜牛车模型，以及出土两晋南北朝至隋唐的陶牛车模型，[1] 可以明显看出，明城铜车模的舆，无篷，各部分均以榫卯相结合的形式建构，与山西博物院和深圳博物馆两车舆整体失蜡法铸造明显不同。

涟水三里墩青铜车模型，两匹马和驭手很可能以失蜡法铸造，至于舆，根据简报的信息不足以判断工艺。秦始皇陵陪葬的两驾青铜车马模型，应以失蜡法铸造，驭手的头也是，但身、手等皆插接，当是块范法铸造。舆也是分成若干块，分别以块范法铸造，再以榫卯配合。明城牛车模型与之相近。

业已发现的若干两汉青铜马，有些甚至与车一同出土。西汉的如广西贵港风流岭出土的西汉早期青铜雄马，高 1155 毫米，长 1190 毫米，身躯、头、尾和四条腿分别铸造，然后再扣接一体，但各部分的铸造工艺不详。明城收藏的一件青铜马更为高大，通高 1200 毫米，长 1240 毫米，造型相若，但马身曾经彩绘。重庆云阳杨沙墓地出土的东汉青铜马，高 910 毫米，分块的形式与之相同。四川绵阳何家山二号崖墓出土青铜马，通高 1240 毫米，长 1100 毫米，不仅分头、颈、尾、四腿，连身子也分前后两段，分别铸造，再扣合在一起。贵州兴义万屯东汉墓出土一驾青铜车马模型，马高 885 毫米，做法与资阳兰家坡的完全一致，但车型不同。[2]

和集中在西南地区出土的汉代青铜马相比，陕西兴平豆马村出土的鎏金青铜马，通高 620 毫米，长 760 毫米，虽然体量不是最大，但体态具象健硕，工艺精湛，[3] 应当出自王室作坊，系失蜡法铸造成形后再经仔细加工的上品，应当代表当时的最高水平。和西南地区青铜马相比较，它们的地方性颇为明显。

介于关中和西南地区之间，四川资阳雁江兰家坡东汉早期墓出土的一驾铜车马模型，马作腾起态，马头残缺，经修复，马通高 1140 毫米，拉一驾双辀车，

1　材料甚多，不能容纳进此文，将另外发表。

2　《中国青铜器全集》第十二卷，文物出版社，1998，图 141、图 142；李伯谦主编《中国出土青铜器全集》第十八卷，龙门书局，2018，第 117 页；何志国：《四川绵阳何家山 2 号东汉崖墓清理简报》，《文物》1991 年第 3 期，第 9—19 页，图 1、图 26。

3　《中国青铜器全集》第十二卷，图 154。

头与身在颈部分段，应是分别以失蜡法铸造再对接一体的。这匹马只分头、身两段铸造，做法明显不同于所罗列的西南诸例，倒是与河北徐水防陵出土的一匹青铜马一致，这匹马也很高大，通高 1160 毫米，长 700 毫米，[1] 四足根似有蜡模接合的痕迹，或许是这个原因，前肩和后臀均显得较宽。

武威雷台东汉墓出土很多铜马，它们的铸造工艺都缺乏研究。根据 X 光扫描结果，可以确定著名的铜奔马并非如以前所推定的由失蜡法铸造，而是以块范法分段铸造并铸接，[2] 其技术接近于西南地区马的分段铸造而与中原失蜡法整体铸造有相当的距离，但以铸接方式强调马的整体性，不像西南地区马，各部分分铸搭扣在一体，易于脱开，往往需要以钉子固结，外观欠佳，取向是趋于王室作坊的失蜡法所铸马。

明城牛车模型的牛，犄角特别的长，滇文化青铜器中的贮贝器盖，面上往往装饰圆雕牛，还有一些牛头饰，在晋宁石寨山、江川李家山等地都有发现，这些牛往往有一对超长的大角，与明城车模牛颇为一致。[3]

明城铜车模的牛，以失蜡法铸造成形，中空，采用了为数不少的铁芯撑；雷台出土的铜奔马以块范法铸造，采用了若干铁垫片，[4] 二者工艺不同但工装相通。明城铜牛车模型牛与赶车人以失蜡法铸造，车则分部件以块范法铸造，两种方法互有长短，但铸工均熟练掌握，并择优发挥。

明城铜牛车模型的栏轮式结构，是春秋战国马车舆的常见形式，渊源可能更早，但刻意仿木的取向则绝无仅有，具有野趣。因此，难以与秦始皇陵的两驾铜车模型对比。雷台汉墓斧车、轺车的舆均为无带板箱式，辇车和牛车形式相同，像兜式架子车。舆由两侧板、后面板和茵构成，结构上与明城模型的舆接近而与山西博物院、深圳博物馆牛车模型出入大。后二车结构高度一致，年代接近，以失蜡法整铸，且有顶棚，明显晚于雷台车模型。相较而言，明城牛车模型与雷台汉墓的时代相差不远。

泥范块范铸造是在商周青铜器制作中具有独特性的技术，自二里头文化晚

1　四川省文物考古研究院、资阳市雁江区文物管理所：《四川资阳市雁江区兰家坡汉墓发掘简报》，《四川文物》2019 年第 1 期，第 5—31 页，图 9、图 13—图 21；《中国青铜器全集》第十二卷，图 159。

2　苏荣誉、贾建威：《雷台东汉青铜奔马铸造技术》，纪念铜奔马发现 50 周年学术研讨会，兰州，2019，第 25—27 页。

3　《中国青铜器全集》第十四卷，文物出版社，1993，图 29—图 43、图 162—图 164、图 172。

4　苏荣誉、贾建威：《雷台东汉青铜奔马铸造技术》，纪念铜奔马发现 50 周年学术研讨会，兰州，2019，第 25—27 页。

期即已肇建，支配、规范、统御了商周青铜器的生产。其基本材料是多角细粉砂，粒度大约 200 目，淘洗自黄土的物质，商周铸工运用这类物质得心应手，几乎铸造了所需要的全部青铜器，既有造型复杂、纹饰华丽细腻、工艺精湛的艺术精品，也有大量用于消耗的箭镞和流通的钱币。同时，抑制了锻造工艺、石范铸造的发展，导致很晚才采纳失蜡法并将之改造用以铸造块范法所不及的附饰，主体仍以块范法铸造，但由此形成了中原式失蜡法。[1]战国时期铁器时代到来，不仅并未影响到青铜器生产的繁荣，相反，生产力的发展造就了青铜器制作的再度鼎盛。

繁荣了一千五六百年的青铜容器生产，在西汉走向了式微，但铸铜依然持续，钱币和镜鉴成为最重要的产品且规模巨大。钱币的需求量大而孔急，多种方法都用于应急，块范法、叠铸、石范、铜范等不一而足。[2]同时，基于铸铁的钢铁生产空前繁荣，大量铁器和制钢坯系铸造成形。由于铸铁温度常在 1350℃左右，较铸铜高出 300℃，铸型和熔炉材料需要更高耐火度和高温强度，铸型的石英砂含量明显提高。从河南温县招贤村发现烘范窑出土的大量铸铁叠铸范看，其粒度略粗于侯马铸铜泥范，但依然细腻，可以称为细砂型。[3]

东汉铸铜的铸型材料缺乏研究，可以推知传统的泥范依然被使用，但将铸造铁器的细砂型用于铸铜，也应占相当的比重，且随着时间的推移而不断增多。雷台汉墓出土的东汉青铜器，其中可能多有以之铸造者。杭州西湖发现的三国孙吴钱范，质地应属细砂型。在南朝钱币铸造中，砂型的比例有所提高。[4]从隋唐泥质钱范几乎绝迹看，南北朝时期铸钱砂型占比的提高幅度应该很大，当然战乱也是一种对传统的极大破坏。进入隋唐，铸铁与铸铜合流，源自铸铁的掰砂法成为铸铜的主导，在钱币和大钟的铸造中，表现明显。至于失蜡法的铸型材料，未有实物发现，推测其主流可能与掰砂法的一致。

---

1 苏荣誉：《中国古代泥范块范法青铜铸造》，载《中国青铜技术与艺术》（丁酉集），上海古籍出版社，2019，第 1—13 页；苏荣誉：《块范法与中原失蜡法——春秋世变下青铜技术的本与末》，载《浙江大学艺术与考古研究（特辑二）：中国早期数术、艺术与文化交流——李零先生七秩华诞寿庆论文集》，浙江大学出版社，2021，第 93—183 页。

2 华觉明：《中国古代金属技术——铜和铁造就的文明》，大象出版社，1999，第 468—510 页。

3 河南省博物馆、《中国冶金史》编写组：《汉代叠铸：温县烘范窑的发掘和研究》，文物出版社，1978，第 17—19 页。

4 屠燕冶：《杭州西湖发现三国孙吴铢钱遗物》，《中国钱币》2000 年第 1 期，第 47—49 页；王俪阁：《孙吴钱币及其铸造工艺》，《中国钱币》2011 年第 1 期，第 7—11 页；袁涛：《定位星是我国早期砂模铸造的重要标志》，《自然科学史研究》1994 年第 1 期，第 89—96 页。

明城铜牛车模型與以块范法铸造，表面粗糙，具有掰砂法特征。与雷台车模型外观一致之处较多，也是它们年代相近的一个证据。

附识：本文初稿以《论中古两驾青铜牛车模型》为题，献拙于 2021 年中央美术学院举办的"中古中国视觉文化与物质文化"国际学术研讨会，原文除讨论明城牛车模型外，还较多地对比分析了唐以前车模，包括牛车和马车，材质有铜、陶和木多种，并将之置于战国至唐代车，特别是牛车的发展背景下讨论，也与欧亚的牛车略做对比，内容冗长。承会议主办方不弃，将拙文收入会议论文集，并宽容地让笔者将山西博物院差事交付后，再完成此作。限于篇幅，拙稿修改成现在的内容，因作者知识欠缺和资料不周，未能深入，期待读者指正。在此要特别感谢明尼阿波利斯美术馆及其亚洲部主任柳扬博士，邀笔者在 2020 年年初到他们馆研究青铜器藏品，感谢中央美术学院贺西林教授和耿朔博士组织的高水平会议和在会议论文集编辑过程中对在下的宽容和耐心。写作期间，盛婧子同学帮助下载文献，初稿经覃椿筱同学校改，一并在此致谢。

壬寅年乞巧日初稿甫定，立秋日校改，次日配图，三日后改定。

汉晋堆塑罐装饰工艺探析
——从故宫博物院藏品谈起

纪东歌（故宫博物院文保科技部）

汉晋时期的堆塑罐质量卓越，装饰技法独特，承载了丰富的视觉文化和历史信息，自 20 世纪初开始进入学界视野，至今受到考古学、艺术史和陶瓷史等诸多领域研究者的长期关注，成为研究中古南方地区文化思想和社会生活不可或缺的材料。[1]罗振玉、陈万里和傅振伦等先生最先注意到堆塑罐及其铭文，并对其年代、产地和功能进行初步推测，之后中外学者围绕该类器物的生产时代、产地、命名、发展流布、装饰意涵、功能用途，以及与丧葬文化和宗教信仰等方面的关联，做过大量精彩论述。由于此类器物年代久远、分布零散且装饰复杂，又缺少文献证据支持，许多观点至今未有定论，有待根据器物本体，并结合出土环境和历史学研究成果进行全面考量。本文拟通过对故宫博物院藏堆塑罐细节的再观察，试从装饰和工艺角度，探究堆塑罐的生产和装饰模式，从而寻找装饰技术变化的原因，以及技术转化背后所反映的文化现象。

一、故宫博物院藏三件堆塑罐及其装饰方式

目前全世界各博物馆和研究机构公布的包括五管瓶在内的汉晋时期堆塑罐有三百余件，其中故宫博物院藏七件，现于武英殿陶瓷馆展出三件，三件器物的生产时代分别对应了堆塑罐发展的三个重要阶段，即东汉、东吴和西晋时期。

1　以往学界对于此类汉晋时期陶瓷产品的命名繁多，按制作目的和功能有"神亭""神壶""魂瓶""谷仓""灵""浮图""灵庙""骨灰坛"等名称，按造型类别又有"五管瓶""多联瓶""堆塑罐"等。本文基于装饰技术角度进行讨论，以"堆塑罐"统称此类产品。

　　青釉堆塑五联罐，高 46.5 厘米，口径 6.4 厘米，底径 16.5 厘米。罐身呈葫芦形，平底。胎质灰白，外施青釉至下腹中部。罐顶置五联罐，中间一罐较大，环置四罐略小，五罐盘口，长颈，曲腹，腹肩有弦纹。上腹肩部置堆塑龟和鱼，腹中环两道弦纹。束腰处堆塑熊、狗、蜥蜴、龟等动物。下腹呈橄榄形，腹中刻四道弦纹。该罐与嘉兴九里汇东汉墓[1]、嵊州市三界镇鸽鸡山村道下山[2]等地出土的随葬品形制相近，仝涛将这一类型五联罐分型为会稽区Ⅲ式[3]。（图 1-1）

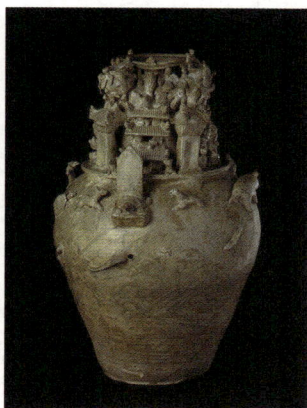

　　"永安三年"铭青釉堆塑罐，通高 46.4 厘米，口径 29.1 厘米，足径 16 厘米。胎质灰白，外施青釉至下腹。罐体分上、下两层，中间由一平台隔开，平底。上半部由堆塑组成，顶部中央置一盘口罐，罐口塑一鼠，四周分列四小罐，五罐均被雀鸟簇拥围绕。其下为三层崇楼居中，两侧各立一亭阙，楼门外有犬，阙下有八位戴帽并持各式乐器演奏的伎乐俑。下部整体呈罐状，罐肩塑一龟趺碑，圭形碑刻铭"永安三年时富且洋（祥）宜公卿多子孙寿命长千意（亿）万岁未见英（殃）"。腹肩塑有持矛人物、鹿、野猪、狗和龟等，刻画狗、龙、鱼、鲵等动物纹饰，并在旁边刻画"鹿""狗""五种"等字样。腹中布三个贯通罐体的小圆孔，外部塑似泥鳅的水生动物。陈万里先生曾记录该纪年器（260）在 1939 年出土于浙江绍兴三国墓[4]，1957 年被列为故宫博物院第一批一级甲等文物。（图 1-2）

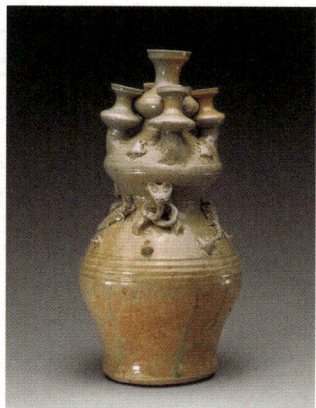

图 1-1　青釉堆塑五联罐　　　图 1-2　"永安三年"铭青釉　　图 1-3　青釉堆塑罐
　　　　　　　　　　　　　　　　　　　 堆塑罐

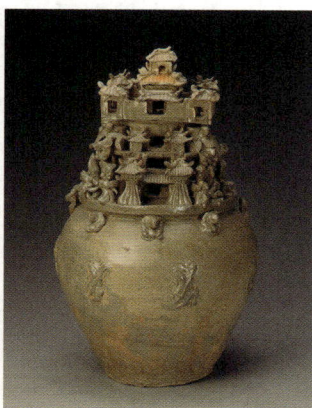

1　陆耀华：《浙江嘉兴九里汇东汉墓》，《考古》1987 年第 7 期。

2　汪沈伟：《嵊州市文物管理处收藏的五管瓶和堆塑罐》，载浙江省博物馆编《东方博物》第六十三辑，中国书店，2017。

3　仝涛：《长江下游地区汉晋五联罐和魂瓶的考古学综合研究》，博士学位论文，四川大学，2006，第 17 页。

4　陈万里：《吴晋时代的浙江陶瓷》，载《陈万里陶瓷考古文集》，紫禁城出版社，1997，第 42 页。

青釉堆塑罐，通高46.8厘米，宽16厘米，底径15厘米。胎质灰白，通体施青釉。罐体分上、下两部分。顶部为以双层楼阁为中心的四方楼宇形顶盖，宫院四面各一门，四脚各一屋宇。中间一层的中央为柱形罐，四角分列四小罐，围绕堆塑飞鸟，正背面中央各开两门，门两边分列阙楼和贴塑人物。第三层中心门阙与上层相连，周围置一周塑贴人物。堆塑罐下部为一罐体，圆肩，斜曲腹，平底。口沿印饰网格纹一周，环绕罐口下方置人物和熊贴塑。腹中环印圆点装饰带，间隔贴塑持器跪姿人物。该罐于1957年被列为故宫博物院一级乙等藏品。其器型与上虞驿亭镇西晋墓出土太熙元年（290）纪年器、余姚郑巷元康四年（294）墓出土的堆塑罐相近[1]，多见于西晋早期的南京周边和浙江地区墓葬。（图1-3）

汉晋时期堆塑罐被学界普遍认为是具有丧葬文化性质的"明器"，根据器物对比和出土地信息，形制相近的堆塑罐上常出现"会稽""始宁"等铭文，推测三件文物均为以上虞为中心的越窑早期青瓷制品。作为代表东汉、东吴和西晋堆塑罐的典型器，三件器物显示的堆塑罐形态演变规律与东汉时期五联罐向吴晋时期堆塑罐的发展基本一致：由贯穿一体且五罐突出的造型向上、向下分层演变，上层堆塑装饰丰富，五罐逐渐弱化，有的罐口加盖，或被楼宇及飞鸟覆盖；下层为一罐体，腹壁贴塑装饰。堆塑罐最突出的特征即在同一器物上集成了繁复的造型装饰，这在陶瓷史上是罕见的。娴熟多样的装饰工艺和内容的组合排列使堆塑罐承载了丰富的视觉和文化信息，而装饰本身也形成了自身发展演变的规律。

按制作方式划分，三件堆塑罐的造型装饰工艺主要有手工捏塑、模印贴塑、刻画纹饰、轮印等。捏塑为纯手工的塑造方法；模印贴塑需用单模或合模将泥坯塑形，之后取出塑好形的坯体将其贴于器物上，属于半机械的成型方式；刻画则是用竹签等工具直接在坯上刻画纹样。捏塑呈现雕塑效果，模印似浮雕凸起，刻画像线描刻绘，都是极具表现力的装饰技法。

细观三件故宫博物院藏堆塑罐，被定为东汉时期的瓷罐仍处于"五联罐"阶段，装饰较后期简洁，堆塑的动物造型被释读为进食的熊、蜥蜴和龟，主体造型以手工捏塑为主，只有五罐的塑造部分采用了模制成型方式。"永安三年"铭青釉堆塑罐的装饰复杂，包括上层的崇楼、双阙、飞鸟、狗、鼠、杂耍和演奏的胡人俑，以及下层的持矛胡人、野猪、鹿、犬、龟、水生鳝和龟趺碑，这些饰件主要采用先捏塑再进行刻画、印纹等塑造方法，造型生动形象，手工捏塑方式占器

<hr>

1　汤苏婴、王轶凌主编《青色流年：全国出土浙江纪年瓷图集》，文物出版社，2017，第77页。

物总装饰比例的 90%。下层还有部分鱼纹和走兽纹，"飞、鹿、句（狗）、五种"字样直接采用了刻画的手法。时代被定为西晋的青釉堆塑罐运用的模印贴塑工艺明显增加，除顶部庭院楼阁采用了拍片和手工塑造方式外，飞鸟、熊和具有道教色彩的人物为模印塑形，乐伎胡人是在整体模印成型的基础上，对四肢进行了局部调整。上、下层布有多件重复排列的模印贴饰，如熊和高髻双手捂耳状人物，罐体腹部一周的持械跪姿胡人也为模印贴饰。这件堆塑罐无论是上层立体的装饰模件还是下层的贴塑，大部分饰件为模制成型。（见表一）

表一　故宫陶瓷馆展三件堆塑罐的装饰方式分类示例

器物	捏塑	模印	刻划

以上分析表明在堆塑罐的发展进程中装饰方式发生了一定变化，即从以手工捏塑为主、模制为辅，转向模印贴塑为主、捏塑为辅的复合加工方式。装饰方式由多捏塑（手工）向多贴塑（模制）的转变是否具有时代共性，为何在这一时期发生装饰方式的变化，以及导致变化的原因，这些问题需进一步讨论。

二、吴晋堆塑罐装饰的生产与变化

三国、西晋是南方青瓷技术迅速成熟的时期，青瓷堆塑罐是这一窑业高峰时期的代表产品，生产地主要分布在曹娥江地区的越窑、德清窑、瓯窑和婺州窑，以及宜兴地区。文物普查发现上虞境内三国西晋窑场数量多达140余处[1]，烧造青瓷产品种类繁多、品质精湛、纹样丰富，具备成熟的配料、成型、装饰、施釉和烧造技术。相较于配料和烧造技术，成型和装饰工艺对器物的视觉表现产生最直观的影响，又因装饰工艺易于传播，各产区陶瓷的装饰在技术和形式上都存在相似性。这一时期在青瓷装饰工艺方面，继承东汉时期的装饰工艺并发展出包括捏塑、雕塑、镂雕、拍片、模塑、模印、压印、戳印、刻画等技法，特别是滑轮压印、戳印、范印及合范技术的创新应用，出现网格纹、联珠纹、花蕊纹、象形器、各类贴塑动物、模印佛像等新产品，以及之后褐彩装饰的兴起，造就了极富时代特征的装饰效果。

由于吴晋时期堆塑罐多出土于长江中下游地区大中型墓葬中，目前有关生产窑口的信息尚不明确，以往学者就器物进行了诸多分类与分期研究，如冈内三真将之分为六式[2]，仝涛分为三型：A型四式、B型两式、C型[3]，魏建钢分为三个类别和六个时期[4]。分期序列表明，堆塑罐在形态上的明显变化始于东吴时期，而在装饰上的丰富变化持续到了西晋晚期。通过观察从浙江嵊州浦口大塘岭太平二年（257）潘亿墓至浙江萧山永昌二年（323）墓出土近三十件有确切纪年信息的堆塑罐实物[5]（图2），对器物上常见的装饰内容和主要制作方式进行初步统计，

1　周友泉、蒋明、杜伟：《上虞越窑青瓷》，《浙江档案》2017年第12期。

2　冈内三真：《五连罐と装饰付壶》，载《古代探叢Ⅱ——早稲田大学考古学会創立35周年記念考古学論集》，早稲田大学出版部，1985。

3　仝涛：《长江下游地区汉晋五联罐和魂瓶的考古学综合研究》，博士学位论文，四川大学，2006，第29页。

4　魏建钢：《越窑制瓷史》，中国社会科学出版社，2015，第170页。

5　何志国、王烨：《论汉代建筑模型对吴晋魂瓶的影响》，《中原文物》2020年第2期。

可见传统装饰造型多采用手工捏塑的方法塑形，如狗、羊、猪、猴、鹿、龙、鱼、鳖、蛇、蜥蜴等动物和巫觋人物、乐舞胡人的塑造，同时也有如飞鸟、鱼、龟等频繁出现的传统题材装饰采用了捏塑和模制、贴塑相结合的复合方式。这一时期开始在陶瓷上流行的装饰题材如狮子、辟邪、同心鸟、翼兽、佛像、铺首，以及一些较为复杂的如持节仙人、持械胡人、拱手胡人等附件则多采用双模、单模成型和贴塑的工艺方式。（见表二）

表二　吴晋堆塑罐纪年器的装饰内容对应工艺类型

装饰类型	屋宇	飞鸟	熊	龙	狗	鹿	鼠	鱼	龟	蛇	狮子	辟邪	麒麟	同心鸟	翼兽	巫觋	乐伎	骑马人物	持械胡人	持节仙人	佛像	铺首
捏塑	●	●	●		●	●	●	●	●	●						●	●					
模制	●	●	●	●		●	●				●	●	●	●	●			●	●	●	●	●
刻画				●				●														
复合	●	●					●	●								●	●					

　　结合与纪年器的类型相近器物，可知自 3 世纪中叶至 4 世纪初的堆塑罐在装饰方面存在一定变化规律：1. 堆塑罐分层之前和之初捏塑占装饰主流，之后模印贴塑比例逐渐增大，尤其是下层罐体的装饰几乎全部为贴饰；2. 具有外来文化因素的模制饰件和模印贴塑增多；3. 装饰构件从纷杂无序的排列逐渐趋于有序，有些模印装饰环列出现，在视觉上具有重复性，整体更加规整；4. 如同心鸟、佛像、骑马人物等样式形成固定的装饰形式。

　　吴晋堆塑罐的装饰体现出显著的地缘性和个性化特征，独具当地传统文化和信仰的表现内容如巫觋、乐伎、飞鸟走兽等仍多沿用传统的手工捏塑或复合手法。3 世纪中叶后陶瓷装饰上模制工艺比例增加，重复性纹样增多，手工造型和模制组合的工艺表明此时的陶冶生产具备了一定程度的模式化和标准化，体现了上虞曹娥江流域制瓷产业达到相当的规模和具有高超的工艺技术。此外，堆塑罐虽然是当时高品级瓷器的代表，但并不受等级规制的约束，其装饰样式没有严格的限定，目前未见在外观上雷同的吴晋堆塑罐遗存。虽然生产加工中因模具的加

图 2　吴晋青釉堆塑罐纪年器

出土地（从左至右，从上至下）：嵊州市浦口街道四村大坟山吴太平二年（257）潘亿墓；"凤凰元年"（272）南京上坊吴墓；南京赵士岡吴凤凰二年（273）墓；南京江宁上坊天册元年（275）墓；金坛白塔公社天玺元年（276）墓；上虞县江山乡天纪元年（277）墓；慈溪太康元年（280）墓；嵊州市石璜镇太康九年（288）墓；南京市江宁区张家山元康七年（297）墓；杭州钢铁厂元康八年（298）墓。

入，纹饰和纹样出现重复和重合的现象，但模制装饰目的不在于形制的"标准"，并不能纳入"模件生产体系"的范畴讨论。从一般经济规律来看，手工业模件的介入是"正规"生产过程的体现，由生产成本和效益最大化的目的所驱策。模具为堆塑罐的装饰制作带来便捷，从而提高了生产力，但在诸多制作精良、装饰繁复的精品器物上并没有特别体现出对于降低成本和提升产量的追求，复杂而多样的装饰表现了工匠的独立发挥和市场的个性需求。因缺少等级规范和市场动因，吴晋时期，浙江窑业中心产区生产的堆塑罐是在一定形制框架内具有功能指向的个性化产品的代表，此时窑业的产业化程度也远未及之后同样在陶瓷上将模制与雕塑结合应用的唐三彩窑场和长沙窑那样，形成高度的市场化和标准化。

三、模制装饰与文化传播

陶瓷器的生产和装饰制作是成结构体系的文化行为，若将装饰看作类似于语言的视觉传达，那么工艺技术即实现语言表达的手段，而表征和方法总在潜移默化中相互作用。在模印贴塑、模制附件等装饰逐渐增多后，模制工艺的"复制"属性日益凸显，使吴晋堆塑罐的装饰语言序列发生了变化。视觉呈现方面，模制附件在同一器物上重复排列，将原本手工捏塑产生的生动自然形态变得更为有序，附件在数量上的重复强调了主题。在装饰内容方面，同类纹饰和纹样在不同器物上反复出现和组合，这些纹饰承载的文化信息也随之传播，同时多元的文化来源对装饰题材和技术造成了深远影响。

三国两晋时期，堆塑罐装饰中以模印贴塑和模制附件的题材主要有四类：一是动物题材，包括鱼、蟹、龟等水生动物，具有特殊意义的熊、猴等动物，以及狮子、同心鸟、翼兽等具有外来文化因素的动物题材；二是一些较为复杂的人物造型，如骑兽和持械人物等，多为胡人形象；三是具有信仰意义的人物、仙人和佛像；四是铺首、花卉等其他纹饰。具有外来文化元素的纹样在装饰中占很大比例，各个题材都有其母题或模板，且这些装饰几乎全部采用模制工艺加工而成。（图3）同时期南方生产的陶瓷器上普遍出现具有外来文化元素的装饰，同样大部分采用了模印贴塑的工艺。

在具有外来文化元素的陶瓷装饰中，大量的佛像和佛教元素装饰引人瞩目。根据以堆塑罐为主的陶瓷器上出现的佛像和奉佛胡俑，诸多专家学者都进行过考

持械胡人同心鸟

骑兽胡人狮子

图3 吴晋堆塑罐模印贴塑外来文化元素纹饰

古学和佛教史的相关论证，其中谢明良曾发现佛像纹饰旁刻"仙人"字样的堆塑罐物证，然而有关堆塑罐上佛像的功能和性质的讨论依然存在争议，学界认为吴晋时期各地域人们对佛的认知处在不断变化的过程中，但可以明确的是，陶瓷装饰反映了吴晋时期佛教在中国持续发展和深化，并与丧葬体系和世俗生活产生了一定的关联。

目前公布最早装饰佛像的堆塑罐出土自南京江宁殷巷吴墓，被定为五凤至天册年间（254—275），堆塑罐上列佛像七尊，肉髻背光，着通体袈裟，莲花座结跏趺坐，禅定印，面部较模糊，腿部难以辨认。（图4）之后至西晋晚期的堆塑罐上出现过三种形式的佛像，但绝大多数器物上所见佛像均与上述形式极其相似，无论佛像是贴塑在腹壁还是立于平台上，都使用单模成型，佛像形象模糊，且成列出现。这种情况在该时期长江下游地区生产的带有贴塑佛像的其他类型陶瓷器上也表现得极其一致，如南京市雨花台区长岗村出土青釉下彩羽人纹盘口壶和上虞尼姑婆山窑址出土的三足樽，佛像形式与堆塑罐相同。（图5）在半个多世纪的时间跨度下，不同产区的器物上实现雷同的装饰样式，这不仅需要共同的母题，更有可能使用了相同的模范或相似的模具，才得以实现和延续佛像的复制和传播。

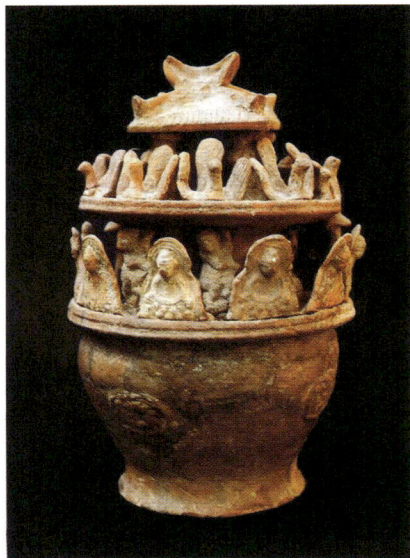

图4　南京江宁殷巷吴墓出土红陶堆塑罐

图5　南京市雨花台区长岗村出土青釉下彩盘口壶及局部细节（上图）、上虞尼姑婆山窑址出土的三足樽及局部细节（下图）

据文献记载，早期佛像的传入可能存在多种方式和承载媒介，从汉孝明帝开始"图其形象"[1]，"得释迦立像"[2]，又有"明帝令画工图佛像"[3]。及佛教兴于江左后，笮融曾"乃大起浮图祠，以铜为人，黄金涂身，衣以锦采"[4]。"吴赤乌

图6 上（从左至右）：四川乐山麻浩蜀崖墓石刻佛像、重庆忠县涂井蜀崖墓出土铜摇钱树、湖北鄂州市五里墩吴墓出土铜镜上的佛像局部；下：江苏南京市郊赵士岗出土贴塑陶佛像

十年（247）初达建邺，营立茅茨，设像行道。时吴国以初见沙门，睹形未及其道，疑为矫异。"[5]虽然以上记载不足为信史，但可想见在外来宗教信仰传入之初，民众对于佛的形象认知是模糊而新奇的。长江流域早期佛像的来源和流布等问题一直是学界关注的焦点，研究表明，上、中、下流域的佛像样式均存在差异，从出土实物来，看目前所见佛像遗存的媒介材质也不同，如四川乐山麻浩蜀崖墓石刻佛像、重庆忠县涂井蜀崖墓出土带有佛像的铜摇钱树、湖北鄂州市五里墩吴墓

1 《后汉纪》卷第十《孝明皇帝纪下》："初，帝梦见金人长大，项有日月光，以问群臣。或曰：西方有神，其名曰佛。其形长大。陛下所梦，得无是乎？于是遣使天竺，问其道术，遂于中国而图其形象焉。"〔东晋〕袁宏：《两汉纪》下册，张烈点校，中华书局，2002，第187页。

2 《魏书》卷一百一十四《释老志》："憺又得佛经四十二章经及释迦立像。"〔北齐〕魏收：《魏书》，中华书局，1974，第3026页。

3 《魏书》卷一百一十四《释老志》："明帝令画工图佛像，置清凉台及显节陵上，经缄于兰台石室。"〔北齐〕魏收：《魏书》，中华书局，1974，第3026页。

4 《三国志》卷四十九《吴志·刘繇传》："笮融者，丹阳人。初，聚众数百，往依徐州牧陶谦。谦使督广陵、彭城运漕，遂放纵擅杀，坐断三郡委输以自入，乃大起浮图祠，以铜为人，黄金涂身，衣以锦采。垂铜槃九重，下为重楼阁道，可容三千人，悉课读佛经。"〔晋〕陈寿：《三国志》，中华书局，1982，第1185页。

5 《高僧传》卷第一："时吴地初染大法，风化未全。僧会欲使道振江左，兴立图寺，乃杖锡东游，以吴赤乌十年初达建邺，营立茅茨，设像行道。时吴国以初见沙门，睹形未及其道。疑为矫异。"〔梁〕慧皎：《高僧传》，汤用彤校注，中华书局，1992，第15页。

出土佛兽纹铜镜[1]（图6），用不同材料塑造的佛像在形式、结印上各异，但从中依旧可见南方早期佛像在整体视觉效果上的共性，即浅浮雕般的效果。

　　长江流域早期佛像遗存通常实物体积较小，图像单一，形象并不立体清晰，这种程式化和平面化的特征，加之传入本土时间不久的佛教尚未形成系统，佛像成为一种可复制的装饰符号。就瓷业兴盛的长江下游地区而言，汉晋时期胡人及其文化来源比较复杂，既有北方人南迁，又有东南沿海地区的输入和沿长江流域的交流等所致的文化杂糅。试想在三国时期人口流动的社会背景下，某位胡人带来了便携的小件单面模范，或仿照某个佛像样式制作出模具，便可像使用印章一样复制出无数个纹饰或相似的模件，即通过少量的模具可直接参与图像装饰复制和文化传播，各种外来文化元素的装饰形象也随之渗透到社会各个层面。同时，以佛像和胡人为代表的外来文化元素的纹饰图案还并未被本土工匠所熟悉，其文化信仰意涵仍处于不断融合的进程中，因而在具民俗和丧葬功能的堆塑罐上，佛像等外来文化元素装饰被视为一类文化符号，以发挥其象征意义为重，从而忽视了其造型的准确度。

　　在陶器上使用模制的现象自新石器时代晚期出现[2]，模印贴塑技术自先秦应用于陶瓷器装饰，而模印贴塑工艺和外来文化元素装饰的兴盛时期自吴晋时期南方瓷业开始，经南北朝持续发展，至唐三彩和长沙窑达到高峰阶段。唐代同样以模印贴花纹饰著称的长沙窑，包含了如椰枣树、舞乐胡人、骑马人物、佛塔、翼兽、宝相花、莲花等大量以中西亚文化为主导的外来元素，其中狮子、持械胡人、同心鸟等纹饰与早期堆塑罐的装饰有相似特点。此时模具本身已成为流通的商品，在窑址和作坊遗址发现了诸多精美的贴塑模具，繁多而精湛的模制工艺是工业化生产的表现，也是瓷业经济与市场繁荣的产物。（图7）吴晋堆塑罐和唐代长沙窑处于外来文化元素和陶瓷模印贴塑工艺的兴盛时期，正对应了三国两晋时期和唐代安史之乱后两次人口大迁移的浪潮[3]。陶瓷装饰在内容与技术上均形成了与本土有别的"胡风"，是人口流动对南方社会经济与文化信仰造成影响的缩影，同时也带动了外来文化在南方地区的传播与深入。

1　贺云翱、阮荣春等编《佛教初传南方之路文物图录》，文物出版社，1993，第159、161、164、167页。

2　彭小军：《史前陶器成型技术类型的分布和演变》，《江汉考古》2021年第1期。

3　李梅田：《长沙窑的"胡风"与中古长江中游社会变迁》，《故宫博物院院刊》2020年第5期。

图 7　长沙窑瓷器的贴塑装饰、模具和工艺模拟（图片采自李校伟：《长沙窑模印贴花》，湖南美术出版社，2008，第 62 页）

四、小结

陶瓷装饰的制作和工艺选择由制瓷技术、社会文化和市场需求等多方面因素决定，汉晋时期堆塑罐装饰和工艺受到多元文化的影响，在表现地域文化相关内容时多沿用传统的手工捏塑形式。而模制装饰工艺的发展一方面出于对生产效率的需求，实现了复制性和多样性的生产；另一方面大量使用模印贴塑工艺制作具有外来文化元素的装饰，是三国西晋时期人口大规模流动下文化和技术传播的产物。极具传播力和复制力的小件模具成为新兴文化传播的最佳依托，在器物上实现重复性的组合排列，呈现出装饰复合体的视觉效果。吴晋时期，这些具有外来元素的纹饰图案还未被本土完全接纳与熟悉，模制饰件在传播中形成了文化符号般的特定样式，在南方民俗文化信仰中发挥着特殊的象征功能。

（原文刊于《中国美术研究》2022 年第 12 期。）

唐康文通墓彩绘釉陶俑研究

杨军凯（西安市文物保护考古研究院）

2002 年 3—6 月，西安市文物保护考古所在西安市雁塔区延兴门村西，西安交通大学数码园东兴置业园区内，唐长安城延兴门以外，发掘了武周神功元年（697）康文通墓。根据出土墓志记载可知康文通为处士出身，字懿，青州高密郡人，武周万岁通天元年（696）七月卒于长安城安邑里私第，享年 79 岁，神功元年十月葬于京兆万年县龙首乡界。其祖康和为隋上柱国，父康鸾为唐朝散大夫，康文通有三子，其第三子康玄植为庆州乐蟠主簿。[1] 康文通及其家族史传无载。

康文通墓出土了釉陶俑、彩绘陶俑、瓷器、玉器、铜饰和墓志等珍贵文物。该墓早年被盗，后室坍塌，仅在前室出土了大量的釉陶俑残片，残片上幸存化妆土和彩绘描金痕迹。这是极为难得的考古发现，原因是釉陶俑表面明亮光滑，釉上的彩绘描金装饰容易脱落，或者被墓内淤土所黏。这个发现并未引起学界关注，鲜见研究成果。

一、康文通墓彩绘釉陶俑

康文通墓出土釉陶俑 10 件，彩绘陶俑 11 件。釉陶俑分为多色釉和单色釉，多色釉（俗称"唐三彩"）有武士俑（图 1、图 2）、文武官俑（图 3、图 4）、镇墓兽（图 5）、女立俑、牵马俑、骆驼俑，单色釉有男立俑、马俑。

1　西安市文物保护考古所：《唐康文通墓发掘简报》，《文物》2004 年第 1 期，第 17—30 页；西安市文物保护考古所编著《西安文物精华·三彩》，世界图书出版西安有限公司，2011，第 55—57、62、79、98、111—113 页。

图1 武士俑（戴兜鍪）

图2 武士俑（束发）

图3 文官俑

图4 武官俑

图5 镇墓兽

在出土的10件釉陶俑中，釉上残留化妆土彩绘或描金痕迹的有5件。武士俑有2件，文、武官俑各1件，镇墓兽1件。武士俑一戴兜鍪，一卷发上束，皆身着盔甲，带颈项，肩饰龙首，腰系带，下着战袍，脚穿靴，身上施褐、绿、白色釉，釉上彩绘描金。武士俑所着盔甲应为南北朝至隋唐时期流行的明光铠。文官俑头戴进贤冠，眉清目秀；武官俑头戴鹖冠，深目高鼻。文武官俑均着交领宽袖短袍，腰系带，胸前一方帛，足蹬云头高履或尖头靴。釉面亦有彩绘描金痕迹。文武官俑应是身着南北朝至隋唐时期流行的两当甲。文官俑所戴冠，从形制上看应是单梁进贤冠。孙机先生曾言，唐代进贤冠的冠耳由尖变圆，且位置较高，梁装在冠顶[1]，康文通等唐墓出土文官俑所戴进贤冠正如此制。

---

1 孙机：《进贤冠与武弁大冠》，载《中国古舆服论丛（增订本）》，上海古籍出版社，2013，第160—161页。

图 6 武士俑（局部）   图 7 文官俑（局部）   图 8 镇墓兽、武士俑（局部）

在该墓的考古发掘中，发现武士俑和文官俑（图6、图7）的盔甲、战袍、两当甲保存了釉上彩绘描金装饰，镇墓兽（图8）羽翼上也有彩绘痕迹。装饰方法是釉上施化妆土，然后再彩绘描金。康文通墓中的彩绘釉陶俑将彩绘、描金、三彩釉相结合，增强了艺术表现力。釉陶俑和彩绘俑同墓出土，从这些现象再结合其他釉陶俑考古发现，可以了解关中地区初唐至盛唐时期釉陶俑的发展。

二、北朝至盛唐时期釉陶俑的发展

北朝至隋代釉陶俑一般通体施釉，初唐釉陶俑头部不施釉，面部和发髻施彩描绘，骑马俑鞍鞯俱全，络辔、皮具均直接用墨线在釉上勾勒，而且初唐釉陶俑釉色单一，主要为黄、绿釉[1]。例如显庆二年（657）张士贵墓出土的彩绘釉陶俑胎质洁白坚硬，表面多施黄釉。男、女俑的脸部在白彩上再涂红，眉、眼、须都描黑，嘴涂朱色。[2]麟德元年（664）郑仁泰墓出土彩绘釉陶俑四百余件，釉施黄、绿色，釉上彩绘。彩绘用于人物面部、服饰以及骑马俑的鞍鞯、络辔、皮具等部位，少数俑还有贴金。[3]咸亨三年（672）宗文纂墓出土的釉陶马通体施黄釉，并

---

1 李炳武主编、陈安利分册主编《中华国宝：陕西珍贵文物集成：唐三彩卷》，陕西人民教育出版社，1998，第15页。

2 陕西省文管会、昭陵文管会：《陕西礼泉唐张士贵墓》，《考古》1978年第3期，第168—178页；

3 陕西省博物馆、礼泉县文教局唐墓发掘组：《唐郑仁泰墓发掘简报》，《文物》1972年第7期，第33—41页。

以墨线釉上勾勒出马具[1]。

盛唐时期釉陶俑釉色从单色釉向多色釉发展。制作技术进步，器表施低温铅釉，并添加铁、铜、钴、锰等元素为呈色剂。大量釉陶俑形象逼真，釉面光亮，色彩丰富绚丽，这标志着釉陶技术的成熟。李晦，卒于武周永昌元年（689），其父李孝恭为初唐开国元勋，凌烟阁二十四功臣之一。李晦墓出土的三件骑马俑（风帽、幞头、小冠），马身呈黄色或黄褐色，鞍鞯俱全，络辔、皮具均直接用墨线勾勒在黄釉之上。骑马俑服色为绿、黄、青色等。神龙二年（706）下葬的永泰公主、懿德太子和章怀太子三墓均出土有釉陶俑，且为绿、蓝、酱等多色釉。[2] 神龙二年（706）阎识微夫妇墓、开元六年（718）越王李贞墓、开元十一年（723）鲜于庭诲墓[3] 均有大量釉陶俑出土，且多色釉和单色釉均有发现。

在釉陶俑盛行的同时，彩绘俑也一直发展着，并且在关中地区的唐墓随葬陶俑中占绝对地位。随葬釉陶俑的唐墓，在唐长安城郊发现的数量极少。虽然具体数字尚无法统计，但以本人考古发掘的唐墓统计，其所占比例不足1%，主要集中在高宗至玄宗时期，墓主人身份等级并不高。如康文通墓、阎识微夫妇墓和西安南郊唐墓M31。

盛唐时期釉陶俑发展达到了极盛，但在高等级墓葬中，釉陶俑的比例仍较低。如神龙二年（706）懿德太子墓和永泰公主墓釉陶俑均仅占出土陶俑的8%左右，彩绘陶俑占到了90%以上。所谓"上有所好，下必甚焉"，此必然对当时葬俗产生极大的影响。

釉陶和彩绘的陶俑是唐代墓葬随葬品的大宗，主要分为镇墓、仪仗出行、侍女、动物几大类型，这是墓主曾拥有的权势和财富的再现。当时的社会风气是"王公百官，竞为厚葬，偶人象马，雕饰如生……更相扇慕，破产倾资，风

1　余红健主编《乐居长安：唐都长安人的生活展》，文物出版社，2020，第190—191页。

2　陕西省文物管理委员会：《唐永泰公主墓发掘简报》，《文物》1964年第1期，第7—33页；陕西省博物馆、乾县文教局唐墓发掘组：《唐章怀太子墓发掘简报》，《文物》1972年第7期，第13—23页；陕西省博物馆、乾县文教局唐墓发掘组：《唐懿德太子墓发掘简报》，《文物》1972年第7期，第26—32页；陕西省考古研究院、乾陵博物馆编著《唐懿德太子墓发掘报告》，科学出版社，2016。

3　西安市文物保护考古研究院：《西安马家沟唐太州司马阎识微夫妇墓发掘简报》，《文物》2014年第10期，第25—48页；昭陵文物管理所：《唐越王李贞墓发掘简报》，《文物》1977年第10期，第41—49页；马德志、张正龄：《西安郊区三个唐墓的发掘简报》，《考古通讯》1958年第1期，第42—52页。

俗流行，遂下兼士庶"[1]，厚葬之风盛行，而陶俑的制作也达到了高峰。京畿地区出土的彩绘俑，早期多在素烧成型后敷上化妆土再施彩绘，还有在局部位置贴金的。张士贵墓、郑仁泰墓出土的"文官俑"和"武官俑"便是彩绘陶俑的精品。(图9、图10)

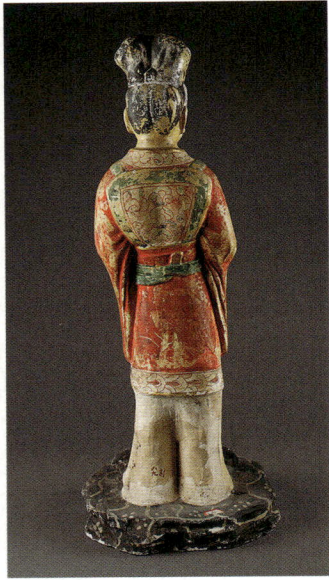

懿德太子墓出土的甲骑具装俑，通高

图 9　郑仁泰墓出土彩绘文官俑
（正面）　陕西历史博物馆藏

图 10　郑仁泰墓出土彩绘文官俑
（背面）　陕西历史博物馆藏

约33厘米，全长35厘米，宽8厘米，骏马面帘贴金，通身彩绘，披挂铠甲，甲身涂银。[2] 李寿墓也出土了这种甲骑具装俑[3]。据考证，此为金银具装甲骑，乃为王室的仪仗，属于禁军系统[4]。值得注意的是，这种高等级的甲骑具装俑并没有使用釉陶技术，而是在陶俑上施化妆土彩绘贴金而成。《唐会要》卷二六《讲武》："先天二年(713)十月十三日，讲武于骊山之下，征兵二十万，戈铤金甲，耀照天地。"[5]《新唐书·太宗纪》载，武德四年（621）执窦建德，降王世充，"太宗被金甲，（略）献俘于太庙"[6]。懿德太子墓甲骑具装使用的是彩绘陶俑，而非釉陶俑，可能是由于釉陶会产生流釉现象，无法展现王室仪仗的威仪。

1　〔唐〕杜佑：《通典》卷八六，王文锦等点校，中华书局，1988，第2328页。

2　陕西省考古研究院、乾陵博物馆编著《唐懿德太子墓发掘报告》，科学出版社，2016，第309—321页。

3　陕西省博物馆、文管会：《唐李寿墓发掘简报》，《文物》1974年第9期，第76—77页。

4　杨泓：《中国古代的甲胄（下篇）》，《考古学报》1976年第2期，第73—74页；沈从文：《中国古代服饰研究（增订本）》，上海书店出版社，1997，第288页。

5　〔宋〕王溥：《唐会要》卷二六《讲武》，上海古籍出版社，2006，第586页。

6　〔宋〕欧阳修、宋祁等编撰：《新唐书》卷二《太宗纪》，中华书局，1975，第26页。

唐代对各级官员服色有严格的要求,在《旧唐书·舆服志》中有详细记载。[1]
唐代官员服色从武德至文明年间有数次调整,但不论如何变化,各级官员服色有
严格的区分界限确定无疑。釉陶俑色彩丰富,釉陶在烧制的过程中容易产生流釉
现象,所以多色釉陶俑的面部、发饰、手部皆不施釉,而是用彩绘制作,但是仍
然难以与官阶服色相匹配,也不符合墓主人对不同官品所需服色的要求。因此,
康文通墓多色釉陶俑一些部位釉上再涂化妆土,釉上彩绘描金和多色釉搭配,以
满足丧葬服色的要求,也使颜色更加丰富。

三、康文通族属与墓葬等级

中古时期康氏多是汉化的粟特后裔姓氏[2]。当时入华粟特人的墓志,特别是
安史之乱以前,多明确记载其族源为西域或昭武九姓粟特地区等,家族成员官职
常为萨保(萨宝、萨薄)。然而康文通墓志未见其族源西域或历官萨保等记载,
反是多见讲《诗》《礼》,重礼教,温润谦让的记录,这与其处士身份相符。现
存明确为入华粟特人康婆、康老师的墓志,虽均有康和的记载[3],但是其所载康
和的官职、父祖子嗣名讳均与康文通志文不符,应非同一人。康文通墓出土了一
件玉猪,四腿平伸,伏卧状,玉色深绿,应是东汉时期的玉握。康文通家藏东汉
玉猪,并随葬墓中,这是墓主家道殷实的体现,其家族非富即贵。志文载康文通

1　〔后晋〕刘昫等:《旧唐书》卷四五《舆服志》,中华书局,1975,第1952—1953页:武德初,
　　因隋旧制,天子宴服,亦名常服,唯以黄袍及衫,后渐用赤黄,遂禁士庶不得以赤黄为衣服杂饰。
　　四年八月敕:"三品已上,大科绸绫及罗,其色紫,饰用玉。五品已上,小科绸绫及罗,其色朱,
　　饰用金。六品已上,服丝布,杂小绫,交梭,双紃,其色黄。六品、七品饰银。八品、九品鍮石。
　　流外及庶人服绸、绝、布,其色通用黄,饰用铜铁。"(略)贞观四年又制,三品已上服紫,
　　五品已下服绯,六品、七品服绿,八品、九品服以青,带以鍮石。妇人从夫色。……龙朔二,
　　司礼少常伯孙茂道奏称:"旧令六品、七品着绿,八品、九品着青,深青乱紫,非卑品所服。
　　望请改八品、九品着碧,朝参之处,听兼服黄。"从之。总章元,始一切不许着黄。上元元年
　　八月又制:"一品已下带手巾、算袋,仍佩刀子、砺石,武官欲带者听之。文武三品已上服紫,
　　金玉带。四品服深绯,五品服浅绯,并金带。六品服深绿,七品服浅绿,并银带。八品服深青,
　　九品服浅青,并鍮石带。庶人并铜铁带。"文明元年七月甲寅诏:"旗帜皆从金色,饰之以紫,
　　画以杂文。八品已下旧服者,并改以碧。京官五品已上,六品已下,七品清官,每日入朝,
　　常服裤褶。诸州县长官在公衙,亦准此。"

2　荣新江:《中古中国与粟特文明》,生活·读书·新知三联书店,2014,第40—41页。

3　周绍良主编、赵超副主编《唐代墓志汇编》贞观139《大唐故康府君墓志铭》,上海古籍出版社,
　　1992,第96页;毛阳光:《洛阳新出土唐代粟特人墓志考释》,《考古与文物》2009年第5期,
　　第77—78页。

宅邸位于唐长安城安邑坊，其北临东市，东临靖恭坊。在唐都长安的粟特人多比邻而居，聚居区多在市场周围，且西市多于东市。[1] 安邑坊紧邻东市，其附近还有史思礼宅（兴宁里）、安禄山宅（亲仁坊、道政坊）、康阿义宅（胜业坊）、史孝章宅（靖恭里）、石忠政宅（崇仁里）等[2]，靖恭坊还有长安的五所祆祠之一[3]。中古时期入华粟特人是著人，常年经商积累了大量的财富。康文通宅与入华粟特人聚居区和祆祠较近，其家族又殷实，再结合其姓氏和祖籍青州有粟特人聚集区等因素[4]，康文通应属于入华粟特人[5]。

康文通墓为长斜坡墓道大型前后室砖墓，坐北朝南，方向为180°，由墓道、3个天井、3个过洞、2个壁龛、甬道和前后墓室组成，总长35.7米。前室采用大开挖，平面近方形，穹窿顶，南北长2.24米、东西宽2.44米；甬道平面呈长方形，内券拱顶结构；后室平面近方形，内券穹窿顶结构，南北长3.76米、东西宽4米。未发现封土和石葬具。康文通墓虽是前后室砖墓，但是其前室面积较小，前、后室面积相差较大。这种前室面积较小的唐代双室砖墓已发现的有尉迟敬德墓[6]、郑仁泰墓、安元寿墓和节愍太子墓[7]。康文通墓类型的双砖室墓只是对单室砖墓最后一个天井的扩大，显示出从单室砖墓向双砖室墓过渡的特征[8]。这种前室大开挖，而内券甬道和后室，相较于前后室均采用大开挖、地上有封土的砖室墓来说，其本身墓葬等级就较低一些。康文通墓类型的双砖室

1 荣新江：《北朝隋唐粟特人之迁徙及其聚落》，载《中古中国与外来文明》，生活·读书·新知三联书店，2014，第75—80页。
2 吴钢主编《全唐文补遗　第3辑》，三秦出版社，1996，第75页；〔清〕徐松：《最新增订唐两京城坊考》，李健超增订，三秦出版社，2019，第115、184、191页；〔唐〕颜真卿：《康阿义神道碑》，载《全唐文》卷三四二，中华书局，1983，第3476页；周绍良主编、赵超副主编《唐代墓志汇编》宝历008《石忠政墓志》，上海古籍出版社，1992，第2086页。
3 向达：《唐代长安与西域文明》，重庆出版社，2009，第68页。
4 姜伯勤：《中国祆教艺术史研究》，生活·读书·新知三联书店，2004，第63—76页；郑岩：《魏晋南北朝壁画墓研究（增订版）》，文物出版社，2016，第212—255页。
5 荣新江：《北朝隋唐粟特人之迁徙及其聚落补考》，载余太山、李锦绣主编《欧亚学刊》第六辑，中华书局，2007，第172页。在其他相关著作中，多直接将康文通划归为入华粟特人，理由多同于荣氏。毕波：《隋唐长安坊市胡人考析》，《丝绸之路》2010年第24期，第72页；毕波：《中古中国的粟特胡人——以长安为中心》，中国人民大学出版社，2011，第177页；马晓玲：《北朝至隋唐时期入华粟特人墓葬研究》，博士学位论文，西北大学，2015，第143页。
6 昭陵文物管理所：《唐尉迟敬德墓发掘简报》，《文物》1978年第5期，第20—25页。
7 昭陵博物馆：《唐安元寿夫妇墓发掘简报》，《文物》1988年第12期，第37—49页；陕西省考古研究所、富平县文物管理委员会编著《唐节愍太子墓发掘报告》，科学出版社，2004。
8 程义：《西安地区唐代双室墓葬研究》，《中原文物》2014年第6期，第38页。

墓多集中出现在武周之前，与唐中宗复位后兴建的前室面积增加的高等级神龙模式的双砖室墓有明显区别。初唐有大功且官职高于尉迟敬德、郑仁泰的李勣却使用了单室砖墓[1]，李勣墓起冢象阴山、铁山、乌德鞬山则是其属高等级墓葬的标志[2]。因此，初唐至唐中宗复位前的双室砖墓并不是高等级墓葬的唯一标准。在康文通墓没有发现封土，仅有 3 个天井，墓室内也无双砖室墓常见的石椁、石门等石葬具。虽然该墓有彩绘釉陶俑的出土，但是随葬釉陶俑也不是高等级墓葬的唯一标志。综上考察可知，康文通墓的墓葬形制和出土遗物都没有高等级墓葬所必须具有的特征，该墓不存在僭越问题。

四、小结

唐康文通墓出土的多色釉陶俑（唐三彩），在文、武官俑，武士俑服饰的胸前、衣领、袖口、铠甲等部位，以及镇墓兽羽翼的釉面上，再施化妆土彩绘描金，比釉上直接用墨线勾勒的技艺更加复杂。釉上彩绘与多色釉陶相得益彰，加上描金后色彩更加丰富，但是这种釉陶俑的制作要求更高，均为白胎，使用高岭土为原料。先上釉烧造，再在局部施化妆土彩绘描金才能成型，这无疑大大提高了釉陶俑的制作难度和成本。康文通墓彩绘釉陶俑是盛唐时期的巅峰之作，是釉陶俑由盛转衰的转折点，为研究北朝至隋唐时期釉陶俑发展和演变，提供了重要的实物资料。

从北朝至隋代釉陶俑一般通体施釉，釉陶俑面目不清，而初唐到盛唐釉陶俑头部不施釉，面部和发髻施彩描绘，李晦墓（689）出土的多色釉骑马俑鞍鞯俱全，络辔、皮具均直接用墨线在釉上勾勒。康文通墓出土的彩绘釉陶俑工艺复杂，它的出现说明多色釉的流釉现象已成为制作陶俑的弊端，不能满足盛唐时期唐人对丧葬习俗"偶人象马，雕饰如生"的感官要求，不得已在釉上再施化妆土，然后描金。这也许是釉陶俑在盛唐之后逐渐消失的一个原因。粟特人后裔康文通墓彩绘釉陶俑的发现，引发了我们的思考，若要做更为详尽的个案分析，还有待于进一步的考古发现予以佐证。

1　昭陵博物馆：《唐昭陵李勣（徐懋功）墓清理简报》，《考古与文物》2000 年第 3 期，第 3—14 页。

2　〔后晋〕刘昫等：《旧唐书》卷六七《李勣传》，中华书局，1975，第 2488 页。

景观与遥想
——金仙公主塔的时与式

张　鹏〔中央美术学院《美术研究》杂志社〕

　　金仙公主塔以其名称的流变，造型的优美，与周遭景观的和谐，千年来成为有故事的存在。

　　金仙公主塔位于北京房山区西南，"有山好着白云，腰其半麓，曰白带山……藏石经者，千年矣，始曰石经山，至今也，亦曰小西天云"[1]。山下云居寺保留寺门及新建佛堂，山腰处有藏经洞和舍利，山上山下保存数十处自唐以来的石塔、砖塔以及大量石刻碑铭。

　　金仙公主塔通体用汉白玉石砌筑，现存七层，残高 4 米，据 20 世纪 30 年代学者考察影像，原为九重密檐式方形塔，估计高度 5 米以上，应该是高于云居寺同时期的其他唐塔的。塔基为两层阶梯式，底层面积和高度大于上层，上层的塔基阶梯高度约为底层的一半，各壁面虽有磨损，但仍可见遍刻规律性的剁斧斜纹。塔基之上的塔身由四块长方形石板围合，塔身高 1.3 米，塔四边宽约 1 米。南壁塔门为半拱壶门形制，门两侧刻有精美力士雕像。第二层以上的塔身与密檐交互搭叠，直至第九层。塔顶为花与珠宝的形状。[2]（图 1）

　　房山石经和云居寺是百年来的学术关注点，海内外学者在资料收集、整理、编纂中发现新的材料和新的问题，反复论证，形成学术成果，进而产生学术增长

1　〔明〕刘侗、于奕正：《帝京景物略》卷八，北京古籍出版社，1980，第 347 页。
2　魏来：《北京唐代石塔研究——以云居寺唐塔为中心》，载房山石经博物馆、房山石经与云居寺文化研究中心编《石经研究（第二辑）》，华夏出版社，2018，第 235 页。

图 1　金仙公主塔（普意雅藏本）

点。[1] 而有关金仙公主塔的考古再探与跨学科研究，亦引发多重研讨。

　　所谓金仙公主塔，是建于开元九年（721）的唐塔，自辽、金、元、明、清，在文人游记、吟诵词章、地方史志中屡有述及，旁及金石碑铭和古物调查，可谓一脉相承。本文从美术史与视觉文化的视角，分析塔的命名变化与外在造型，聚焦文化遗迹的传承变异与景观再塑，进而透析其背后的层层力量与影响。

　　作为一个重要的旅游景观，金仙公主塔旁有两组介绍文字，题目均为《金仙公主塔》。一位于塔右侧略前，黑底白字，内容为此塔原为九级密檐式石浮图，形状类似西安的小雁塔。《山顶石浮图后记》

中明确记载，金仙公主是唐玄宗第八妹，对静琬刻经非常支持，奏请玄宗提供刻经底本，土地田产以资助。并对石经山进行修饰，玄宗时期刻经事业兴旺与金仙公主的支持是分不开的。二位于塔基正前方壁面，白底金字："金仙公主为唐玄

1　相关研究资料丰富，举例如下：中国佛教协会编辑《房山云居寺石经》，文物出版社，1978；北京图书馆金石组、中国佛教图书文物馆石经组编《房山石经题记汇编》，北京书目文献出版社，1987；《法音文库　四：房山石经之研究》，中国佛教协会，1987；陈燕珠：《新编补正房山石经题记汇编》，台北觉苑文教基金会，1995；中国佛教协会、中国佛教图书文物馆编《房山石经》，华夏出版社，2000；房山石经博物馆、房山石经与云居寺文化研究中心编《石经研究（第一辑）》，北京燕山出版社，2016；楼宇烈主编《三时文库　第一辑：房山石经研究》，国家图书馆出版社，2017；云居寺文物管理处等编《雷音洞：2012 年度考古调查报告》，浙江人民美术出版社，2020；吴梦麟、张永强：《房山石经题记整理与研究》，文物出版社，2022。海外学者成果，如常盘大定、关野贞：《中国文化史迹　踏查校记》，上海辞书出版社，2017；塚本善隆等：《房山云居寺研究》，北京联合出版公司，2016；气贺泽保规编《中国佛教石经研究》，京都大学学术出版会，1996。德国学者雷德侯的相关研究，参见吴若明：《跨媒材视域下中国艺术特质、范式与场所置换——雷德侯的东亚艺术史研究》，《美术观察》2021 年第 9 期。考虑篇幅有限，本文所涉塔铭石刻文献资料均引自塚本善隆等：《房山云居寺研究》，汪沛东译，北京联合出版公司，2016，不再一一注明。

宗李隆基第八妹信奉道教支持佛教刊刻石经的事业玄宗《浮图后记》。"或许是不同时期因旅游需要而进行的统一规划与布置。两段文字提供两个重要信息，或称为关键词，一是人物——金仙公主，二是文献——《山顶石浮图后记》。笔者沿着这两个信息步入历史研究。

一、美术史视野下的金仙公主塔与遗产发现

金仙公主塔的研究含于《房山石经》与云居寺的研究之中，在不同的历史阶段，伴随着田野考察和考古新发现、新测绘等，学者由不同的角度切入相关的研究，从历史学、文献学、金石学、目录学、方志学，到建筑学、考古学、美术史、文化思想史等领域和视角，重新梳理、整合学术脉络，认知史学发展流变中的时事历程。有意思的是，虽然有不同领域的学术成果，但海内外学者的研究视角仍然离不开视觉文化和美术史，梁思成、塚本善隆、雷德侯、吴梦麟、魏来、气贺泽保规等不同领域的学者，或多或少受到房山云居寺中各类视觉资源的吸引，如寺院的建筑结构、佛像的组合关系、塔壁题铭的书法形式、佛塔的造型与遗存、佛像的组合与装饰等，从诸多维度探讨研究对象所呈现出来的视觉文化与艺术造型的魅力，并通过摄影、出版等方式将这一文化遗产作为往昔的记忆而留存下来，也可以说，从不同角度再塑了云居寺的文化魅力。金仙公主塔优美挺拔的造型和完整规范的佛塑组合，引起了学者的关注，吸引了诸多研究目光。

中日学者从建筑学、考古学等多元角度，分析了金仙公主塔的区域性特点和时代特点，均将此塔的形制与云居寺同期小塔以及西安小雁塔等相比较。这类塔外观大体相同的形制是六朝时期小塔型的一种，在北齐、隋、初唐、盛唐时期被广泛应用。梁思成在《中国建筑史》中虽未提及金仙公主塔，但特别从建筑学角度关注唐塔，认为云居寺四塔与长安小雁塔、法王寺塔等隋唐佛塔属同一类型。近年来，学者对金仙公主塔相关学术史和现存遗迹进行系统爬梳，并绘制了相对完整的建筑绘图，进一步丰富了佛塔的位置布局、建筑形制、石刻题材等资料，[1]其中塔身门龛、力士雕刻和佛像等也为学者所关注，为深入了解剖析金仙公主塔的造型、尺度和区域特色提供了必要的条件。

1　王南：《北京古建筑》（下），中国建筑工业出版社，2015；魏来：《北京唐代石塔研究——以云居寺唐塔为中心》，载房山石经博物馆、房山石经与云居寺文化研究中心编《石经研究（第二辑）》，第 235 页。

金仙公主塔造型优美、历史悠久，极具魅力，引发了学者的共鸣，吸引了学者众多研究者实地考察、探险、游览。[1]20 世纪 30 年代前后，摄影、出版等现代传播手段亦引发了众多研究者对文化遗产的向往。金仙公主塔的完整形象借助摄影得以传播和留存，[2]这些资料在后世资料的收集中被发现，进而成为其复建和修建的重要依据和参考。

邓之诚、梁思成等都曾拍摄过金仙公主塔及其周边的美景。邓之

图 2　金仙公主塔远望（邓之诚藏本）

诚所藏《云居寺与石经山影集》略显棕色，附有图说，凡 42 张。[3]（图 2）1961年，云居寺塔与石经被公布为首批全国重点文物保护单位。1985 年，成立云居寺修复委员会基于对残损建筑的探查与修复，并以北京市文物研究所档案中几张战火焚毁前的云居寺老照片和考古调查发掘的原有建筑构件遗存作为参考，云居寺复建工程开启。2003—2004 年，参与复建工作的中国国家图书馆馆员吴元真在馆藏中发现了邓之诚和法国人普意雅所拍摄的被焚毁前的云居寺与石经山影集。这些原版照片的发现大大丰富了云居寺与石经山的历史文献档案，对云居寺的复建功不可没。[4]吴元真将各类相关资料图片 80 张，收入其主编的《北京云居寺与石经山旧影》一书，包括普意雅所著《北京及其附近第十四辑记石经山西峪寺》

1　吴元真：《二十世纪二三十年代的北京房山云居寺与石经山》，《文津流觞十周年纪念刊》总第 36 期。

2　吴元真主编《北京云居寺与石经山旧影》，北京图书馆出版社，2004。

3　云居寺文物管理处编《云居寺老照片》，2011。

4　吴元真主编《北京云居寺与石经山旧影》，北京图书馆出版社，2004。

一书中的附图 19 张。其中邓之诚和普意雅所摄金仙公主塔的不同视角，极为珍贵。[1] 邓之诚以仰视角度拍摄了金仙公主塔与藏经洞的位置关系。法国工程师普意雅则于 1910 年前后拍摄金仙公主塔，镜头位于金仙公主塔西南方向，以仰视角度，形成较强烈的视觉冲击力，极大地呈现了金仙公主塔的优美与胜迹感。另外，1921 年商务印书馆出版蒋维乔编著《中国名胜·第十六种·大房山 二集》，收入有关云居寺与石经山的影印照片。《蒋维乔游记》一书描述了蒋维乔曾游历房山一带[2]，记载金仙公主塔为九层。再者，日本学者松本文三郎、上原芳太郎、常盘大定、关野贞、塚本善隆等也曾到云居寺考察拍摄。[3]

近年来，金仙公主塔内"开元"墨书及题记的新发现，[4] 以及有关金仙公主陪葬资料和各类金石碑铭的考古发掘，为金仙公主塔的研究提供了不同的维度。从美术史视角可以观察塔群的时空关联，从文化遗产的角度可以观察历代的信仰变迁与行动实践，文献互证可以展开对意涵演变的追溯，不同维度的切入研究共同展现了历史时期的变迁。这种变迁呈现了由内到外、远近结合的多重维度，既是与动态的学术史对话，更是探查风云变幻与世道人心的显微镜。

二、金仙公主塔的记忆谱系与再造

晚清溥儒在《白带山志》中称："金仙公主塔，云居五峰曰五台，唐金仙公主于山顶各建浮图。"[5] 作为地方志，这一段说明文字屡被征引使用。所谓金仙公主塔，其实并非金仙公主所建，也不是为金仙公主所建，后世的称谓源于塔身壁面的数段题刻，有必要追溯其来龙去脉以厘清关系。

围绕金仙公主塔塔身的数段题铭，包括开元九年（721）、开元二十八年（740）、建中二年（781）、元和四年（809）、太平六年（1026）。从 721 年至 1026 年

1　吴梦麟：《石不坠于东峰，经不毁于劫火　房山石经——千年不衰的镌刻盛典》，《书法丛刊》2020 年第 5 期。
2　蒋维乔：《蒋维乔游记》，上海三联书店，2020，第 94 页。
3　塚本善隆等：《房山云居寺研究》，第 287 页。
4　感谢张总教授提供资料和信息。吴梦麟、徐自强、张永强：《房山石经题记内容初探》，载《百年敦煌文献整理研究国际学术讨论会论文集》，2010，第 735 页；吴梦麟：《石不坠于东峰，经不毁于劫火　房山石经——千年不衰的镌刻盛典》，《书法丛刊》2020 年第 5 期；魏来：《北京唐代石塔研究》，载房山石经博物馆、房山石经与云居寺文化研究中心编《石经研究（第二辑）》，第 235 页；何莹：《不空与华阳公主》，《世界宗教文化》2021 年第 2 期。
5　溥儒：《白带山志》，中国书店，1989，第 18 页。

的 300 多年时间里，经历了唐朝的开元、元和盛期，也经历了辽朝兴宗、圣宗盛期。幽州地区长期处于兵家必争的战略地位，因此也显现出多民族、多政权、多元文化的态势，既有区域性特点，也有延伸与变化。而关注金仙公主塔的人群从普通百姓，到地方官吏、节度使，乃至辽代参知政事加兼侍中的韩氏兄弟，身份愈高。

第一，开元九年题铭位于塔身第一层佛龛西面的外壁上，刻有开元九年四月八日沙门玄英撰《云居寺石经山顶石浮图铭》，20 世纪 30 年代日本学者塚本善隆带队考察时，铭文剥落已经比较严重，《八琼室金石补正》卷五十一中有记载，内容如下：

> 云居寺石经山顶石浮图铭并序
> 慧化沙门释玄英词
> 夫立身行道者。扬名于后代。树善崇德者。状若于将来。盖所谓异轸同归。殊途合迹。至若周惠博利。广□溥□□梵福而出尘劳。拯幽灵而祛□业。其唯释教欤。此浮图者。清信佛弟子刘玄望、弟定辽、弟乂立、侄男陪戎尉志贞。侄男志敏。并出家妹法喜法澄，奉为先亡兼及法界。所经始也。玄望等。悲风树之难停。痛□□之易践。每怀其鞠育。仰□荣□□酬陟彼□岗。思父母之劳瘁。以为福因业感。感□则福臻。行为善成。成功则行著。□割金帛。励同缘。就此山龛聿修嘉□。尔其丹壑青溪蓄雷雨而□虹霓。□峦秀岂。插云根而擎修素日。于是审□□揆方圆。树□□之宝□。□九仞之□塔。徒观其天近裁规□□□伐□□□琢雕□□玉。磅礴发发。恍如空□飞来。郁崛亭亭。又若□□□出。火珠□矗。不夜而星流。粉壁□辉。无云而雪落。然后模列圣邈有仪丹青饰以相鲜。金碧笼而轶耀。庶愿妙缘遐被。高胜永存。滇壑□而有期。□□□而无泯。铭曰有至人兮生西方。□众魔而坐道场。□尊天兮越北□。□群旨兮泯空色。神用兮克周□迹兮弥留。法体网于圆寂。□□播于阎浮。有孝子兮荷□怀念。先若兮怀冈极。舍五分之珍财。壮□坚之妙力。□竭诚以昭应。仗浮图而匡翊。庶□□而福资。速超升于净域。大唐开元九年四月八日比丘尼法喜法澄及昆季合家眷属等共建。助检校人僧高惠明供养。
> 　都检校山顶石经浮图功德上坐僧惠暹。共修造人僧惠空。云居寺主僧道侃。都维那僧惠□。律师僧玄法。助垒基张玄□垒浮图大匠张□荣。次匠程□仁。次匠张惠文。次匠杨敬忠。□狮子王□□。幽州府史王智臣耿归乡耿

四知□□□□□地□□□□。

慧化沙门释玄英词[1]

从这段题铭可以厘清建塔的来龙去脉。此塔建造时间是开元九年，建造的目的是"奉为先亡兼及法界所经始也"，即一为超度父母以尽孝道，二为感念佛法福臻，树善崇德。建造人由"比丘尼法喜法澄及昆季合家眷属等共建"，合家眷属还包括刘玄望、刘定辽、刘乂立、刘志敏和刘志贞等。家人共建佛塔为父母祈福与此地风俗民情有关，是唐代开元前后这一区域的传承，在云居寺山下的四座唐塔亦可见先例。有意思的是，题铭后续还列出了与此项事业工程相关的寺僧，如"都检校山顶石经浮图功德上坐僧惠暹。共修造人僧惠空。云居寺主僧道侃。都维那僧惠□。律师僧玄法"以及各类工匠名称，如张玄□、张□荣、程□仁、张惠文等。可见，刘氏家族的建塔行为一方面传承脉络，一方面从中也可见云居寺的号召力和对百姓的吸引力。

第二，开元二十八年题铭位于塔身背面。背面的上部书王守泰撰《山顶石浮图后记》，一列12个字，其后附独树村磨碑寺的四至，但字迹与前文不同，略显潦乱。原文如下：

大唐开元十八年金仙长公主

为奏圣上。赐大唐新旧书译经四千余卷。充幽府范阳县为石经本。又奏。范阳县东南五十里。上垈村赵襄子淀中麦田庄并果园一所。及环山林麓。东接房南岭。南逼他山。西止白带山口。北限大山分水界。并永充供给山门所用。又委禅师玄法。岁岁通转一切经。上延宝历。永福慈王。下引怀生。同攀觉树。粤开元廿八年庚辰岁朱明八日。前莫州吏部常选王守泰记

山顶石浮图后。

送经京崇福寺沙门智升

检校送经临坛大德沙门秀璋

都检校禅师沙门玄法

同前系

独树村磨碑

1　中国东方文化研究会历史文化分会：《历代碑志丛书　第十册》，江苏古籍出版社，1998，第113页。

东至到南至河

西至河北至他

四至分明。永泰无穷。[1]

这段文字明确记载了唐玄宗第八妹金仙长公主针对云居寺的奏议和贡献，包括奏请赐大唐新旧书译经四千余卷作为刻经范本。高僧智升在开元十八年（730）完成《开元释教录》，金仙公主就奏请赐给云居寺四千余卷经典佛经，作为刊刻石经的版本，保证了云居寺石经文本的经典性。由主持开元释教录、长安西崇福寺的智升亲自护送到云居寺，佛经的刊刻还有高僧大德阐释与护佑，其在宗教上的象征意义卓著。而奏请赐麦田果园和环山林麓为云居寺的庙产和用度，由此在物质和经济上保证了云居寺的持续发展。以上三点是云居寺在物质、经典性和专业性的三重保证，因此云居寺也才具有了皇家的性质和威信，获得更为广泛的支持，成就了云居寺的名刹地位和云居寺石经的经典地位。日本学者曾指出，这段题刻的形式类似官样文书，也确实可与敦煌所见同时期的文书相对照。

由此可见，开元十八年金仙公主在长安的上书奏请与颁赐，十年后影响力延伸到幽州，联系题刻样式的视觉表现、题刻者的身份等级、通转一切经的功德回向，都将这一地方性的事件罩染了官方的色彩，形成了朝廷与地方政权的实践连接与互动。

第三，建中二年的题铭刻在塔背壁下方，原文如下：

题云居上寺并序

范阳县丞吉逾

辛酉岁秋八月。仆与节度都巡使王潜。墨客轩辕伟。仆犹子駒騋。潜息益。同跻攀于此。勒四韵于后。

诗

到此花宫里。观身火宅中。有为皆是幻，何事不成空。晚籁鸣寒谷。秋山□暮钟。欲归林下路。新月上前峰。

同前元和四年四月八日范惟清□□

轩辕伟

1　录文据《房山石经题刻汇编》。

不着登山屐。扪萝也上跻。石梁分鸟道。苔径过云霓。梵字千花里。秋声万籁齐。周游兴未尽。钟磬度前溪。

同前

騆騠上

石室最高峰。跻攀到此中。白云连晚翠，清磬度秋风。未悟无生理。宁知有想空。且归山下寺。更欲问支公。

同前

播上

石路多奇迹。幽岩凿宝经。暮烟千壑里。新月一山明。宿鸟知清梵。樵人惯独行。为随欢奉后。岂敢学逃名。

同前

节度都巡使太常卿上柱国王潜

万木千峰空鸟喧。潺潺溪水下长川。人来石室藏何处。一径归时带暮烟。

同前

男益上

支公禅诵处。绝顶共登攀。日色千峰里。钟声万壑间。暮猿吟砌近。沙鸟傍溪闲。一径□藜杖，行行独下山。[1]

这些诗词与信息是在建塔之后六十年、王守泰题刻之后四十年，虽是建中三年（782）大乱的前夜，[2]但此地仍然是游人游历的场所。与此前两段铭文有所不同，这些诗句以登高游览，目之所见题诗于壁的感怀为主，如对支公禅诵处、刻经石室、山上山下寺庙的探访、文人诗友的畅怀，以及对自然与人生的感悟。诗中所谓"有为皆是幻，何事不成空"，虽是彼岸词，又何尝不是眼前景。

第四，元和四年的墨迹存留暗示了这是一个重要的时间节点。此前因为安史之乱造成了战火纷飞的局势，以魏博、成德和卢龙为代表的节度使与长安政权展开了明争暗斗、合纵连横。战火纷飞势必在某种程度上影响了云居寺的刻经活动，

1　录文据《房山石经题刻汇编》。

2　李碧妍：《危机与重构：唐帝国及其地方诸侯》，北京师范大学出版社，2015，序言；仇鹿鸣：《长安与河北之间：中晚唐的政治与文化》，北京师范大学出版社，2018，序言。

因此安史之乱这段时期的题记碑铭较为少见。元和中兴可能在某种程度上为云居寺题刻掀起了一个新的热潮，使其迎来了多种可能性。山腰的雷音洞壁面刻有"元和四年五月十一日□万迪二月八日郑十一娘、元和四年六月十一日送诸大将碣□伥如□"；石经山孔雀洞的《佛本行集经》有"刘总于元和十四年四月八日"的题字，或许是元和时期登山游览朝拜者所留。

这样的再度繁盛也在金仙公主塔上有所反映，如前述建中二年题诗就有元和四年四月八日范惟清的记录，塔身亦有"元和四年六月十一日摄涿州□□"的墨迹存留。可见元和四年不仅是一个文化史的重要象征，其前后的历史发展也是一个关键节点。

元和四年，卢龙节度使刘济撰碑《涿鹿山石经堂记》，明清文献记载此碑是当时所见山中最大石碑。2011年考古挖掘刘济大墓，[1] 墓葬面积近500平方米，形制格局恢宏，典籍墓志记载了他的非凡际遇与过人的治理才能，使幽州保持了二十余年的稳定发展。他撰述此碑提及金仙公主事迹及影响："既而玄宗开元圣文神武皇帝第八妹金仙长公主。特加崇饰。遐迩之人增之如蚁术焉。有为之功。莫此而大。济遂以俸钱。为圣上刊造大般若经。"是目前所见较近有关金仙公主的记载。金仙公主奏请赠田带来了经济基础，朝廷的支持和稳定的收入，也带来了朝野各方人士的捐赠热潮，所谓"有为之功，莫此而大"，刘济率众支持，"济遂以俸钱。奉为圣上刊造大般若经。以今年四月功就。亲自率励。与道俗齐会于石经峰下。饭等香积。而法云暖空。会同华严。而珠雨满地。金篆玉版。灿如龙宫。神光赫赫。宇宙金色焉。于是一口作念。万人齐力。岩壑动。鸾凤翔。或推之。或摇之。以跻乎上方。缄于石堂。必使劫火烧而弥固。桑田变而不易。或祝兹圣寿。寿愿高于崇山。缄彼石经。经愿延于沙界。鸿祚景福。与天无垠。圣寿无疆。幕府众君子同称赞之。时元和四年四月八日记"[2]。而前述范惟清元和题诗的，或许就是当天参拜者中的一员。奉献俸禄并发愿镌刻，可谓元和年间云居寺再兴的实况转播。

另外，近年在塔身内部还发现了唐代墨书题迹，虽然具体内容不详，但都是唐代金仙公主塔被世人关注的证据。当然，元和时期最为称职的住持是律大德真性，重新振兴云居寺，包括历代卢龙节度使在内的一批信者皈依其门下，成为云居寺在元和中兴背后有力的助推。此后，从宣宗咸通至僖宗年间，是云居寺在唐

1　刘乃涛：《刘济墓考古发掘记》，《大众考古》2013年第2期。
2　录文据《房山石经题记汇编》，第15页。

代最后的繁荣时期，虽然仍有香车宝马的共庆佛生，但不再见金仙公主塔及其事迹的提及，正如辽代《四大部经成就碑记》所云："自琬至法。凡五代焉。不绝其志。乃知自唐已降。不闻继造。"对于金仙公主的记载也在某种程度上反映了唐代的盛衰兴替。

第五，历史发展趋势与区域多样性的交叠发展。自晚唐五代至辽初，虽然云居寺得到过修葺，而且辽初佛教再兴，但有关金仙公主塔的再度关注却要等到200余年后的辽代太平六年。塔身正面右上角题铭："永兴宫都部署权知军州事韩绍勋。与县郡夫人及儿女等。去太平六年正月十七日。因来巡礼烧香到此。睹尊容伤缺不圆，再补接讫。合家永为供养。"这段题铭刊刻在一个看似相对逼仄的角落，但却是塔身正面，塔门右上方。这一方位透露了刊刻人的期待，刊刻人渴望在第一时间吸引到观察者。

刊刻这段题铭的赞助人是辽朝身居要职的东京户部使韩绍勋，韩延徽之孙，出身幽州汉人四大家族之一。而更值得关注的是其弟韩绍芳于次年太平七年（1027），出任涿州牧巡游房山时，打开石室，核对石经。《四大部成就碑记》记载了此次调查，描述如下："先自我朝太平七年。会故枢密直学士韩公讳绍芳。知牧是州。因从政之暇。命从者游是山。诣是寺。陟是峰。暨观游间。乃见石室内经碑且多。依然藏仄。遂召当时耆秀。询以初迹。代去时移。细无知者。既而于石室间。取出经碑。验名对数。"共获得"正法念经一部全七十卷。计碑二百一十条。大涅槃经一部全四十卷。计碑一百二十条。大华严经一部全八十卷。计碑二百四十条。大般若经五百二十卷。计碑一千五百六十条"。[1]韩绍芳一方面了解刻经原委和前因后果，一方面细致了解具体遗迹资源，"自琬至法。凡五代焉。不绝其志。乃知自唐以降。不闻继造。佛之言教。将见其废耶。公一省其事。喟然有复兴之叹。以具上事。奏于天朝。我圣宗皇帝。锐志武功。留心释典。暨闻来奏。深快宸衷。乃委故瑜珈大师法讳可玄。提点镌修。勘讹刊谬。补缺续新。释文坠而复兴。楚匠废而复作。琬师之志。因此继焉"。此后上奏辽圣宗，韩氏兄弟二人的接续行为，开启辽代刻经伟业。这段事迹记载在金仙公主塔身及周边的碑文之中。

综上所述，习称金仙公主塔的原因如下：

1. 开元二十八年王守泰的题刻是一段极其重要的历史记载，记述了云居寺、唐代佛教、盛世、长安与幽州的关系。后来者的追忆、叙说，亦与这段题记内容

---

[1]　塚本善隆等：《房山云居寺研究》，第 192 页。

密切相关。所以，自晚唐以来从地方官吏的文书游记，到地方百姓的邑会香火，从碑刻铭记到方志文献，一直延续到晚清地方志，金仙公主的事迹一直被传颂。这座塔就被习称为金仙公主塔，虽然其不是金仙公主所建，也不是为金仙公主而建。

2. 自晚唐以来地方官吏的文书游记、碑刻铭记、方志文献也都有记载。上至节度使的碑文，下至文人方志的记载，流传有绪误将此塔称为金仙公主建。

3. 表象的显现，更是深层的变化。此塔塔身所见三段铭文代表了三种不同人群的价值取向。开元九年时的建塔缘由、建塔目的、建塔人员、建塔实践活动，开元二十八年金仙公主的贡献爬梳，以及发展到晚唐盛况再续，地方百姓的邑会香火形成的一种多元的信仰，以及信众的传播，或隐或显地体现了历史流变中的民众话语权。

4. 不能否认的是，金仙公主富于传奇的人生，以及后世对唐王朝公主的传说和想象，或许也是促成这一名称生成、持续的另一层原因。[1]两唐书等正史文献，陪葬桥陵的墓志和神道碑铭，乃至长安、洛阳修道场所的异象传说，更是引发了历史文人官员想象的空间。

首先是地方普通民众刘玄望家族建塔，以祈福和信仰为初衷；其次是地方官员将金仙公主的奏请与对云居寺的贡献相联系，表达对皇权和政权中心与个人仕途的诉求；最后是各地前来游览、行旅、访寻的游人，表达对史迹与人文风景的怀古之情思。对金仙公主塔的关注目光持续近300年，形成一种谱系建构，续写传承了金仙公主的事迹，也丰富了金仙公主塔的内涵与文化价值。

值得追问的是，金仙公主塔建造于开元九年，不是金仙公主所建，也不是为金仙公主而建，那么，王守泰当年为什么会选择这座塔题刻铭文呢？

三、金仙公主塔与景观

开元二十八年王守泰题刻奏议铭文时，云居寺山上山下至少有五座唐塔。除了金仙公主塔位于山顶高台之上，另外四座位于山下寺中，如景云二年（711）塔、太极元年（712）塔、开元十五年（727）塔等，这些造的建塔初衷和目的均是为父母祈福和弘扬佛法。据塔铭和塔形可见其建造形式和性质基本一致，共同构成一个相对独立和平铺直叙的样式，组合成一个塔群，围成一个闭合的空间。其中任何一座塔似乎都无法表达和凸显特色与意义，也难以有效吸引游人的目光。这

1　贾晋华：《唐代女道士的生命之旅》，社会科学文献出版社，2021，导论。

或许是王守泰没有选择山下四塔，而另做打算的原因之一。

那么为什么选择金仙公主塔呢？我们换个角度，从远观、近取塔的整体景观与仪礼实践来讨论选取题刻的原因。

首先，观察金仙公主塔身处的立体环境。金仙公主塔所处位置海拔约 400 米，正南向。周边景色绝佳，如开元九年的题铭中的记载："就此山龛聿修嘉□。尔其丹壑青溪蓄雷雨而□虹霓。□峦秀岂。插云根而擎修素日。于是审□□揆方圆。树□□之宝□。□九仞之□塔。徒观其天近裁规□□□伐□□□琢雕□□玉。磅礴岌嶪。恍如空□飞来。郁崛亭亭。又若□□□出。火珠□晶。不夜而星流。粉壁□辉。无云而雪落。然后模圣邈有仪丹青饰以相鲜。金碧笼而轶耀。庶愿妙缘遐被。高胜永存。滇壑□而有期。□□□而无泯。"元和年间的唐诗所谓"石路多奇迹。幽岩凿宝经。暮烟千壑里。新月一山明"和"万木千峰空鸟喧。潺潺泪水下长川。人来石室藏何处。一径归时带暮烟"则是身临其境的山水漫步。在应历十五年（965）的《重修范阳白带山云居寺碑》碑文中更是进行了如俯视般的全景描绘："东北方之美者。有若燕山。燕山之殊胜者。有若云居寺。寺之东一里有高峰。峰之上千余步有九室。室之内。有经四百二十万言。梵文泉兴。岩穴鳞次。嘉木蔡蔚于万壑。磴道曲盘于半空。拟西方密藏之山。则鹫峰龙窟。"[1] 可见，金仙公主塔周遭风景如画。

其次，金仙公主塔处于雷音洞上方曝经台东侧的高台上。据天宝十二（753）王晋九级浮图的铭记可知，当时人们把这附近的诸多山峰比作五台山，除中台外，山顶均建有石浮图，而且清代石景芬在《石经山访碑记》中记载石经山上五台五座唐塔的情况，指出"中台三层，东西各一，最西一浮图亦统于西台，至此五台遍历矣"，由此揭开了五座唐塔的位置。我们可以清楚地知道，在开元二十八年的时候，五台之上还未建有浮图，而金仙公主塔是当时唯一可见的。除此之外，金仙公主塔的直线下方就是雷音洞，雷音洞依山势为东南朝向，据学者研究，题刻铭记的时候，云居寺的主要工程在山腰雷音洞一带，而不是山下寺内。[2] 高居藏经洞上方，亦有显赫的宗教象征意义。

再次，金仙公主塔本身也吸引了历代信众与文人游客的目光。与山下寺内四座唐塔比较，此塔层级达九层，其他多为五至七层；高度约为 5 米，其他约 3 米。塔门尖顶拱，使塔体造型更为优美挺拔。塔内有极其精美的一佛二菩萨像，而其

1　何南：《辽代石刻文编》，河北教育出版社，1995，第 33 页。

2　塚本善隆等：《房山云居寺研究》，第 137—141 页。

他唐塔内不存，塔门两侧有精美的力士像等。塔身的尺度、造型、内外装饰都极为精彩完整。佛龛内有一完整坐佛像，据日本学者记载，20世纪30年代内中佛头虽已丢失，但仍可见一尊完整精致的坐佛，体态丰腴，富有整体性，长长的衣衫搭在膝盖上，衣角从基座开始下垂，可见线条流畅的褶皱，虽然体量小，但却是盛唐的代表作品。衣服褶皱处曲线颇缓，却不失流畅，衣服的下摆自然下垂。佛座上有流云纹。塔檐三层，缝隙间刻有少量花纹，依照木制建筑形式而作。金仙公主塔较之其他几座唐塔的高度和层级有所增加，愈显塔身造型的优美挺拔，更体现了造塔者的心意。

除景观与艺术外，石塔建造时间节点及其所形成的动态仪礼也值得关注。石经山上的金仙公主塔为"大唐开元九年四月八日比丘尼法喜法澄及昆季合家眷属等共建"，这一时间节点值得关注。石经山下四座唐塔围合成一组，均题刻建造时间为四月八日，如西北方向的宣义郎守幽州都督府法曹参军上轻车都尉贝州王璈塔，署为"景云二年岁次辛亥夏四月八日建"；东南方向的易州石亭府左果毅都尉蓟县田义起塔，署为"太极元年四月八日建"；西南方向的平民郑玄泰塔，署为"开元十五年岁次单阏仲春八日建"；东北方向的易州新安府折冲李文安塔，署为"开元十年四月八日建"，加之山顶单层石塔署为"乾宁五年岁次戊午四月庚子朔八日丁未"。可见，将建塔时间与供献时间合二为一，是为了凸显佛诞日的象征意义与信仰观念。

从元和年间的范惟清到乾宁年间僧人的游记，也可以看到四月八日不同阶层人们于云居寺多样的活动，范惟清在元和四年四月八日作为游历者咏叹风景而题诗："到此花宫里，观身火宅中。有为皆是幻，何事不成空。晚籁鸣寒谷，秋山响暮钟。欲归林下路，新月上前峰。"乾宁五年四月八日"惠化寺僧缘遇，同学僧钥，莫州器仗官张老年。隽之。宝光寺僧敬缘。四人同游此山记"。晚唐年间的佛诞日，或忆及《洛阳伽蓝记》所谓天子亲御佛生会，"奇伎异服，冠于都市，象傍之处，观者如堵"的空前盛况。如前述唐元和四年四月八日，节度使刘济《涿鹿山石经堂记》就记载了他为圣上刻造大般若经的感悟。《辽圣宗统和二十四年王正燕山云居寺碑》载："风俗，以四月八日，共庆佛生。风水之滨，山之下，不远百里。予馈供粮。号为义食。"辽代《千人邑会碑》载四月八日的诞生会作为义食会的特别活动古来有之，直到辽代依然隆重。可见这一仪礼持续到辽代，佛诞日还有"义食"的习惯。在盛唐时期，云居寺在每年的释迦诞生日都会举行一定的供献仪式，有时还颇为盛大，自上而下都会有所奉献，既有如节度使刘济供献《大般若经》，也有诸多小民百姓筑造佛塔，并与寺庙主持僧人合作奉献。辽朝以佞佛著称，作为边防之地的幽州更是以文化争胜而显示出来。

金仙公主塔是富于传奇色彩的，我们可以想象，四月八日佛诞节，信众在山下仰望，于万绿丛中见白色的汉白玉塔，仿佛仰视金仙公主。而从此塔俯视，则一览众山小。金仙公主塔有唐塔的共性，更具有特殊性和个性——多样人员题铭的特殊性，始终处于地域前沿的特殊性，成为孝亲的印证，成为信仰膜拜的承继，成为对政权的表白，成为现世诉求的寄托。从民间走向朝堂，景观的视觉冲击与历史绵延不绝，不断地扩容塔的内涵，勾连起皇权、百姓、信仰、景观的多样性，使这一寂寞的民间唐塔成为热烈关注的焦点，再塑了传奇色彩与时空遥想。

四、小结

金仙公主虽出身高贵，但幼年丧母，青年入道，业师流放，[1]命运多舛。她这段入佛出道的经历，与唐朝经略的大政方针有着内在的联系。梳理塔铭碑刻、方志文献，分析佛塔尺度与装饰、位置和景观，有助于了解金仙公主塔的渊源脉络与历史变迁。留在幽州边陲之地的碑刻塔铭以及后世的方志文献，补充完善了失载的正史文献、墓葬资料，甚或成为后世的想象或再造，比如现存塔内的牌位填补了原有的佛像，成为距云居寺 5 千米的民间祭拜的庙主，甚至成为明代千秋绝艳的想象。

今天从美术史和视觉文化的角度观察，塔身造型引发了视觉冲击，作为文化遗产的吸引力，景观的视野以及区域性的形成，塔虽在静态中，但也处于动态的实践过程——建造、改建、扩建、题刻、再题、修补等。将其放在唐五代以来的历史发展进程——以及幽州边地与长安政权的脉络之中，便可窥见金仙公主塔所承载的旧制度的整理与新格局的建设，二者在分裂融通中打破僵局，脱胎发育出新的局面。

什么可以决定一个古代美术史遗迹的性质，或者说什么可以改变一个古代美术史遗迹的性质？是权力、时间和民众口口相传的力量。

（原文刊于《美术研究》2022 年第 8 期。）

1　〔宋〕欧阳修、宋祁：《新唐书》第 12 册，卷 83，中华书局，1975，第 3656 页。

第四章
思想与观念

有眼无珠与双目有神

——关于云冈石窟诸大佛像眼睛的初步思考

李　凇（北京大学艺术学院）

2021 年 10 月，应云冈研究院杭侃院长之邀，笔者和北京大学艺术学院的几位同事到云冈石窟做短暂考察，对一些大佛眼睛的形式与材质有了特意关注，该年年底即以此题目参加了中央美术学院人文学院"中古中国视觉文化与物质文化会议"并做发言。2022 年 7 月，再次到云冈考察，又有了一些思考，尽管还是不够深入，但因会议论文集出版期限，遂草拟于下，作为进一步讨论的基础。副标题"初步思考"，当指以前学界对此课题的讨论不够，且考古材料不足，日后有赖于考古学的报告和技术数据支持，再做进一步深入。

本文题目"有眼无珠与双目有神"，是对云冈石窟主要大佛双眼现状的描述：有些大佛的双眼没有眼珠，呈现圆形的凹洞，另一些大佛双眼镶嵌有亮晶晶的眼珠，材质或为玻璃或为陶瓷。据笔者不完全统计，共 38 尊大佛（以及大菩萨）有镶嵌眼珠，出自 16 个主要洞窟。再仔细观察，可以看出某些镶嵌眼珠的有两层，呈现内外大小不同的状态，似乎不是一次制成的。绝大多数的中小型佛像（包括菩萨、弟子等）没有镶嵌眼珠，眼中也没有圆形凹洞。其中，部分造像眼珠处涂绘有黑色，另一些则似乎完全没有表示眼珠的雕刻或涂绘痕迹，也没有用圆形边线表现眼珠。观察这些现象，笔者有了一些初步的预判：镶嵌眼珠与造像的体量有关，亦即与重要性有关：各大窟中的主像和主要的胁侍像有镶嵌的双眼，其他胁侍像则无。继而，镶嵌似乎与时间有关，呈现出时间的痕迹：或许并非北魏造像之初就有镶嵌，而是可能在某个中间时期补作（比如辽代），而后可能又有续作（比如明代），这样就可以解释这些镶嵌眼珠材质不同以及大小眼珠共存的现象。当然也有另一种可能性：北魏原初造像就有镶嵌眼珠，只是后来在不同时期被修补和替换。到底是哪一种可能性？或另有可能？如何与造像的历史背景相关联？笔者将云冈石窟的这些大佛像纳入更大地域范围、更大时间跨度的历史结构中思考，或许可以寻找合理解释的有效途径。

最早关注到云冈石窟大佛眼珠的，是 20 世纪上半叶来华调查的美国与日本学者。1932 年，美国人史克门（Laurence Sickman，1906—1988，又译为"史克曼""席克门"等）在云冈石窟从附近农民手中购得一件陶制佛眼并带回美国。在他退休之后，欲捐献使其回到中国，于是联系了北京大学考古学系宿白教授，使得该佛眼顺利回归了云冈。宿白教授在 1985 年写给国家文物局负责人的信件记录了这个过程。2020 年 6 月，在浙江大学艺术与考古博物馆、山西省云冈石窟研究院承办的"魏风堂堂：云冈石窟的百年记忆和再现"特展中，这件陶质佛眼和宿白先生的信一起展出。信中写道："送上云冈石佛陶眼一件，请考虑是否转至云冈保管所保存。此物系美国堪萨斯纳尔逊美术馆退休董事史协和（即史克门）先生所赠。其来源，据史协和说是他 1932 年参观云冈时，用一块大洋购自云冈附近农民的。史还写了一纸说明，一并附上。史过去在我国多年，喜爱我国文物并颇有收藏，近年我国学者去堪萨斯参观者多蒙热情接待，现又送还此罕见文物，殊值称赞。我的意见，请文物局具函致谢，以示郑重。"同年，陶质佛眼成功回归云冈故地。史克门毕业于哈佛大学，师从兰登·华尔纳（Landon Warner），主修艺术史。1930 年，史克门获哈佛燕京学社资助，在中国留学深造五年。其间，他购买了大量中国艺术品。美国纳尔逊博物馆的七千余件中国艺术藏品，有一大半都是他收集采购来的，现存展出的还有云冈石佛。1932 年，史克门到访云冈。1935 年，他任职于美国纳尔逊博物馆，1953 年升任馆长，1977 年退休。

在云冈石窟博物馆，笔者看到了史克门先生捐赠的这件陶眼珠，呈圆锥体，高 14.4 厘米，大头略呈半圆形，上有黑釉，直径 11.5 厘米，下部无釉，为陶本色。除这件外，该博物馆另有三件受赠的陶质佛眼，还有一件 1992 年在石窟窟前遗址发掘出土的小佛眼，大小各不同。（图 1）按照云冈石窟博物馆的展柜编号，史克门捐赠品为 4 号（最大），其他捐赠品为 1、2、3 号，出土的为 5 号（最小）。五件陶质佛眼材质基本相同，都是呈半圆形，上有黑釉，但它们大小相差很大，可知原配的造像体量相差很大。另外，五件佛眼可分为两类形式：一类如史克门捐赠品，为圆锥形（4 号与 1 号），另一类则是半球加平底的形式（2、3、5 号）。博物馆的陈列标签上，注明时代为"辽金"，大致可信。

笔者对老材料进行了重新发现。20 世纪 30—40 年代，日本人长广敏雄和水

图 1　云冈石窟博物馆展出的陶质佛眼　笔者摄

图 2　云冈石窟第 8 窟出土陶质佛眼　日本京都大学人文科学研究所藏　采自冈村秀典文

野清一在云冈石窟调查时，也发现并带走两件陶质佛眼，现藏于日本京都大学人文科学研究所，2006 年由日本学者冈村秀典在其论文中发表，据记载，其为在云冈石窟第 8 窟后室采集而来。本文在云冈石窟博物馆的基础上续编其为 6、7 号（图 2）。6 号高 6.1 厘米，最大直径 7.3 厘米。7 号高 7.2 厘米，最大直径 7 厘米。冈村秀典推测其作于金代。[1] 这与云冈石窟博物馆推测的辽金时期大致相同，暂不详辨。考察第 8 窟后室正壁，造像龛分为上、下两层，下层龛有坐佛一尊，从早期照片看，面部基本完整（图 3），双目似乎完好，应为明清修补后的状态。[2] 笔者近年实地考察，该佛像已经完全脱去明清泥塑的外表，露出破损的石质底部，没有双眼。上层龛有主像三尊，中间为倚坐像，两旁为交

1　冈村秀典：《云冈石窟的考古学研究》，徐小淑译，四川人民出版社，2021，第 293—294 页。
2　水野清一、长广敏雄编《云冈石窟》第五卷，京都大学东方文化研究所，1951，图版 29。

图 3　云冈石窟第 8 窟后室正壁　采自水野清一老照片

图 4　云冈石窟第 18 窟主尊及第 20 窟左立佛（局部）
笔者摄

脚坐像，三像的双眼均不存，露出破损的石质底面。龛左的交脚坐像头部相对完整，可知眼窝为平底状，符合京都大学藏陶质佛眼的形状。不过另外两尊像的双眼破损严重，也有可能是 6、7 号陶质佛眼的原位。从逻辑上推测，这三尊像应该是同时配眼珠，其形式也该是相同的。既然 20 世纪 40 年代早期的图片显示下层龛基本完好，那么以这两件陶质佛眼大概率属于上龛的造像，但不能确定属于哪一尊。

史克门捐赠的陶质佛眼（本文编号 4）的原位在哪里？理论上说，云冈石窟的大佛（以及左、右胁侍立佛或菩萨）都有可能，部分大像存有亮晶晶的双眼，可能是明清复修时的补装。就 4 号佛眼原位的问题，目前有两种流行的判断：属第 20 窟左胁侍立佛的；属第 18 窟主尊的。从佛眼大小来看，两种说法似乎有一定的可能性，但还需进一步丈量眼窝的尺寸。观察第 18 窟主尊和第 20 窟左胁侍立佛的眼窝，可见其内部底面都是圆形（图 4），而

4号陶质佛眼是圆锥形，圆
锥形如何恰当地嵌入圆形
的眼窝？恰如圆榫插方卯，
显然二者并不匹配。再说
史克门捐赠的陶质佛眼，
球体上有凹坑状疤痕，应
为烧制时留下，这是眼球
嵌入佛眼时粘接岩石的固
定点，即预留的无釉的粗糙

图 5　云冈石窟第 19 窟主尊（局部）　笔者摄

面。也就是说，陶质佛眼在设计时就考虑到了如何与石质底面更好贴合的问题。
观察云冈石窟各大佛的眼窝，大致可以分为两种：一种是底面较平的，如第 8 窟
后壁主像；另一种是圆形底面的，如上述第 18 窟主尊。更为清晰（没有后期的
泥覆盖）的圆形眼窝是第 17 窟主尊和第 19 窟主尊的眼窝（图 5）。仔细观察，
就会看到其底面粗糙，有明显的平行凿痕，应该是为了与眼珠贴合而设计的，但
是从制作形态的匹配性看，4 号陶眼珠的圆锥形难以嵌入圆形眼窝。如前述，云
冈博物馆的五件和京都大学的两件佛眼，形态可分为圆锥形与平底形两种，平底
形如为第 8 窟后室正壁佛像所配，而圆锥形的原位似已不存。或许，这些佛像的
圆形眼窝另有所配，亦即原有一种圆形底面的眼珠，现已不存。

　　再说佛眼的材质与制作时间。目前所知有七件黑釉陶质佛眼，学界大致判
断其时代为辽金，有两个方面的理由：其一，从陶瓷史看，此类黑釉陶瓷比较
符合辽金时期的普遍技术特征与美学风格；其二，辽金时期，云冈石窟有过较
大规模的维修活动。据《大金西京武州山重修大石窟寺碑》记载，[1] 辽代自皇
太后重修石窟寺，从兴宗重熙十八年 (1049) 始，持续至天祚帝幸西京的天庆
十年 (1120)，在武州山修建石窟寺达半个多世纪之久。2011—2012 年，在云冈
石窟山顶考古发掘中，[2] 发现了辽金时期的寺庙遗址以及辽金铸造井台和数十座
熔铁炉遗迹。现存于云冈石窟第 13 窟南壁下层的一则长篇维修题记提供了直
接的线索（图 6），该题记即《张间□妻等修像记》，刻于一个北魏造像龛
的下部，多有漫漶残损，水野清一和长广敏雄释读出了其中一些文字，其中

1　宿白：《〈大金西京武州山重修大石窟寺碑〉校注——新发现的大同云冈石窟寺历史材料的初
　　步整理》，《北京大学学报（哲学社会科学版）》1956 年第 1 期，第 71 页。
2　古艳：《辽金时期云冈石窟的修造与保护》，《云冈研究》2021 年第 3 期，第 80 页。

Ⅱ 遼代修像記　第十三洞南壁

29　張間□妻等修像記　戊午年（西曆一〇七八？）

仔？馬……□張間□妻壽如、

、、、郭四……□□耶律、、敬？

、、契丹、、、微？、、

□氏……□□□徵？、

妻……□郭署傅仔？、、

微？妻、、、妻□氏……張通判官

行、、、、、、妻張氏……大小一千八百七十

六龕……戊午十二月一日建六月三十日畢

B) South Wall, Lower Storey, West Niche, Inscription.
南壁　下屄　西龕　修像記

图6　云冈石窟第13窟南壁《辽代造像记》　采自水野清一老照片

有"大小一千八百七十六尊……戊午十一月一日建"，他认为此"戊午"年即辽代道宗太康四年（1078），[1]后被学界所认同，但题记所缺文字太多，也没有针对修补造像位置与对象的具体信息，只能作为一种时代背景的可能性参照。

然而，云冈石窟陶质佛眼并非孤例，笔者发现辽金时期在北方地区（包括大同）流行为造像另配眼珠的做法。最广为人知的例子是河北易县出土的十余件辽代罗汉像（近有金代之说，现分藏于欧美多家博物馆）。近年还有一些出土的考古材料可与之相互参照，如山西大同市出土金大定二十一年（1181）墓高僧坐像（大同市博物馆藏），陶塑彩绘，双眼珠为另外单独制作

图7　大同市博物馆藏金大定二十一年墓高僧像（局部）　笔者摄

1　水野清一、长广敏雄编《云冈石窟》第十卷，京都大学东方文化研究所，1953，图版24。

后嵌入（图7），其材质疑似陶瓷；又如北京门头沟龙泉务窑遗址出土的辽代菩萨像（门头沟博物馆藏）、故宫博物院藏金代彩绘木雕大势至菩萨像（镶嵌有黑眼珠）、故宫博物院藏辽代彩绘贴金木雕观音菩萨像（镶嵌有黑眼珠）、中国国家博物馆藏宋代大型彩绘木雕菩萨头（镶嵌有黑眼珠），以及新疆吐鲁番交河故城出土的陶半身像（镶嵌有黑眼珠，德国亚洲艺术博物馆藏，笔者认为其时代应是11—12世纪，对应辽代）。类似镶嵌异质材料的眼珠造像还有许多，辽金（宋）较为集中，它们恰好与云冈石窟的这七件陶质佛眼有一致的时代背景。

为人像（及神像）镶嵌异质材料的眼珠，在唐代已经不算罕见。最近被重新发现的例子，是龙门石窟唐代奉先寺大龛的主像。笔者数次到洛阳考察，已经发现该龛胁侍菩萨镶嵌眼珠的问题，在2021年年底的中央美术学院的会议上，笔者已经报告了这个发现与判断。2022年上半年，龙门石窟研究院又搭架子对奉先寺大龛进行维修，近距离

图8　龙门石窟奉先寺唐代普贤菩萨造像左眼眼珠断面　网络新闻照片

看，发现两尊胁侍菩萨双眼有镶嵌的眼珠，为圆弧形贴片，判断为玉石（图8），主尊卢舍那佛也是采用彩绘加镶嵌眼珠的方式。最新的新闻报道说："考古人员还在卢舍那大佛右侧胁侍普贤菩萨造像的眼睛处，发现了成分为二氧化硅和铅的古代琉璃眼珠，呈弧形片状，厚度约0.5厘米。其中，右眼眼珠为一整块琉璃，左眼眼珠则是由两块琉璃拼合而成，目前只残留外侧一半。'清理后可以看出，琉璃颜色呈暗绿色，质地均匀，熠熠闪光。'据龙门石窟研究院石窟保护研究中心主任马朝龙介绍，奉先寺造像保存大块片状唐代琉璃实物，实属罕见。"[1]我们把眼光再放远一些，可以发现一个造像镶嵌眼珠的悠久传统：早先在史前的辽宁凌源市牛河梁"女神庙"遗址出土的泥塑头像，其镶嵌眼珠为圆形石质。在中亚—西亚一带，伊朗出土著名的苏美尔—乌尔公山羊（美国宾州大学博物馆藏），作于公元前2600—2400年，公羊材质为金、银、铜等混合材料，其眼珠及眼眶用青金石镶嵌。新疆罗布泊小河墓地出土的木雕人面，距今3800年左右，现藏

1　桂娟、袁月明：《龙门石窟最新考古发现，揭开卢舍那大佛千年前"风华"》，2022—05—29，https://baijiahao.baidu.com/s?id=1734148968337477860&wfr=spider&for=pc。

于新疆维吾尔自治区文物考古研究所，其双眼和牙齿都是由玉石镶嵌而成的。二里头文化的镶嵌绿松石铜牌饰，其兽目用圆形绿松石镶嵌。在佛像方面，犍陀罗也有镶嵌眼珠的例子，如阿富汗出土的一尊陶塑菩萨像（现藏于美国纽约大都会艺术博物馆），可能出自哈达（Hadda），其双眸用红色的石榴石镶嵌，晶莹透亮（图9），时代为4—5世纪，这与云冈石窟第一期昙曜五窟建造时间相近，或更早。其镶嵌眼珠的做法，或可看作是昙曜所督造的云冈诸大佛的缩影。

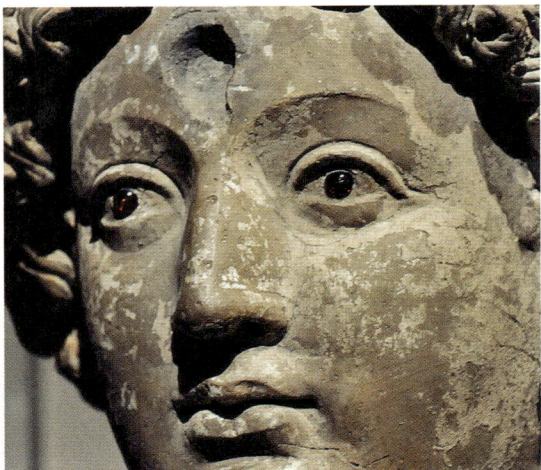

图9　阿富汗出土陶塑菩萨（局部）　4—5世纪　美国纽约大都会艺术博物馆藏　笔者摄

肯定的是，辽金时期对云冈石窟造像的大规模修补，大概率有增补佛眼珠的活动，与现存七件陶质佛眼正好时间相对应，也与当时的造像潮流相符合。那么，在云冈石窟建造盛期，即云冈石窟主要大窟的大像建造的时期，这些大佛像（或有部分大型菩萨

图10　龙门石窟北魏宾阳中洞主尊（局部）　笔者摄

像）的眼睛是如何建造（表现）的？其初始状态如何？笔者认为有三种可能性：一、没有雕造和表现眼珠，眼睛就是扁形凸起的石面结构，这也是大多数犍陀罗佛像的主流样式，石质、金质、铜质像大都如此，亦即后来佛家所形容的"目长颐丰"。北宋释道诚在《释氏要览》卷中提到初唐高僧道宣云："造像梵相，宋齐间皆唇厚、鼻隆、目长、颐丰，挺然丈夫之相。"[1] 这里所说的是"宋、齐"，其实更该有北朝，正符合北魏云冈造像之貌。云冈石窟几乎所有现存的中小型佛像（及菩萨弟子等），双目均以上、下两条线表示，没有雕刻眼珠。少数为用黑色所涂，

1　〔宋〕释道诚作，富世平校注：《释氏要览校注》，中华书局，2018，第275页。

或是后期重妆。二、如同许多彩绘泥塑像，双眼可能涂有墨色，犍陀罗和新疆有许多造像如此。尤其是在云冈石窟之后建造的龙门石窟的北魏造像，如宾阳中洞的主尊，石质，以墨色涂双眼（图10）。用墨色绘眼珠的传统，在中国南方尤为普遍，春秋战国时期的木俑、汉代彩绘陶俑、南北朝至唐代佛像，大多为彩绘加墨色眼珠。由此或可划分一个风气有异的南北传统。三、北魏也有镶嵌眼珠的可能性。横向看，在长安和山东出土的一些北朝大佛像头（石质），其眼窝与云冈石窟这些石佛的眼窝极为相似。如西安碑林博物馆藏北魏石佛头（图11），山东青州市博物馆藏东魏高达1.5米左右的大佛头，都是圆洞形眼窝。

图 11　北魏石佛头　西安碑林博物馆藏
笔者摄

联系到历史文献记载中，北魏造"石像"，为了达到"令如帝身"的效果，使用了镶嵌"黑石"的方法，《魏书》有载："文成帝石像镶嵌黑石。（罽宾人）师贤仍为道人统。是年（452），诏有司为石像，令如帝身。既成，颜上足下，各有黑石，冥同帝体上下黑子。论者以为纯诚所感。"[1] 另有一条月氏商人在北魏平城铸五色琉璃的记载，北魏太武帝时（424—452）大月氏国（位于今阿姆河中上游）商人常至平城，"其国人商贩京师，自云能铸石为五色琉璃，于是采矿山中，于京师铸之。既成，光泽乃美于西方来者。乃诏为行殿，容百余人，光色映彻，观者见之，莫不惊骇，以为神明所作。自此中国琉璃遂贱，人不复珍之"[2]。来自中亚的冶炼术传入平城，其光泽比来自"西方"的琉璃更好，国人惊艳！这不就是制造佛眼珠的最好材料吗？假如属实，并使用在云冈大佛上，大佛的眼珠定会"光色映彻"，国人"以为神明所作"。当然，这些文献材料和现存佛头实物，只是说明了镶嵌佛眼的可能性，并非一定实行过。

再观察大佛的眼珠，如第20窟主尊（图12），其眼珠显然不太符合"釉陶质"的视觉特征：其一，形状略小于眼眶；其二，结构似乎有内外两层；其三，形态

1　〔北齐〕魏收：《魏书》卷一百一十四《释老志》，中华书局，1974，第3036页。
2　〔北齐〕魏收：《魏书》卷一百二《西域传》，中华书局，1974，第2275页。

图 12　云冈石窟第 20 窟主尊（局部）　笔者摄

似乎为片状，比较符合"玻璃""球状"的特征，且有似乎不是一次制成的痕迹。这种情况不止于体现这一尊，其他大佛的眼珠也大致如此。另有一些眼眶内眼珠大小与镶嵌位置十分匹配的造像，却显示出明（清）重妆的整体造像特征。这样看来，现存许多大佛（及大菩萨）的黑亮眼珠，并非釉陶质而可能是由玻璃制成，不是辽（金）而是为明（清）所重妆。也就是说，不止一次镶嵌眼珠。

综上所述，云冈石窟诸多主流大佛眼睛的塑造，或有以下四种可能性：

1．北魏建造没有特别的表现，以犍陀罗式无眼窝的表现出眼睛的一般结构，主要靠上、下两条眼线表示凸起的形状；

2．在此基础上可能同时有彩绘，眼珠用墨色涂出，如同彩塑；

3．后代补镶嵌眼珠，至少有两次：一次为辽（或金），七件陶质佛眼为证据。而现存一些亮晶晶、形态上看为薄体球状玻璃材质的佛眼，应为明清所续作；

4．北魏原本就有镶嵌眼珠的工艺，或为石质(如龙门奉先寺大龛的胁侍菩萨)，抑或玻璃（琉璃），采用西域工匠造"五色琉璃"的技术，其色彩效果一如阿富汗彩塑的红宝石眼睛。

至于这四种情况中哪一种可能性最大，还需继续研究，但目前至少可以认为，被认定为辽金时期的七件黑色釉陶质佛眼，只是其中一个阶段的重妆遗存，既非起始之态，亦与许多现状不符。

魏晋时期的中国人已经注意到眼睛与人内在精神的特别联系，眼睛拥有不同于一般身体部分的特殊表现力。《晋书》对顾恺之描述道："恺之每画人成，或数年不点目精。人问其故，答曰：'四体妍蚩，本无阙少于妙处，传神写照，正在阿堵中。'"[1] 这段记载与南朝王义庆《世说新语》所说高度相似。顾恺之画人物为什么"数年不画眼睛"？当时流行的解释是眼睛太过重要，不可随形体一次完成，需要特别琢磨研究后再动笔。然而，我认为还有另一种可能的解释：早期佛像样本来自外来犍陀罗雕刻不刻眼珠的范式，"照猫画虎"完成后不为中国观者所认同，不久即再次补绘眼珠。有眼（珠）与无眼（珠），当然绝不止于"逼真"与否，而是有无生命的区别。唐代记载了南朝著名画家张僧繇类似的事迹："天监中（梁武帝 502—519）……又金陵安乐寺，画四白龙，不点眼睛，每云：'点睛即飞去'，人以为妄诞，固请点之，须臾，雷电破壁，两龙乘云腾去上天，二龙未点眼者见在。"[2] 静与动、壁龙与真龙的唯一区别，就在眼睛的画法。

颇令人意外的是，在中国宋、辽、金时期流行单独用材料镶嵌眼珠时，日本镰仓时期（1185—1333）也流行一种佛像雕刻技法——"玉眼"，即在木雕佛像的眼部，自里侧（背后）嵌入水晶薄片，又在水晶片内侧（背后）描绘瞳仁，有点类似后来鼻烟壶的内画法。所作佛眼，在外部看来栩栩如生，灵动通透。在中国佛眼的"玉石—釉陶—玻璃"材料系列中，镰仓的"玉眼"并不突兀、违和。两者是否有关联？还需再研究。

佛像会因时间流逝而有所损毁，不论石刻还是泥塑。历史上信徒们曾就是否修补有过讨论，修的话，是"修旧如旧"还是"焕然一新"？唐代义净在游历天竺时显然遇到过这类普遍性问题，他在一部译经（《根本说一切有部目得迦》卷八）中借佛的口吻说："佛言：若佛形像泥塑亏损，苾刍生疑，不敢修饰。佛言：或增大，或可相似，随意而作。诸彩画壁不分明者，应可拂除，更为新画。"[3]"苾刍"，梵语，喻出家人，这里借佛言打消了僧徒们的疑虑，给予了后世修补者理论依据和制作自由。或可依照犍陀罗式"有眼无珠"，保持大佛正宗传统的"神圣性"，或可求新，追求"双目有神"，贴近观者的"真切性"，石窟的复修者可以自主选择，"随意而作"！无论如何，在一般信众和观者看来——尤其是听过顾恺之与张僧繇画眼睛神奇故事的后人，"有眼无珠"当然是不可接受的，实际上在后来的中文语境中它成了一个贬义词。模拟性的"双目有神"不仅强

1　〔唐〕房玄龄等：《晋书》卷九十二《顾恺之》，中华书局，1974，第 2404 页。

2　〔唐〕张彦远撰，许逸民校：《历代名画记校笺》，中华书局，2021，第 516 页。

3　〔宋〕释道诚作，富世平校注：《释氏要览校注》，中华书局，2018，第 407 页。

化了佛的真实存在，更在于其生命活力的外溢，既体现出观者所熟知的真切性，更表现出炯炯有神的视觉穿透力。外在的亮光揭示着内在的灵性，雕刻由僵硬的图像变为活灵活现的生命体！此外，以珍贵罕见的材料表现佛眼，还呈现出佛性之珍异稀有。鸠摩罗什译《阿弥陀经》说极乐国土有七宝池，以"金、银、琉璃、玻璃、砗磲、赤珠、玛瑙而严饰之"[1]，显示的就是世间珍宝与彼岸世界的联系，由可视到可感，由视觉性而至神圣性。龙门石窟奉先寺大龛始造于唐高宗时期，上元二年（675）工毕，大约50多年后在盛唐时重修，其旁镌刻的《大卢舍那像龛记》应该是重修后所作，文中夸耀了修复一新的大佛像："相好希（稀）有，鸿颜无匹。"[2] 镶嵌有玉石眼珠的大佛和菩萨，其"鸿颜"当然是稀有、无匹。为大佛像凿眼洞镶嵌佛眼，双眼"开光"，无论是在北魏、唐，还是在辽（金）、明，其产生的视觉冲击力一定是空前的。在云冈石窟内部局促的空间仰望巨佛时，人人都有因渺小而感受到的众生平等，领受佛眼散发的光芒，领略视觉的奇迹！借用前引北齐魏收所说：

观者见之，莫不惊骇，以为神明所作！

（原文刊于《美术大观》2022年第10期。）

1　〔隋〕智凯：《佛说阿弥陀经义记》，〔姚秦〕鸠摩罗什译，上海古籍出版社，1993，第334—335页。

2　温玉成：《〈河洛上都龙门山之阳大卢舍那像记〉注释》，《中原文物》1984年第3期，第100页。

是香？是火？还是灯？
——中古中国佛、道造像主像下方中心图案研究

王　云（中央美术学院人文学院）

　　对于中国中古佛道
碑刻（图1-1、图1-2）、
单体造像（图2-1、图
2-2）、石塔、石窟造像、
佛教壁画（图3-1、图
3-2）主像正下方，双狮、
力士或者供养人之间的
图案，目前学术界普遍
认为表现的是香炉或博
山炉。这一观点，最早
见于1915年大村西崖著
《中国美术史(雕塑篇)》，
如书中《真君三年石浮
图座》（图4）解说文，
对台座描述为"正面有浮
雕狮子香炉"[1]。关野贞、

图1-1、图1-2　田良宽造像碑　碑阳　北魏
西安碑林博物馆藏　笔者拍摄

---

[1] "正面には獅子香炉、両側には供养者各九人の像を浮彫せり（正面浮雕为狮子香炉，其两侧
各有供养人像九身）"，参见大村西崖：《中国美术史（雕塑篇）》，东京印刷株式会社，大
正四年（1915），第175页。

图 2-1、图 2-2　菩萨立像　正面　东魏　邺城出土（2012JYNH1：1751）
（图片采自中国社会科学院考古研究所、河北省文物研究所编著《邺城北吴庄出土佛教造像》，科学出版社，2019，第 50 页）

常盘大定在 1925 年的《中国佛教史迹》中，继承了大村西崖的观点，详见陕西西安鸠摩罗什寺《释迦三尊石像》等作品的说明文字。[1] 之后，中日学者普遍接受这一观点。其中，1996 年松原三郎著《中国佛教雕刻史论》，在继承大村西崖观点的同时，将"香炉"更名为"博山炉"，详见北魏太平真君三年（442）《石塔台座》、北魏天安元年（466）铭《九层石造佛塔》等图版说明。[2]

1　"上の台座の左右に、古朴な獅子をあらわし、下の台座は中央に香炉、左右に供养僧を阳刻せり（上层台座左右有两头古朴的狮子；下层台座采取阳刻手法，中间为香炉，左右为供养僧）"，参见关野贞、常盘大定：《中国佛教史迹》（评解 1），中国佛教史迹研究会，大正十四年（1925），第 175 页。

2　北魏太平真君三年《石塔台座》图版说明："正面に獅子及び博山炉（正面有狮子和博山炉）"，北魏天安元年（446）铭《九层石造佛塔》图版说明：台座"正面に博山炉に向って二僧が合掌する。更に左右に二头の獅子が相对するが、その上にはともに半円の莲华を浮彫する（正面有二僧合掌朝向博山炉，其左右的两头狮子面面相对，狮子上方各有一个半圆形的莲花浮雕）"，参见松原三郎：《图版要项，图版编——魏晋南北朝前期》，载《中国佛教雕刻史论》，吉川弘文馆，平成七年（1996），第 25（第 245 页）、31（第 246 页）。

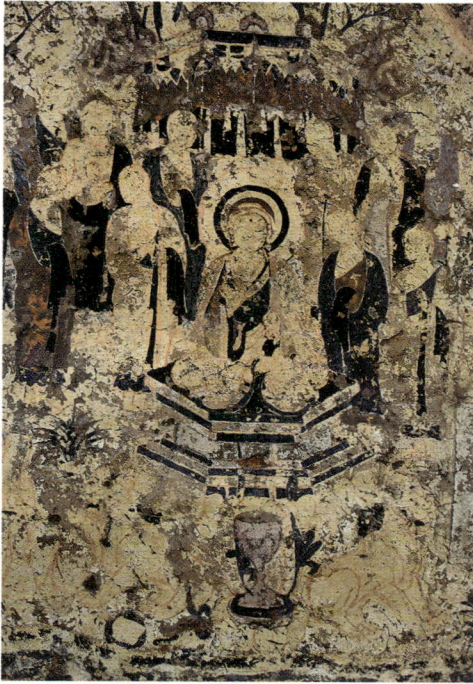

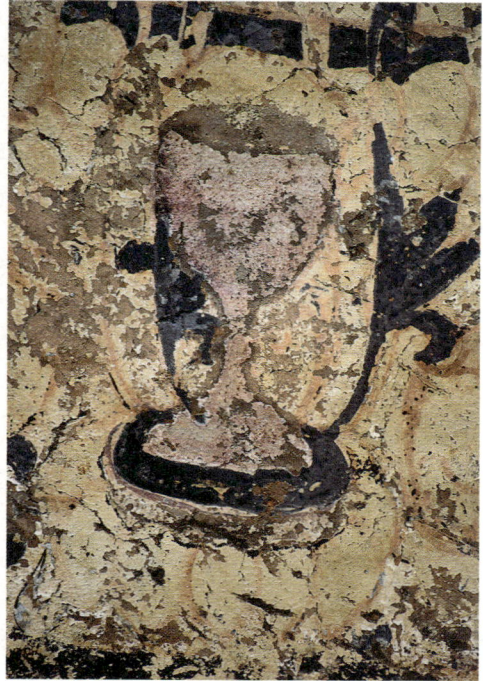

图 3-1、图 3-2　涅槃经说法图（局部）　北周　麦积山石窟第 26 窟　麦积山石窟艺术研究所提供

图 4　真君三年石浮图座　北魏　太平真君三年（442）日本书道博物馆藏
（图片采自松原三郎：《中国佛教雕刻史论　图版编——魏晋南北朝前期》，吉川弘文馆，第 25 页）

不过，大村西崖、松原三郎两位先学并未提供这一观点的立论依据。仅凭其论著，无从判断这一部分到底是不是香炉或博山炉。经过系统调查，笔者发现这一部分图像在雕塑或绘画整体中所占空间比重虽然不大，但内容和造型丰富多变，形似博山炉的确实不少，与博山炉显然无关的情况也大量存在，有圆环、法轮、宝瓶莲花、宝珠莲花、单独的莲花以及束腰状物等。因此，仅看图像，就将其理解为香炉或博山炉是有局限性的。那么，形似博山炉的器物，到底是不是香炉？同一位置上，形似博山炉的器物、宝珠、莲花、火坛和法轮的内部关系是什么？本文将从图像研究角度出发，结合宗教经典、历史文献展开探讨。

一、图像研究

（一）研究对象的基本情况

在展开讨论之前，需要大致按年代顺序系统梳理现有遗存的基本情况。

1. 北魏之前

从现有遗存看，北魏之前主要有圆环、宝瓶莲花和单独的莲花三种形式。详见"中国中古佛道造像主像下方中心图案一览表"（1）北魏之前。

四川省彭山县崖墓出土东汉陶制三尊佛坐像，正下方是一个圆环，圆环两侧各有一龙。美国哈佛大学福格艺术博物馆藏 3 世纪末金铜佛坐像，台座正面中心为宝瓶莲花，两侧各有一头狮子。河北省博物馆、甘肃省泾川县博物馆各藏一件 4 世纪后半期的金铜佛坐像，两件造像台座上层正面中心图案均为一朵莲花，前者为阴线刻，后者为浮雕。

中国中古佛、道造像主像下方中心图案一览表 （1）北魏以前

南京博物院 东汉 陶佛台座
陶制摇钱树座佛像

美国哈佛大学福格博物馆
3—4 世纪 金铜佛坐像

泾川县文化馆 4 世纪后半期
金铜佛坐像

2. 北魏

北魏遗存主要有法轮、柱状长腰身火盆、杯状器物等。杯、盆内有曲线火焰纹或半圆形图案。杯状器物表面多装饰莲花瓣纹，或为束腰喇叭口底，或为细杆腰身，直立于莲花座上，杯顶、杯身、杯底两侧有时还会伸出莲叶、莲花。柱状长腰身火盆与杯状器物均有双龙缠绕器身、药叉承托器物的情况。详见"《中国中古佛、道造像主像下方中心图案一览表》（2）北魏"。

中国中古佛、道造像主像下方中心图案一览表　（2-1）北魏

莫高窟第 260 窟 北壁前侧
说法图

药王山 神龟二年（519）
邑老田清等七十一人造像
碑 碑左

药王山 神龟三年（520）
锜双胡造像碑 碑阴

药王山 雷标造像残碑
碑阴

碑林 田良宽造像碑
碑阴

碑林 田良宽造像碑
碑阳

药王山 神龟三年（520）
锜双胡造像碑 碑阳

药王山 王市保造像碑
碑阳

中国中古佛、道造像主像下方中心图案一览表 （2-2）北魏

药王山 吴洪标兄弟造
像碑 碑阳

云冈石窟 第 17 窟
东壁第 3 层北侧龛下

碑林 延昌三年（514）
张乱国造像碑 碑阳

台北市历史博物馆 天安
元年（466）九层石造佛塔
基座正面

邺城北吴庄
永平三年（510）
张雄造观世音像 台座正面

邺城北吴庄
永平三年（510）张雄
造观世音像 台座阴

日本书道博物馆
太平真君三年（442）
石塔台座

药王山
夏侯僧□造像碑
碑阳

临潼博物馆 正光四年（523）
师氏七十一人佛道造像碑 碑阴

碑林 正光三年（522）
茹氏一百人造像碑 碑阳

碑林 熙平二年（517）
邑子六十人造像碑 碑阳

莫高窟第 260 窟北壁前部说法图、云冈石窟第 6 窟东壁中层南侧龛下为三个法轮。

对于日本书道博物馆藏北魏太平真君三年石塔台座中心图案，大村西崖称为"香炉"，松原三郎称为"博山炉"。细观其图像，实为药叉托盘，盘上是一个很浅的敞口杯状容器，其上是几根纵向延伸、于顶端收拢的圆弧线，整体貌似一团火焰。对于台北市历史博物馆藏天安元年铭九层石造佛塔基坛正面佛像下方的器物，松原三郎在《中国佛教雕刻史论》中判断为博山炉。然而，其造型与以山为盖的博山炉明显不同，器物主体为浅杯，杯身饰莲花瓣纹，两侧莲叶对称分布，杯内为排列整齐内有圆点的半圆形图案。与之类似的杯状图像，北魏遗存众多，杯内有时为排列整齐的半圆形图案，有时为火焰纹。如云冈石窟第 17 窟东壁第 3 层北侧龛下、第 11 窟南壁第 3 层中部交脚菩萨下以及第 4 层东侧佛塔下、第 18 窟东南角上层佛龛群二佛并龛下的中心器物，均为莲花杯内排列半圆形图案。敦煌莫高窟第 263 窟北壁后部中层说法图主尊下方，细杆腰身莲花杯内为火焰纹。

《邑老田清等七十一人造像碑》碑左主像正下方器物为柱状长腰身火盆，上部为敞口盆，其下腰身呈柱状，最下方为台状厚底。相似例证有《田良宽造像碑》碑阴、阳，《锜双胡造像碑》碑阳，《雷标造像残碑》碑阴、阳，《吴洪标兄弟造像碑》碑阳，《王市保造像碑》碑阳等。盆内多见向上延展的一簇波状曲线，以及排列整齐的半圆形图案。其中，《王市保造像碑》碑阳器物上部环绕一圈火焰纹，类似佛像头光、背光中的火焰纹，为光的常见表现形式。

从杯、盆顶部、杯身以及杯底两侧伸出莲叶莲花的情况，有《张乱国造像碑》碑阳、《张雄造观世音像》碑阳、《魏文朗佛道造像碑》碑阴、阳，《夏侯僧□造像碑》碑阴、阳，《谭副造释迦像》背面龛下图案等。

莲花杯与柱状长腰身火盆，均存在双龙缠绕器物的情况。如《师氏七十一人道佛造像碑》《茹氏一百人造像碑》《刘道生等七十人佛道造像碑》等主像正下方，器物为柱状长腰身火盆，柱状腰部缠绕双龙。《邑子六十人造像碑》、龙门石窟古阳洞北壁上层第 4 龛《比丘慧成造像龛》器身呈杯状，亦有双龙缠绕。

太平真君三年石塔台座、《师氏七十一人佛道造像碑》碑阴等，器物下方有药叉承托。

3. 西魏、东魏

西魏和东魏继承北魏传统，有柱状长腰身火盆，但莲花状器物更为多见。莲花杯表面纹样装饰比北魏更为丰富，有莲瓣、钱币、斜线等纹饰。杯内有火焰纹（火苗状或曲线）、宝珠（有时上加莲花）、半圆、三角加圆弧等纹饰。对称分布于器物两侧的莲叶莲花装饰，变得极为盛大，其上或有宝珠，或有器物状物。药叉承托莲花杯的情况，比北魏更为普遍。莲花座宝珠、莲花火焰（也可以理解为莲花杯上部整体变为莲花）、半圆火焰纹是这一时期的新出纹样。详见"中国中古佛道造像主像下方中心图案一览表（3）西魏、东魏"。

西魏大统年间（535—551）的《慧超造像残碑》，碑阴、阳之右、左两侧主尊下方中心器物形状基本相同：器物上部呈圆球状，表面布满波状、三角、斜线纹样，腰身细长且中间有莲花纹，覆莲座，两侧有莲叶纹饰。碑阳、碑阴器物周围的莲叶纹饰更盛大，并且顶端有一朵大莲花。废帝元钦二年《张暵周造像碑》碑阳主像下方器物腰身细长，敞口，杯内半圆形，外形令人联想到《邑老田清等七十一人造像碑》等北魏例证。

西魏《荔非郎虎、任安保六十人造像碑》碑阳主尊下方为莲花杯，细杆腰身直立于覆莲座上，中间环绕一圈莲花纹。杯内为火苗状纹样。两侧的莲叶莲花，依莲花杯外形延展分布。《临潼涅槃经变线刻造像碑》[1] 碑阴线刻主尊交脚菩萨正下方，高杯内为底部卷曲的曲线火焰纹，杯外表装饰莲花纹和外圆内方的钱币纹。莲花杯内宝珠纹，遗存数量众多。如邺城北吴庄出土的东魏菩萨立像（2012JYNH1：1751）、邺城出土的东魏立佛三尊像（2012JYNI：1350.806.807.814.976）台座正面中心浮雕，杯内宝珠上又有莲花宝珠。两个器物、宝珠或者莲花对称分布于莲花杯两侧的情况，有药王山西魏《释迦多宝对坐说法造像碑》碑阳等。药叉承托莲花杯情况比北魏更为普遍，如药王山西魏《仇僧造像碑》碑右、前述邺城北吴庄东魏菩萨立像等。

《仇僧造像碑》[2] 碑左侧道教主像下方器物图像：覆莲座上竖立一大两小三朵莲花，中心的大莲花上有三簇火焰，柱状的粗杆上有两个圆环。邺城出土的东魏《菩萨立像》（2012JYNH1：975）台座正面中心为药叉托盘，盘中的大莲花顶上又有小莲花和宝珠，其背面的彩绘半跏思惟像下方为莲花方棱宝珠。天平四年《法敬造菩萨像》背面的半跏思惟像下方，为半圆环加火焰纹。

1　张燕认为此碑与西魏大统十二年（546）《荔非郎虎、任安保六十人造像碑》的造型风格和线刻内容接近，年代应在西魏。参见张燕编著《陕西药王山碑刻艺术总集 8　第七卷：临潼、渭南造像碑》，上海辞书出版社，2013，第190—191页。

2　张燕认为此碑与西魏大统年间造像碑风格接近，推测此碑为西魏大统年间造像碑。参见张燕编著《陕西药王山碑刻艺术总集 2　第二卷：西魏造像碑》，上海辞书出版社，2013，第198页。

中国中古佛、道造像主像下方中心图案一览表　（3）西魏、东魏

药王山 西魏 大统年
间（535—551）
慧超造像残碑 碑左

药王山 西魏 废帝元
钦二年（553）张暎
周造像碑　碑阳

药王山 西魏 大统十二年
（546）荔非郎虎、任安
保六十人造像碑 碑阳

临潼博物馆 西魏 临潼涅槃
经变线刻造像碑 碑阴

邺城北吴庄 东魏 立佛七尊像
(2012JYNH1：1926) 台座正面

药王山 西魏 释迦多宝对坐说法
造像碑碑阳

药王山 西魏 仇僧造像碑
碑右

邺城北吴庄 东魏 菩萨立像
（2012JYNH1：1751）
台座正面

邺城北吴庄 东魏 立佛三尊像
（2012JYNH1：
1350.806.807.814.976）

药王山 西魏 仇
僧造像碑 碑左

邺城北吴庄 东魏 菩萨立像
（2012JYNH1：975）
台座正面

邺城北吴庄 东魏 菩萨立像
(2012JYNH1：975)
背面

邺城北吴庄 东魏
天平四年(537)
法敬造菩萨像
（2012JYNH1：477.1572)
背面

4. 北周、北齐

北周和北齐多见宝珠莲花、宝瓶莲花和大小莲花的组合。莲花杯是这一时期的主流，杯两侧对称配置莲叶莲花。两侧莲叶莲花上，配宝珠、圆盒状物或人物的情况极为常见。莲花杯的杯身有时变为莲花或火焰。束腰形圣火坛、敞口盆柱状腰身绕双龙等情况也较为常见。详见"中国中古佛道造像主像下方中心图案一览表（4）北周、北齐"。

宝珠莲花的组合，在东、西魏时已经出现，到了北周、北齐变得更为常见。宝珠上往往又有莲花，两侧再配小莲花、莲叶。北周《钳耳俊造像碑》碑右主尊下方为莲花圆宝珠，宝珠外围有一圈短线，表现宝珠放光。南响堂山石窟第 5 窟正壁与北壁角隅上部龛下，莲花台上仅雕一颗带光焰的宝珠。药王山北周《杨姿造像石塔》基座左面，宝珠上又有莲花。保定元年《邑子一百一十五人造像碑》碑阳，宝珠呈棱状，其上又有莲花。天和六年《雷明香造像碑》碑右侧主尊下方，莲花上的宝珠光焰上扬，整体看似一朵莲花。《西墙村佛道造像碑》碑左侧以大莲花为中心，两侧配小莲花。

莲花杯是这一时期的主流，杯内为火焰或宝珠纹，如西安碑林博物馆北周保定二年《僧贤佛造像》台座正面莲花杯内为火焰纹。邺城北吴庄出土北齐《坐佛五尊像》（2012JYNH1：296.500.744.883）、北齐武平四年《如来坐像》台座正面，器物上部简化为一团火焰。莲花杯两侧安排对称莲叶、莲花的情况尤为常见。如碑林保定二年《僧贤佛造像》台座正面等为单独的莲花杯。曲阳出土北齐天保六年铭无量寿如来坐像，药王山北周《线刻背光坐佛造像碑》碑阳、阴，天和六年《雷明香造像碑》碑阴，麦积山石窟第 26 窟窟顶《涅槃经变》主尊正下方莲花杯，两侧对称分布莲叶。《木樟村造像碑》碑右杯内宝珠上又有莲花。

药王山北周《杨姿造像石塔》基座背面、《间佰陇造像碑》碑阳莲花杯上方，左、右各有一朵莲花。邺城北吴庄北齐《菩萨三尊像》（2012JYNH1：1833）台座正面莲花杯两侧为圆形荷叶。

两侧荷叶上再配宝珠、圆盒状物或人物的情况，在响堂山石窟以及曲阳邺城白石造像中普遍存在。南响堂山石窟第 5 窟，北壁佛坛中心莲花座上有莲花杯，杯内宝珠纹层层叠加，其顶上又有小宝珠，两侧的莲叶各托一颗较大的宝珠，数颗小宝珠对称填充在纹样的空隙处。北响堂山第 4 窟释迦洞主室中心柱方柱基坛四面中心龛莲花杯，两侧莲叶上所托之物呈圆筒状。其中，右侧壁中心龛莲花杯

中国中古佛、道造像主像下方中心图案一览表 （4-1）北周、北齐

药王山 北周 钳耳携造
像碑 碑右

南响堂石窟 北齐 第5窟
正、北壁角龛

药王山 北周 杨姿造像
石塔 基座左面

药王山 北周
保定元年（561）
邑子一百一十五人造像碑
碑阳

药王山 北周 天和六年
（571）雷明香造像碑
碑右

药王山 北周 天和六年
（571）雷明香造像碑
碑左

药王山 北周 天和二年
（567）马众庶造像碑
碑阴

药王山 北周 西墙村
佛道造像碑 碑左

碑林 北周 保定二年
（562）僧贤佛造像
台座正面

邺城北吴庄 北齐 坐佛五尊像
（2012JYNH1：296.500.744.883）
台座正面

故宫博物院北齐武平
四年（573）如来坐像
台座正面

故宫博物院北齐天保六年
（555）无量寿如来坐像
台座正面

药王山 北周 线刻背光
坐佛造像碑 碑阳

药王山 北周 线刻背光
坐佛造像碑 碑阴

药王山 北周 天和六年（571）
雷明香造像碑 碑阴

药王山
北周武成二年（560）
木樟村造像碑 碑右

中国中古佛、道造像主像下方中心图案一览表　（4-2）北周、北齐

药王山 北周 杨姿
造像石塔基座背面

药王山 北周 闾陇造像碑
碑阳

邺城北吴庄 北齐 菩萨三尊像
（2012JYNH1：1833）
台座正面

南响堂山第 5 窟 北齐
主室中心方柱 北壁

北响堂山第 4 窟 北齐
主室中心方柱 左壁

故宫博物院 北齐
天统二年（566）双菩萨
思维像 台座正面

故宫博物院 北齐
天统二年（566）双菩萨
思维像 台座正面

故宫博物院 北齐
天统二年（566）
释迦如来
坐像 台座正面

碑林 北周 立佛 台座背面

药王山 北周武成元年（559）
绛阿鲁造像碑 碑阳

药王山 北周
天和五年（570）
毛明盛造像碑 碑阳

药王山 北周
天和五年（570）
毛明盛造像碑 碑阴

药王山 北周
天和六年（571）
雷明香造像碑 碑阳

药王山 北周
保定二年（562）
同睇清奴造像碑 碑左

226

上部造型比较特殊，仿佛一只张开的眼睛。北齐曲阳白石雕像台座中心图案，有不少与响堂山石窟作例相似，其两侧莲花上除了宝珠和圆盒状物，还有人物。如天统二年铭《双菩萨思惟像》莲花杯内为宝珠光焰纹，两侧的莲花上各雕一个小人。碑林博物馆藏北周立佛，台座背面中心为宝瓶插莲叶、莲花，莲花上有一颗宝珠散发光焰，两侧各有一簇莲叶、莲花宝珠纹。天统二年铭《释迦如来坐像》，图案中心为圆腰身细颈壶，颈口物内容难辨，两侧对称分布从壶底伸出的莲花、莲叶，莲叶上有圆筒状物。《绛阿鲁造像碑》碑阳佛道主神下方图案，继承《师氏七十一人道佛造像碑》双龙绕器身传统，但器物上方有莲花，从龙口吐出的莲花宝珠纹样也较北魏盛大。

天和五年《毛明盛造像碑》碑阳、阴主像下方中心器物，下部上窄下宽，束腰部分有圆环加一圈莲瓣，上部为上宽下窄的两层叠涩结构，其上为火焰纹。类似遗存还有保定二年《同琋清奴造像碑》碑侧、北周《雷明香造像碑》碑阳等。

5. 隋

隋代继承北周北齐莲花杯、莲花宝珠组合，莲花杯中的火焰纹或宝珠上又有莲花，变得更为常见。还有莲花杯上部整体变成一朵莲花，以及莲花与宝珠相间分布的情况。器物上部的八角口缘盆、五根圆弧构成的杯罩为隋代新出要素。详见"中国中古佛道造像主像下方中心图案一览表（5）隋"。

莲花杯内，除火焰纹、宝珠纹外，还有斜线交叉的格子纹，如药王山大业二年《夫蒙子祥造像碑》碑右。《下元三年妇女合邑佛道造像碑》碑左、右，西安碑林博物馆藏佛造像正面等，莲花杯中的火焰纹或宝珠上又有莲花。其中，药王山《杨洪义造像碑》碑阴、西安碑林博物馆藏《佛造像》正面的莲花杯造型，与常见的红莲花形杯不同，为蓝莲花形。莫高窟第 295 窟人字披顶西披《涅槃图》中，释迦头部下方有龙口吐莲茎，莲茎上接莲花边盘，盘内有数个宝珠莲花。《刘男俗造像碑》碑右，莲花杯上部整体变成一朵莲花。

莲花座宝珠仍有方棱宝珠和圆形宝珠两种情况。《弥姐后德造像碑》碑阴为方棱宝珠，《夫蒙子祥造像碑》碑阴，《吕村残造像碑》碑左右等为圆形宝珠。莫高窟第 292 窟人字披西披龛下双狮中间为一小片莲池，莲花与宝珠相间分布，构成复杂。

莫高窟第 292 窟北壁前部《二佛并坐图》中，药叉顶举者的器物，主体形状近似波斯束腰形圣火坛，其火焰两侧为盛大的莲叶纹，莲叶间有一个宝珠。

中国中古佛、道造像主像下方中心图案一览表　（5）隋

药王山 开皇八年（588）
徐景辉造像碑 碑阳

药王山 大业二年（606）
夫蒙子祥造像碑 碑右

药王山 开皇年间
（581—581）
郭羌造像碑 碑阳

临潼博物馆 隋初
妇女合邑佛道造像碑 碑右

药王山 杨洪义造像碑
碑阴

碑林 佛造像 正面

莫高窟第 295 窟
人字坡顶西披涅槃图

药王山 刘男俗造像碑
碑右

药王山 吕村殘造像碑 碑左

药王山 弥姐后德造像碑 碑阴

莫高窟第 292 窟 人字坡顶西坡

莫高窟第 292 窟 北壁前部
二佛并坐图

药王山大业二年（606）
夫蒙子祥造像碑 碑阴

药王山 开皇十三年（593）
卢谊造像碑 碑阳

药王山 开皇六年（586）
弥姐后德造像碑 碑阳

　　八角形口缘盆状器物和莲花杯上的杯罩（盖），是隋代新出的要素。八角形口缘盆状器物，如《夫蒙子祥造像碑》碑阴、《卢谊造像碑》碑左等。《卢谊造像碑》碑阳莲花杯，上有五层逐渐缩小的圆盘状盖，其周边有一圈弯曲的短线，表现器物放光。其形状与莫高窟第298窟西壁、第401窟北壁龛顶华盖结构相似。《弥姐后德造像碑》碑阳，莲花杯内可见宝珠，杯上出现一个由几根圆弧构成的杯罩，罩钮为莲花宝珠。此类杯罩造型，类似敦煌莫高窟隋第394窟南壁西侧、第390窟北壁华盖伞骨以及初唐第329窟盖顶部构成相似。

　　6.唐

　　唐代碑刻、雕塑中，遗存较少，且形式趋于简化。莫高窟壁画中，遗存较为丰富。其中，带罩的莲花杯盆颇为常见，口缘或为圆形或为四角、八角形。对称分布于主体莲花杯两侧的小莲花与器物宝珠组合，逐渐与主体莲花杯疏离，最终被并置于主体器物两侧。单独的敞口盆状器物和莲花宝珠，也有遗存。详见"中国中古佛道造像主像下方中心图案一览表（6）唐"。

　　西安碑林博物馆藏彩绘佛造像，台座中央图案继承前代的莲花座宝珠构成。药王山碑刻中，《刘洛仁造像碑》碑阴、阳（668），《雷伏爱造像碑》（669）碑阳龛下方药叉上托莲花纹饰器物，细节漫漶难辨。

　　莫高窟初唐壁画中，带罩的莲花杯比较常见。第322窟南壁中央《说法图》主尊下方器物与隋《弥姐后德造像碑》碑阳器物极为相似，杯罩下隐约可见两三个宝珠纹样，罩顶上也有宝珠。第220窟北壁《药师经变》绘有七身药师佛，中心佛脚下是一座楼阁状灯台，左、右两侧六佛脚下各有一盏灯。六盏灯中有带罩的莲花浅杯、深杯以及圆筒状兽足器物。器物主体两侧，或有小莲花托器物，或有宝珠。小莲花与主体莲花杯之间有细茎相连。

　　盛唐第172窟北壁观无量寿经变，莲花上的器物为八角形口缘，中心有联珠莲花纹样，顶上有一颗大宝珠。从底部翻卷的莲叶中伸出的细颈上，是初唐以来常见的莲花器物组合。中唐第205窟西方净土变中的器物是这一形式的复杂化变体。

　　两侧的宝珠、莲花器物组合与器物主体分离的情况，在莫高窟中唐壁画中极为常见，如第158窟等。安西榆林窟第25窟，南壁观无量寿经变中，两侧器物呈碗状；北壁弥勒经变中，两侧宝珠，一颗位于方形台座上，一颗位于多边联珠纹托盘上。

中国中古佛、道造像主像下方中心图案一览表　（6）唐

碑林 彩绘佛造像

敦煌 莫高窟 第 322 窟
南壁 说法图 初唐

敦煌 莫高窟 第 220 窟
北壁 药师经变（1）
初唐贞观十六年（642）

敦煌 莫高窟 第 220 窟
北壁 药师经变（2）
贞观十六年（642）

敦煌 莫高窟 第 220 窟
北壁 药师经变（3）
贞观十六年（642）

敦煌 莫高窟 第 220 窟
北壁 药师经变（4）
贞观十六年（642）

敦煌 莫高窟 第 172 窟
北壁观无量寿经变 盛唐

敦煌 莫高窟第 205 窟
西方净土变 中唐

敦煌莫高窟第 158 窟 东壁南侧
天请问经变 中唐

敦煌莫高窟第 158 窟 东壁北侧
金光明经变 中唐

敦煌莫高窟第 158 窟 天井
东南方净土变 中唐

安西榆林窟 第 25 窟 南壁
观无量寿经变

安西榆林窟 第 25 窟
北壁弥勒经变

莫高窟 159 窟 南壁
观无量寿经变中唐

　　宝珠与莲花台、方台以及华盖层层叠加的情况，有盛唐第 45 窟西壁龛顶《法华经见宝塔品》二佛中间、中唐第 59 窟南壁《观无量寿经变》莲池中央方台上的器物等。

　　以上，通过对东汉至唐代作例的系统梳理，不难发现主像下方图案有较为明显的时代变化趋势，实际情况比较复杂，有圆环、法轮、宝瓶莲花、宝珠莲花组合、单独的莲花、上部为敞口盆（杯）柱状腰身器物、束腰形器物、莲花敞口杯、带罩的莲花杯等。不过，就其核心构成元素而言，只有圆形（圆环、法轮）、火、宝珠、莲花、莲花杯和束腰形器物。

（二）图像比对研究

　　如前所述，大村西崖、松原三郎两位先学将这一部分判断为香炉或博山炉，但并未提供立论依据。在此，首先需要根据图像特征，分析这一部分内容与博山炉的关系。

　　圆环、法轮、宝瓶莲花、宝珠莲花组合、单独的莲花、束腰形器物，显然与香炉无关，关键是上部为敞口盆（杯）状的器物，到底是什么？

　　北魏《邑老田清等七十一人造像碑》、《田良宽造像碑》（图 5-1）、《王市保造像碑》等，器物盆下为柱状腰身，最下方为土台状厚底或倒凹字形底，上部为敞口盆（杯），盆内向上延展并于顶端收拢的一簇波状曲线表现火焰。这些遗存，一方面与犍陀罗出土 3 世纪《苦行的释迦》（拉合尔中央博物馆藏）（图5-2）、2—3 世纪《释迦菩萨坐像》（白沙瓦博物馆藏）、犍陀罗出土《分舍利》（拉合尔

图 5-1　田良宽造像碑　碑阴（佛）局部　北魏　西安碑林博物馆藏笔者拍摄

中央博物馆藏）中的灯（火坛）表现手法相似。一方面也与大同北朝艺术研究院藏北魏石灯（图5-3）、大同星港城北魏墓出土石灯、龙门石窟擂鼓台区莲花石

图 5-2 苦行的释迦 台座火坛（灯）3世纪 犍陀罗出土 拉合尔中央博物馆藏
（图片采自田边胜美、前田耕作：《世界美术大全集 东洋编 第15卷》，小学馆，1999，第101页）

图 5-3 石灯 北魏 大同北朝艺术研究院藏
（图片采自大同北朝艺术研究院编著《北朝艺术研究院藏品图录：石雕》，文物出版社，2016，第103页）

图 6-1 张暎周造像碑 碑阳（局部）西魏 陕西省铜川市耀州区药王山管理局藏
（图片采自张燕编著《陕西药王山碑刻艺术总集 2 第二卷 西魏造像碑》，上海辞书出版社，2013，第111页，图124）

图 6-2 南响堂山第5窟主室中心方柱北壁基坛（局部）北齐［图片采自《中国佛教美术全集 雕塑卷：响堂山石窟（上）》，人民美术出版社，2014，第122页］

图 6-3 陶灯 北齐 徐显秀墓出土
（图片采自山西省考古研究所、太原市文物考古研究所：《太原北齐徐显秀墓发掘简报》，《文物》2003年第10期，第33页，图79）

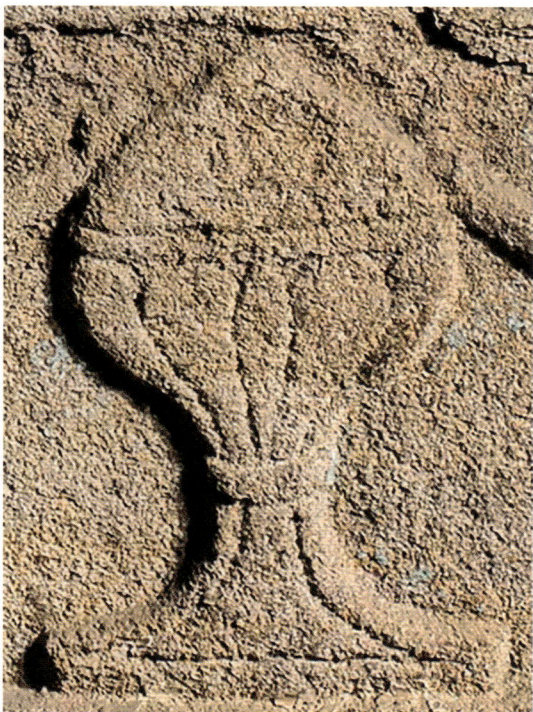

图 7-1　云冈石窟第 17 窟东壁第 3 层北侧龛下方　北魏　云冈研究院提供

图 7-2　田元族造像碑碑主尊下方　北周　保定三年陕西省铜川市耀州区药王山管理局藏（图片采自张燕编著《陕西药王山碑刻艺术总集 3　第三卷　北周造像碑》，上海辞书出版社，2013，第 64 页，图 76）

灯等外形相似。西魏《张暘周造像碑》碑阳（图 6-1）、《邑子七十六人造像碑》碑右、《荔非郎虎、任安保六十人造像碑》碑阳、北齐南响堂山第 5 窟主室中心方柱北壁龛中心器物（图 6-2）的细杆莲花杯，则与北齐徐显秀墓（图 6-3）、娄睿墓出土的陶灯颇为相似。

以云冈石窟第 17 窟东壁第 3 层北侧龛下方（图 7-1）器物、药王山博物馆藏西魏《临潼涅槃经变线刻造像碑》、北周保定三年（563）《田元族造像碑》碑左主尊下方（图 7-2）器物为代表的北魏至唐碑刻造像中常见的莲花杯状器物，一方面与中国国家博物馆藏北朝石堂中跪拜的胡人手中的灯（火坛）（图

233

图 7-3　北朝石堂 中国国家博物馆藏
（图片采自葛承雍：《北朝粟特人大会中祆教色
彩的新图像——中国国家博物馆藏北朝石堂解
析》，《文物》，2016 年第 1 期，第 80 页）

图 7-4　北魏素面石灯
（图片采自大同北朝艺术研究院：《大
同北朝艺术研究院藏品图录：石雕》，
文物出版社，2016，第 107 页）

图 8-1　释迦多宝对坐说法造像
碑　碑阳　西魏　陕西省铜川市耀
州区药王山管理局藏
（图片采自张燕编著《陕西药王
山碑刻艺术总集 2 第二卷：西
魏造像碑》，上海辞书出版社，
2013，第 145 页，图 161-2）

7-3）[1]、美国返还北朝 - 隋彩绘贴金高浮雕石床前档中双龙所托火坛、谢尔比·怀特和里昂·利维收藏石榻底座中的大型火坛、印度桑奇大塔东门南柱浮雕《火神堂内降服毒蛇》中的灯（火坛）造型高度相似，另一方面也与大同北朝艺术研究院藏北魏素面石灯（图 7-4）外形相似。

西魏《释迦多宝对坐说法造像碑》碑阳（图 8-1）、东魏天平四年（537）《法敬造菩萨像》正面、北齐南响堂山第 5 窟主室中心方柱北壁中心龛、天统二年（566）

1　葛承雍：《北朝粟特人大会中祆教色彩的新图像——中国国家博物馆藏北朝石堂解析》，《文物》2016 年第 1 期，第 80—81 页。

图 8-2 双菩萨思惟像（局部） 北齐天统二年 故宫博物院藏
（图片采自杨伯达著，松原三郎译：《埋もれた中国石仏の研究——河北省曲陽出土の白玉像と編年銘文》，东京美术，1985，图 45）

图 8-3 灯 图坦卡蒙墓出土（编号 174） 开罗埃及博物馆藏
（图片采自 Nicholas Reeves,*The Complete Tutankamun The King · The Tomb · The Royal Treasure*,Thames and Hunson, 1996,p.195）

图 8-4 莲花杯 图坦卡蒙墓出土（编号 14） 开罗埃及博物馆藏
（图片采自 Sandro Vannini ,*KING TUT The Journey through the underworld*, TASCHEN,2018,p.139）

铭双菩萨思惟像（图 8-2）等例证中的器物主体继承了莲花杯外形，进一步在其左右配莲叶，莲叶上有莲花、宝珠或者人物。这种构成与古埃及新王国 18 王朝图坦卡蒙（前 1341—前 1323）墓出土的灯（图 8-3）以及莲花杯（又称"许愿杯"，图 8-4）结构极为相似。

图 9-1 毛明盛造像碑 碑阴 北周陕西省铜川市耀州区药王山管理局藏
（图片采自张燕编著《陕西药王山碑刻艺术总集 3 第三卷：北周造像碑》，上海辞书出版社，2013，第 112 页，图 142）

图 9-2 圣火坛 萨珊王朝 3 世纪 Hormuzd 1 世金币 大英博物馆藏
（图片采自田边胜美、前田耕作：《世界美术大全集 东洋编 第 15 卷》，日本：小学馆，1999，第 201 页）

图 9-3 圣火坛 北朝—隋彩绘贴金高浮雕石床前档 赵思凡拍摄

北齐天和五年（570）《毛明盛造像碑》碑刻的龛下中心器物（图 9-1），整体造型呈束腰形，两层底座上小下大，顶部两层上大下小，顶端为一团上升的火焰。其外形与薛西斯一世（前 486—前 465 在位）陵墓外壁浮雕束腰形火坛、萨珊王朝 3 世纪 Hormu-zd 1 世金币上的圣火坛（图 9-2）、美国返还的另一件北朝—隋彩绘贴金高浮雕石床前档中的圣火坛（图 9-3）、吉尔吉斯斯坦楚河州的新城（Krasnaja rechka）出土纳骨瓮上的火坛外形相似，显然是一个圣火坛。

北魏太平真君三年《真君三年石浮图座》（图 4）、北魏正光四年（523）《师氏七十一人道佛造像》碑阴、东魏武定五年（547）《菩萨思惟像》台座（图 2-2）、西魏《仇僧造像碑》碑右等，与大同北朝艺术研究院北魏《力士纹石灯》（图

10）极为相似，采取药叉托举器物的形式。

通过以上图像对比研究，发现上部为敞口火盆的器物、莲花杯状器物以及束腰火坛，均与火或灯有关，其源头或在波斯，或在埃及。

对于以法国卢浮宫藏唐代彩色麻布画中器物为代表的作例，学术界普遍认为是香炉（图11-1）。[1] 隋代药王山碑刻以及莫高窟第322、220、172窟等隋唐壁画中的器物图像，参见表（6）唐，与之有相似之处。不过，如果我们细看，就会发现药王山博物馆藏隋代《弥姐后德造像碑》碑阳（图11-2）等器物内有宝珠纹样，而宝珠代表光明，对此，笔者将在后文展开论证。而且，莫高窟第220窟北壁《药

图 10　力士纹石灯　北魏　大同北朝艺术研究院藏
（图片采自大同北朝艺术研究院编著《北朝艺术研究院藏品图录：石雕》，文物出版社，2016，第104页）

图 11-1　唐代彩色麻布画（局部）　法国卢浮宫藏
（图片采自扬之水：《香识》，生活·读书·新知三联书店，2017，第26页，图1-22）

1　扬之水：《香识》，生活·读书·新知三联书店，2017，第25、26页。

师经变》[图11-3，中国中古佛、道造像主像下方中心图案一览表（6）唐] 中药师佛脚下的器物，是《药师琉璃光如来本愿功德经》中所讲的大如车轮的灯。此外，初唐莫高窟第338窟西壁龛顶《弥勒上生经变》（图12-1）中，兜率天宫殿建筑前中央供台上的带罩莲花杯器物，也令人联想到日本东大寺佛殿前的铜灯（图12-2）、平等院阿弥陀堂前的石灯。除莲花台座、八角盖上顶宝珠等构成元素相似外，器物与建筑的位置关系也完全相同。因此，这一部分隋唐图像遗存应为灯，而非香炉。

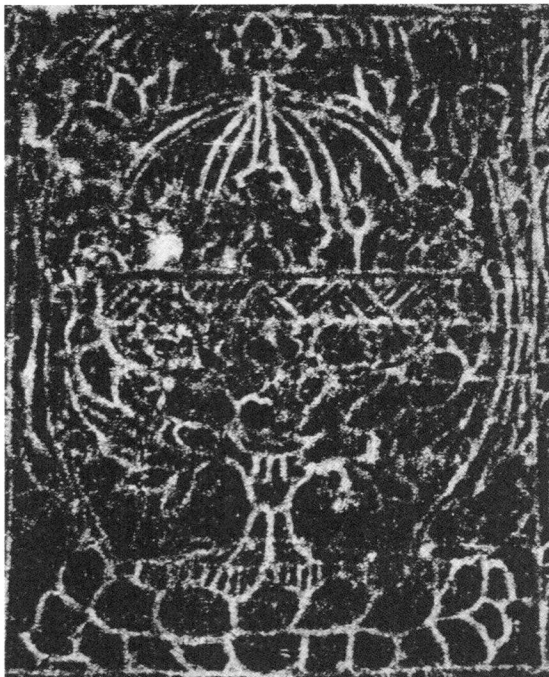

图 11-2　弥姐后德造像碑　碑阳　隋　陕西省铜川市耀州区药王山管理局藏

（图片采自张燕编著《陕西药王山碑刻艺术总集 4　第四卷：隋代造像碑》，上海辞书出版社，2013，第34页，图39）

　　陕西长安县丰宁公主墓出土绿釉莲瓣蟠龙熏炉（图13-1）等隋唐熏炉，的确与响堂山石窟、陕西省西安碑林博物馆藏立佛台座正面（图13-2）器物等北周北齐遗存颇为相似：上部器物内均有排列整齐的宝珠光焰纹、顶上的宝珠以及器身的莲瓣装饰。如何理解这一现象？首先，莲花纹饰在以山为盖的西汉博山炉[1]中看不到，在西亚、中亚熏炉上也极为罕见，却与南北朝墓葬、石窟出土陶灯、石灯灯身的莲花纹饰相同。因此，笔者认为在被认定为熏炉的遗存中，可能存在一些带盖的莲花灯。如果确实为熏炉，则为吸收佛教灯明元素（莲

1　战国晚期的临淄商王墓出土带镂空盖的青铜香炉，表明中国至少在公元前3世纪就有了燃香的习俗。以西汉满城刘胜墓（前113）出土博山炉为代表的西汉博山炉，是一种以山为盖的熏炉。"博山炉"虽继承了西亚香炉盖的圆锥外形，但将其改造成了层峦叠嶂的山，如李零所说博山炉"香烟袅袅自盖孔出乃模仿'云出岫'"（李零：《薄山与博山炉》，《中国文化》2022年第1期，第108—111页）。

杰西卡·罗森（Jessica Rawson）认为汉试博山炉以波斯熏炉为原型。参见杰西卡·罗森：《中国的博山炉——由来、影响及其含义》，陈谊译，载《祖先与永恒：杰西卡·罗森中国考古艺术文集》，生活·读书·新知三联书店，2017，第463—483页。

图 11-3　药师经变　初唐　莫高窟第 220 窟北壁　敦煌研究院提供

图 12-1　弥勒上生经变（局部）　莫高窟
第 338 窟西壁龛顶
（图片采自敦煌文物研究所编《中国石窟:
敦煌莫高窟 三》，文物出版社、平凡社，
1987，图 62）

图 12-2　八角灯笼　8 世纪中期　日本东大寺佛殿
（图片采自奈良六大寺大观刊行会:《奈良六大寺大
观第九卷　东大寺一》，岩波书店，1970，第 189 页）

图 13-1　熏炉　隋　陕西长安县丰宁公主墓出土　陕西历史博物馆藏
（图片采自扬之水：《香识》，生活·读书·新知三联书店，2017，第 6 页，图 1-4-1）

图 13-2　北周　立佛台座正面　西安碑林博物馆藏
（图片采自赵力光：《长安佛韵：西安碑林佛教造像艺术》，陕西师范大学出版社，2010，第 92 页）

花、宝珠）的产物。[1] 具体情况还有待进一步探讨。

　　另外，个别图像榜题内容似乎也将器物的属性指向香炉。如邺城出土北魏谭副造释迦像背光浮雕中交脚弥勒菩萨的下方，莲花杯右侧供养人身旁有榜题"像主谭副烧香时"。又如药王山《李氏邑子七十人造像碑》有"侍香李平（脂）"。不过，在北朝类似的榜题中，"香火"一词实则更为常见。如《师氏七十一人佛

1　李凇注意到一些上有火焰或烟物但非博山炉形状器物，敏锐地察觉到了其与犍陀罗造像的关系："如果这种敞口的火盆仍能被称为香炉的话，或许更加接近犍陀罗的原型。"不过，结论仍认为佛、道造像下方类似火坛形制的器物是敞口香炉，并进一步推测"有火焰升腾的敞口香炉"出现的原因有二：1. 从实用的角度，敞口的大香炉托有盖的小香炉更适合众多信徒进行礼拜活动；2. 借鉴了西方（中亚和西亚）的火坛图像。参见李凇：《香炉与火坛——六世纪祆教对中国艺术影响之一例》，载《长安艺术与宗教文明》，中华书局，2002，第 511—519 页。
陈文彬在《前 6 世纪—6 世纪祆教火坛及佛教香炉图像研究》（郭永利副教授指导硕士研究生学位论文，兰州大学，2018）中认为火坛和香炉有相互借鉴之处，佛教造像碑刻中的器物是香炉。

道造像碑》中有"香火师"，《雷标造像残碑》《下元三年妇女合邑佛道造像碑》《韩氏等一百人佛教造像碑》等众多碑刻中也都使用"香火"一词。

由于存在这样一些材料，我们不能完全排除其为香炉的可能性，但从中国佛道造像下方图案纷繁复杂的总体情况、各种图像之间的内在意涵关联、佛教思想发展史（经典、佛教仪式）以及道教仪式的相关材料来看，将其理解为火或者灯（小型、室内的火）更为合理，相关论证将在下文逐步展开。

二、意涵研究

为什么这个位置需要安置火坛或灯，而不是香炉？灯，是小火，与火本质相同。香炉、博山炉都是香器，内涵一样。换言之，即这里为什么是火，而不是香？并且，同一位置为什么还会出现宝珠、莲花和法轮？要回答这些问题，就需要借助文献探讨香、火、宝珠、莲花以及法轮的思想内涵。接下来，先讨论法轮、莲花和宝珠的意涵。香与火，互相交织，比较复杂，将从佛教和道教两个方面展开讨论。

（一）法轮、莲花与宝珠的意涵

1. 法轮

"法轮"图像，在中印佛教美术乃至中国佛道混合造像碑中较为常见。除出现于佛像台座中央外，还经常出现于北朝造像碑首。对于法轮意涵及其图像渊源问题，学术界观点不一[1]。笔者通过系统梳理佛教经典，将法轮意涵问题置于佛教思想发展史中展开探讨，进而扩大视野讨论其图像渊源问题。目前的阶段性结论如下：

在巴利文《经集》最古老的经文中，佛陀以"导师"的形象出现，没有法轮

1　关于法轮意涵及其图像渊源问题，学术界主要有以下几类观点：1. 法轮为太阳符号，可能来自西亚，源头在古埃及 [Robert Sewell, "Art.XVI.–Early Buddhist Symbolism," *Journal of the Royal Asiatic Society of Great Britain and Ireland*, (New Series) Vol. 18, no. 3 (Jul., 1886):364–408]。2. 法轮与太阳、须弥山相关，是宗教和谐的象征 [Peter Harve, "Venerated Objects and Symbols of Early Buddhism," in *Symbols in Art and Religion: The Indian andComparative Perspectives* (London: Curzon Press Ltd.,1990),PP.68–102]。3. "轮"为战车，体现佛法威力（张逸夫：《佛教的象征》，《法音》1992 年第 7 期，第 22—23 页）。4. 法轮为兵器，与转轮圣王有关，比喻佛法无可匹敌（魏道儒主编《世界佛教通史》第一卷，中国社会科学出版社，2015，第 98 页）。

的概念；在较为晚出的经文中，佛陀被神化，自称法王，以法转轮。在阿含部类经典中，轮宝、法轮的核心特点是自然放光，类似太阳。在大乘法华部类、华严部类以及密教经典中，放光也是法轮的基本特征。法轮呈圆形、内部有放射线的图像，源自对西亚、古埃及太阳符号的借鉴。

东汉陶制三尊佛坐像正下方的圆环意涵，及其与法轮图像之间的关系，有待进一步探讨。

2. 莲花

对于佛教艺术中莲花的光明意涵，笔者已有专文讨论[1]，在此不再赘述，仅将结论揭示如下。莲花有二义，照其本也。"不染"比喻佛的品行和境界，"光明"承担救度众生的任务。光明佛国世界的形成，促使佛教借用已有宗教表现光明的象征符号构建自身的图像系统，莲花即是其中之一。莲花的光明意象源自古埃及。古埃及的转世观念及表现形式，与佛教"莲花化生"高度相似。

3. 宝珠

在佛教语境中，摩尼宝珠等同佛法、佛、菩萨、舍利、神火和灯明，其共性在于光明。如下。

佛经中以摩尼宝比喻佛法、佛、菩萨、舍利的情况极为常见，其比喻关系建立的前提条件是彼此都大方光明。东汉支娄迦谶译《阿閦佛国经》，将阿比罗提世界比作绞露精舍，将阿閦如来比作摩尼宝，摩尼宝之光明就是阿閦如来之光明，可以使"其中诸人民昼夜承其光明"[2]。东汉支娄迦谶译《道行般若经》卷二、西晋无罗叉译《放光般若经》卷七对摩尼宝的记述相似，说天上和阎浮利地上都有摩尼珠，摩尼珠是般若波罗蜜的象征，具有无限光明。放在函中，"其光明倍彻出"，"举珠出去"则能"续明"，即照亮暗夜。在佛涅槃之后也可续佛之光明。[3]《悲华经》卷四说诸菩萨命终之时，如果能入火定自燃其身，来自四方的清风就会将其舍利吹撒到诸方无佛世界"寻时变作摩尼宝珠，如转轮圣王所有宝珠"。

1 王云：《照其本也——佛教美术中的莲花意象研究》，《故宫博物院院刊》2023年第2期，第4—21页。
2 《阿閦佛国经》卷一，〔东汉〕支娄迦谶译（147），《大正新修大藏经》卷十一，第756页。
3 《放光般若经》卷七，〔西晋〕无罗叉译（291），《大正新修大藏经》卷八，第52页。《道行般若经》卷二，〔东汉〕支娄迦谶译（179），《大正新修大藏经》卷八，第436页。

令有所见触的众生，谙受妙法，不堕三恶道。[1]菩萨舍利变摩尼宝珠，实际就是说舍利放光照亮了幽暗的无佛世界。

摩尼珠是锅下自燃自灭的神火。《佛说长阿含经》卷十八描述善见园的种种美好时，讲到"其园常有自然（燃）釜鍑"，还有名曰焰光的"摩尼珠"，并说将摩尼珠"置于鍑下，饭熟光灭，不假樵火，不劳人功"。[2]

摩尼宝还是照亮暗夜的灯明和火把。《摩诃般若波罗蜜经》卷二十七中，摩尼珠宝是菩萨供养佛法的灯明：七宝台"四角皆悬摩尼珠宝以为灯明，及四宝香炉常烧名香"[3]。《大楼炭经》卷三高善士品第七之一中，遮迦越罗王七宝之第四宝即为摩尼珠，经文中称"摩尼珠"为"明月珠"，描述宝珠颜色"极青"，形状"玎针八觚（角）"，在阴冥如漆的夜里，宝珠的火焰将周围四十里照得像白昼一样明亮。[4]《增壹阿含经》卷三十三对转轮圣王的摩尼宝（珠宝）之描述，与《大楼炭经》基本相同，只是光明更为盛大。转轮圣王夜半"以此摩尼宝举着高幢头，是时光明照彼国界十二由旬"[5]，即摩尼宝的光明照亮了整个国家。在《杂阿含经》卷二十七中，八楞的摩尼宝珠是转轮圣王宫廷的灯明，也是阴雨之夜王举兵入园林时光明无限的火把。[6]

（二）香与灯（火）的意涵

1. 佛教中的香与灯（火）

（1）香

香（烧香）代表礼敬、供养、迎请的意涵在佛经中随处可见。

《妙法莲华经》卷一《方便品第二》"若人于塔庙、宝像及画像，以华香幡盖，敬心而供养"[7]，卷五《分别功德品第十七》"众宝妙香炉，烧无价之香，

---

1 《悲华经》卷四，〔北凉〕昙无谶译（414—426），《大正新修大藏经》卷三，第190页。
2 《经爵单曰品第二》，《佛说长阿含经》卷十八，〔后秦〕弘始佛陀耶舍、竺佛念译（399—416），《大正新修大藏经》卷一，第118页。
3 《摩诃般若波罗蜜经》卷二七，〔后秦〕鸠摩罗什译（403—404），《大正新修大藏经》卷八，第420页。
4 《大楼炭经》卷三，〔西晋〕法立共法炬译（290—306），《大正新修大藏经》卷一，第291页。
5 《增壹阿含经》卷三三，〔东晋〕瞿昙僧伽提婆译（397），《大正新修大藏经》卷二，第732页。
6 《杂阿含经》卷二七，〔刘宋〕求那跋陀罗译（435—443），《大正新修大藏经》卷二，第191—198页。
7 《妙法莲华经·方便品第二》，《妙法莲华经》卷一，〔姚秦〕鸠摩罗什译（403），《大正新修大藏经》卷九，第9页。

自然悉周遍，供养诸世尊"[1]等经文中，香与花、幡、伞盖并列，是人们表达礼敬、供养之心的一种方式。

香还是"佛使"，帮助信徒向佛陀传达迎请之情。在佛经中，信徒往往通过烧香和涂香的方式迎请佛陀圣众，其中烧香更为常见。东汉安世高译（148—170）《佛说㮈女祇域因缘经》中，㮈女之子药王祇域在医治好瓶沙王的疾病之后，劝王请佛听法。并告诉王：迎佛"但宿斋戒清净，供具烧香，遥向佛作礼，长跪白请，佛必自来"[2]。可见烧香与斋戒、长跪、白请一样，是恭迎佛陀的一个环节。

后世，烧香有了更丰富的内涵，其详情有待探讨。

（2）火、灯

作为反婆罗门思潮诞生的佛教，在其发展过程中，对火的态度，从反对转为接纳。佛教最初反对婆罗门火祭。在东汉译经《中本起经》中，婆罗门迦叶原来"修治火祠，昼夜不懈"，皈依佛教后"迦叶裘褐水瓶杖屣、诸事火具，悉弃水中"[3]这说明"事火"是婆罗门行为，佛教徒应该放弃。3世纪后半期、4世纪初的《别译杂阿含经》等经典，说有三种胜妙之火，不同于婆罗门所事"邪见火"，应当恭敬。[4]在密教阶段，婆罗门火祭被佛教完全吸收，成为"令其圆满寂静法、为除其灾障"的"护摩法"[5]。灯，是吠陀人室内的家庭祭火，照理说也是火，但佛教对其没有排斥。巴利文《经集》，将佛陀比作油灯。[6]大乘小乘经典，都非常重视燃灯供养；密教阶段，求见佛菩萨也需要"燃灯一百盏广大供养"[7]。

若纵观佛教思想发展史，便很容易理解佛教对燃灯的重视，以及对火的态度转变。原始佛教的核心思想只有十二因缘、四谛和八正道，是一种朴素的人生哲学，没有为人命终之后安排去处。换言之，原始佛教不存在佛国（佛土、净土）

1 　《妙法莲华经·分别功德品第十七》，《妙法莲华经》卷五，〔姚秦〕鸠摩罗什译（403），《大正新修大藏经》卷九，第44页。

2 　《佛说㮈女祇域因缘经》，〔东汉〕安世高译（148—170），《大正新修大藏经》卷十四，第901页。

3 　《化迦叶品第三》，《中本起经》卷一，〔东汉〕昙果、康孟详译（207—207），《大正新修大藏经》卷四，第149、151页。

4 　《别译杂阿含经》卷十三，〔刘宋〕求那跋陀罗译（350—431），《大正新修大藏经》卷二，第464页。

5 　见《金刚顶瑜伽中略出念诵经》〔〔唐〕金刚智译（723—723），《大正新修大藏经》卷十八，第252页〕等密教经典。

6 　郭良鋆译《经集》，中国社会科学出版社，1998，第39页。

7 　《观自在菩萨说普贤陀罗尼经》，〔唐〕不空译（746—774），《大正新修大藏经》卷二十，第20页。

的概念。然而，生死是宗教最重要的命题，为了解决这一问题，佛教在借鉴婆罗门教天、空、地三界观[1]的基础上逐步构建起自己光明的世界，让信众在散布其间的佛国净土中获得永生。

《法华经》之所以重要，如元晓所说"斯乃十方三世诸佛出世之大意"[2]。在这部经典中，佛教完成了其十方、三世（过去－现在－未来）的世界构建，《华严经》则是对其进一步的充实和拓展。在佛教世界中，光连接着过去佛、释迦牟尼以及未来诸佛，沟通着十方三世。在《妙法莲华经》中，从阿僧祇劫的初佛开始，过去二万佛均以"日月灯明"为名。佛灭度后，妙光菩萨说《妙法莲华经》，日月灯明佛的八子从妙光菩萨成佛，最后一个成佛的叫"燃灯"[3]。存在于各种经典的"燃灯佛授记"故事，与"乘象入胎"故事以及《经集》中称佛陀为"太阳亲属"[4]一样，将释迦牟尼这个实际存在过的圣人纳入了光明的体系之中[5]。作为光明佛法的传承者，佛陀前世托生为阎浮提大国王虔阇尼婆梨时，为求佛法"剜身而燃千灯"，发誓成佛后"当以智慧光明照悟众生结缚黑暗"[6]。因此，释迦牟尼被喻为世间"灯明"，其说法被比作"燃灯"，传承佛法被喻为"传灯"[7]，涅槃则犹如"灯灭器存"[8]。佛涅槃后，天下光明减，信徒为续佛之光明需燃长明灯，[9]王更是需要大规模燃灯。如《月灯三昧经》[10]讲，德音王在声德如来涅槃之后，起八十四千万亿塔，并在每座塔前燃"百千万那由他灯明"。

1　巫白慧：《印度哲学：吠陀经探义和奥义书解析》，东方出版社，2000，第141页。

2　元晓：《法华宗要》，《大正新修大藏经》卷三十四，经疏部二，第870页。

3　《妙法莲华经》卷一《序品第一》，〔姚秦〕鸠摩罗什译（403），《大正新修大藏经》卷九，第4页。

4　《经集》，第一品《蛇品》，郭良鋆译，中国社会科学出版社，1998，第9页。

5　《妙法莲华经》前后说法不一，卷三《化城喻品》则说释迦牟尼是过去佛的第十六王子，于娑婆国土成佛。

6　《贤愚经》卷一，〔元魏〕慧觉等译（445），《大正新修大藏经》卷四，第349、350页。

7　《法师品第十》，《法华义疏》卷九，〔隋〕吉藏撰（549—623），《大正新修大藏经》卷三四，第583页。"释迦自说平等大慧谓燃灯也；今劝一切众生展转弘宣，明众生不尽、法灯常照，谓传灯也。"

8　《四法品第八》、《大般泥洹经》卷三，〔东晋〕法显译（416—418），《大正新修大藏经》卷十二，第872页。

9　"佛已般泥洹，天下光明灭。"《般泥洹经》卷二（317—420），《大正新修大藏经》卷一，第190页。
　　"案五百问云问有人续佛光明。昼得灭不。答不得。（略）诸师义释。是长明灯。故不许灭。"（唐）大觉撰（618—907）《四分律行事钞批》卷十四《诸杂要行篇第二十七》，《大藏新纂卍续藏经》卷四二，第1043页。

10　《月灯三昧经》，〔北齐〕那连提耶舍译（557），《大正新修大藏经》卷十五，第549—619页。

以普度众生为目标的大乘佛教，需要在人与佛国之间建立更强大的媒介，菩萨应运而生。在佛经中，万万亿菩萨以神通力游亿刹，于世间燃臂作灯明，普照佛法度化众生，沟通着人与佛。[1]佛经中，将菩萨比喻为"最胜世间灯"[2]，佛弟子"愿为作灯明"[3]，信众的菩提心则被比作灯或小火，[4]可见，灯明（火）不但连接着过去佛、释迦牟尼与未来佛，还在释迦牟尼佛、菩萨与信众之间，即人与佛国之间发挥着沟通作用。

从各时期的佛经以及莫高窟藏经洞的"燃灯文"，可以看出燃灯作为供养诸佛的一种方式，与悬缯幡盖、散花烧香并列出现在佛教实践当中[5]，却因其"光明的本质，从一开始就拥有比其他供养方式更为重要的功德：消除无明、成佛、升入天堂、获得福佑。

首先，燃灯可以助人成佛。在佛经中，燃灯是续佛之光明。因此，蒙灯光如蒙佛光[6]。"然（燃）灯得天眼"[7]，"亦得远见，亦得光明"[8]，"天眼明慧不处窈冥"[9]，供养世间明灯则"其所闻法，悉能受持"[10]。燃灯还是见佛的唯一途径，

1　《佛说无量寿经》卷二，〔曹魏〕康僧铠译（252），《大正新修大藏经》卷十二，第272—279页；《大方广佛华严经》卷三七，〔东晋〕佛驮跋陀罗译（418—420）《大正新修大藏经》卷九，第633—638页；《月灯三昧经》卷四，〔北齐〕那连提耶舍译（557），《大正新修大藏经》卷十五，第568-572页；《月灯三昧经》卷七，〔北齐〕那连提耶舍译（557），《大正新修大藏经》卷十五，第591—599页；等等。

2　《贤首菩萨品第八之一》，《大方广佛华严经》卷六，〔东晋〕佛驮跋陀罗译（418—420），《大正新修大藏经》卷九，第436页。

3　《佛所行赞·大弟子出家品第十七》，马鸣菩萨造，〔北凉〕昙无谶译（414—426），《大正新修大藏经》卷四，第33页。

4　《大方广佛华严经》卷五九，〔东晋〕佛驮跋陀罗译，《大正新修大藏经》卷十九，第778页。

5　如"祇洹精舍本有七层。诸国王人民竞兴供养。悬缯幡盖散华烧香燃灯续明日日不绝。"《高僧法显传》，〔东晋〕法显记（399—418），《大正新修大藏经》卷五一，第860页。

6　"燃灯供养照诸幽冥。苦痛众生蒙此光明。互得相见。缘此福德拔。彼众生悉得休息。"《引证部第二》，《法苑珠林》卷三六，〔唐〕道世撰（668），《大正新修大藏经》卷五三，第568页。

7　"佛为天眼已净过度人间，见人往来死生如有知，是为九力。"《长阿含十报法经》卷二，〔后汉〕安世高译（148—170），《大正新修大藏经》卷一，第241页。"肉眼清彻靡不分了、天眼通达无量无限、法眼观察究竟诸道、慧眼见真能度彼岸、佛眼具足觉了法性。"《佛说无量寿经》卷二，〔曹魏〕康僧铠译（252），《大正新修大藏经》卷十二，第274页。

8　《佛说骂意经》卷二，〔东汉〕安世高译（（148—170），《大正新修大藏经》卷十七，第531页。

9　《佛说超日明三昧经》，〔西晋〕聂承远译（290—306），《大正新修大藏经》卷十五，第545页。

10　《大方广佛华严经》卷二二，〔东晋〕佛驮跋陀罗译（418—420），《大正新修大藏经》卷九，第540页。

当然见到的不是佛的"色相"，而是没有具体物质形态的"净见如来"[1]。因此，燃灯可以使人"真实生信心"[2]，即具备成佛的条件。信徒奉佛受戒后，"朝暮礼拜，恭敬燃灯，斋戒不厌（略）后必得道"[3]。《杂宝藏经》中，天女舍身燃灯，命终之后得生天中，于佛身旁闻法信解得道的故事[4]，生动地讲述了燃灯成佛的道理。《贤愚经》中贫女难陀倾其所有买油以小灯供养佛，于是佛陀准其出家，并预言其将于来世成为"灯光"佛。[5]

续命和转世升天，也需要借助于无形的光明。《佛说灌顶经》卷第十一《随愿往生十方净土经》说，在人临终而未终之时，"当为烧香然（燃）灯续明"，因为"命终之人在中阴中身如小儿罪福未定"，为其修福则"必得往生"；有罪业的人本应堕八难，但"幡灯功德必得解脱"。"灯四十九"可以"照诸幽冥，苦痛众生蒙此光明皆得相见"，"悉得休息"。[6]《佛说灌顶经》卷十二《拔除过罪生死得度经》则说归依东方药师琉璃光如来"造续命神幡然四十九灯放诸生命"可以续命或摆脱厄难。[7]同样的内容，在玄奘译《药师琉璃光如来本愿功德经》中描述得更为具体，最关键的幡灯续命仪式为"昼夜六时，礼拜供养彼世尊药师琉璃光如来，读诵此经四十九遍。燃四十九灯，造彼如来形像七躯，一一像前，各置七灯，一一灯量，大如车轮，乃至四十九日，光明不绝。造五色彩幡，长四十九搩手"[8]。莫高窟第220窟北壁《药师经变》中绘有七身药师佛，五色彩幡飞扬在药师佛的华盖之上，药师佛脚下的莲花杯［图12-3，中国中古佛道造像主像下方中心图案一览表（6）唐］，即经典中所说的大如车轮的灯。下面

1 《奋迅王问经》卷二，〔元魏〕瞿昙般若流支译（542），《大正新修大藏经》卷十三，第942页。"奋迅王菩萨白佛言：'世尊！燃灯佛来、所有如来，彼云何见？'佛言：'奋迅王！皆以色相分别而见，非见法身。奋迅王！我为汝说，汝今应知：我从初发菩提心来更不见佛，惟除燃灯。何以故？非见色相，净见如来。'"此处的净为"纯净透明"之意。"净见如来"即没有具体的物质形态的"无色相"。
2 《杂宝藏经》卷五，〔元魏〕吉迦夜共昙曜译（472），《大正新修大藏经》卷四，第472页。
3 《佛说阿难问事佛吉凶经》，〔后汉〕安世高译（148—170），《大正新修大藏经》卷十四，第753页。
4 《杂宝藏经》卷五，〔元魏〕吉迦夜共昙曜译（472），《大正新修大藏经》卷四，第471页。"天女本以然（燃）灯供养生天缘。"
5 《贫女难陀品第二十》，《贤愚经》卷三，《大正新修大藏经》卷四，第370、371页。
6 《佛说灌顶随愿往生十方净土经》卷第十一，〔东晋〕帛尸梨蜜多罗译（317—322），《大正新修大藏经》卷二一，第529、530页。
7 《佛说灌顶拔除过罪生死得度经》卷第十二，〔东晋〕帛尸梨蜜多罗译（317—322），《大正新修大藏经》卷二一，第536页。
8 《药师琉璃光如来本愿功德经》，〔唐〕玄奘译（650），《大正新修大藏经》卷十四，第407页。

中央的楼阁状灯台和两侧的树状灯架上无数的小灯，应为照诸幽冥拔度生死的"四十九灯"。《佛说施灯功德经》强调于佛塔庙奉施灯明，不仅能摄八种无量胜报，还能在临终时得见四种光明，"死便生于三十三天"，即死亡瞬间后三十三天获得重生。[1]《佛本行集经》卷二中，比丘持清净戒，以灯明供养佛塔千年，"以是因缘，命终之后，（略）受于人天福乐果报，不曾坠堕于恶道中"。[2]

莫高窟藏经洞文书中的燃灯文内容基本相似，从中可以看出，灯代表佛法之光明。燃灯具有诸多功德：于国家，可"弥增国泰人安，永无征战"；于个人，可"荡千灾增万福"，使法界众生"咸登觉路"。[3]

历史文献中帝王的大规模燃灯礼佛记载，浮雕、壁画中的帝王礼佛图和散布于各地石窟中、寺院殿堂前的灯台遗迹，多维度地反映了古人的燃灯礼佛活动。

由于燃灯具有无量功德，帝王燃灯的记载散见于历史文献。《北齐书·帝纪第八·幼主》记载幼主高恒"凿晋阳西山为大佛像，一夜然（燃）油万盆，光照宫内"[4]。唐圆照撰（800）《贞元新定释教目录》卷十七"请以十二月一日奉为国设无遮大斋。严肃道场。燃灯万盏。转诵仁王护国般若等经"[5]。举国复刻中国唐代的日本奈良时代，也留下了天皇大规模燃灯礼佛的记载。据《续日本纪》卷第十六记载，圣武天皇于天平十五年（743）发愿奉造卢舍那佛金铜像一躯。大佛营建期间，天平十八年（746）十月六日，天皇、太上天皇、皇后，行幸东大寺前身金钟寺，"燃灯供养卢舍那佛前后一万五千七百余杯。夜至一更，使数千僧令擎脂烛，赞叹供养佛三匝，至三更而还宫"[6]。

1　《佛说施灯功德经》，〔北齐〕那连提耶舍译（558），《大正新修大藏经》卷十六，第805页。
2　《佛本行集经》卷二，〔隋〕阇那崛多译（587—591），《大正新修大藏经》卷三，第661页。
3　法国国家博物馆藏编号法 Pel.chin.2854V°燃灯文保存状态较好，相关核心内容识读如下：
　　（前略）初辰三春上律遂则横开月殿、坚晓灯轮建慈力之踪契四弘之满愿、其灯乃神灯破暗宝烛除昏、诸仏为之剜身菩萨上自燃臂、遂使千灯普照百熘俱明、贤圣遥瞻随燈而集、铁围山内颓此光明黑暗城中家斯光照、是以二万亿仏同号燃灯、八千定光皆同一字、银灯晃耀状空里之分星、皎洁凝（清）似夫边之布月、以兹燃灯功德无限胜（田）先用庄严上思四王下方八部伏□威光转胜福力弥增国泰人安、永无征战、又持胜福、次用庄严施主即体惟愿荡千灾增万福、善叶长惠（弟）开同种、智之面明、似法身之坚固然、后廓（周）法界，包括尘沙俱休芳（目）咸登觉路、摩呵般若。参见上海古籍出版社、法国国家图书馆编《法国国家图书馆藏敦煌西域文献19》，上海古籍出版社，2001，第1版，燃灯文（9-1、9-2、9-3），第126、127页。
4　〔唐〕李百药：《北齐书·帝纪第八·幼主》，中华书局，1972，第113页。
5　〔唐〕圆照撰（800），《贞元新定释教目录》卷十七，《大正新修大藏经》卷五五，第892、893页。
6　黑板胜美、国史大系编修会编辑（普及版）《续日本纪》（前篇）卷十六，〔日本〕吉川弘文馆，1974，第189页。

图 14　礼佛图（局部）　巩县石窟寺第 1 窟　南壁东侧上层
［图片采自河南省文物研究所：《中国石窟：巩县石窟寺》，文物出版社（中国）、平凡社（日本），
1989，图 39］

　　这些记载，一方面让人联想到《月灯三昧经》中德音王燃"百千万那由他灯明"
供养佛塔的故事，一方面也令人联想到龙门石窟宾阳中洞、巩县石窟寺的礼佛图，
以及敦煌莫高窟第 285 窟西魏大统四年（538）北壁上层说法图中主尊下方供养
人队列。在这些礼佛队列中，走在最前方的比丘，或面前有灯（图 14），或手
中持灯。

　　总之，佛教的香，表达对佛与菩萨的礼敬、供养和迎请之情。灯（火）则具
有照亮、沟通三世十方的功能，燃灯从一开始就拥有比其他供养方式更为重要的
功德：助人成佛升天。因此，古人重视燃灯礼佛。

　　2. 道教中的香与灯（火）

　　在汉至晋末道教经典中，烧香是道教请神仪式中的重要环节，主要目的有两

个：一是请神下凡保佑合丹成功，二是受符者希望得到神的守护。东晋末刘宋初（5世纪初期）道教大量吸收佛教教义和实践，重视烧香，也高度强调燃灯。道教仪式中的燃灯，具有拔度生死助魂升天的功德。

《黄帝九鼎神丹经诀》卷一所引《黄帝九鼎神丹经》[1]详细地记载了炼丹的仪式，在起火前要烧香，祈求大道君、老君、太和君保佑合丹顺利。《太清金液神丹经》讲在正式合药时，要"常烧香斋三七日"拜请诸神，烧香时"用香火九炉，令烟交合，九盘各安一香火也"[2]。值得注意的是，九个案子上各安一炉"香火"，但关注的重点是"烟"。《上清九真中经内诀》"醮太一法"条说炼丹、服丹均须祭祀太一，在祭太一的案（或盘）上"酒五杯……安置毕，烧香，主人载拜，谨请九天二真人，高皇太上帝君，九天三老君……华盖火光使者，下临座（坐）席。……明师举火，玉女侍旁。分天之炁，太一乃临"[3]。即先烧香，迎请九天二真人等小神，然后再让明师举火分天之气，恭候太一降临。

东晋末刘宋初（5世纪初期）的《古灵宝经》融合南方方士传统和天师道，并吸收了大量的佛教教义和实践。与以往道教斋仪不同的是，灵宝斋重视烧香，也高度强调燃灯功德。《太上洞玄灵宝二部传授仪》"烧香愿念威仪"："愿得太上十方正真生气，入我身中，所启速达，径御太上无极大道至真玉帝御前。"[4]《太上洞玄灵宝下元黄录简文威仪经》"建斋威仪"中"上香"和"办香灯"并重，其目的在于"为九祖父母拔出幽苦，上升天堂"[5]。可以看出，吸收了佛教教义和实践之后，道教的"香"，不像早期那样侧重请神下凡护佑，而是进一步增添助人升天的功德。

不过，升天的愿望，主要还是寄托在燃灯上。《无上黄箓大斋立成仪》所引《上元金箓简文》的燃灯威仪，讲在道户、本命、行年、太岁、大墓、小墓、坛堂、中庭、夹门、地户、八方、四面中央、十方、四面、天门、五方点燃不同数量的灯，会产生的不同功德。其中，于"大墓上然（燃）三灯""小墓上然（燃）五灯""中庭然（燃）七灯""中庭然（燃）九幽之灯""天门上然（燃）三十六

1　《黄帝九鼎神丹经诀》卷一所引《黄帝九鼎神丹经》可能成书于汉代。参见吕鹏志：《唐前道教仪式史纲》，中华书局，2008，第44页。

2　《太清金液神丹经》，载张继禹主编《中华道藏》，华夏出版社，2004，第18册，第3、4页。

3　《上清九真中经内诀》，载张继禹主编《中华道藏》，华夏出版社，2004，第18册，第57、58页。

4　《太上洞玄灵宝二部传授仪》，载张继禹编《中华道藏》，华夏出版社，2004，第4册，第438页。

5　《太上洞玄灵宝下元黄録简文威仪经》，载张继禹主编《中华道藏》，华夏出版社，2004，第3册，第276页。

图15　《师氏七十一人佛道造像碑》碑阳（道）
临潼博物馆藏
（图片采自《陕西药王山碑刻艺术总集8　第
七卷：临潼、渭南地区造像碑》，上海辞书
出版社，2013，第59页，图25）

灯"均拔度生死，助魂升天。[1]特别是在天门上点燃三十六灯，可以"照三十六天"，即直接通天。燃灯之时"弟子于灯下，向天门三礼"，念诵咒语："龙汉荡荡，三气乘玄。梵行渺渺，弥罗大千。悠悠长魂，仰望绵绵。今日明灯，我愿我仙。与我七祖，同升诸天。"[2]字里行间透露出对佛教理念的借鉴，显然道教的"三十六灯"，源自对佛教拔度生死的"四十九灯"的模仿。

陕西省临潼博物馆藏《师氏七十一人佛道造像碑》[3]碑刻图像（图15）与造像铭内容，正好与这一天门燃灯仪式的记载吻合。《师氏七十一人佛道造像碑》，碑阳与碑左侧为道教内容、背阴与碑右

1　"大墓上然（燃）三灯"，可以"照斋主代世塚墓，为弟子拔度先世亡魂，托生净域"；"小墓上然（燃）五灯"可以"照斋主代世塚墓，拔度神爽，得升天堂"；"中庭然（燃）七灯"可以"照七祖父母，幽魂苦爽，得生天堂"；"于中庭然（燃）九幽之灯"可以"照九幽长夜之府，拔度九幽之中，弟子先亡魂爽，睹见光明"；"于天门上然（燃）三十六灯"可以"照三十六天，为弟子开度上祖父母，升入天堂"。据《无上黄箓大斋立成仪》卷二〇，载张继禹主编《中华道藏》，华夏出版社，2004，第43册，第443、444页

2　《无上黄箓大斋立成仪》卷二〇，载张继禹主编《中华道藏》，华夏出版社，2004，第43册，第444页。

3　《师氏七十一人佛道造像碑》出土于临潼徐杨乡邓王村南，1981年春移入临潼博物馆。在《北朝佛道造像碑精选》中被命名为《师录生佛道造像碑》。参见陕西耀县药王山博物馆等编《北朝佛道造像碑精选》，天津古籍出版社，1996，第86—87页。

侧为佛教内容。碑右侧下方北魏正光四年（523）的发愿文，明确揭示了碑刻图像的内涵，碑文如下：

> 　　夫形向生子，□□自然，至道渊广，□□自然，无为□形向，是□如来、大圣。至（道）□延，分形昔化，内外启彻，佛道合慈，无为是一。实想不可得而毁，至真不可形而灭。径涉空筒，清志不移。视之不见其形，听之不闻其声，空寂之宗，妙极之旨。故从道神贵于大猷，宛乌兔□□□神爽能然发初能，尔使丽光暂照大明，喧其晕至，道随□□，寸□其量，轮转九天，遍满虚空。灵泽流演，乃济群生，慈邀□□，苞合一初。合宗邑子七十一人等，宿向冥因，心乐三宝。是□大魏正光四年岁次癸卯七月乙酉廿六日庚戌，邑等右发共心，立石像一区，上为皇帝陛下，下为七世父母，所生父母，历劫仙师，因缘眷属，龙华三会，愿在初首，所愿如是。[1]

发愿文中"轮转九天"的"轮"，与碑首浮雕双龙后腿内侧的圆形图案[2]相对应，表明碑上端为最高天。碑额之下盘旋着六条玉龙，其下的大圣肩两侧为日（可见乌）、月（兔残缺）。可以看出，大圣以上代表天界，大圣正下面是双龙绕灯，左下方有一匹空马，手持缰绳的车夫蹲坐在地，再往下是供养人的行列，代表地界（人间）。[3]被双龙缠绕的灯，正好处于天地交界之处。

对于空马和蹲坐在地的车夫，可以从印度佛教美术表现传统和中国传统文化两种语境理解。佛像出现之前的印度早期佛教美术，以菩提树、法轮、足迹等象征符号暗示佛陀存在。一匹空马，上擎伞盖或浮尘，隐喻悉达多太子出门四游或者逾城出家；车夫牵着没有伞盖的空马，则表明太子已经出家。将其置于中国传统语境中，则令人联想到《离骚》中的"仆夫悲余马怀兮，蜷局顾而不行"，即

1　发愿文内容是笔者依据张燕《师氏七十一人佛道造像碑》碑右侧说明进一步修订的结果。参见张燕编著《陕西药王山碑刻艺术总集8　第七卷：临潼、渭南地区造像碑》，上海辞书出版社，2013，第58页。

2　碑首有圆形图案的在陕西耀县药王山博物馆有不少遗存，如《张嗔周造像碑》《魏文朗佛道造像碑》《吴洪标兄弟造像碑》等。

3　胡文和曾在《北朝道教老子像产生的历史过程和造型探索》中提出以下观点：北魏道像（佛道）碑中，龙、日、月、飞仙等图像源自中国传统宗教美术，特别是汉代墓葬美术形式，这些图像与道教的神仙思想结合，试图营造一个微观的宇宙和不死的仙境。碑上部表现微观的宇宙和神仙境界，碑下部表现现实世界，碑刻整体表达人们希望乘云驾车进入超自然的宗教世界与祖先灵魂交通的愿望。参见李淞主编《道教美术新论：第一届道教美术史国际研讨会论文集》，山东美术出版社，2008，第97—99页。

驾八龙之乘翱翔天界的屈原在不经意间俯瞰故乡时，看到自己的车夫和马感怀主人蜷缩在地不愿前行。结合《师氏七十一人佛道造像碑》的整体布局，笔者认为空马和蹲坐在地的车夫可能是在暗示其主人（祖先）已经成佛升天。

碑中央，在佛与道教主尊之下，连接天地的位置，是双龙缠绕的灯。双龙昂首向上，令人联想到长沙马王堆一号汉墓帛画中，托举墓主升天的两条巨龙。龙引领人、神升天的材料散见于各种文献，如屈原"驷玉虬以桀鹥兮，溘埃风余上征"[1]，女娲"服驾应龙，骖青虬"[2]乘雷车登九天等。更关键的是，《师氏七十一人佛道造像碑》碑右侧发愿文中，有"灵泽流演，乃济群生，慈邀□□，苞合一初"的内容，其中的"苞合一初"，是佛教语境的"莲花化生"，也是道教语境的"升入天堂"。

进一步将《师氏七十一人佛道造像碑》碑面图像构成与《上元金箓简文》的燃灯威仪结合起来思考，位于佛与大圣之下供养人之上的灯，很可能就是光照三十六天[3]的天门燃灯。其光明，分天之气，仿佛一条连接天地的通道。"双龙绕灯"表现的就是，龙引领祖先魂魄穿越光之通道上升天堂的图景。

三、结语

东汉至唐代的佛道单体造像、碑刻、石塔、窟龛造像、佛教壁画主像正下方的图案，实际情况比较复杂，有圆环、法轮、宝瓶莲花、宝珠莲花组合、单独的莲花、上部为敞口盆（杯）柱状腰身器物、束腰形火坛、莲花敞口杯、带罩的莲花杯等情况。通过图像对比研究，笔者认为上部为敞口火盆的器物、莲花杯状器物以及束腰形火坛均与灯、火有关，其源头或在波斯，或在古埃及。

从意涵上看，法轮、莲花、宝珠和灯火的共同指向是光明，具有助人成佛、送魂升天的重要作用。因此，佛教重视燃灯礼佛。香也有沟通作用，早期主要用于请佛、神下凡。

从图像和意涵两方面看，中古中国佛、道造像主像下方中心形似博山炉的图案，不是香炉，而是灯，是火。灯火是佛教、道教沟通天地的媒介，也是魂魄升天的无形通道。

1 　杯家骊译注：《楚辞》，中华书局，2009，第18页。

2 　顾迁译注：《淮南子》，中华书局，2009，第98页。

3 　道教的"三十六天"与"九天"意涵相同，均指最高天。

致 谢

本研究发端于与复旦大学文博学院王辉教授的讨论。成文过程中，得到了云冈研究院杭侃院长，麦积山石窟艺术研究所李天铭所长、张铭副所长，龙门石窟研究院贺志军主任，敦煌研究院张小刚副院长、美术所殷博老师，北京大学艺术学院贾妍老师，北京外国语大学亚洲学院穆宏燕教授，日本京都市立艺术大学翟建群老师，中国青年出版社编辑赵晓雪女士，故宫博物院文保科技部助理馆员赵思凡女士，日本东京艺术大学在读博士闫志翔同学，中央美术学院人文学院潘凯阳、王熳路、康家轩同学，上海外国语大学德语专业翟天然同学，东华大学服装与服饰设计专业王若水同学的大力帮助。在此谨表谢忱。

首都博物馆张燕老师耗时近 30 年编著的八卷本《陕西药王山碑刻艺术总集》，为本研究提供了详尽的资料，卷末鸣谢中"一本书用了一生"一语，感人至深。

从身体观到法华观：
从周隋之际一例个案出发[*]

郑　弍（中央美术学院人文学院）

　　文帝开皇十七年（597）十一月二十二日，智颛卒于天台山，遗命弟子："吾当卒于此地矣。……死后安措西南峰上，累石周尸，植松覆坎。仍立白塔，使见者发心。"[1]这显然是很特殊的案例：其一，"安措西南峰"，选取制高点，呼应"使见者发心"；其二，"累石周尸"，营造石室，但不确定是否封顶；其三，"植松覆坎"，近于陵园之制；其四，"仍立白塔"，石室不确定是否封顶，那么白塔立于石室旁，或在山石上摩崖雕凿？智颛留下的困惑似乎难以解答，但并非不能提供有效信息。刘淑芬援引《唐京师定水寺释僧凤传》，认为其中提及的"乃迁灵于县郭之北原，凿龛处之，仍施白塔"[2]中的"白塔"可能类似于龙门塔形龛瘗穴。[3]"白塔"则是未雕饰的塔。[4]如果回到智颛遗命的文本，比照中古同类比丘／尼塔铭，并进一步追溯中古僧人身体观的形成，那么或许可以做进一步探讨。[5]

---

* 本文为中央美术学院 2019 年度自主科研项目"汉晋南北朝佛教美术的中国化：以《高僧传》为中心"（19KYYB013）阶段性成果；受 2019 年度国家社科基金艺术学青年项目"印度新德里藏斯坦因所掠敦煌吐鲁番艺术品研究"（批准号：19CF178）资助。

1　道宣：《续高僧传》第 17 卷《隋国师智者天台国清寺释智颛传》，载《大正新修大藏经》第 50 卷，大正一切经刊行会，1927，第 567 页。

2　道宣：《续高僧传》第 13 卷《唐京师定水寺释僧凤传》，载《大正新修大藏经》第 50 卷，第 526 页。

3　李文生、杨超杰：《龙门石窟佛教瘗葬形制的新发现——析龙门石窟之瘗穴》，《文物》1995年第 9 期，第 73 页。

4　刘淑芬：《中古的佛教与社会》，上海古籍出版社，2008，第 251 页。

5　郑弍：《道成舍利：重读仁寿年间隋文帝奉安佛舍利事件》，《美术研究》2016 年第 3 期，第63—70 页。

一、身体观与空间语义

讨论高僧身体及其图像所处的空间，即影堂，首先要面对的问题是，它的空间意涵从何而来，体现为几种层次？作为亡者像，影堂并不涉及僧人遗体的瘗埋，其空间意涵却与瘗埋方式密切相关。瘗埋通常意味着藏，贮于塔内，纳于函中。影堂则有公共意味，面向僧众，受纳供养与崇奉。然瘗埋并不全然只是藏，亦有陈示。这种陈示或源自布施。

瘗窟指石窟群中瘗埋僧人或佛教信徒骨灰、遗体、遗骨的石窟。根据龙门地区的发现，塔形瘗穴与龛形瘗穴颇具代表性。[1] 塔形瘗穴为崖壁上雕凿石塔，下方开凿瘗穴一孔，内存僧人骨灰。龛形瘗穴于瘗穴上方造圆拱形佛龛，龛内佛像居中趺坐，左、右分立胁侍菩萨。因一佛二菩萨的佛龛与瘗穴合为一整体，故名龛形瘗穴。塔形瘗穴的空间意味看似比较单纯，强调瘗埋，只不过将佛塔原始瘗埋的对象由舍利转为僧人遗骨。需要注意的是，自元魏以降，随着多层楼阁式塔的兴起，中古佛塔已逐渐从形制、空间设计、造像观念等层面，脱离原窣堵波的设定。楼阁式塔本身即可视为佛堂。同时，在某些信仰情境，如北朝法华信仰影响下，佛塔图像本身还可作为观想对象。此外，中古佛塔在佛教世俗化、社会化进程中，还演化出了镇守与护佑的意味。由此，塔形瘗穴包含了三重空间指向：瘗埋僧人遗骨、亡故僧人观想佛堂／佛法、塔镇守／护佑亡故僧人。

龛形瘗穴与塔形瘗穴的区别，不仅在形制组合，营造初衷与目的亦有不同。从组合关系上，一佛二菩萨组合的佛龛为亡故僧人提供了观想的对象，但这一组合其实更接近于中晚唐敦煌家窟邈真，即主室东壁门上方先亡父母邈真与西壁龛内尊像组合的关系。在龛形瘗穴中，借由亡故僧人遗骨对尊像的观想，包含了为亡故僧人荐福、祈愿净土的意图。敦煌北区瘗窟年代跨度从隋末初唐至元代，其中北区崖面南部 A 段第 5、6 层的 B221、B222、B223、B227、B228窟的年代为隋末唐初；崖面北部 E 段第 2 层 B41、B42、B43 窟的年代为初唐；崖面北部南侧 E 段第 2 层 B47、B48 的年代不晚于盛唐中期；崖面中部南侧 C段第 2 层 B86、B87、B88、B89、B90 窟的年代为盛唐；崖面中部北侧 D 段第1 层和第 3 层的 B16、B121 窟的年代为西夏至元代。分区分段式的营建，可能是根据家族／寺院的安排进行的。B142 窟是个比较特殊的例子，它是由原僧

1 　李文生、杨超杰：《龙门石窟佛教瘗葬形制的新发现——析龙门石窟之瘗穴》，《文物》1995年第 9 期，第 71—77 页。

房窟改造为瘗窟。从僧房窟的角度出发，莫高窟所代表的敦煌石窟与新疆龟兹石窟在布局和使用上有着显著的区别。龟兹石窟从营建之初，僧房窟与供奉尊像的礼拜窟、讲经堂等佛事活动空间即有着密切的联系。在中期以后，大量僧房窟补绘、改绘壁画，增补塑像，甚至更易结构，改造为礼拜窟或讲经堂。其间缘由，或许在于作为西域小乘佛教中心的龟兹，其僧团对石窟空间的理解与使用异于河西僧众。更重要的原因，可能在于敦煌世族。B142 窟以土坯在炕上垒砌双塔，塔内瘗埋亡僧骨灰。[1]

石室瘗窟的葬主与影堂的像主，其坐姿多为跏趺坐。（图 1）跏趺坐的禅定姿态亦是高僧影像定式，其来源和意涵须溯及高僧瘗埋中的身体观念及涅槃思想。趺坐可以指向禅修，也可以指向头陀行。头陀行（dhuta），亦称"行头陀""头陀事""头陀功德"。"十二头陀行"指在阿兰若（ara–ya）处住、常行乞食、次第乞食、受一食法、节量食、过午不得饮浆、著弊纳衣、但三衣、在冢间住、在树下坐、在露地坐、但坐不卧。头陀行当然是苦行，以牺牲和坚忍求证道与解脱。中古时期，修头陀行的僧人以趺坐入灭，逐渐成为其神化的标志。

图 1　洪䛒影像晚唐莫高窟第 17 窟（图片采自马世长：《关于敦煌藏经洞的几个问题》，《文物》1978 年第 12 期，图版 4-1）

晋惠帝元康八年(298)，诃罗竭坐化于娄至山石室，弟子火葬其遗体却不能烧，遂置于石室。晋咸和年间（326—334），西域竺定（字安世）往视石室，诃罗竭真身仍端坐俨然。[2] 晋高昌僧人释法绪"德行清谨，蔬菜修禅。后入蜀，于刘师冢间头陀山谷，虎兕不伤。诵《法华》《维摩》《金光明》，常处石室中，且禅且诵。盛夏于石室中舍命，七日不臭。尸左侧有香，经旬乃歇，每夕放光，照彻

1　彭金章：《有关敦煌莫高窟北区瘗窟的几个问题》，载胡素馨主编《佛教物质文化：寺院财富与世俗供养国际学术研讨会论文集》，上海书画出版社，2003，第 363—369 页。

2　〔梁〕慧皎：《高僧传》第 10 卷《晋洛阳娄至山诃罗竭传》，汤用彤校注，中华书局，1992，第 370 页。

数里。村人即于尸上为起冢塔焉"[1]。诃罗竭和释法绪的例子都强调其端坐庄严，而法绪释放异香和傍晚放光则颇有感通味道。

贞观十四年（640），长安南郊义善寺僧法顺卒后，"因即坐送于樊川之北原，凿穴处之。京邑同嗟，制服亘野。肉身不变，经月逾鲜，安坐三周，枯骸不散，自终至今，恒有异香，流气尸所。学侣恐有外侵，乃藏于龛内"[2]。作为感通类神僧，亡故之后有异香是标志之一。特殊之处在于，这段传文同时提到了"穴"与"龛"；其中"穴"可观，"龛"为藏。因此，此处"穴"应为半开放石室，"龛"或另有所指。贞观十九年（645）四月八日，绵州大施寺僧世瑜卒，"刺史感所未闻，作龛坐之，三年不倒"[3]。

东晋孝武帝时，敦煌僧竺昙猷"后游江左，足剡之石城山，乞食坐禅。……后移始丰赤城山石室坐禅……猷以太元之末，卒于石室。尸犹平坐，而举体绿色。晋义熙末，隐士神世标入山登岩，故见猷尸不朽"[4]。太元末与义熙年间时隔三十余年。据竺昙猷身故百余年后，萧齐释慧明重登赤城山，仍见竺昙猷真身不朽，遂重整石室，后亦坐化于斯。

> 释慧明，姓康，康居人。祖世避地于东吴。明少出家，止章安东寺。齐建元中，与沙门共登赤城山石室，见猷公尸骸不朽，而禅室荒芜，高踪不继，乃雇人开剪，更立堂室，造卧佛并猷公像。于是栖心禅诵，毕命枯槁。……以建武之末，卒于山中，春秋七十矣。[5]

竺昙猷是天台山开山祖师，赤城山石室禅窟至今仍存。对于两晋南北朝的人而言，来自河西的竺昙猷和康居的释慧明均可算西域僧。作为习禅僧，二人相继选择同一石室修禅坐化，近似于西域石窟将僧人禅窟改为瘗窟的做法。比较特殊的是，释慧明分别造了两躯像——涅槃像和猷公像。因无法确定"更立堂室"究竟是"改立"还是"另立"，所以不清楚慧明习禅时是否观想两像。从赤城山石室现状看，或许能勉强容纳。无论改立还是令立，建元中（480年前后）出现涅

1　〔梁〕慧皎：《高僧传》第11卷《晋蜀石室山释法绪传》，第408页。

2　〔唐〕道宣：《续高僧传》第25卷《唐雍州义善寺释法顺传》，载《大正新修大藏经》第50卷，第654页。

3　〔唐〕道宣：《续高僧传》第20卷《唐绵州大施寺释世瑜传》，载《大正新修大藏经》第50卷，第595页。

4　〔梁〕慧皎：《高僧传》第11卷《晋始丰赤城山竺昙猷》，第404页。

5　〔梁〕慧皎：《高僧传》第11卷《齐始丰赤城山释慧明》，第425—426页。

槃像与高僧影像并置的例子都是罕见的。这并非通常的涅槃变，而更近似于将亡故高僧比拟为释迦的涅槃。这也是南北朝时期僧人坐化与佛入寂在图像制作上发生关联的开始。此后，跌坐与胁卧成为僧人坐化的两种常态。

后梁荆州玉泉山僧法忍于覆舟岩下"才容膝头"之地，头陀行三十余年，并于玉泉寺北窟右胁而终。[1]这已经是典型的涅槃姿态。北周长安南樊川游方僧普圆，"有时乞食，暂住村聚，多依林墓，取静思惟。……卒于郊南樊川也"[2]。初唐雍州新丰（今陕西临潼东北新丰）福缘寺僧道休，多年头陀行，卒于修禅之草庵。

> 常以头陀为业。在寺南骊山幽谷结草为庵。一坐七日，乃出其定，执钵持锡，出山乞食，饭钵满已，随处而食，还来庵所，七日为期，初无替废。……贞观三年夏内，依期不出，就庵看之，端拱而卒。[3]

至晚唐时，会昌三年（843）《能禅师石室铭》：

> 自有此山，即有此窟，火不能焚，水不能没。能师矻矻，劳心若骨，誓□山僧，凿成禅室。室成稽首，焚香白佛。愿此石室，不崩不窒，与僧安禅，与劫终毕。猛兽勿入，毒虫应出。不葬死僧，不栖鬼物。□违是铭，得罪如律。[4]

此铭的背景是会昌灭佛正盛之时，故而该禅窟更近于庇护所，祈愿护佑，度过劫难。值得注意的是，铭文强调"不葬死僧"。其间原因或是灭法之际，僧人已无力营造瘗窟，只能改用现有石室。另一个可能的解释，是此时僧人的观念已不再如此前竺昙猷、慧明那样，沿用禅窟作瘗窟。

开元十七年（729）十一月，长安兴圣寺尼法澄迁化。《大唐故兴圣寺主尼法澄塔铭》云：

> 法师讳法澄，字无所得，俗姓孙氏，乐安人也。……遂于上元二年出家，

1　〔唐〕道宣：《续高僧传》第16卷《后梁荆州玉泉寺释法忍传》，载《大正新修大藏经》第50卷，第557页。

2　〔唐〕道宣：《续高僧传》第27卷《周雍州逸沙门释普圆传》，载《大正新修大藏经》第50卷，第680页。

3　〔唐〕道宣：《续高僧传》第27卷《唐雍州新丰福缘寺释道休传》，载《大正新修大藏经》第50卷，第684页。

4　〔清〕陆增祥：《八琼室金石补正》第73卷《能禅师石室铭》，文物出版社，1985，第34—35页。

威仪戒行，觉观禅思，迹履真如，空用恒舍，遂持瓶钵，一十八事，头陀山林，有豹随行，逢神拥护。于至相寺康藏师处听法，探微洞悟，同彼善才；调伏坚持，宁殊海意。……卧讫迁神，春秋九十，开元十七年十一月三日也。以其月廿三日，安神于龙首山马头空塔所。门人师徒弟子等未登证果，岂知鹤林非永灭之场，鹫岭是安禅之所？号慕之情，有如双树……

由趺坐发展至双树入灭，可知敦煌莫高窟17窟洪晉影堂这一配置典范之由来。

二、聚塔成林

开元十年（722）《优婆夷张常求塔铭》：

> 优婆夷俗姓张，字常求，望本南阳人也。性乐超尘，志同冰镜，遂诣京华，得闻普法。开元十年构疾，至其年二月廿五日，逝化于怀德之私第焉，春秋七十八。迁柩于禅师林北起方坟，礼也。[1]

塔铭中所提及的"普法"一词，指向6世纪隋开皇年间始逐渐流行的三阶教。三阶教由信行禅师（540—594）开创，文帝开皇九年（589）与弟子僧邕（543—641）应召入京，居于真寂寺。信行事迹见于《历代三宝记》《续高僧传》《冥报记》《六学僧传》及多处《信行禅师塔铭》。在长安期间，信行与其弟子僧邕禅师，净名本济法师（562—615），本济弟善智（？—607），本济弟子道训、道树等以真寂寺（初唐改化度寺）、光明寺、慈门寺、慧日寺、弘善寺五寺为中心传法。[2] 由于相关题铭与传世、出土文献的缺失，陪葬品较少，加之僧俗合葬的可能，因此很难分别莫高窟北区瘗窟的亡者身份。事实上，僧俗合葬固然或受敦煌世族僧尼葬俗影响，但可能与唐代出现的一个现象有关：俗众大批葬于高僧墓塔周围。

信行曾与年长其22岁的灵裕共同受业于邺城僧人道凭。道凭为《十地论》"地论学派"之相州南道派。就在信行受文帝诏入京的同一年，灵裕在河南安阳宝山灵泉寺开凿大住圣窟。大住圣窟内的造像及碑刻，如《大集经·月藏分》中五百

1　周绍良主编《唐代墓志汇编》，上海古籍出版社，1992，第1257页。

2　矢吹庆辉：《三阶教之研究》，岩波书店，1973，第34—40页。

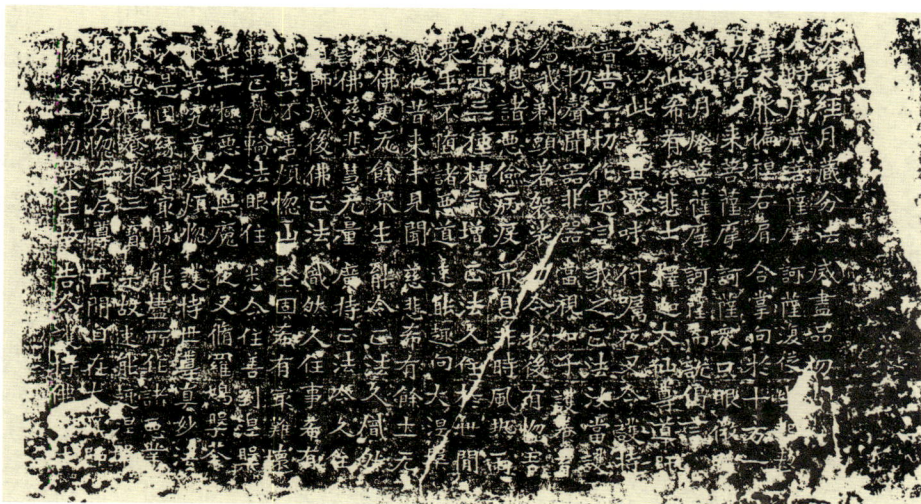

图2　宝山大住圣窟《大集经·月藏分》（图片采自河南省古代建筑保护研究所编《宝山灵泉寺》，河南人民出版社，1992，图版30）

图3　宝山大住圣窟北壁（图片采自河南省古代建筑保护研究所编《宝山灵泉寺》，河南人民出版社，1992，线图29）

图4　宝山大住圣窟东壁（图片采自河南省古代建筑保护研究所编《宝山灵泉寺》，河南人民出版社，1992，线图32）

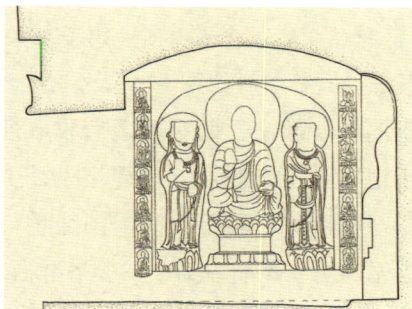

图5　宝山大住圣窟西壁（图片采自河南省古代建筑保护研究所编《宝山灵泉寺》，河南人民出版社，1992，线图30）

图6　宝山大住圣窟窟门（图片采自河南省古代建筑保护研究所编《宝山灵泉寺》，河南人民出版社，1992，线图28）

年文和《大集经·月藏分》中法尽灭品／佛名等，均与三阶教思想相关。（图 2）同时，灵裕开大住圣窟，本身是效仿此前 43 年，即东魏孝静帝武定四年（546），其师道凭在同寺所开大留圣窟，俗称道凭石堂。大住圣窟为方形、覆斗顶，三壁三龛窟。正壁主尊为卢舍那佛（图 3），左壁为弥勒佛（图 4），右壁为阿弥陀佛（图 5）。三龛两侧边刻七佛及三十五佛，前壁为二十四传法圣僧浅浮雕。窟门外两侧分别为迎毗罗神王和那罗延神王（图 6）。

关于大住圣窟与大留圣窟的造像与刻经思想，学界历来认同其包含浓厚的末法思想，但此末法思想究竟源于北朝末期各宗派间普遍观念，还是确指三阶教，则有争议。三阶教经典杂糅《华严》《涅槃》《法华》《十轮》《胜鬘》《大集经·月藏分》诸经，宣扬佛法三阶段：佛在世，佛自住持佛法，位判是第一阶时。佛灭度后一千五百年已前，由有圣人及利根正见成就凡夫住持佛法，位判当第二阶时。从佛灭度一千五百年已后，利根凡夫，戒定慧别解别行，皆悉邪尽，当第三阶时。

此三阶说来自北朝晚期流行的"正法""像法""末法"思想。信行认为，第一阶根机的人，学一乘法；第二阶根机的人，学三乘法；而第三阶根机的末法众生，学普法。宝山灵泉寺岚峰山 47 号唐贞观十四年（640）《光天寺故大比丘尼僧顺禅师散身塔》铭曰：

> 僧顺禅师者，韩州涉县人也，俗姓张氏，七岁出家，随师听学，遍求诸法卅余年。忽遇当根佛法，认恶椎善，乞食头陀。道场观佛，精勤尽命。呜呼哀哉！春秋八十有五，以贞观十三年二月十八日卒于光天寺。门徒巨痛，五内崩摧，有缘悲慕，无不感切。廿二日送柩于尸陀林所，弟子等谨依林葬之法，收取舍利，建塔于名山。乃刊石图形，传之于历代。乃为铭曰：心存认恶，普敬为宗，息缘观佛，不捆秋冬，头陀苦行，积德销容，舍身林葬，镌石纪功。

其中提及"乞食头陀""当根佛法"即指向三阶教法，而林葬之后收取舍利起塔事，亦是三阶教众葬法常形。《历代三宝记》卷十二载："行魏州人，少而落采，博综群经。蕴独见之明；显高蹈之迹。与先旧德，解行弗同。门徒悉行方等结（洁）净头陀乞食，日止一食。在道路行，无问男女率皆礼拜。"李裕群指出，僧顺遇"当根佛法"的 604 年左右，即隋文帝末和炀帝初期。[1] 光天寺很可能受

<hr/>

1　李裕群：《邺城地区石窟与刻经》，《考古学报》1997 年第 4 期，第 471 页。

到此时在邺城活动的三阶教众影响。《光天寺乞食众故大比丘尼海德禅师灰身塔》题名中"乞食众"亦应和僧顺塔铭文。

林葬则指向布施。《八琼室金石补正》卷二十九著录安阳善应寺《慈润寺故大灵琛禅师灰身塔》铭曰：

> 禅师俗姓周，道讳灵琛。初以弱冠出家，即味《大品经论》，后遇禅师信行，更学当机佛法。……但世间福尽，大阐时来，年七十有五，岁在元栝三月六日，于慈润寺所，结跏端俨，泯然迁化。……又禀存遗嘱，依经葬林，血肉施生，求无上道。□合城皂白，祇教弗违，含悲伤失，送兹山所，肌膏才□阇维镂塔。大唐贞观三年四月十五日造。[1]

李裕群认为，信行亡故后僧邕等三阶教众皆附葬是典型三阶葬法，并提及宝山塔林自北齐河清二年（563）道凭石塔以降，包括隋开皇九年（589）法澄枝提塔、道凭道子灵裕、再传弟子慧休等皆于宝山起塔，聚塔成林。宝山塔林在前，道凭为信行业师，如此看来，似为三阶教众效仿宝山塔林故事。[2]

前述三阶葬法中所记"血肉施生""林葬之法"体现的是佛教中的布施观。不过通常佛教美术中常见的布施题材为"生施"，以血肉躯体施舍众生，即"舍身波罗蜜"。《佛说菩萨内习六波罗蜜经》：

> 佛言欲学菩萨道者，当从此始，一数二随三止四观五还六净。……问何以故，身应檀波罗蜜？佛言：人索头与头，索眼与眼，索肉与肉，投身饿虎，是为布施故，属檀波罗蜜。[3]
>
> ……
>
> 我于往昔，如是所愿，皆悉成就。于一一天下，舍身血肉，给施众生，悉令饱满。如是次第遍满十方，如恒河沙等诸佛世界。善男子，汝今当知，我于尔时，为檀波罗蜜，舍身布施，如是次第施于眼目，其聚满此阎浮提内，

1　〔清〕陆增祥：《八琼室金石补正》第29卷，文物出版社，1985，第152页。
2　杨学勇认为，三阶教并没有影响大住圣窟的开凿，大住圣窟刻经反映了《华严经》卢舍那"十方三世"思想和末法思想，其目的是礼佛忏悔灭罪，而非普佛思想。且大住圣窟内容可能影响了三阶教，而非相反。参见杨学勇：《有关大住圣窟与三阶教的关系问题》，《中原文物》2008年第1期，第68—73页。
3　《大正新修大藏经》第17卷，第714页。

高至忉利天。善男子，是名如来略说舍身檀波罗蜜。[1]

据《佛本行集经》卷二十《观诸异道品第二十四》，释迦并不赞同在尸陀林所见苦行者所推崇的林葬舍身功德。苦行者强调：

> 其苦行师，又复更言："仁者王子，然其彼处尸陀林者，四辈共同，无有简选，平等施身，福德之地，名为旷野。此处地方，布施身者，不用苦力，速生天上；求世胜处，速得受乐。或有仁者，投身绝崖，或烧或施，而生天上。"[2]

显然，苦行者主要讲的是林葬，但并未刻意区分葬法；最后一句除了没有施舍对象，颇类生施。释迦的立场并不在仪法，而在驳斥苦行者是走简便法门，如此不可能获得解脱。

林葬与起塔固然不始于三阶教，但三阶教将其推向了俗众。东晋慧远是目前文献所载最早施行林葬的中国中古僧人。慧远重戒律、禅法，曾延请昙摩流支补译《十诵律》。[3]《四分律行事抄资持记》援引《十诵律》，提及比丘林葬法，但其故事为讽喻比丘贪恋世间财物。[4]实际上，东晋慧远、萧梁智顺、洪偃等5至6世纪僧人施行林葬的目的，仍然是由生施演变而来的"露骸空地／松下／林间／岩下""布施上飞下走一切众生"。

7至9世纪，道宣在《续高僧传》中记载了大量北朝僧俗林葬的例子。此时的林葬出现了四个特点：高僧重视《涅槃经》求解脱；林葬与瘗窟的结合；三阶教先林葬后起塔的葬法，且推向僧众；三阶教所代表的塔林集聚以效仿尸陀林。

高齐僧稠即强调《大般涅槃经·圣行品》中四念处法，即身念处、受念处、心念处、法念处。四念处法意味：观身不净、观受是苦、观心无常、观法无我，最终导向常、乐、我、净的涅槃果门。[5]《续高僧传·僧稠传》道：

---

1 《大正新修大藏经》第3卷，第226页。

2 《佛本行集经》第20卷《第二十四观诸异道品》，〔隋〕阇那崛多译，载《大正新修大藏经》第3卷，第748页。

3 〔梁〕慧皎：《高僧传》第6卷《晋庐山释慧远传》，第217—218页。

4 《大正新修大藏经》第40卷，第413页。刘淑芬认为，中古中国僧人林葬的背景很可能基于禅修与尸陀林。"修禅是僧人修行中很重要的一部分，而尸陀林则是禅思静虑理想的地点之一。……尸陀林是修习禅观中'不净观'最好的地点。"参见刘淑芬：《中古的佛教与社会》，上海古籍出版社，2008，第191页。

5 《大正新修大藏经》第12卷，第433—541页。

　　既受禅法,北游定州嘉鱼山,敛念久之,全无摄证。便欲出山,诵《涅槃经》。忽遇一僧,言从泰岳来,稠以情告,彼遂苦劝:"修禅慎无他志,由一切含灵,皆有初地味禅,要必系缘,无求不遂。"乃从之。旬日摄心,果然得定。当依《涅槃》圣行四念处法。乃至眠、梦、觉、见,都无欲想。[1]

　　僧稠于北齐废帝乾明元年(560)圆寂后,其弟子于小南海石窟窟门右侧刻《大般涅槃经·圣行品》并《华严偈赞》。[2]僧稠重视《大般涅槃经·圣行品》,初衷在于修禅法。然而,以僧稠为代表的高僧推崇《涅槃经》,本意在解脱,实则令高僧的亡故在某种程度上与释迦入灭同构。如此,则不难理解中晚唐敦煌高僧影堂的图像配置,与涅槃题材高度同质化。

　　长安延兴寺僧昙延、吉藏、慧远、慧海,海觉道场法总,慈悲寺玄会均通《涅槃经》。昙延 16 岁听《涅槃经》开悟,义解高僧吉藏著《涅槃经游意》1 卷,慧远著《涅槃疏》10 卷,慧海 18 岁讲《涅槃经》,法总精研《涅槃经》,玄会著《涅槃义章》4 卷。昙延及其弟子通幽的林葬目的很单纯,也很通达。昙延于文帝开皇八年(588)八月十三日迁化前告门人:"吾亡后,以我此身且施禽狩,余依法焚扬,无留残骨,以累看守。"[3]炀帝大业元年(605)正月十五日通幽生前自嗟:"生不功一片之善,死不酬一毫之累,虚负神灵,何期误也。"告诫弟子其"变常之后,幸以残身遗诸禽兽,傥蒙少福,冀灭余殃"[4]。吉藏遗体亦送终南山至相寺林葬,而其弟子净影寺慧远收其余骨,于同寺北岩凿瘗窟纳之。炀帝大业二年(606)五月二十七日亡故的慧海遗命:"吾闻上栋下宇,生命之偓促;外椁内棺,世界之萦羁。既累形骸于桎梏,亦碍于生世于大患,岂揖礼义于嚣尘,卜宅葬于烦饰者也。宜宗薄葬,用嗣先尘,贻诸有类矣。"[5]

1　〔唐〕道宣:《续高僧传》第 16 卷《齐邺西龙山云门寺释僧稠传》,载《大正新修大藏经》第 50 卷,第 553 页。

2　丁明夷:《北朝佛教史的重要补正——析安阳三处石窟的造像题材》,《文物》1988 年第 4 期,第 17 页;河南省古代建筑保护研究所:《河南安阳灵泉寺石窟及小南海石窟》,《文物》1988 年第 4 期,第 12 页。

3　〔唐〕道宣:《续高僧传》第 8 卷《隋京师延兴寺释昙延传》,载《大正新修大藏经》第 50 卷,第 489 页。

4　〔唐〕道宣:《续高僧传》第 21 卷《隋西京延兴寺释通幽》,载《大正新修大藏经》第 50 卷,第 610 页。

5　〔唐〕道宣:《续高僧传》第 11 卷《隋西京静法道场释慧海传》,载《大正新修大藏经》第 50 卷,第 510 页。

弟子则收其余骨，起墓塔于至相寺前岭。

吉藏与慧海的例子看似出现了一种背离：高僧愿解脱，门人却希图永恒。这种背离并非表面上开凿瘗窟与起塔的花费，而是高僧解脱愿望与门人永久保存并在某种程度上展示先祖诉求之间的矛盾。至相寺起初是林葬场，却因林葬之后多起塔，而形成塔林。开皇十四年（594）10月30日长安清禅寺昙崇发丧，由弟子五千余人送至相寺起白塔。[1] 昙崇弟子长安大禅定道场慧欢，靖玄，智梵，大庄严寺禅僧慧因，禅定寺僧空藏，弘福寺僧玄会，慈悲寺僧行，终南山悟真寺僧慧超，胜光寺僧道宗／波颇，空观寺僧慧藏均为林葬后起塔。蒲州仁寿寺禅僧普明、长安弘福寺僧辩则为林葬后石窟瘗埋。[2]

佛塔所象征的不灭法身很快就在那些祈愿先师不朽的弟子笔下得到了应验。大业九年（613）5月6日，丹阳郡仁孝寺僧智琳弟子依其生前所愿，"尸陀林者，常所愿也"，迁于育王之山，但智琳遗体并未被鸟兽所侵，之后弟子将其埋葬于招隐东山瘗窟中。[3] 晚唐懿宗咸通七年（866）七月朔，洛阳广爱寺禅僧从谏卒后，由门人送往建春门外尸陀林，"三日复视之，肌貌如生，一无近者"。[4]

1　昙崇是否先林葬后起塔，存疑。〔唐〕道宣：《续高僧传》第17卷《隋京师清禅寺释昙崇传》，载《大正新修大藏经》第50卷，第568页。

2　参见〔唐〕道宣：《续高僧传》第18卷《隋西京大禅定道场释慧欢传》，载《大正新修大藏经》第50卷，第577页；道宣：《续高僧传》第10卷《隋西京大禅定道场释靖玄传》，载《大正新修大藏经》第50卷，第502页；道宣：《续高僧传》第11卷《隋西京大禅定道场释智梵传》，载《大正新修大藏经》第50卷，第511页；道宣：《续高僧传》第13卷《唐京师大庄严寺释慧因传》，载《大正新修大藏经》第50卷，第522页；道宣：《续高僧传》第28卷《唐京师会昌寺释空藏传》，载《大正新修大藏经》第50卷，第689页；道宣：《续高僧传》第15卷《京师弘福寺释玄会传》，载《大正新修大藏经》第50卷，第542页；道宣：《续高僧传》第15卷《唐京师慈悲寺释行等传》，载《大正新修大藏经》第50卷，第543页；道宣：《续高僧传》第28卷《唐终南山蓝谷悟真寺释慧超传》，载《大正新修大藏经》第50卷，第687页；道宣：《续高僧传》第11卷《京师胜光寺释道宗传》，载《大正新修大藏经》第50卷，第542页；道宣：《续高僧传》第3卷《唐京师胜光寺中天竺沙门波颇传》，载《大正新修大藏经》第50卷，第440页；道宣：《续高僧传》第9卷《隋西京空观道场释慧藏传》，载《大正新修大藏经》第50卷，第498页；道宣：《续高僧传》第25卷《蒲州仁寿寺释普明传》，载《大正新修大藏经》第50卷，第598页；道宣：《续高僧传》第15卷《唐京师弘福寺僧释僧辩传》，载《大正新修大藏经》第50卷，第540页。

3　〔唐〕道宣：《续高僧传》第10卷《隋丹阳仁孝道场释智琳传》，载《大正新修大藏经》第50卷，第504页。

4　〔宋〕赞宁：《宋高僧传》第12卷《习禅篇三五·唐洛京广爱寺从谏传》，范祥雍点校，中华书局，1987，第279页。

　　三阶教的塔林集聚现象背后的信仰动因，或来自其注重《大般涅槃经》的立场，尤其是强调"亲近善知识"（kalyā amitra），"善男子，一切众生亦复如是。不能近善知识故，虽有佛性，皆不能见。而为贪淫嗔恚愚痴之所覆蔽"[1]。唐高宗总章三年（670）《道安禅师塔记》载："以总章元年十月七日，迁形于赵景公寺禅院，春秋六十有一。又以三年二月十五日，起塔于终南山鸱鸣埠信行禅师塔后，志存亲近善知识焉。"杨学勇指出，在大业三年（607）信行弟子善智率先附葬于信行墓旁之前，宝山已有大量石塔及摩崖塔形龛集聚成塔林。[2]需要指出的是，宝山石塔的集聚并不像信行塔那样具有明显的指向，且塔铭中未明确以"亲近善知识"为号召。

　　贞观五年（631）十一月十六日，信行弟子僧邕舍身后归葬信行塔侧。《化度寺塔铭》载："即以其月廿二日，奉送灵塔于终南山下鸱鸣坵，禅师之遗令也。徒众□收其舍利，起塔于信行禅师灵塔之左。"[3]高宗显庆元年（656）八月五日，慧了亦起塔于信行塔旁。

　　　　法师□慧了……有信行禅师者，释氏之冠冕，乘门之栋梁……一见法师，叹之良久，曰："绍隆三宝，非佛子而谁！"法师游刃三乘，括囊十地，阐龙宫之奥旨，演鹿野之微言。远近归依，道俗钻仰，尔乃心敦寂灭，志绝攀缘，晦迹林泉，韬光岩谷。……显庆元年八月五日寝疾，迁神于光明寺禅坊，春□□十有四。即以二年二月十五日，于终南山梗梓谷禅师□□□骨起塔。[4]

　　化度寺僧邕、光明寺慧了、会昌寺僧德美、化度寺僧海、净域寺法藏等僧人均舍身终南山梗梓谷尸陀林，并于数年后起塔于信行墓旁。塔林集聚，无疑是震撼信众的中古景观。就僧团内部而言，塔林的排布，直观地显现了师承与传法体系。这一点，直接影响了有唐一代禅宗的祖师传法观念。

1　《大正新修大藏经》第 8 卷，第 649 页。

2　杨学勇：《有关大住圣窟与三阶教的关系问题》，《中原文物》2008 年第 1 期，第 71 页。

3　〔清〕陆增祥：《八琼室金石补正》第 30 卷《化度寺塔铭》，第 1—3 页。

4　〔清〕陆耀通：《金石续编》第 5 卷《光明寺慧了塔铭》，载新文丰出版公司编辑部编《石刻史料新编》第 1 辑第 4 册，台北新文丰出版公司，1977，第 5—6 页。

图7　灵泉寺东侧岚峰山34—37号塔龛（图片采自河南古代建筑保护研究所编《宝山灵泉寺》，河南人民出版社，1992，图版96）

图8　岚峰山41—47号塔龛（图片采自河南古代建筑保护研究所编《宝山灵泉寺》，河南人民出版社，1992，图版97）

三、从宝山入无垢

安阳宝山灵泉寺原名宝山寺，创建于东魏孝静帝武定四年（546），文帝开皇年间改名灵泉寺。以灵泉寺为中心，寺西宝山、寺东岚峰山（图7）、寺东北马鞍山等现存209处石刻窟龛。东魏开凿大留圣窟的道凭圆寂于北齐文宣帝天保十年（559）三月七日，在今灵泉寺旧址留下一对单层方形石塔，上铭"大齐河清二年（563）三月十七日，宝山寺大论师凭法师烧身塔"。[1]《慈润寺故大灵琛禅师灰身塔》铭中提及灵琛坐化时"结跏端俨"，这一姿态成为灰身塔龛内像主的标准身姿。岚峰山47号《光天寺故大比丘尼僧顺禅师散身塔》（图8）同属三阶教，

图9　圣道寺大比丘静感禅师灰身塔，岚峰山42号塔（图片采自河南古代建筑保护研究所编《宝山灵泉寺》，河南人民出版社，1992，图版103）

1　丁明夷：《北朝佛教史的重要补证——析安阳三处石窟的造像题材》，《文物》1988年第4期，第16页。道凭葬法不明。刘淑芬认为时隔四年起塔，火葬后骨灰可能"散之风府"，属纪念性塔。参见刘淑芬：《中古的佛教与社会》，第233页。

宝山各寺中比丘尼甚众，有些即为尼寺，如圣道寺存18座墓塔，均为比丘尼。[1]（图9）换言之，其最终的目标均为起塔供养，属于同一程序。

基于前述讨论，不难发现，智顗的设定很明确，甚至可以说，他构建了一个永久性的陵园。其所立"白塔"，无论是摩崖塔龛，还是单体石塔，体量都不会太小。这是智顗身份与地位所决定的特殊性。既然石室是垒石而成，就很难想象能于其上修造大体量的石塔了。因此，"白塔"应立于一侧。况且，"累石周尸"的石室与白塔同时营建，那么，之后仍会像其他半开放的瘗窟那样，等待智顗遗体骨化，再纳入塔中吗？显然不会。炀帝登基后，发现智者骨骸端坐如生，遂加石门于瘗窟，"关以金钥"。[2]这确定无疑地表明，智顗遗命中所设定的石室和白塔，从一开始就是并行的纳遗体于石室，也是永久性的，与其他作为阶段性舍身的瘗窟截然不同。

既是永久性的设定，智顗的初衷为何？

这或许永远无从确证。唐宣宗大中十三年（859）长安唐安寺比丘尼广惠卒，其《唐故上都唐安寺外临坛大德比丘尼广惠塔铭》载：

> 大中十三年夏五月廿六日，寂然入灭，报龄五十七，僧腊卅八。弟子性遍等号奉衣履，如将复生。以其年六月十八日，幢盖香花，迁座于韦曲之右。呜呼！如来留影之壁，石室空存；舍利全身之函，珠台永閟……铭曰……至宝深藏，慧光不息，松塔新成兮秦山北，后天地兮不泯者惟。[3]

比丘尼广惠塔铭虽然较智顗晚200余年，但其提供的信息仍有可资参考的部分。广惠的瘗窟是永久性的设计，其空间意涵很明确。其位置（立于"秦山北""韦曲右"）、组合（石室瘗窟与塔）亦类似智顗。这或能说明，至晚唐时，永久性的瘗窟已然成熟，并且表现为一个内在自足的神格空间，即"真身—瘗窟"。塔铭中同时提及了丧仪与葬仪两个环节。在丧仪中，弟子做了两件事，首先是以衣履装扮亡者，"如将复生"，是颇堪玩味的提法；其次是丧舆上覆宝幢华盖，饰以香花供养。"如将复生"的微妙之处在于，中古佛教可以讲来世，却不提复活，

1　刘淑芬认为，石室瘗窟与林葬的差别仅在遗体遮蔽程度不同。参见刘淑芬：《中古的佛教与社会》，第246—247页。

2　〔唐〕道宣：《续高僧传》第17卷《隋国师智者天台国清寺释智顗传》，载《大正新修大藏经》第50卷，第567页。

3　〔清〕陆增祥：《八琼室金石补正》第75卷《唐安寺尼广惠塔铭》，第31—32页。

尤其是复活至现世，除非疑伪经。二者结合而论，更可靠的解释或许是祈愿故去的广惠往生。

葬仪部分列举了 4 组对偶关系："如来／舍利""留影之壁／全身之函""石室／珠台""空存／永阌"。舍利虽未虚指，却因象征佛法不灭与如来共同指涉亡故僧人将如舍利般之不朽，这与后文"慧光不息"对应。"留影之壁"看似徒然抱憾，却影射了如瑞像化现般存在的如来之影；"全身之函"则将广惠身处的石室圣化为舍利函；"石室／珠台"亦然。"空存"意味并无实设尊像，亡僧只能由内观想；"永阌"则明确表示这是永久性地纳真身于内，且呼应于"至宝深藏"。值得注意的是，铭文"如来／舍利"皆譬喻，不应比附于某类舍利。

广惠塔铭无疑高度综合地指涉了僧人身体观及其亡故后的观念指向。这不免需要与晚唐洪䛒的两个相关例子相结合加以讨论。首先是据敦煌写本第 4640（5）《吴僧统碑》记载，洪䛒曾在莫高窟建"法华无（元）垢之塔"。[1] 其次是洪䛒影窟诸空间特征。

马世长所绘藏经洞平面、剖面图精确而直观地展示了藏经洞盝顶、西壁告身碑、北壁禅床。（图 10）[2] 在过往研究中，一个细节被忽略了：北壁佛床上表面的凹坑。这个凹坑并非单纯的技术问题，而指涉了与影堂形成密切相关的瘞穴／

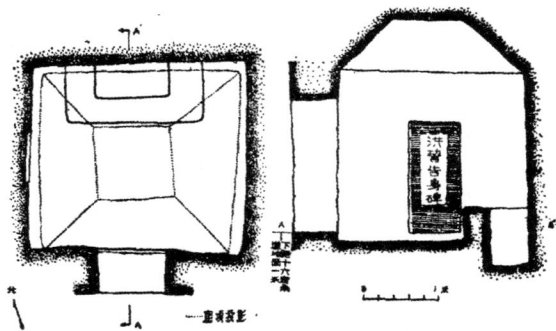

图 10　莫高窟第 17 窟平面、剖面图（图片采自马世长：《关于敦煌藏经洞的几个问题》，《文物》1978 年第 12 期，图 2）

瘞窟，并延伸至影堂中对真身影像的藏与显。马世长确凿地认定，这一凹坑的性质应类似于舍利塔下的地宫。这一判断无疑是极有识见的，但文内只有间接证据。在关中地区僧人瘞埋的记载中，"穴"与"空"多有歧义。长安附近马头地区所雕凿窟室多称"马头空"或"马头穴"，可见二者可以互指。刘淑芬认为王昶不了解"空／穴"皆指石室瘞葬，因此误读了"营空"。《金石萃编》曰：

1　黄永武：《敦煌宝藏》第 134 册，台北新文丰出版公司，1986，第 115—122 页。
2　马世长：《关于敦煌藏经洞的几个问题》，《文物》1978 年第 12 期，第 22—23 页。

营空，疑即营窆之义，或借空为窆字。又，空与孔同，孔与穴同义。[1]

　　"穴"与"空"是否等同于凿窟？对此应当持审慎态度。隋开皇八年（588）京师大兴云花寺僧人僧猛"葬于城东马头穴，刻石立铭于云花寺"[2]。勒石于寺或为给生前驻锡留念，或如洪䛒告身碑，但并不意味此处所云"穴"即石室。《大唐济度寺故大德比丘尼惠源和上神空志铭》：

　　他日大师厌世示疾，以开元廿五年秋九月二日，从容而谓门人曰："死生者，天之常道。身没之后，于少陵原为空，迁吾神也。"言卒右胁而卧，怡然归寂，始知至人不滞于物矣。……即以十一月旬有二日，从事于空，遵理命也。[3]

　　惠源的例子指向的是一种顶部开放的石室或是地穴。顶部开放意在不塔不封。右胁卧则有若涅槃。由此，"穴"与"空"并非确指，或龛或室或窟。"穴／空"与石室／龛有可能结合到一起吗？

　　贞观八年（634）四月，太原沙门慧达"趺坐而终，人谓入定，停于五宿，既似长逝，又不臭腐，乃合床于窟中"[4]。慧达的例子表述得非常明确，即以趺坐之姿入灭，且提到了窟内安置床榻。这或许是比较接近洪䛒影窟的例子，即于石室内设床，床下有穴，可供瘗埋。洪䛒坐床下凹坑，很可能源自穴。结合前论尼广惠事，实则整个影窟都可视为地宫瘗埋的空间，影身于其间即为舍利。况且，1965年敦煌文物研究所将洪䛒像迁回17窟时，已发现骨灰装藏于影像内。（图11）[5]

1　〔清〕王昶：《金石萃编》第54卷，载新文丰出版公司编辑部编《石刻史料新编》第1辑第4—5册，台北新文丰出版公司，1977，第32页。

2　〔唐〕道宣：《续高僧传》第23卷《隋京师云花寺释僧猛传》，载《大正新修大藏经》第50卷，第631页。

3　〔清〕王昶：《金石萃编》第82卷《比丘尼惠源塔铭》，第14—15页。

4　〔唐〕道宣：《续高僧传》第28卷《唐骊山津梁寺释善慧传附慧达传》，载《大正新修大藏经》第50卷，第688页。

5　马世长：《关于敦煌藏经洞的几个问题》，《文物》1978年第12期，第27页。

图 11　洪䮒影像内装藏的骨灰袋及习字纸（图片采自马世长：《关于敦煌藏经洞的几个问题》，《文物》1978 年第 12 期，图版 4-2）

四、余论

鉴于智者大师庞杂宏阔的义学背景，今人难以确知其遗命中白塔的具体含义，或许指征了法华无垢之塔的观想。智颛所言"白塔"，问题恐怕不在雕饰与否，而在白塔的神格定位。智颛遗命强调供信众远观，使其"发心"，意在感召。这与前文提及龙门塔形瘗穴、佛龛瘗穴以及宝山灰身塔有所不同。这些塔与像，更多着意于墓主自身，而非观者。无论其中多少观想、供养意味，均偏重于内向观。所谓"白塔"，或指涉材质，如白石，更接近的解释，或是此塔中无像。若既无墓主像亦无尊像，那么观塔即纯粹的观法。

空间的神格必须首先归于瘗窟内墓主的神性。就这一问题，僧传提供了诸多样本。换言之，僧传写作与瘗窟墓主的神性塑造是共生的。隋延兴寺僧灵达于"大业之始，终于墓丛。初不委之，村人怪不乞食，就看已卒，加趺如在。因合床殓于杜城窟中"。[1] 如果说僧灵达还属于感通类，不足为训，太宗贞观元年（627）12 月 28 日亡故的天台国清寺僧智晞，其身故后状态的描述或更有说服力："经

<hr />

[1]　〔唐〕道宣：《续高僧传》第 26 卷《隋京师延兴寺释灵达传》，载《大正新修大藏经》第 50 卷，第 673 页。

停数日，方入石龛。颜色敷悦，手足柔软，不异生平。"[1] 贞观十五年（641）正月十五日梓州僧人慧震迁化于石室瘗藏，"作石塔高五丈，龛安绳床，扶尸置上，经百余日，犹不委仆"[2]。更不必提前述智者大师遗体至炀帝时端坐如生。高祖武德七年（624）并州晋阳大兴国寺僧人慧超"便殓于龙阜之山、开化寺侧，作窟处焉。经停一年，俨然不散，日别常有供礼，香花无绝。后遂塞其窟户，置塔于上，勒铭于右，用旌厚德矣"[3]。慧超的瘗窟类似于墓中祭祀，其洞窟已具备一定的公共性。

在前述案例中，林葬舍身于鸟兽，无论高僧遗体是否为鸟兽所侵，终归都要收骨起塔。若鸟兽不敢近身，多增神异色彩，并不改变程序。灰身塔的程序是先林葬，再拾骨火葬，最后起塔／摩崖塔形龛。有时为了显示布施之诚，"肌膏才尽"，甚至刻意留诸旷野较长时间。瘗窟与林葬、灰身塔的差异不仅是程序与形制上的，更在于看待高僧遗体的观念：林葬与灰身塔两种葬法中，高僧遗体受侵，符合布施的初衷；瘗窟之初，与灰身塔一样曾作为林葬的后续环节，或如刘淑芬所指出，是"林葬的调和形式"[4]，但很快就转换为全身葬的观念。这种转换，符合瘗窟展示高僧遗体的意图，所谓"乘崖漏窟，望远知人"，随之走向了真身崇拜。高僧邈真即以塑像或绢画的形式再现真身，构拟影堂。从8、9世纪始，"真身—瘗窟"与"影像—影堂"这两种崇奉亡故高僧的图像空间逐渐固定下来。

高僧的身体观始终并非孤立地存在。从北朝中晚期开始，僧人屡屡将自身存在纳入寺院与石窟图像体系内，无论是借助于持经佛弟子的反复出现，僧俗供养像列的特殊配置与排布，抑或如莫高窟第428窟西壁"金刚宝座塔"（或曰"五分法身塔"）与僧人修行之次第关系，均可窥见一斑。[5]（图12）在此过程中，作为贯穿南北朝始终的法华信仰，其不断与佛教图像生产发生互动。在

1　〔唐〕道宣：《续高僧传》第29卷《唐天台国清寺释智晞传》，载《大正新修大藏经》第50卷，第582—583页。

2　〔唐〕道宣：《续高僧传》第29卷《唐梓州通泉寺僧释慧震传》，载《大正新修大藏经》第50卷，第698页。

3　〔唐〕道宣：《续高僧传》第19卷《并州大兴国寺释慧超传》，载《大正新修大藏经》第50卷，第582页。

4　刘淑芬：《中古的佛教与社会》，第258—259页。

5　关于该部分的相关讨论，于2022年8月敦煌研究院所举办"理论·方法·前景——敦煌十六国北朝石窟研究"论坛中，笔者以《再释莫高窟第428窟西壁"金刚宝座塔"及洞窟空间语义》为题所做的初步报告，将另文发表。

图 12 "金刚宝座塔／五分法身塔"，莫高窟第 428 窟西壁
中层［图片采自敦煌文物研究所编著《中国石窟·敦煌莫高窟》
（第一卷），文物出版社，1981，图 165］

历经北朝末期周隋之际的时代巨变，以及判教思想及活动的演变，最终在入唐之后，法华信仰及图像趋于定型。然而，此时的法华信仰却与隋唐之际渐次独立成科的山水图像发生了更紧密的关联。例如莫高窟第 217 窟南壁图像在学术史上长久以来晦暗难明的身份，难掩其在很大程度上或代表了初唐法华经变演进的方向之一，尤其是不能忽略其与同窟北壁西方净土题材的配置关系。在高度综合性的经变图像中，如何界定山水画的阶段性发展，法华题材提供了很好的图示。具体到神龙至景云年间，法华与弥勒信仰及图像间微妙的关联，或能提供一个新的观察角度。[1]

---

1 关于神龙至景云年间围绕法华信仰与山水图像演变的讨论，笔者已初步报告于本次会议。限于篇幅，拟另文讨论。

第五章
礼仪、制度与文化交流

大同寺儿村石雕与北魏傩仪

曹　彦（云冈研究院）

韦　正（北京大学考古文博学院）

　　《文物》2004 年 6 期发表的《北魏石雕三品》[1]一文，公布了 1958 年大同市小南头寺儿村古墓出土的一件重要北魏文物——有丰富仪式性内容的石雕[2]（图 1）。石雕为整块砂岩凿成，由三个部分组成，中部靠前的供桌和两侧人物，中部靠后的盝顶大龛，两侧兽面和人面怪兽及分别立于其臀部的人物。《北魏石雕三品》一文对这件石雕进行了详尽的描述，给出了很具启发性的意见。本文拟在《北魏石雕三品》一文的基础上，对这件石雕的年代、模仿对象、文化构成和来源、细节特征、仪式过程等尝试进行细读。

图 1（上、中、下）大同寺儿村石雕
正面（上）（图片采自大同市博物馆编、王利民主编《平城文物精粹：大同市博物馆馆藏精品录》，江苏凤凰美术出版社，2016，第 75 页）
背面（中）、顶部（下）摄于大同博物馆

1　王银田、曹臣明：《北魏石雕三品》，《文物》2004 年第 6 期，第 89—93 页。
2　王银田、曹臣民文中称之为"供养龛"，由于不存在供养对象，也不能根据圆拱形就确定这是龛形物，因此本文不采用"供养龛"这个名称，而直接称之为寺儿村石雕。

一、石雕的年代和文化内涵

关于年代，《北魏石雕三品》说："……二侍者的服装是典型的鲜卑服饰……是迁洛前鲜卑人经常穿着的传统服装。迁洛后因孝文帝禁胡服而日见（渐）稀少。……供桌右侧的怪兽头部与建于太和五年至八年的冯太后永固陵中发现的虎头墩相似，因此，我们推断该供养龛的年代应在北魏孝文帝定都平城期间。"笔者认为这件石雕的年代可能要更早一些，依据是供桌下部的两个长颈壶。两个长颈壶的腹部都是较瘦长的椭圆形，颈部细直。石雕长颈壶是对陶长颈壶的模仿，类似的陶长颈壶在平城北魏墓葬中多有发现，如大同全家湾北魏墓 M7[1]、大同田村墓[2]，这些墓葬的年代都指向 5 世纪中期前后。而大抵处于孝文帝时期墓葬出土长颈壶基本都已变为肩宽底小的形态，如大同云波里壁画墓、七里村墓出土者（图2）。虽然石雕器与陶器可能有一定差异，但不至于将宽肩小底雕成瘦长的椭圆形

云波里墓出土陶长颈壶(图片采自《文物》2011 年第 12 期，第 16 页)

七里村墓 M20 出土陶长颈壶（图片采自前揭大同市博物馆编、王利民主编《平城文物精粹：大同市博物馆馆藏精品录》，第114 页）

图2　大同云波里壁画墓、七里村墓 M20 出土陶长颈壶

1　山西省考古研究所、大同市考古研究所：《山西大同南郊全家湾北魏墓（M7、M9）发掘简报》，《文物》2015 年第 12 期，第 4—22 页。

2　大同市考古研究所：《山西大同南郊区田村北魏墓发掘简报》，《文物》2010 年第 5 期，第 4—18 页。此墓简报推定年代为北魏太和年间，根据陶器形态当为 5 世纪中期前后。

腹。因此，这件石雕的年代更可能是 5 世纪中期前后，难以晚到孝文帝时期[1]。

关于模仿对象，《北魏石雕三品》认为"怪兽的设配则明显源于北朝流行的镇墓兽"，笔者认为这个看法可能是本末倒置了。镇墓兽不太可能成为石雕怪兽的模仿对象。石雕所展现的是一个现实性的仪式活动场景。今日考古出土镇墓兽虽然是静态形式的，但从镇墓兽最初发生的情况来说，应该是对打鬼驱傩仪式中某种变形动物的模仿，即镇墓兽的原始形态应当来源于现实之中，因此，展示现实性仪式活动的石雕不太可能由镇墓兽而来。同理，打鬼驱傩仪式中相关变形动物不仅决定着镇墓兽的形态，也会对镇墓兽形态的变化继续产生影响，而不是相反。镇墓兽容或夸张变形，但将现实仪式活动中的怪物归于镇墓兽显然不妥。

这件石雕最引人注意的是二怪兽和站立于其后臀部之上的二大型人物。《北魏石雕三品》判断这两个人物为武士，称："两武士着装及姿态相同。皆头戴尖顶风帽，帽之垂裙至肩部，身着下摆及膝的圆领长袍，下身着裤。两手虚握于身前，手中空，原来可能插有木质武器之类的器械。"这两个人物形象与常见的普通鲜卑人物的确不同，尤其是手持器械，很有可能属于武士类人物。如将此二兽二人看作一个组合，那么这种二武士与一人面一兽面的组合为目前所知最早者，它与北魏洛阳时代开始直至隋唐时期的二武士二镇墓兽组合非常相似。鉴于其本身出土于墓葬之中，甚或描摹的就是镇墓打鬼仪式，因此，这一组合的文化构成和来源值得仔细分析。由于镇打的对象无法确定，为了避免歧义，本文还是称之为驱邪打恶仪式，与古代的"傩"大致相当。又由于现在能了解到的驱邪打恶的形象化内容多来自墓葬之中，因此我们只能采用墓葬材料进行类比研究，这个局限性是显然的，但也有一定的合理性。一人面一兽面的镇墓兽在北朝墓葬中的出现要到北魏洛阳时代，无论是在本文推测的 5 世纪中期左右，还是《北魏石雕三品》一文推测的孝文帝时期，大同地区北魏墓葬出土的镇墓兽多为蹲坐的老虎形，或为四肢站立的人首兽身，都不是石雕上的形态，也没有出现配对现象。大同博物馆另藏有人面、兽面的镇墓怪兽（图 3、图 4），可惜来历和时代均不清楚，

1　本文曾在 2021 年 10 月 30、31 日由中央美术学院主办的"中古中国视觉文化与物质文化国际学术研讨会"上以演示文稿的形式发表，担任评议的中国人民大学李梅田教授对将这件石雕年代提前一二十年的意义提出疑问。由于会议时间紧张，担任主持的中国科学院自然科学史研究所苏荣誉教授没有再安排回应环节，所以在这里略做补充说明。本文认为这件石雕的文化源头可能与关中地区密切相关，石雕的年代愈晚，距离北魏的时间就愈久，关中的影响就可能愈小。因此，将这件石雕的年代提前若干年，不是一件没有意义的事情。

雁北师院 M2 镇墓兽〔图片采自大同市考古研究所、刘俊喜主编《大同雁北师院北魏墓群》，文物出版社，2008，彩版一七〕

司马金龙墓出土镇墓兽〔图片采自大同市博物馆编、王利民主编《平城文物精粹：大同市博物馆馆藏精品录》，第 104 页〕

云波里 M10 镇墓兽〔图片采自张志忠、古顺芳、侯晓刚等：《山西大同云波路北魏墓（M10）发掘简报》，《文物》2017 年第 11 期，第 98 页〕

图 3　大同地区北魏镇墓兽

图 4　大同博物馆藏石雕镇墓兽
〔图片采自大同市博物馆编《融合之路——拓跋鲜卑迁徙与发展历程》，安徽美术出版社，2018，图版 068〕

图 5 西安未央区董家村后秦墓镇墓兽
（图片采自《考古与文物》1998 年第 5 期
封面）

图 6 汉代陶傩偶（左、右）
皆为山西乡宁县文物管理所旧藏
摄于清华大学"华夏之华——山西古代文明精粹"特展

否则是可以与寺儿村石雕一起讨论的材料。所以，从目前材料看，二武士和一人面一兽面怪兽不太支持平城本地起源的推想。放眼其他地区，可认其跟关中地区的关系较为密切。

　　人面形镇墓兽可以算是十六国时期的新发明，这种镇墓兽疑似已经出现于十六国时期的西安焦村 M25 墓室壁画之中，背部也长有鬣刺[1]。兽面镇墓兽的发现要更多，在相当于十六国晚期或北魏早期的关中地区的西安航天城北朝墓 M7[2]、顶益制面厂 M217[3] 中都有发现中原和西北地区东汉魏晋墓葬中没有发现的人面形镇墓兽，但经常出现头长尖刺的狮形走兽状镇墓兽（图 5）。十六国时期的兽面镇墓兽与走兽状镇墓兽的最大差异是取消了头部的尖刺，可知十六国时期兽面镇墓兽不是由中原汉晋镇墓兽系统演化而来的，而是另有他途。镇墓武士俑在中原地区西晋墓中经常有所发现，但在中原地区汉墓中未有听闻[4]，大概是西晋时期的发明。十六国时期的咸阳平陵 M1 出土有"泥质天王俑"[5]，可能也是

1　辛龙等：《西安南郊焦村十六国墓》，载国家文物局主编《2019 年中国重要考古发现》，文物出版社，2020，第 134—138 页。

2　西安市文物保护考古研究院：《西安航天城北朝墓发掘简报》，《文博》2014 年第 5 期，第 12—17 页。

3　陕西省考古研究所：《西安北郊北朝墓清理简报》，《考古与文物》2005 年第 1 期，第 7—16 页。

4　汉代墓葬中不乏驱鬼护墓形式的壁画方相氏、持蛇陶俑、陶傩偶等物，但可以肯定的镇墓武士形象，笔者未曾得见。

5　咸阳市文物考古研究所：《咸阳平陵十六国墓清理简报》，《文物》2004 年第 8 期，第 4—28 页。

武威汉墓出土镇墓兽　摄于武威博物馆

洛阳厚载门西晋墓 M3033 镇墓武士
（图片采自武海、胡小宝、刘红武等：《洛阳厚载门街西晋墓发掘简报》，《文物》2009 年第 11 期，第 34 页）

荥阳苫蓿洼西晋墓 M18 镇墓兽
（图片采自《中原文物》2017年第 4 期封三：2）

大同沙岭七号墓壁画镇墓武士与镇墓兽
（图片采自前揭大同市考古研究所：《山西大同沙岭北魏壁画墓发掘简报》，第22 页）

图 7　镇墓兽与镇墓武士

镇墓武士，但具体形象不明了。北魏初年的大同沙岭七号墓[1]甬道中有武士形象，持刀执盾，身着铠甲，与西晋墓葬中的镇墓武士形象相比，未见永袭关系。（图7）从现有材料来看，二武士二怪兽的部分因素可以上溯至十六国时期，但上到西晋及之前的可能性似不存在，即汉晋镇墓武士和镇墓兽系统没有流传到十六国，更不用说北魏时期了。撇开形象上的差异，我们不得不承认，寺儿村石雕一人面一兽面的怪兽形象与关中地区十六国镇墓兽有相似性。这似乎指向其与十六国的渊源关系，尽管在形象上有所改造。从出土的鲜卑装骑兵俑来看，西安航天城北朝墓 M7、顶益制面厂 M217 墓主不排除为鲜卑人物的可能性。依此推测，尽管咸阳平陵 M1 墓主的民族不明，但大概也非汉族人士了。即使是汉族人士，从出

1　大同市考古研究所：《山西大同沙岭北魏壁画墓发掘简报》，《文物》2006 年第 10 期，第 4—24 页。

土器物看，文化上多半也发生了很大改变。长安的地位在汉末魏晋亦自不低，在十六国时期又一直作为少数民族政权的首都，所以关中地区是十六国时期少数民族集聚之地。因此，镇墓组合上发生的变化可能与少数民族一直定都关中，且少数民族文化在关中至为发达有关。北魏政权建立前后，从关中吸收了大量人员和文化因素，从而在图像上影响到了平城地区人面和兽面怪兽形象。

不过，虽然二武士二怪兽组合后来成为镇墓组合的基本形式，但在北魏平城时代并不多见。北魏平城时代镇墓兽中最常见的形象是老虎，既见于陶俑，如司马金龙墓等不少墓葬所出土的；也见于壁画，如皇兴年间的邢合姜墓石椁壁画，这与老虎食鬼的华夏传说吻合。其次常见的镇墓兽形象是站立状的人首兽身形，额头上还会有一孔，原来插进去的尖刺已经掉落，这倒是与中原地区汉晋镇墓兽有一定渊源关系。还有很多镇墓武士的形象也可分为两类：一类带有华夏传统色彩，如邢合姜墓门上长着尖耳、上身赤裸的力士图像，墓葬中出土的披甲戴胄的武士状陶俑；一类带有异域色彩，如张僧朗墓门上的狮首形人物、文瀛路墓甬道中的三眼卷发神王图像等。（图8）与寺儿村石雕二武士二怪兽组合最接近的是大同沙岭7号墓甬道壁画中的图像，但略做辨别还是可以看出明显不同，沙岭7号墓二怪兽都是人面，二武士的面部与常人有别，戴着面具的可能性很大，这与《续汉书·礼仪志》"大傩"中打鬼驱疫的方相氏很接近。而从沙岭7号墓壁画中伏羲女娲、出行图等内容都可看出该墓壁画的文采来源仍应以汉晋文化为主。反观寺儿村石雕武士没有戴面具，而是以本来面目出现，这可以看作是与沙岭壁画墓以及其他镇墓武士陶俑形象最大的不同，这种驱邪镇恶的形式与北魏流行的"军傩"十分类似。史书记载最早的军傩见于和平三年（462），"因大傩耀兵，有飞龙、腾蛇、鱼丽之变，以示威武"[1]。此后几乎年年举行。寺儿村石雕的年代在和平三年之前还是之后不详，但和平三年的军傩是国家级的礼仪活动，很可能是在军队或地方举行了一段时间后才上升到国家礼仪层面。这种军傩，"以'南败北捷'来表达统一全国的政治宏愿"[2]。北魏举行军傩有历史的必然性。钱茀先生指出原始狩猎活动是"傩"之根[3]，北魏去古未远，在冯太后执政之前还经常通过大蒐来训练军队，其间必然包括傩在内的各种仪式活动。汉代的大傩等仪式也从原始时代而来，最初与军事训练

1　〔北齐〕魏收：《魏书》卷五，中华书局，1974，第120页。

2　钱茀：《傩俗史》，广西民族出版社、上海文艺出版社，2000，第35页。

3　钱茀：《傩俗史》，广西民族出版社、上海文艺出版社，2000，第6页。

邢合姜墓门上力士状镇墓武士像摄于清华大学"华夏之华——山西古代文明精粹"特展

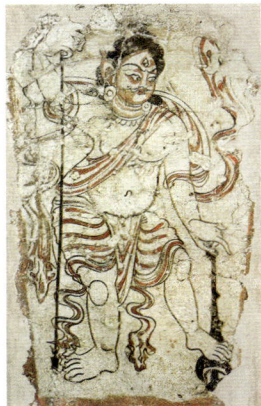

文瀛路墓镇墓武士像壁画（图片采自刘俊喜、高峰、侯晓刚等：《山西大同文瀛录北魏壁画墓发掘简报》，《文物》2011年第12期，第97页）

张智朗墓武士像壁画　摄于南京博物院"琅琊王——从东晋到北魏"展览

大同云波里M10出土镇墓武士像壁画与镇墓兽塑像［图片采自张志忠、古顺芳、侯晓刚等《山西大同云波路北魏墓（M10）发掘简报》，《文物》2017年第11期，第97页］

图8　各种镇墓武士形象

大概也融为一体，在社会进化过程中，逐渐演变为戴着面具进行的表演性活动。对于军傩而言，戴面具大概属于多此一举，不仅不能显出威风凛凛的气势，可能还给人畏怯之感。因此，寺儿村石雕驱邪镇恶的武士形象与汉晋镇墓武士以及沙岭七号墓甬道武士形象不一样，应该具有与北魏历史和文化相匹配的深刻内涵。

二、石雕的细节特征和仪式过程

虽然不一定很写实，但这一石雕的细节特征有不少值得注意之处。所谓盝顶大龛其实代表的是一顶帷帐，而不是建筑。如果是建筑的话，当表现脊部，甚至鸱尾。石雕供桌、长颈瓶及前面鲜卑人物手中的碗，甚至一人面一兽面的动物，都应当与帷帐是一套什物。盝顶大龛的门呈圆拱形，易使人以此石雕为大龛，但此石雕不像佛龛那样用以供奉佛教造像，所以名之为龛不合适。至于为什么采用圆拱形门，倒不能排除佛龛的影响。宋绍祖墓、冯太后永固陵等不少平城北魏墓葬的墓门都做成尖拱形，特别是永固陵墓门下为束帛柱，上为凤回首的尖拱，与佛龛几乎一模一样，可见佛教影响之大。这一石雕的宗教感和仪式性当不下于墓葬，因而由此做成圆拱形门也未可知。大同北魏墓葬中发现的建筑模型不少，门都是横梁过洞式，这个石雕大龛做成圆拱形门，无论是作为帷帐，还是作为建筑，都是不太方便的，但因此更可见仪式的神圣性是第一位的。《北魏石雕三品》说："虽然北朝佛教造像常见各种龛形，但本龛像的题材并无佛教色彩，应该排除佛龛的可能"，这在总体上是正确的，但其隐性的佛教色彩还是存在可能性的。

盝顶大龛的门很大，可能与供桌的大小有关。供桌也很大，高及两边鲜卑装人物的肩部，按照正常身高来说，有 1.5 米左右了，这个高度显然远大于一般家具的高度。供桌的高、宽接近，将这样的仪式性用具从帷帐里庄重地平抬出来时，对门的宽度是有一定要求的，可能因此盝顶大龛的门被雕造得很大。供桌的表面下凹也是一个值得注意的现象，这样做的目的大概不是向里面注液体，而可能是防止置于其上的东西滑动。供桌下部又雕有一亚字型桌，宽度略小于供桌表面凹陷部分宽度，或许在仪式进行过程中，有将亚字形桌置于供桌上的环节。亚字形桌两边各有一长颈壶，在这里显然是一种重要的礼仪用器。这种样式的长颈壶在大同北魏墓葬中发现很多，几乎每墓必备。由长颈壶出现于盝顶大龛中可知，大同北魏墓葬中的长颈陶壶很可能也被赋予了礼器性质。大同北魏墓如雁北师院

图9　红色彩绘的长颈陶壶
大同雁北师院 M2 出土
（图片采自前揭大同市考古研究所、刘俊喜主编《大同雁北师院北魏墓群》，彩版三五）

M2 出土有红色彩绘的长颈陶壶（图9），正是将其作为礼器的良好说明。供桌两侧鲜卑装人物手持敞口的钵形器，应该是与长颈壶相应的器物。从观者的角度来看，右侧鲜卑装人物（以读者为准）双手持钵形物于肩部，钵口略向外倾斜，似乎表现了倾倒之意。两个长颈壶现在位于亚字形桌下两侧，实际使用过程中，肯定要将长颈壶取出来再倾注液体，而且倾倒好后，应将两个长颈壶置于亚字形桌上。至于是否再将亚字形桌架到大供桌上就不得而知了。石雕前端的两个鲜卑装人物的服饰极为普通，看不出特异之处，看来这个仪式并不像萨满做法那样对服装有特别的要求。最引人注意的自然是盝顶龛两侧的一人面一兽面的兽身动物和站在兽身上的武士装人物。此动物和人物虽然位于石雕的后部，但被雕刻得很大。武士装人物几乎是前面鲜卑装人物高度的两倍。可见动物和武士装人物是这个石雕刻意表现的内容。武士站立在动物的臀部，可能是雕刻上的表现手法，实际仪式中未必如此。武士双手作持物状，但不是在驱赶动物，而应该是与动物配合一起驱邪打恶，是在一个动态过程中相互协作。

　　这个石雕提供了珍贵的仪式状况，甚至可以想象出仪式的大致场景和过程。这个仪式是在空旷之地举行的临时性祭祀活动。在仪式举行之前，供桌、亚字形桌、长颈瓶、前面鲜卑人物手中的碗，甚至一人面一兽面的怪兽等各种物件可能都是收纳在帷帐之中的。仪式正式开始前，应该由相关人士将供桌等物抬出帷帐，在帷帐前铺设好，然后择时开始活动。在整个仪式过程中，前面的鲜卑装人物向长颈壶里倾注液体、安放亚字形桌和供桌，都不是仪式的重点。仪式的重点是由武士驱赶人面和兽面怪兽。实际过程中，武士应将二怪兽驱赶到帷帐前面的空旷之地，进行"巡回式"表演，以充分展示怪兽的凶猛和武士娴熟的驾驭技巧。受制于石雕这一艺术形式，现在二武士二动物位于盝顶帷帐的两侧，是准备从后向前行走的样态。按照动态过程看，二武士二动物似乎本来隐藏在盝顶帷帐的背后，到了一定时候，才从后行走到前面来。当然，也不排除二武士二怪兽本来都隐藏在帷帐之中，时机到了，才从帷帐里出来。因为具有军傩性质，还应该考虑有一起参加活动的其他士兵。

根据上文的分析，可以看出，这个石雕是将仪式过程中不同环节压缩到一起的。仪式至少分成两大步：第一步是架设亚字形桌、供桌，鲜卑装人物倾注液体，之后至少两个鲜卑装的人物可能就要退场了；第二步，即武士装人物将人面、兽面怪兽驱赶出来，正式进行驱邪镇恶活动。[1]

三、小结

总之，寺儿村石雕的重要价值在于形象展现了北魏平城时代鲜卑傩仪场景。傩仪所镇驱的具体对象很可能是恶鬼疾疫，但不能十分肯定。由役使动物可知这一仪式仍具有一定的萨满色彩。役使怪兽的武士形体非常高大，可见武士身份十分被看重，因此大致可以将这场傩仪称为"军傩"。这自然具有官方背景，而非民间普通仪式可比。所役使的怪兽一人面、一兽面，与后来墓室中流行的镇墓兽类似，由此可知墓室镇墓兽来源于这种现实生活中的驱傩活动。平城时代北魏墓葬中的镇墓兽还没有形成这种固定形式，到了北魏洛阳时代才形成这种形式，特别是在较高等级的墓葬中很统一，可知后来的统一当与行政力量有关，也可知北魏政权在丧葬活动上的控制要明显强于平城时代。由于在关中地区十六国墓葬中已经出现背部有鬣刺的蹲坐状镇墓兽，关中地区又是少数民族麇集之地，北魏政权从关中吸收了大量人员和文化，因此平城地区这种一人面一兽面的趴卧状怪兽形象确有可能受到了关中地区的影响。北魏平城时期既有华夏传统类型，也有异域色彩浓厚的镇墓武士、镇墓兽，但后者最终脱颖而出，成为国家丧葬制度指定组合的，是寺儿村石雕这种武士和怪兽形象，于此更可见这件石雕的珍贵价值。

（原刊于《故宫博物院院刊》2022 年第 3 期。）

1　本文在 2021 年 10 月 30、31 日在由中央美术学院主办的"中古中国视觉文化与物质文化国际学术研讨会"上以演示文稿的形式发表时，担任评议的北京大学艺术学院李松教授和中国人民大学李梅田教授都认为这件石雕也可能表现的是打傩场景的一个画面，而不一定是将不同过程压缩到一起，这个想法也是有道理的，可以作为一种解读方案。由于会议时间紧张，担任主持的中国科学院自然科学史研究所苏荣誉教授没有再安排回应环节，这里略做补充说明。

陕西泾阳石刘村 M318 出土"胡人宴饮图"探析[*]

刘呆运（陕西省考古研究院）

赵海燕（西安市文物保护考古研究院）

关中地区出土唐代壁画墓 140 余座，所见胡人形象主要有驭手、马夫、驼夫、朝贡使臣、男侍、乐舞者、乐伎、蕃将、文职官员、胡商、胡僧等，已有学者以唐墓壁画中的各色胡人为研究对象，提出唐朝文化在与外来文化交融互动时，所受的影响从总量上来看只是很小的一部分[1]。2014—2015 年，陕西省考古研究院在泾阳县太平镇石刘村发掘了唐墓 M318，出土壁画"胡人宴饮图"在唐墓壁画中尚属首见。该壁画展现了胡人日常生活的场景，为我们进一步研究外来民族的生活习俗、饮食、礼仪及其与唐朝文化之间的互动再添新资料。

胡人宴饮图像最早出现于北周粟特人安伽墓[2]、史君墓[3]、虞弘墓[4]的石棺围屏上，笔者通过相互比照，拟就唐墓壁画"胡人宴饮图"中涉及的一些问题加以探讨。

一、墓葬情况介绍

唐墓 M318 位于陕西省泾阳县太平镇石刘村东北 300 米处，墓葬为长斜坡墓道土圹单砖室结构，由斜坡墓道、3 个过洞、3 个天井、砖封门及甬道和墓室组成。

---

[*] 本文系国家重大招标项目《三到九世纪北方民族谱系研究》（项目编号：20&ZD212）子课题"隋唐民族大融合：长安居民谱系研究"阶段性成果之一。

1 爱德华·谢弗：《唐代的外来文明》，吴玉贵译，陕西师范大学出版社，2005。

2 陕西省考古研究所：《西安北郊北周安伽墓发掘简报》，《考古与文物》2000 年第 6 期。

3 杨军凯：《北周史君墓》，文物出版社，2014。

4 山西省考古研究所等：《太原隋代虞弘墓清理简报》，《文物》2001 年第 1 期。

图 1 石刘村 M318 三维透视图

图 2 M318 墓道东壁壁画

墓葬平面呈刀把形,水平总长 25.7 米。墓道、天井、过洞的东、西两壁及墓室东壁均绘有壁画,墓壁以草拌泥作地仗,其上涂抹较薄的白灰层,壁画整体保存较差(图 1)。

在墓道开口东壁处隐约见墨线勾勒展翅飞翔的凤鸟,画面斑驳;西壁壁画的地仗层已剥落,画面模糊不清。自墓道口向北,东壁依次绘青龙、门吏图;西壁白虎、门吏图。白虎图仅见虎首,前、后肢及锐利的虎爪;青龙依稀可见腾空的龙身及四肢。东壁门吏的头部已脱落,其身姿、服饰相对于西壁门吏保存较好(图 2);西壁门吏画面弥漫不清,隐见长袍阔裤。过洞及天井东、西两壁分别绘有奉物的侍女、牵马、侍从、侏儒、山石图,以下略做描述。

第一,过洞东、西壁各绘有一幅侍女奉物、牵马图,两相对应。东壁侍女头部脱落,上身穿青金色交领阔袖衫,下着墨线勾勒的曳地长裙,腰身前倾,双手向前,捧一平底圆盘,上置长条状瓜果;其后跟随一牵马的马夫,马夫身材高大强健,头戴高顶两脚幞头,圆脸,短粗眉,大眼有神,身穿圆领长袍,足蹬黑靴。马夫

图 3　M318 第一过洞东壁壁画

图 4　M318 第二过洞西壁壁画

右手蜷缩隐于身侧，左手置于胸部。其身侧骏马膘肥体壮，一蹄腾空，似作行走状（图 3）。西壁侍女与东壁画面相近，侍女手捧一圆钵，女子双手纤细，刻画细致。身后一牵马的马夫，亦头戴黑色幞头，脸部漶漫不清，马夫左手牵缰绳，右手置于胸前。

第一天井东壁绘胡人牵马图，马夫身材高大，昂首伫立，头戴黑色幞头，浓眉圆眼高鼻，络腮胡，腭骨高耸，身穿圆领窄袖长袍，腰束带，脚穿黑鞋。左手蜷曲于胸前，右手牵马。第一天井西壁，因人物上半身已脱落，无法辨别人物的身份。按东、西壁对应的关系，笔者推测应是胡人牵马图。人物的长袍、黑鞋，骏马的肢蹄、马尾、马鞍依稀可见。

第二过洞东壁画面保存极差，仅存长裙的下摆。西壁绘有拱手伫立的二侍女。（图 4）侍女梳高髻，身着交领阔袖衫，外罩半臂、披帛，下穿曳地长裙。第二天井东、西壁各绘制二侍女，其一侍女奉物，另一侍女伫立身侧。侍女均穿男装，圆领长袍、腰束带。

第三过洞东、西两壁隐约见墨线勾勒出的山石，石体嶙峋，峰顶用墨色晕染，给人以陡峭之感。第三天井东、西壁壁画保存较差，各绘有一胡人和侏儒。胡人头戴褐色幞头，浓眉，圆眼半眯，高鼻厚唇，络腮须。身穿圆领长袍，腰束带，双手拱于胸前；身侧的侏儒，似戴幞头，内穿圆领衫，外罩交领短袍，足蹬靴，手持物；东壁的侏儒以青金色涂染。

二、"胡人宴饮图"布局及内容

以胡人为主角的宴饮图像主要分布于甬道东、西两壁及墓室东壁，壁画脱落比较严重。整体来看，画面展现了胡人相互交谈、举杯宴饮的生活场景，在胡人中间分别摆放有酒樽、高足酒杯以及盛满果物的器皿。

甬道东壁"胡人宴饮图"，残存画幅上部边长2.67米，底边长2.49米，南高1.37米，北高0.5米。从残存的墨色线条判断，应绘有四人，两两相对。画面分南、北、中三组，布局错落有致。中间席地置放一三足圆盘、一平底盘、二高足酒杯及一圆罐。盘内盛有粒状物，疑为瓜果。一酒杯以墨线勾勒出椭圆形杯口、斜腹、高足底座；另一酒杯以墨色涂染杯体，敞口，深斜腹，高足。圆罐鼓腹，平底，腹部中间有墨色脱落。北侧（墓道向）绘有二人，交脚席地盘坐。其一穿圆领阔袖长袍，左手曲肘置胸前，右手前伸，身下露出毯子（垫子）；另一人仅存长袍下摆，左手似上举。与其相对的南侧（墓室向）亦以墨线绘二人，席地盘坐，上半身均已脱落，仅留衣袍下摆。（图5）

图5　M318甬道东壁壁画

图6-1　M318甬道西壁宴饮图

甬道西壁残损画面上边长3.72米，下边长3.64米，北高0.5米、南高1.37米。席地盘坐四人，两两相对。（图6-1）南侧（墓室向）二人保存相对较好，残高0.74米。一人头戴黑色幞头，幞角于脑后系结，眉黑而粗，高鼻，下颚留

图6-2　M318甬道西壁宴饮图局部

络腮大胡，着圆领阔袖长袍，右臂曲于胸前，手持一高足杯，杯体涂黑，双足着浅蓝色袜。另一人头戴幞头，咧嘴露齿微笑，唇上蓄八字髭，下颚络腮胡须，身着圆领长袍，端手隐于袖中。两人身后露出一椭圆状物，应是毯子或垫子。画面

291

北侧（墓道向）二人盘膝而坐，因受砌砖墙体影响，高低起伏，依稀可见衣袍下摆及衣袍下遮掩的平底圆盘。中部席地摆满器皿和酒杯等物，其中有 3 件墨色涂染的高足杯，4 件敞口浅腹平底圆盘，1 件敞口深腹平底三足樽（内置鹅颈鸭嘴长勺），1 件三足圆盘。西侧（上方）的盘内以墨细线条表示盛物，东侧（下方）的浅盘内盛满圆形果物。（图 6-2）

　　从残留画面判断，墓室东壁应是一幅宴饮图。画幅北高南低，仅存下部。上长 2.45 米，下长 2.43 米，北高 0.9 米，南高 0.57 米。原似绘二人盘坐，现仅存衣袍下摆，衣袍宽大，以墨线勾勒，石绿着色。北侧人物衣袍下露出坐垫，以黑色粗线勾边，内以细线描出纹饰。靠近甬道口绘一着青金色长裙侍女，足蹬黑色尖头履，足尖向北，残高 0.57 米。人物中间席地置放 2 件三足器，一为平底三足器，器足微翘，盛长圆状物体；一为三足壶，器腹较深，上覆圆盖出沿，盖边缘有一道弦纹，盖径大于腹径（图 7）。

图 7　墓室东壁壁画

三、"胡人宴饮图"图像解析

　　《礼记·礼运》记载"夫礼之初，始诸饮食"，涉及宴饮题材的图像最早散见于汉代画像石和壁画墓中。徐州汉画像石艺术馆就藏有一幅迎宾宴饮图，该图采用浅浮雕、减地平面的雕刻手法刻画了汉代豪门贵族宴请宾客的场景，画面案几上罗列了杯、碗、盘等酒具，主宾按左右分别跪坐在两厅堂内。1987 年，陕西长安县南里王村唐墓也出土一幅宴饮壁画[1]，画幅中间绘有一长方形案几，案上摆满了各种食珍及杯碟、羽觞、筷子等餐具。（图 8）此次发掘的唐墓 M318

1　赵力光、王九刚：《长安县南里王村唐壁画墓》，《文博》1989 年第 4 期。

图 8　宴饮图　长安县南里王村唐墓出土

"胡人宴饮图"壁画中，绘有高足杯、鹅颈鸭嘴长勺、三足壶、平底圆盘、三足圆盘、三足敞口樽等器具。这些器物是否为唐朝民众所使用的日常生活用具，与墓主人的身份是否相关？笔者拟就壁画题材涉及的相关问题进行讨论。

（一）图像中的器皿

胡人宴饮图中绘有 6 件完整的高足杯，1 件半残的高足杯。作为饮酒用具，高足杯最早出现于古罗马及中亚地区，唐之前已传入中国[1]。比如山西太原隋代斛律彻墓就出土一件高足白瓷杯（图 9）[2]，其形制与胡人宴饮图中的高足杯极为相近。唐代的高足杯已成为金银器中常见的器形，如在房龄大长公主墓甬道西壁的持杯男装侍女图、后室北壁的提壶持杯侍女图（图 10），以及

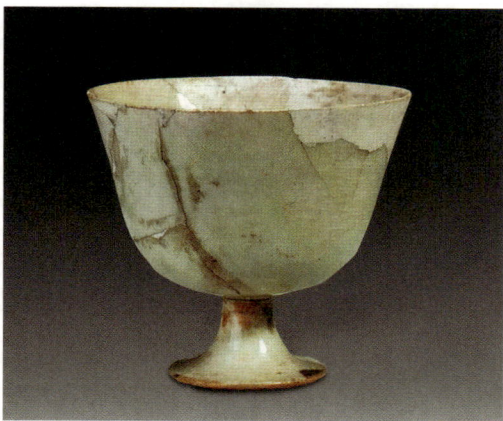

图 9　高足白瓷杯　山西太原隋代斛律彻墓出土

1　齐东方：《唐代金银器研究》，中国社会科学出版社，1999。
2　山西省考古研究所编著《太原沙沟隋代斛律彻墓》，科学出版社，2017。

图 10 持杯侍女图 唐房龄大
长公主墓出土
（图片采自程旭：《唐韵胡风:
唐墓壁画中的外来文化因素及
其反映的民族关系》，文物出
版社，2016，图 2-29）

图 11 托盘侍女图
唐李爽墓出土
（图片采自程旭：《唐韵胡风:
唐墓壁画中的外来文化因素及
其反映的民族关系》，第 103
页，图 2-30）

图 12 狩猎纹银制高足杯 何家
村窖藏出土

李爽墓托盘侍女图（图 11）等壁画，均可见侍女手持高足杯或盘中置有酒杯。此外，此类实物亦出土于唐代墓葬，如何家村窖藏出土的银质高足杯（图 12）[1]、西安南郊唐代韦洵墓出土鸿雁圆珠底纹银杯[2]、西安市长安区羊村唐墓出土素面银杯（图 13）[3]等，这些高足杯均出现于高等级贵族墓葬中，是唐代高等级贵族所拥有并使用的器物。

图 13 素面银杯 长安
区羊村唐墓出土

---

1 陕西历史博物馆、北京大学考古文博学院、北京大学震旦古代
   文明研究中心编著《花舞大唐春——何家村遗宝精粹》，文物
   出版社，2003。
2 陕西省考古研究院藏，西安市长安区 067 工地韦洵墓出土。
3 西安博物院编《乐居长安：唐都长安人的生活展》，文物出
   版社，2020，第 145 页。

　　M318 壁画中的 6 只高足杯，口沿外撇，腹壁较斜，深腹，有的较直，略带弧度，圜底，高足喇叭口，与美国弗利尔美术馆藏狩猎纹筒腹银高足杯[1]如出一辙，明显带有罗马和中亚等地风格，属于北朝末年至唐玄宗开元前期的高足杯器形[2]。这一时期是金银器的发展期，深受西亚、中亚等外来文化的影响。而玄宗开元后期至宪宗时期，出土的唐代高足杯数量极少，这也从侧面说明 M318 的年代应该不晚于玄宗开元后期。

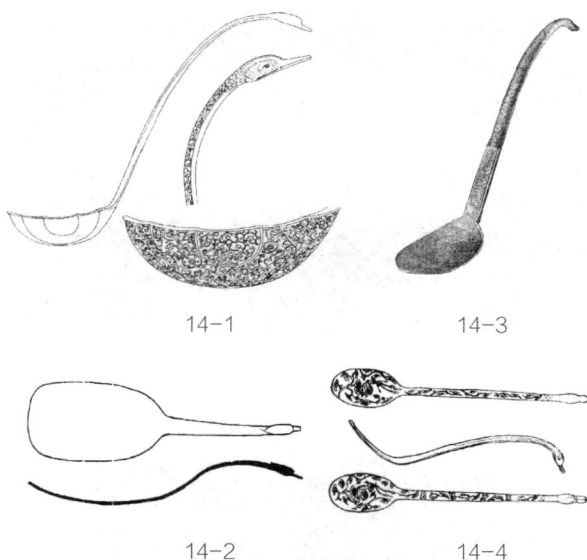

图 14-1、14-2　河南偃师杏园村唐墓出土
图 14-3、14-4　西安唐韦美美墓出土
图 14　鸭头勺　冉万里先生供图

高足杯发展至晚唐时期，其器形已演变成杯体较深，腹壁倾斜，杯足粗矮。由此可见，如诸多金银器一样，高足杯传入中原之后，在演变中逐渐摆脱了外来文化的直接影响，愈发向本土化发展、转变。

　　此外，鹅颈鸭嘴长勺也值得关注，此物绘制于甬道西壁一件敞口深腹平底的三足樽内。唐人小说称"鹅颈鸭头漂浮于酒上"，学者普遍认为此器物用于舀取液体，作酒勺或汤勺使用，也有学者认为此勺可能用于舀取奶酪之类的甜羹。1964 年，西安市文物管理委员会曾征集一件唐银鸭首银匙[3]，长 26.5 厘米，重 48.3 克。银灰色，匙体凹弧椭圆形，长柄微曲；匙体一侧柄上、下两面均为平面，末端一侧表面微弧；下部平面，柄梢为鸭首形，形制与壁画墓中的鹅颈鸭嘴勺极为相似。此外，1957 年河南偃师杏园村墓[4]、1989 年西安东郊唐韦美美墓[5]各出土 1 件（图 14），西安长安区韦曲镇南里王村唐墓壁画汉人宴饮图中亦绘有

1　韩伟编著《海内外唐代金银器萃编》，三秦出版社，1989。

2　前揭齐东方：《唐代金银器研究》，第 169 页。

3　西安市文物保护考古所编著《西安文物精华·金银器》，世界图书出版西安有限公司，2012。

4　中国社会科学院考古研究所河南第二工作队：《河南偃师杏园村的两座唐墓》，《考古》1984 年第 10 期，第 904—914、965—968 页。

5　呼林贵、侯宁彬、李蒸：《西安东郊唐韦美美墓发掘记》，《考古与文物》1992 年第 5 期。

图 15　唐三足陶质圆盘
新疆阿斯塔那—哈拉和卓墓地 M4 出土

图 16　唐鎏金五足铜盘
西安火车站广场出土

图 17　托果盘侍女图
唐房龄大长公主墓出土

鹅颈鹅首长柄勺。鸭嘴长勺头部雕饰鸭嘴或鸟嘴，以曲长的鹅颈为柄，作为实用器，该类器物目前出土极少，器物渊源鲜少得知，有待进一步研究。

　　宴饮图中绘有盛满食物的三足圆盘，这种器皿常见于日常生活，用于盛物，墓葬中却鲜少出土。新疆吐鲁番阿斯塔那—哈拉和卓墓地 M4 曾出土 1 件唐代三足陶质圆盘，口径 20.6 厘米，高 5.4 厘米（图 15）[1]；1958 年西安火车站广场出土 1 件唐鎏金五足铜盘，高 11.5 厘米，直径 37.4 厘米（图 16）[2]；唐房龄大长公主墓前室东壁绘有托果盘侍女，女子双手托五足盘，上置水果（图 17）；河南巩义窑出土 1 件唐三彩宝相花三足盘[3]，侈口、平底，口径 29.5 厘米，深 2.2 厘米，直径 8.3 厘米。这些出土的三足盘与壁画中的三足盘形制极其相似，应为同宗。

1　新疆文物考古研究所编著《吐鲁番阿斯塔那——哈拉和卓墓地》，文物出版社，2018。
2　西安博物院编《乐居长安：唐都长安人的生活展》，第 103 页。
3　席彦昭：《唐三彩云鹤宝相花三足盘》，《中原文物》1996 年第 1 期。

墓室东壁绘有三足壶。此器物由上、下两部分组成，上部器盖，微出沿，有圆形抓手，下部器体为深腹、直壁、圜底，底部三只兽爪足。其形制与西安开元六年（718）唐墓出土的莲瓣纹三足银壶相同，属于唐开元前期器物。目前所发现此类器物仅2件，收录于《唐代金银器研究》，为外来器形，盛物用，有保温效果。

壁画中还可见平底圆盘，是唐代比较流行的日常实用器，有不同材质者出土。比如西安西郊三彩窑址出土的三彩盘，平底，浅腹，施赭、绿、浅黄色釉。金银器平底圆盘出土比较多，有平底、圜底和带圈足的。如"李勉"圆形银盘[1]、何家村鹊鸟纹圆形银盘[2]等，与M318壁画所见平底圆盘形制相同，均为盛物使用。

墓室西壁甬道正中绘有一三足敞口樽，为盛酒用。器口微侈，圆唇，短颈，溜肩，鼓腹，小平底，下有三兽爪足。此件器物个体较大，未发现相同实物。而较小的唐代三足罐则发现较多，如辽宁朝阳唐墓出土的三彩三足罐（樽）[3]，罐高15厘米，口径11.5厘米，腹径18厘米，底径7厘米，罐身施黄、白、蓝、绿釉；焦作赵张弓也出土三彩三足罐[4]，罐高18厘米，口径14厘米，腹径21厘米，底径7

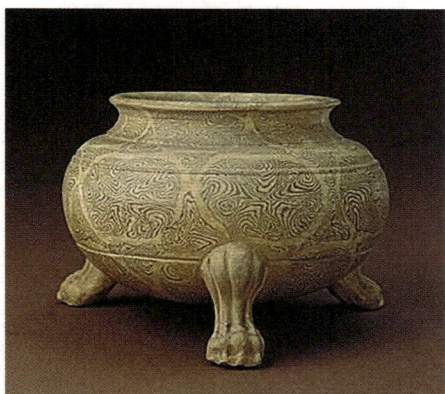

图18 唐巩义窑绞胎三足罐 故宫博物院藏

厘米，通体以绿色为主，施赭、棕、淡绿釉；江苏句容出土的唐三彩三足罐（樽）[5]，罐高18厘米，口径13.3厘米，腹径21.8厘米，底径8.7厘米，施赭、淡绿、白釉。此外，故宫博物院亦藏有一件唐巩义窑绞胎三足罐，高11厘米，口径10.7厘米，足径15.8厘米。（图18）

M318胡人宴饮图是写实性的画作，其中的高足杯、三足壶、鹅颈鸭嘴长勺、平底圆盘、三足敞口樽等器物在唐代墓葬中均能找到粉本，属于唐代贵族使用的器物，可以说是对现实生活的再现。我们知道，在外来文化的冲击、影响下，唐代初期审美倾向发生了一些变化，手工业者往往以胡人所使用的生活器皿为范本，

1 西安市文物保护考古所编著《西安文物精华·金银器》。
2 齐东方：《唐代金银器研究》。
3 李宇峰：《辽宁朝阳出土唐三彩三足罐》，《考古》1982年第5期。
4 马正元：《焦作赵张弓出土唐三彩三足罐》，《中原文物》1991年第4期。
5 丁观加：《江苏句容出土唐三彩三足罐》，《文物》1980年第6期。

在模仿的同时，逐渐融合中国元素，使之更具中国本土化样貌。这些唐代金银器和三彩器从侧面进一步说明了唐朝社会对待外来文化兼容并蓄的态度。此外，在胡人宴饮图中也出现了一些胡物，比如甬道东壁三足盘上放置的颗粒状食物，形似大枣，可能是《酉阳杂俎》中提到的波斯枣[1]，人物怀中所抱之物形似石榴。西壁壁画平底圆盘上放置的果物疑似金桃[2]，三足盘以及在器皿间的两个小碟，盛放的食物形似点心和胡饼。这些食物在唐代壁画中也出现过，一些学者曾做过考证，但仅靠图像，很难辨别具体食物名称。不过，已有学者认为是从西域一带传入的民族食品[3]，这点毋庸置疑。

（二）墓主人身份及壁画中的礼仪

M318 因人为破坏严重，墓室内壁画地仗层大部分已脱落，墓志遗失，随葬品仅残存陶片和几件铁器，无法根据出土器物判定墓主人的身份。笔者根据西安地区唐代墓葬形制[4]及分期，推断 M318 墓葬年代下限应该在玄宗开元中后期、安史之乱以前，壁画中高足杯的器形也从侧面印证了这一推测。此外，M318 墓葬总长约 25.7 米，墓室平面呈方形，长、宽约 2.48 米，四壁外弧，3 个天井，3 个过洞。比照高等级墓葬的形制及构筑尺寸，墓主人应为五品或五品以下的中等官吏[5]。墓葬中涉及胡人形象的有胡人牵马、胡人侍从、胡人侏儒，尤其甬道处绘制的胡人宴饮图与唐代传统的壁画内容有很大差别，唐代壁画一般会在甬道处绘制影作木结构的廊坊、斗拱，以及持物、持花侍女，假山、花草、仙鹤、侏儒、男女侍者等。这种在甬道处绘制胡人宴饮生活的场景，笔者认为与墓主人身份有关，墓主人可能为胡人官吏。

胡人嗜酒，不仅与本民族的生活环境有关，同时也缘于其酿酒技术的发达。

1　"波斯枣，出波斯国，波斯国呼为窟莽。树长三四丈，围五六尺，叶似土藤，不凋。二月生花，状如蕉花，有两甲，渐渐开罅，中有十余房。子长二寸，黄白色，有核，熟则子（紫）黑，状类乾（干）枣，味甘如饧，可食。"见〔唐〕段成式：《酉阳杂俎》，中华书局，1981，第178 页。

2　"大唐贞观二十一年，其国献黄桃，大如鹅卵，其色如金，亦呼为金桃。"见〔唐〕杜佑：《通典》卷一九三《边防九》，中华书局，1988，第5256 页。

3　程旭：《唐韵胡风——唐墓壁画中的外来文化因素及其反映的民族关系》，文物出版社，2016。

4　宿白：《西安地区的唐墓形制》，《文物》1995 年第 12 期，第 41—50 页。

5　程义：《关中地区唐代墓葬研究》，文物出版社，2012。

社交往来时，胡人往往以自己的酒酿宴请宾客，以示友好。借由壁画内容可以看到，该墓墓主人入华之后，仍然保留了饮馔的习俗，甚至在其卒后由于受华夏"事死如生"观念的影响，将生前的习惯和爱好展现在壁画上，这种方式可理解为是对民族情感的寄托。不同于已出土的房龄长公主墓、李凤墓、懿德太子墓、昭陵新城公主墓等高等级贵族墓葬壁画中的胡人形象，这些墓葬中的胡人形象一方面是为了展示墓主人的等级身份，另一方面是对社会奢靡时尚之风的追逐，并非胡人本民族的情感。

　　魏晋南北朝之前，汉民族受先秦食礼影响，采用传统的席地而坐、分食的饮食方式。席的大小、方正、规格都有明确的等级规范，在"筵"上摆放长方形或方形的"坐席"，席上摆放案几。男女分席，一人一份，双膝合拢脚心朝上跪坐于案前。宴饮题材的画像在汉代就已出现，我们可通过画像石、壁画等材料了解汉代的饮馔习俗，以及当时汉族贵族家庭大型宴饮、夫妻对饮或者迎宾宴饮等时尚生活场景。宴饮作为食礼发展至魏晋时期，受胡族外来文化的影响，进食方式发生了变化。在已出土的魏晋十六国墓葬壁画中，我们看到了宴饮图画构图方式的改变，有横列式、环列式、对坐式等。食礼方式也发生了变化，改为在中央安置食物和酒具，人们共同进食。由此可以看出，魏晋之际，由于不同国家、不同地域各民族之间的人口流动，以及受寒冷气候的影响，汉族的饮食方式由分食向"会食"的转变。

　　有关胡人的饮食礼仪，可以从北朝时期史君墓、安伽墓石榻围屏上窥见一斑。北周史君墓石围屏北壁的第一幅、第二幅、第四幅上部，以及东壁第一幅上部，均可见到宴饮题材，其中北壁第一幅画面表现了墓主史君头戴宝冠，身穿圆领窄袖长袍，下着窄腿裤，夫人康氏身披长袍，手持

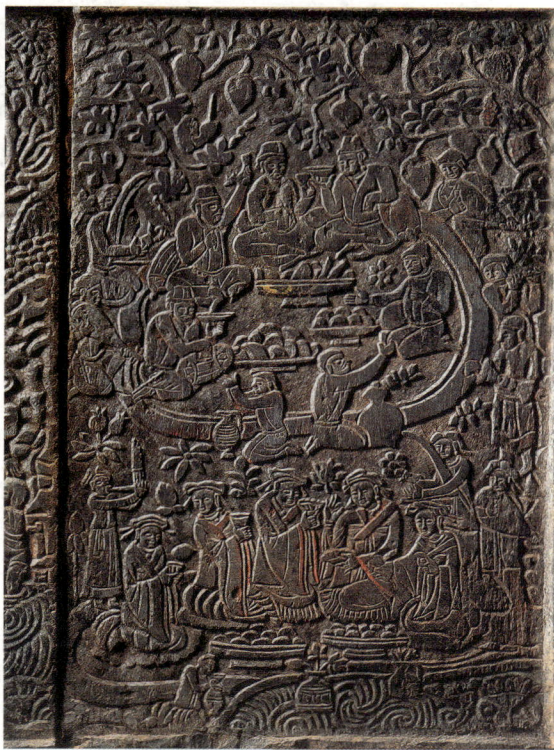

图 19　《宴乐图》北周史君墓出土

酒杯，盘膝而坐与宾客宴饮的场景。（图19）安伽墓石榻围屏以墓主安伽夫妇宴饮为中心展开，分别雕刻野外欢饮、突厥首领与墓主在葡萄园中宴饮观舞等场面。墓主夫妇与宾客宴饮的场景为我们展示了当时民众饮馔的习俗，以及合食的礼仪。胡人宴饮时，有的盘膝交脚坐于地面，有的则单膝盘坐或"胡坐（两腿下垂）"于大榻（胡床）上，中央摆放胡食（胡饼、胡果、奶酪、葡萄酒等），主宾聚在周围进食。（图20）胡人这种盘膝而坐的会食习俗，与胡人的生活环境、饮食结构、肉食的烹饪方法以及恣意奔放的性格息息相关。

唐代胡汉文化的交往，也影响了唐人的饮食结构和进食方式。如长安韦曲南里

图20　《宴饮图》安伽墓围屏石榻右侧屏风第2幅　北周安伽墓出土

王村唐墓墓室北壁，画面中央绘一长方形案几上摆放食物，两侧及后侧各摆有一个连榻。画中绘宴饮者九人，其中六人盘膝而坐，三人单膝跌坐于连榻上。又如，敦煌莫高窟第360窟所绘晚唐时期的宴饮乐舞图像中，亦在画面中间绘低案，其上摆放各种食物，周围安置连榻，每榻三四人盘腿而坐。两幅壁画再现了中晚唐时期人们的饮食习俗，以及在乡间无拘无束、开怀宴饮的生活画面，从中可以明显看到胡风胡俗对唐人生活的影响。与上述两例相呼应，M318唐墓所绘胡人宴饮图像则展现了当时胡人的宴饮方式，重现了唐代胡人入华之后，仍然保留了本民族宴请宾客时的食礼习俗，以及胡人与宾客围绕在食物和酒樽周围，双双盘坐，

怡然自得、共同会食的饮食方式。

宴饮图中的胡人头戴幞头，身穿白色圆领宽袖袍，腰束带，足穿乌皮履。《旧唐书·舆服志》谓之常服。常服，亦称谦服。"谦"，宴也，即百官可着此礼见、拜会，但不得用于祭祀和重大朝会。北朝则杂以戎夷之制，爰至北齐有长帽短靴，合袴袄子，朱紫玄黄，各有所好。隋代之后纳入礼制，武德时，圆领袍服，折上巾，乌皮六合靴，贵贱通服[1]，进一步巩固了常服的礼仪规范，确立常服的品色等级。唐初由于受戎夷影响，常服的衣袖瘦窄，紧身直式，中晚唐以后胡风渐弱，渐趋宽衣大袖。M318 胡人宴饮图中，胡人身穿白色常服，符合唐代官吏会客、拜见时的服饰礼仪规范，尤其是所穿常服的衣袖不再瘦窄，渐趋变宽，时代特征明显。唐人的常服实际上是汉族与西域胡族二者结合后，改良汉族服饰的繁缛，并加以品色以区别等级，使之成为唐代礼见和宴会常用礼服。胡服的主要特征为上身翻领、对襟、窄袖长衫或者圆领窄袖长衫，下身穿长裤，腰束革带，足蹬尖头靴，特点在于轻捷得体，便于活动，且不分男女。在已出土的唐代高等级墓室壁画中，多见男子或女子身穿胡服，给人以轻捷便利之感。

值得一提的是，在 M318 胡人宴饮图中展现了胡人手持高足杯的方式。无独有偶，已出土的房龄大长公主墓提壶、持杯侍女图中对比亦有表现，侍女手持高足杯时，其右手拇指和食指合拢捏在高足杯柄，中指和无名指自然伸展，小指微翘。《唐代金银器研究》一文也提到了高足杯的持杯手法，以拇指和食指捏住高足杯的圈足底，与 M318 胡人宴饮图中胡人手持高足杯的手法略有差异。图中胡人以拇指、中指和无名指分别捏在足柄上，食指扶高足杯体，小拇指微翘。在高足杯盛满美酒时，这种持杯方法更有利于高足杯的平衡和稳定，使我们对古人手持高足杯的礼仪有了新的认识。

四、结语

"李唐一代为吾国与外族接触繁多，而甚多有光荣之时期。"[2]唐代社会中，胡人活动范围遍及各个阶层，其作为一个特殊的群体逐渐融入唐代社会后，对当时的社会生活带来了深刻影响。这些人除传播本民族文化外，也表现出对汉文化极大的认同感。可以说，唐代社会秉持着积极吸收、兼容并蓄的态度，促进了胡

1　〔后晋〕刘昫等：《旧唐书》卷四五《舆服志》，中华书局，1975，第 1952 页。

2　陈寅恪：《唐代政治史述论稿》，生活·读书·新知三联书店，2001。

汉相融的唐代社会风貌的形成。个别带有民族情结的胡人官吏卒后，为保留本民族的特征，将其现实生活用具及生活习俗展现在壁画中，应该是一种表达情怀的最佳方式。从这个角度来看，M318 胡人宴饮图也应视为对墓主人生前生活场景的一种再现。我们知道，甬道壁画一般是作为整个墓葬壁画的连接点[1]，甬道壁上有时会绘制告别的场景，如李寿墓，甬道里的男性正在和位于墓室门口的女性告别。因而，笔者以为，胡人宴饮图也是对墓主人生前与宾客宴饮告别这一现实生活情景的重现。

  M318 墓葬年代下限应在玄宗中后期、安禄之乱以前。安史之乱后，由于唐王朝对胡人的攻击和排斥，催生出了以中国古典为上的复古思潮[2]。墓葬中不再出现以胡人形象为题材的壁画，壁画内容更为简化。M318 胡人宴饮图中展现的生活器皿、胡食等带有浓郁胡风的视觉元素，应该与墓主人的身份相关，而墓道、过洞、天井处绘制的青龙、白虎、侍女奉物、山石图又具有传统的华夏文化因素。因此，整个墓葬壁画题材是胡汉文化融合的体现。

---

1 程义：《关中地区唐代墓葬研究》。

2 荣新江：《中古中国与粟特文明》，生活·读书·新知三联书店，2014，第 291 页。

考古所见开元年间唐玄宗对丧葬制度的整顿

沈睿文（北京大学中国考古学研究中心　北京大学考古文博学院）

武周革命之后，李唐恢复天下，经过中宗、睿宗革命之后，唐玄宗朝急需重新进行政权合法性的建设，于是，先后在不同领域采取了一系列措施加以整饬，其直接结果就是在有关唐代文物典章制度的分期中，基本上都以开元、天宝为界。本文拟根据现有考古材料和研究做一梳理，以成一初步印象。就目前的情况而言，考古所见开元年间唐玄宗朝对丧葬制度的重建主要表现在如下方面。

一、帝陵的变化

（一）单体帝陵陵址选择的变化

唐献陵、昭陵和乾陵的择址分别采取了不同的原则。前者采用堆土为陵的方式，其神道南段多为黄土塬的断崖；后二者则采取依山为陵的方式，玄宫凿于主峰，主峰孤耸回绕，昭陵之九嵕山如此，乾陵之梁山也是这样。到了唐中宗之后，依山为陵者的择址原则发生了变化，不再是孤耸回绕，而是以得"龙盘凤翔之势"的冈峦之中央山脉为玄宫所在，出现了左右护卫的概念，形成后山高、左右山向低之势，拥抱着中间的墓穴。

中宗定陵陵山凤凰山，又名龙泉山，它是一座独立的山体，以半圆形山顶为中心，向东西两侧和南边伸出五条放射状的山梁，其中向南伸出的左、中、右三条山梁平行向南延伸，隆起的中梁形似凤头，两翼山梁呈对峙状，犹如凤凰展翅。地宫墓道入口开凿在中部山梁凤凰头上。左、右两条山梁恰成陵区东、西墙垣的天然基座。山陵山梁的形态，与昭陵、乾陵样式的卜陵堪舆旨趣迥异。这种择址原则在睿宗桥陵和玄宗泰陵继续得以采用。

睿宗在开元四年十月庚午（716年11月16日）葬于丰山桥陵。开元十七年（729），唐玄宗现场勘定金粟山为其陵寝泰陵所在[1]，文献称玄宗赞金粟山"冈峦有龙盘凤翔之势"[2]。"龙盘凤翔"，描述的正是跟上述定陵陵山一样的形胜。

从中宗、睿宗到玄宗陵址选择原则的一致，可知武周之后，唐王朝在帝陵择址时，已经把左右护卫列为重要因素了。这应该是后来姜庆初误毁建陵连冈而被赐死的主要原因。《新唐书》载：

> （天宝）十载，（姜庆初）尚新平公主。……主（新平）慧淑，闲文墨，帝贤之，历肃、代朝，恩礼加重，庆初亦得幸。旧制，驸马都尉多不拜正官，特拜庆初太常卿。会修植建陵，诏为之使，误毁连冈，代宗怒，下吏论不恭，赐死，建陵使史忠烈等皆诛，裴玲子仿，亦削官。主幽禁中，大历十年薨。[3]

"连冈"指的就是左右护山。姜庆初误毁建陵连冈一事去肃宗入藏建陵已几近两年。换言之，肃宗入藏建陵后，代宗仍继续修植建陵。此刻建陵主体工程应早已结束，此举当属进一步完善陵寝的措施。可见，此时在唐陵修建中以冈来左右护卫陵寝的意识已经固化。

（二）陵园平面布局：司马院神墙仿唐都长安城的平面形状

睿宗桥陵，以陵园司马院的平面结构完美模仿唐长安城。此举实始于唐高宗乾陵，中宗定陵的平面结构继续往该思路发展，但是这两座帝陵都因国力或时间等问题而未能实现整个司马院平面拟状都城长安。睿宗桥陵司马院得以平面拟状唐长安城，缘于玄宗时期国力昌盛。

在此之前，则是用陵山和陪葬墓地象征都城长安。这一点最为典型的是唐太宗昭陵，它充分利用陪葬墓主身前的官职拟则在长安城皇城中对应的衙署，由此实现了陪葬墓与都城皇城相对应的象征意向。因为武周革命，和李唐恢复天下，

1　"金粟山""金粟"即道教金丹的别称。这跟唐玄宗奉道是有关系的，很可能该山是因为唐玄宗才改为这个名字。

2　〔宋〕王溥：《唐会要》，上海古籍出版社，1991，第459页。

3　《新唐书》卷九一《姜庆初传》，中华书局，1975，第3794页。

臣子经历李唐、武周后，又恢复到李唐的政治经历，使得进入乾陵陪葬墓区的臣子在身份上产生了变化，由此也导致了数量的剧减，使得以陪葬墓拟则宫城、皇城的手法成为不可能，于是，便出现了以司马院的形状拟则都城平面的规划思路。从泰陵开始，又因为该规划思路的无法实现，而选择将神道石人的身份从中郎将改成文官在左（东）、武官在右（西），以此来象征皇城。

（三）帝陵陵地整体布局：模写西汉关中帝陵陵地秩序

陵地布局采用汉制也是在玄宗朝，为李唐承汉应土德而兴的自然产物。唐陵的排列次序及其变化是中古以来族葬制度、昭穆贯鱼葬综合影响的结果，它源于唐王朝在泰陵以前对北魏北邙陵墓的模写和泰陵之后对西汉帝陵陵地秩序表面结构的采用[1]。

随着时间推移到唐玄宗时期，唐王朝在陵地秩序的原则上转而选用了关中西汉陵区的制度。具体言之，从关中唐陵陵地秩序来看，唐玄宗泰陵以降，诸陵在整个关中陵区布局陵址的选择上统一采用了西汉宫（刘）姓的昭穆贯鱼葬图式（图1），这是一种源自周礼古制的经典重现，对政权的合理性是强有力的支持，也是对天下的一种昭告。

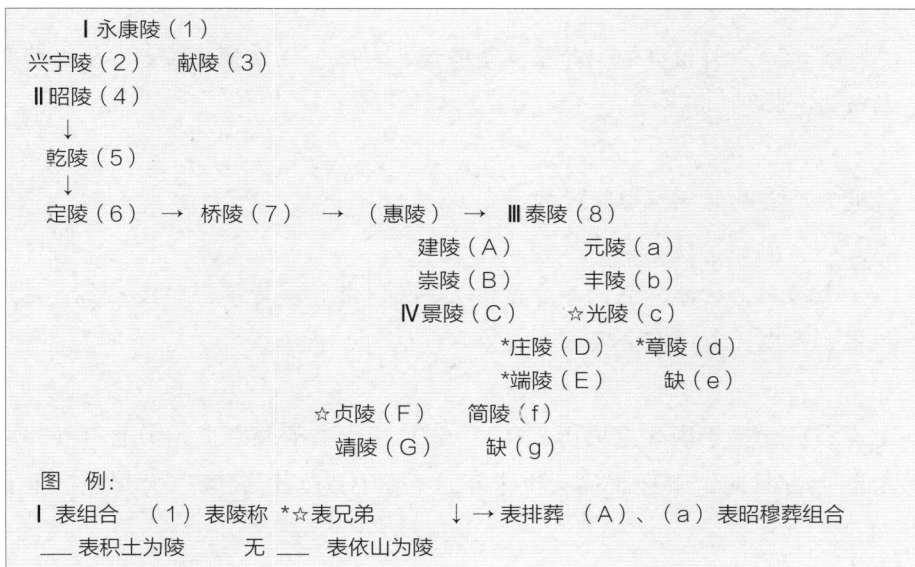

```
‖永康陵（1）
兴宁陵（2）    献陵（3）
‖昭陵（4）
  ↓
  乾陵（5）
  ↓
  定陵（6）  →  桥陵（7）  →  （惠陵）  →  Ⅲ泰陵（8）
                        建陵（A）      元陵（a）
                        崇陵（B）      丰陵（b）
                        Ⅳ景陵（C）    ☆光陵（c）
                              *庄陵（D）    *章陵（d）
                              *端陵（E）    缺（e）
                  ☆贞陵（F）    简陵（f）
                  靖陵（G）    缺（g）
图  例：
‖ 表组合   （1）表陵称  *☆表兄弟   ↓→表排葬  （A）、（a）表昭穆葬组合
___ 表积土为陵      无 ___ 表依山为陵
```

图 1　关中唐陵陵地秩序示意图

1　沈睿文：《唐陵的布局：空间与秩序》（增订本），文物出版社，2021，第49—161页。

玄宗之前，历经武周革命、中宗及睿宗的反复，这时候的唐王朝在皇权合法性的建设上就显得益发重要和紧迫，更需要以一种合乎天命的形式昭告天下。于是，唐玄宗登极之后，便采取了一系列有政治象征意义的行动。

玄宗朝土德天命说的采纳和实施，以及太庙九室制的确定不移，使得玄宗泰陵之后诸陵的秩序不变。这实际上是对初唐"汉代情结"的肯定，也是在帝陵制度建设方面对唐高祖遗诏"斟酌汉魏，以为规矩"的最终认定。

总之，这是跟唐玄宗建立李唐政权法统合法性的系列建设紧密联系的一个重要举措，而且这个时期唐陵的建制已经成熟、稳定。

二、对墓葬的主要禁断

开元时期对墓葬的限制主要在墓葬规模、葬具及随葬品的种类和尺寸、壁画内容等方面。

（一）禁断：石葬具、石室

《唐六典》卷一八《司仪署》云：

> 葬禁以石为棺椁者。其棺椁禁雕镂、彩画、施户牖栏槛者，棺内禁金玉而敛者。[1]

《通典》卷八五《棺椁制》载：

> 大唐制，诸葬不得以石为棺椁及石室。其棺椁皆不得雕镂彩画、施户牖栏槛，棺内又不得有金宝珠玉。[2]

《通典》始撰于唐代宗大历元年（766），成书于德宗贞元十七年（801）。其载上起上古时期，下迄唐代天宝末年。一般认为，所载唐令为开元二十五年（737）令。

1　〔唐〕李林甫等：《唐六典》，陈仲夫点校，中华书局，1992，第508页。
2　〔唐〕杜佑：《通典》，王文锦等点校，中华书局，1988，第2299页。

对唐代所见石棺、石椁的统计结果（表1）表明，石棺、石椁墓在开元之后便极其罕见。而开元二十五年之前，最晚的为开元二十三年（735）的杨会墓。该现象进一步将该令文的制定与执行时间与唐玄宗开元二十五年联系在一起。

表1 考古所见石棺、石椁墓葬在开元七年（719）及开元二十五年（737）各时间段的分布

总数	开元七年以前	开元七年以后	开元七年至开元二十五年	开元二十五年以前	开元二十五年之后
18	12	6	4	16	2
百分比	66.7	33.3	22.2	88.9	11.1

注：本表采自王静：《唐墓石室规制及相关丧葬制度研究——复原唐〈丧葬令〉第25条令文释证》，载荣新江主编《唐研究》卷14《天圣令及所反映的唐宋制度与社会研究专号》，北京大学出版社，2008，第446页，表2。按：本表的材料截至2008年。

《天圣令校证》之宋《丧葬令》第21条云：

> 诸葬，不得以石为棺椁及石室。其棺椁皆不得雕镂彩画、施户牖栏槛，棺内又不得有金宝珠玉。[1]

《宋史》将它置于"诸臣丧葬等仪"之下[2]，可见它是针对大臣的规定。

考古工作表明，唐玄宗成功地实施了该令文，从而使得石室成为皇帝的专享，而石椁则成为帝、王才有的特权。

（二）禁断：唐三彩

唐三彩是多彩釉陶，源自汉代的釉陶传统，同样也是为了模仿彩绘陶而制作、随葬的。包括唐三彩在内的釉陶是厚葬、奢葬，甚或僭越的产物[3]。这就是为何

1　吴丽娱：《唐丧葬令复原研究》，按天一阁博物馆、中国社会科学院历史研究所天圣令整理课题组校正《天一阁藏明钞本天圣令校证》（附《唐令复原研究》），中华书局，2006，第711页。

2　《宋史》卷一二四《礼志》诸臣丧葬等仪引《礼院例册》，中华书局，1985，第2909页。

3　因此，就地域上而言，长安随葬三彩器的墓主其身份普遍高于洛阳的。造成这个现象的原因，一方面在于洛阳靠近三彩的产地，同时，安葬于长安的死者身份普遍高于洛阳。而武周至睿宗时期洛阳随葬三彩器的墓主身份之所以与长安基本持平，也是这一时期洛阳的政治地位高于长安，而当地一般士族在武周革命后能够较为顺利地得到提拔这两个原因所导致的。详见胡昕汀：《唐墓出土三彩陶器研究》，硕士学位论文，复旦大学，2012。

除造型上的相似外，彩绘俑与三彩俑在色彩上存在一定的对应关系。因此，唐三彩成为唐玄宗政府必须禁断的主要随葬品之一。

三彩器在高级墓葬中的衰退早在 8 世纪 20 年代即已有迹可循。这一时期的高级墓葬中有三彩器随葬的只有鲜于庭诲墓（723）、金乡县主墓（724）以及安元寿墓（727）三例，而且金乡县主与安元寿墓中随葬的三彩器数量非常少，与之相对的是驸马都尉薛儆墓（721），嗣璨王李欣及其母阎婉墓（724），玄宗之弟、惠庄太子李㧑墓（724）均没有随葬三彩器。这跟唐玄宗朝的一系列禁断政策是相关的。

开元二年六月二日（714 年 7 月 17 日），唐玄宗发布了关于官供丧葬用品使用问题的诏书，敕曰：

> 缘丧葬事，非崇旧德，别有处分，不得辄请官供。[1]

同年九月，玄宗再次发布了针对丧葬制度的命令，重建明器制度。《旧唐书》卷八《玄宗本纪上》载，开元二年九月甲寅（714 年 11 月 11 日），制曰：

> 自古帝王皆以厚葬为诫，以其无益亡者，有损生业故也。近代以来，共行奢靡，递相仿效，浸成风俗，既竭家产，多至凋敝。然则魂魄归天，明精诚之已远，卜宅于地，盖思慕之所存。古者不封，未为非达。且墓为真宅，自便有房，今乃别造田园，名为下帐，又冥器等物，皆竞骄侈。失礼违令，殊非所宜；戮尸暴骸，实由于此。承前虽有约束，所司曾不申明，丧葬之家，无所依准。宜令所司据品令高下，明为节制：冥器等物，仍定色数及长短大小；园宅下帐，并宜禁绝；坟墓茔域，务遵简俭；凡诸送终之具，并不得以金银为饰。如有违者，先决杖一百，州县长官不能举察，并贬授远官。[2]

开元二十九年（741），玄宗又禁厚葬。

总体而言，唐代前期，墓葬中使用三彩器的人群所属阶层并不固定，从一般平民到皇室成员的墓葬中均有出土。由于 7 世纪中后期至 8 世纪中前期政局变动频繁，这时期三彩器使用者的阶层也有明显变化。从时间看，高宗时期贵族墓葬

1　《唐会要》卷三八《葬》，第 810 页。
2　《旧唐书·本纪》卷八《玄宗上》，第 174 页。

中出土三彩器的墓主身份并不是很高，武周时期，三彩器大多出现于世家门阀家庭成员的墓葬中，中、睿宗两朝的一些高规格皇室成员改葬墓中亦有三彩器出土，但同时，这时期的一些中下层士人墓葬中也出土了大量三彩器。由于玄宗时期对厚葬之风的压制和丧葬礼制的重建，8 世纪 20 年代后高级墓葬中三彩器的出土开始逐步减少，8 世纪 30 年代后三彩器从这类墓葬中基本完全消失，只在一些中低等级墓葬中零星出现[1]。

（三）墓室壁画装饰的新布局

天宝年间的壁画墓虽然呈现出一些过渡特点，但就内容与布局来说，与开元年间壁画呈现出强烈的一致性。

迄今为止，考古发现的天宝年间壁画墓，包括让皇帝李宪墓、韦君夫人胡氏墓、苏思勖墓、宋氏墓、张去奢墓、张去逸墓、张仲晖墓、高元珪墓等，综合来看，天宝年间的壁画墓虽然呈现出一些过渡特点，但就内容与布局来说，与开元年间壁画表现出强烈的一致性，如天宝四载（745）的苏思勖墓与开元二十八年（740）的韩休（672—740）墓壁画如出一辙，东壁绘乐舞图，西壁绘六扇屏风高士图，棺床南北两侧分别绘朱雀／山水、玄武。所以，从壁画的布局来看，宜将天宝年间的壁画墓划到前段更为合理[2]。换言之，唐玄宗时期确定了墓室壁画的新布局。不过，这实际上也是玄宗政府对此前壁画建制的确认和重塑。

神龙二年（706）的雍王、章怀太子李贤墓和开元十五年（727）嗣虢王李邕墓的墓室壁画为同一模式，即石椁置于墓室西侧，墓室东壁绘伎乐图，北壁则绘墓主游园图。如果将韩休墓室壁画跟李贤、李邕墓室壁画做比，则可知韩休墓室北壁是将后二者的游园题材替换成山水画，东壁则将后二者的伎乐图替换成宴乐图。实际上，它们之间的内在理路是一以贯之的。韩休墓室西侧设置棺床，西壁绘屏风画。石椁由石屏构成，其上根据墓主身份分别雕绘图画，亦可视作由若干"屏风画"构成。

从中宗、睿宗时期的李贤墓，到开元十五年的李邕墓，可以看出玄宗朝在亲王一级墓葬壁画建制中的沿用和稳定性，由此也至少可说明玄宗时期正三品的墓

1　胡昕汀：《唐墓出土三彩陶器研究》，硕士学位论文，复旦大学，2012。

2　郭美玲：《西安地区中晚唐壁画墓研究》，载北京大学考古文博学院、北京大学中国考古学研究中心编《考古学研究　十一　丝绸之路考古研究专号》，科学出版社，2020，第441页。

葬壁画是次于亲王（正一品）、嗣王（从一品）等级的[1]。

武惠妃（699—737）死后，虽玄宗追赠贞顺皇后，葬于敬陵，并立庙祭祀，但是并未能以"后礼"下葬。应该是这种身份，使得武惠妃墓杂糅了不同政治身份的墓葬元素：使用石椁、拂菻样式纹样，又将山水画表现在屏风式壁画之中。

（四）让皇帝李宪惠陵的昭示作用

唐玄宗重塑墓葬制度的标志性举措集中体现在对宁王李宪陵寝的处置上。

李宪惠陵司马院东西宽 217.5 米，南北长 252.5 米。覆斗形封土，底部边长 60 米，顶部边长 5.1—5.2 米。神道石刻组合同唐乾陵，只是石刻个体变小。墓葬全长 59 米，墓道平面呈长方形，长 18.9 米，南宽 2.45 米，北端宽 2.15 米，下宽 2.4 米。7 个天井（5—7 天井为暗天井），3 个过洞，6 个壁龛，弧方形单室砖墓，南北长 5.7 米，东西宽 5.65 米；庑殿顶石椁一具。

开元二十九年（741），玄宗追册宁王李宪为让皇帝，葬惠陵。即便如此，惠陵也不过是睿宗桥陵的陪葬墓，只是埋葬等级比一般的陪葬墓要高而已[2]。李宪的这个身份和死后的待遇使得惠陵成为一个不可逾越的标准，在墓葬规模、随葬品种类和尺寸等方面[3]对此后的墓葬制度产生了深刻的影响。如上所述，就在这一年，唐玄宗再次禁断厚葬之风。

综合视之，李宪惠陵也是糅合了唐帝陵和正一品亲王的墓葬元素。李宪石椁雕绘拂菻样式。墓室壁画，西壁不详，东壁以南绘男性乐队，舞者男女各一，东壁北侧绘恭皇后观乐，北壁则绘侍女。如果将东壁和北壁连起来看，可知东壁意在表现墓主夫妇的观乐，此如同上述韩休墓墓室东壁的意象；而如果将东壁北侧恭皇后观乐和北壁侍女放在一个画面，则又与上述李贤、李邕墓室北壁墓主夫人游园图大同。

此外，李宪惠陵还有一处壁画内容可能跟唐帝陵的建制有关。

1　睿宗第二次以章怀太子改葬李贤时，也恢复了李贤的"雍王"封号，但是出于对所处政治生态的考量，李守礼仍未以"章怀太子"的身份改葬。详见沈睿文：《唐章怀太子墓壁画与李守礼》，载中山大学艺术史研究中心编《艺术史研究》（第 6 辑），中山大学出版社，2004，第 293—308 页；修订后收入沈睿文：《安禄山服散考》，上海古籍出版社，2016，第 309—341 页。

2　沈睿文：《唐陵的布局：空间与秩序》（增订本），文物出版社，2021，第 336—370 页。

3　详陕西省考古研究所编《唐李宪墓发掘报告》，科学出版社，2005，第 244—260 页，特别是表六至表一〇。

李宪墓墓道北壁画面通高5.9米，幅宽2.1米，第一过洞的拱形门恰似城门，门两旁画砖券门框，其上耸立砖木结构二层楼阁式建筑，画面似楼阁正面视人，一层立柱上绘倒置扁梯形木质框架，二者皆涂朱，木结构上面画0.6米高的砖砌底座，二层出平坐勾栏一周。正视图为四柱三开间式，柱间施栏额，自上而下挂细密竹帘，柱上斗拱分两层，下层设斗拱7个，由"人"字栱与"一斗三开"栱相间组成，属开间斗拱，上层两端铺作转角斗拱，中间为"一斗三开"拱8个，分四组由4根短柱相隔，又称四柱五白式结构。楼顶为重檐庑殿式，脊两端设鸱吻，翼角翘起，上挂风铃，脊与双翼以重墨勾绘，顶覆筒瓦，重檐出头皆画梅花瓦当。楼阁勾栏、立柱、柱间栏额、斗拱均施朱红色。在二层楼东开间内隐见戴硬脚幞头躬身下眺之书生侧影轮廓，楼阁东北角天空有自东向西飞翔的雀鸟一只。[1]

初唐墓葬壁画的布局可上溯至东汉魏晋[2]，如唐墓照墙即墓道北壁绘画楼阁图的做法便是[3]。在墓道北壁门楼处加绘人物并非没有案例。该现象见于唐新城长公主墓和让皇帝李宪墓墓道北壁，即第一过洞南面两旁及上部壁面。

葬于龙朔三年（663）的唐新城长公主墓墓道北壁过洞口外饰赭红宽边，其上绘阙楼，大部分已脱落，仅存零星残块。东侧残存的一个画面，上绘卷帘，下有栏杆，内绘一宫女。头梳单刀半翻髻，穿白襦及白色半臂，袖头皆饰红锦边，身着深褐色束胸长裙，面向东坐于竹榻之上，右手扶膝，左臂屈肘抬起，面容似怠倦，欲作小憩状。其西侧相连的一个残块上也绘有红色槛窗及卷帘等。壁画中的人物高10厘米左右。[4]

唐新城长公主墓和李宪墓在墓道北壁壁画中表现出了若干共性。如，从新城长公主墓该处壁画残存的情况，推测其上所绘阙楼很可能与李宪者同，只不过前者较后者要写实些。二层建筑皆为多开间，且挂有珠帘，所绘人物皆位于东开间内。唯新城长公主画的是女性，李宪墓绘的则是男性。此应与墓主人的性别有关。唐新城长公主墓以"后礼下葬"，李宪墓则称"惠陵"。二墓出现这种共性，很可能与此有关。

---

1 陕西省考古研究所编著《唐李宪墓发掘报告》，科学出版社，2005，第130—131页。

2 宿白：《西安地区唐墓壁画的布局与内容》，载宿白：《魏晋南北朝唐宋考古文稿辑丛》，文物出版社，2011，第160—178页。

3 裴建平：《唐墓壁画中的楼阙图及其反映的相关问题》，《文博》2011年第3期，第24页。

4 陕西省考古研究所、陕西历史博物馆、礼泉县昭陵博物馆编著《唐新城长公主墓发掘报告》，科学出版社，2004，第78—79页。

在唐太宗昭陵陪葬墓韦贵妃墓墓道南端门阙楼阁图中虽然同样可以见到,但是在楼阁中却没有出现人物(韦贵妃)的图像。因此,很可能新城长公主墓、让皇帝惠陵门阙楼阁出现人物分别跟墓主以"后礼下葬"、称"陵"有关。换言之,在这一点上,惠陵是延续了新城长公主墓对该等级墓葬的处理方式。这很可能是唐玄宗时期在帝陵级别的建制上对此的进一步确认。

三、毁墓

毁墓,有墓主后人自毁行为,也有官方行为[1]。毁墓的原因,一方面跟政治因素有关,另一方面也不能排除制度的关系,即所毁之墓的规划逾制。唐玄宗时期也不例外。目前考古所见,唐玄宗时期的毁墓行为主要有:

开元九年(721)薛儆墓,通长近 50 米,有 6 个小龛、6 个天井和过洞,弧方形单室砖室墓,墓室尺寸 4.7 米 × 4.7 米 +5.5 米,随葬有石门、彩绘石椁,墓上也有石人、石柱(已被毁坏放入墓葬的天井中,原应在地面上)。墓志中空出"谥曰□□□",则是向朝廷请谥等要求未得其果的缘故。换言之,薛儆墓是因墓主死后政治身份没有得到进一步提高,原先墓葬规划的建制逾制而自毁[2]。这从侧面反映出唐玄宗时期对墓葬建制的管束。

史载"荣先陵"曾遭唐睿宗、唐玄宗两次毁墓。韦氏家族"荣先陵"中宗韦皇后父玄贞及四兄弟皆流放而死。考古发现韦氏四兄弟墓葬规模和随葬品皆逾制。及韦皇后败亡,被贬为庶人,其父墓葬自然不得再称为"陵","睿宗夷玄贞、洵坟墓,民盗取宝玉略尽。天宝九载(750),复诏发掘(即毁墓),长安尉薛荣先往视,冢铭(韦玄贞墓志)载葬日月,与发冢日月正同,而陵与尉名合云"[3]。

天宝元年(742)韦君夫人胡氏墓规模较大,墓中出土壁画,且处于韦氏宗

1　李明梳理文献中有关唐代毁墓的记载,认为李勣、李博乂、上官婉儿等人的墓葬遭到唐代的官方毁墓,并对唐代官方毁墓原因、程序进行分析,并得出唐代大型墓葬被毁的一般程序:自最北端的天井垂直开挖,再水平掘进,进入墓室后取出墓主人的棺椁,进行"斫棺曝尸",甚至焚烧,同时抛弃墓室内的所有随葬器物,最后铲平棺床(或完全破坏石椁),揭掉铺地砖,将墓室顶和四壁尽可能弄塌。详见李明:《论唐代的"毁墓"——以唐昭容上官氏墓为例》,《考古与文物》2015 年第 3 期,第 101—102 页。

2　相关研究可参见齐东方:《书评〈唐代薛儆墓发掘报告〉》,载荣新江主编《唐研究　第八卷》,北京大学出版社,2002,第 539—542 页;李雨生:《山西唐代薛儆墓几个问题的再思考》,《中国国家博物馆馆刊》2013 年第 5 期,第 6—15 页;等等。

3　《新唐书》卷二〇六《外戚》,第 5845 页。

族墓地，胡夫人墓遭到严重破坏，与唐玄宗天宝九载下令破坏韦氏宗族墓地的历史事实有关。

四、余论

从考古材料来看，唐玄宗重塑的墓葬制度对中晚唐以降产生了深刻影响。

玄宗之后，唐代单体帝陵陵址的择址原则以及整个关中陵区的排列原则不变。陪葬墓区墓主身份的变化，使得唐陵模仿帝都的思路发生了转变，从高宗乾陵开始，到睿宗桥陵以司马院模拟帝都的规划的完美实现和终结，到了泰陵开始转而以神道石刻来比拟帝都。玄宗泰陵神道石刻，在总体继承乾陵、定陵、桥陵的组合的基础上，将神道石人的身份从中郎将改成文官在左（东）、武官在右（西）。

可以说，唐代严格的墓葬等级制度是在唐玄宗时期定型的，尽管其中的某些元素后来发生了变化。该制度为中晚唐，乃至五代十国所遵循，他们或巧妙地利用对该制度的僭越来表现自己的实权，如中晚唐时期的宦官高克从、张叔遵（从三品下）用方形单室砖墓（此本为一至三品墓制）；或通过遵守该制度来表示自己对唐王朝的效忠，乃至政权的正统，如晚唐藩镇节度使墓葬和五代十国的帝陵建制。无论何者，他们都在执行着相同的墓葬制度，那就是唐玄宗时期措意建设的"唐制"墓葬。

新出中古墓葬壁画中的下层胡人艺术形象

葛承雍（中国文化遗产研究院）

近年，随着北朝、隋、唐的墓葬壁画不断被发现，我们可以看到壁画中将"人"置于生命的中心位置。使我们深深感到惊奇的是，各种个性鲜明的胡人形象也不断出现。当时应该有大量的画家活跃在绘制壁画第一线，他们捕捉熟悉的胡人生活场景，将观察到的物象运于笔下，不作正面肖像，而是作侧面剪影，屡屡画入墓壁之中。我们精选一些新出土壁画上的胡人图像，探索大时代背景下社会底层小人物的命运，探讨下层胡人艺术形象所表现的当时社会的凡人世界。

一、直面现实社会的写实"匠心"

在传统壁画中，唐代初期以宫廷艺术为主导，历史性绘画占有重要地位，表现等级权威，出行仪仗装饰车马，保留着北朝以来的神圣感。壁画中所有人物肖像画都是主仆分明，阶级感特别分明。在武则天之后狩猎、仪仗出行题材减少，家居生活主题的壁画越来越多，这与社会安稳以及生活富裕稳定相一致。尤其是以官宦富贵之家为主的中下等级墓葬，越来越趋于平民化，对摆放静物、家庭生活、夫妻对坐等场景表现得更为世俗，艺术不再是担当国家职责的工具，绘画与家庭联系密切，趋于简朴。

在唐代墓葬壁画里，外来宗教艺术从来不占主导地位，很少传递救赎思想。壁画大都不会表现在追求幸福生活过程中所经历、遭受的苦难，也不表现浪漫的理念。唐墓壁画描绘社会现实生活的题材是广泛的，有些场面主题深刻，描绘技艺也是空前绝后的[1]，胡人形象就是其中突出的典型，在壁画史上价值极高。

1　陈绶祥：《壁画艺术的高峰》，载《隋唐绘画史》，人民美术出版社，2001。

　　本文选取近来考古出土的墓葬壁画，以胡貌、胡服、胡靴等为线索，以下层胡人从事的劳作和职责为单元，涉及人物、风俗、动物的知识系统。经历了千年以上的各种偶然遗存与必然消失的矛盾，这些古人绘画可以说是"遗珍""遗品"。古墓里湮没无闻，重见天日为后人所观，是任何文献描述都不可取代的。

　　在墓葬壁画里，画匠用粗率灵动的写实画法"画得真像"，尽管不是美术史中巨匠的"传世画作"，也不具备名家美学，却是富有趣味的珍品，画匠们可能近距离观察过当地胡人的生活场景，对风土人情有着独特的观察，能准确传达出种种具象，折射出大时代的风云烟尘，使得中古隋唐社会生活回到了艺术的殿堂。

　　很多壁画作品向我们展现了过去看不到的图像，尽管有些壁画残破不堪，有的模糊不清，大多画面不完整。这些壁画既是研究历史的重要依据，也带来了新的思考。

　　例一，跪坐类（图1）。长安区郭杜镇出土壁画"胡跪"胡人，胡跪一般是单腿着地，可是这位胡人双腿跪地，两手合十，似作祈祷状，旁边的汉族女子也是女仆姿态，究竟是为墓主人祈求平安，还是祭拜天地保佑良民？可惜画面残破

图1　西安曲江艺术博物馆藏唐墓壁画

无法进一步推测[1]。可以确定的是，画匠既注意整体氛围的营造，又准确把握了细节刻画的尺度，有着视觉艺术的冲击力。

例二，野宴类（图2）。陕西泾阳石刘村发现的这幅壁画里，胡人浓须高鼻，席地而坐，手持酒杯，地面上摆满了三足酒樽、三足盘等。私家场所野宴图在唐墓壁画中屡次出现，但大多是闲情逸致的唐人男女，壁画野宴中的胡人

图2　泾阳石刘村唐墓 M318 甬道西壁宴饮图

则是以往并不多见的[2]，不仅反映了唐代野宴、夜宴的盛行，更主要是表现了胡汉参加宴会的文化生活，为研究消遣娱乐的社交史提供了非常重要的素材。野宴中胡人容貌的渲染，是唐代喜好社交为特征的时代表征，也是从宫廷皇家贵族转移到中层官员、富裕人家的社交变化。可以说，私人野宴场合既呈现胡汉人际关系的活力，又是符合社会生活交往需求的。

例三，仪仗类（图3、图4）。在考古出土的墓道进出处，画上威风凛凛胡人容貌的武官，有种傲视群雄的气概，虽然史书中记载"番将"较多，可是形诸于图的活生生形象，仍是非常难得的[3]。这些壁画中的胡貌武人，脸上染满风霜，高鼻深目，尤其是凸出的眼睛栩栩如生，令人生畏，不由得赞叹画匠的创作技巧不亚于宫廷画师。

画匠们醉心于画胡人，有着松弛有度的大笔触、充满魅力的大色块，是当时

1　西安曲江艺术博物馆壁画展览陈列，笔者现场拍摄。

2　刘呆运研究员在陕西师范大学"文明的推动与互动——丝绸之路上的粟特国际学术研讨会"（2021 年 6 月）上发表题为《泾阳石刘村唐代 M318 有关问题的思考》的发言。

3　笔者在西安市文物保护考古研究院考察新出土文物时，承蒙冯健院长和考古发掘者允许拍摄近年新出土唐墓壁画的胡人图片，对此表示衷心感谢。

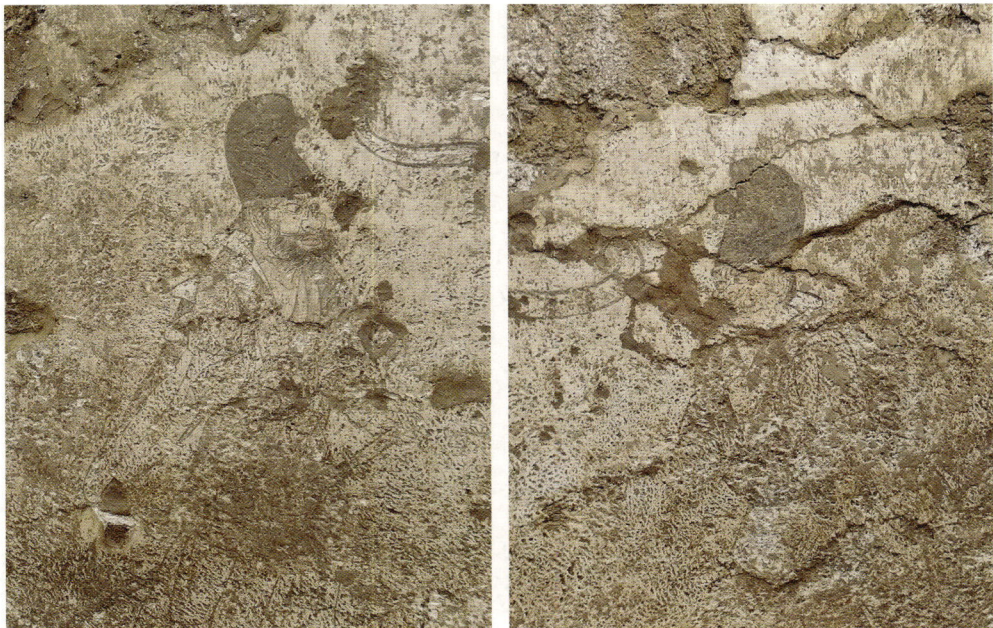

图3、图4 咸阳洪渎原唐康善达墓墓道壁画胡人仪卫

的"前卫"作品，我们猜测在"画社""画坊"或"工坊""匠社"这种"密集型劳力"团队里，有一群画工琢磨如何取悦墓主，以赢得雇主的欢心，处处显示逝者对曾经有过的美好生活的留念和追忆，以便谋得生存之道。"吴家样（吴道子）""周家样（周昉）""张家样（张萱）"等众多画家都在唐代如雨后春笋般冒出，民间"以形写神"的"写真名手"非常多，肯定都有师承为宗的创作班子和聚集切磋的绘画班子。敦煌文书中出现的"画师平咄子""画匠天生"等，按照等级"画师""画工""匠手"均有高低之分[1]。我们不知道墓葬中的壁画是否有"法式""样式"的粉本依据，由于这些壁画没有"物勒工名"的遗痕，是"无名的艺术史"，但是后世称颂"唐工"的艺术达到了前无古人的地步，"唐画"风格也远播域外。

由于有些壁画破损，画面无法细细辨识，尽管定格的画法简单粗糙，但人物精微可感，血肉丰满，表现出令人印象深刻的内容，画家们对胡人的描绘，丝毫没有被刻板僵化的丧葬礼制所制约，创作随心所欲，有着活泼的情趣，不仅拓展

---

1 马德编著《敦煌工匠史料》，甘肃人民出版社，1997，第22页；马德：《敦煌古代工匠研究》，文物出版社，2018，第24页。

了人们的视野与想象，而且有些高超的细节描绘，使壁画由墓葬侧旁的附属品变为了整个空间的艺术主题，并为墓室富丽堂皇的装饰打下了印记。

二、画匠传承记录有着特殊的"匠气"

出土的这些壁画有着逼真的效果，有的图像笔触之精细令人咋舌，胡人野宴、胡人守门、胡人牵马，平凡琐碎的图景有着被接受的可能。仅从陕西考古研究院在西咸新区空港墓群（洪渎原）（图3、图4）发掘的实践中，就发现约24座隋唐墓壁画中有胡人形象，包括胡人御手、马夫、驼夫、男侍、舞伎、乐伎，等等，场面也丰富多彩，既有使臣拜见图，也有门吏与侏儒聊天图，反映了墓主人及其家眷有着"现世安稳、岁月静好"的祈求，因而要求画匠描绘出他们生前的图景。

过去人们推崇唐朝的画界巨匠，无名画匠创作的墓室画作，与皇家贵族墓葬大尺幅的惊人壁画相比，既没有气势恢宏的大场景，也没有策马扬鞭的震撼图像，且中下层胡人绘画无疑有着距离感。唐初太宗之后到开天玄宗时期有许多著名的画家活跃在社会上[1]，如周昉、吴道子、王维、陈闳、钱国养、韩幹、卢楞伽等，他们创作着自己熟悉的上层阶级领域内容，以宫廷艺术为主导，表现等级权威，绘制出行仪仗，装饰车马，保留着北朝以来的神圣感，其中历史性绘画占有重要地位。但唐代社会，民间的画匠也不是随便乱画的乡野村夫，如随意设场布景，绘画过程中也是讲究"精谨细腻"，按照番部、番客、风俗等仔细辨识的"写真"，描绘出的人物都源自真实。姜伯勤先生曾指出，唐五代敦煌的官宦士人在去世前"召良工""预写生前之仪"，即请画匠画师绘摹"真容"于绢帛之上，用于"真堂""影堂"祭奠，这是当时流行的风尚。[2]

引人思考的是，画匠不是精心修饰突出虚假的墓主生活，或是放大了当时的等级社会，而是在表现关陇鲜卑贵族或是门阀高官融合后真实的胡人生活处境，即皇族达官要维持官方等级差别，墓葬要有礼制标准样式[3]。壁画也透视出礼制规定下的阶级待遇，只不过分为"朝廷之礼"和"民间之礼"，所以描绘的胡人"图貌"不是审美共相，而是社会各层渗入丧礼之后类聚事物的场景图像。

1　王伯敏：《中国绘画通史》（上册），生活·读书·新知三联书店，2018，第213页。

2　姜伯勤：《敦煌的写真邈真与肖像艺术》，载《敦煌艺术宗教与礼乐文明》，中国社会科学出版社，1996，第77—92页。

3　赵超：《唐代壁画墓与唐代礼制》，载《徐苹芳先生纪念文集》编辑委员会编《徐苹芳先生纪念文集》，上海古籍出版社，2012，第179页。

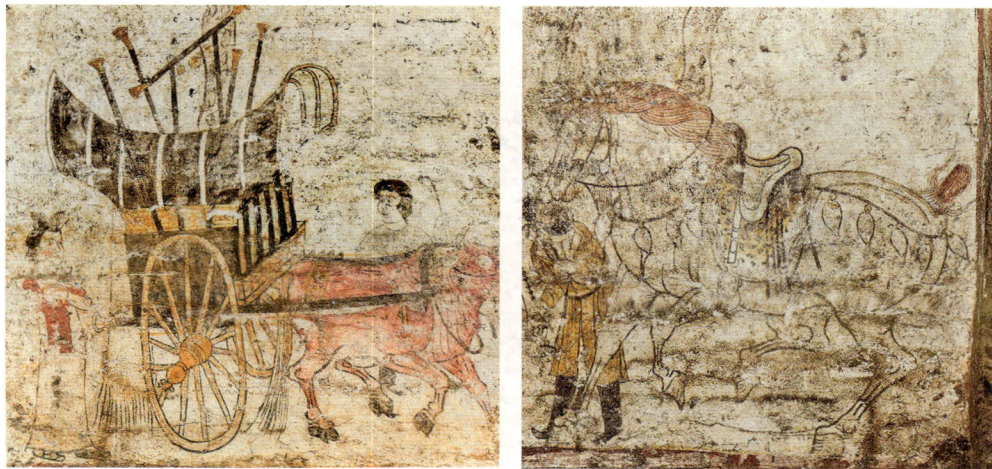

图5、图6　太原唐郭行墓壁画

　　这些胡人是真实写照还是虚拟浓缩，有人认为大量画胡人是当时画匠媚俗的肤浅表现，或是戏谑式丑化，而不是主流文化贵族气的描绘，没有扑面而来的画面刺激感。画家从务工者视角选取生活场景，以胡人作为描绘对象，从低视角聚焦人物，绘画趋于简朴，与家庭联系密切，以逼肖生活原生态的艺术，打上真实生活的鲜明印记。

　　例如，马夫类胡人比较普遍，胡人牵马、驯马或赶车是唐代壁画中最常见的图像，山西太原唐郭行墓出土的两幅壁画（图5、图6），一幅画的是胡人牵赶牛车，这名卷发胡人左手持杖，右手拉扯缰绳，正在左顾右盼等待主人乘车[1]。另一幅画的是身着胡服的胡人马夫仰脸牵马，他一手执鞭，一手拉着高头大马，这匹马不是一般马匹，从波浪形马鬃来看，应是外域贡献的骏马。

　　又如，唐墓里讲究排场，除了表示等级的戟架，胡人充当护卫类的门卫很多，许多高门贵族都雇佣胡人显示自己的等级地位。长安郭杜东祝村出土唐墓中胡人站立两边（图7、图8、图9），一副恭恭敬敬的样子。[2]这类胡人侍卫在墓葬壁画中多有出现，成为一个固定粉本模式，也可能是共同粉本对胡貌形象稍事移改后摹绘的。太原晋阳古城唐墓中出土的壁画（图10），胡人与汉人门卫对称站立，[3]太原唐赫连简墓出土壁画也有类似胡人守门（图11、图12），虽然太原作为唐

1　山西省考古研究院、太原市文物考古研究所：《山西太原唐代郭行墓发掘简报》，《考古与文物》
　　2020年第5期。

2　西安曲江艺术博物馆展出长安郭杜东祝村唐墓壁画，笔者现场拍摄。

3　晋阳古城新出唐墓壁画由太原市文物考古研究所裴静蓉所长提供，特此致谢。

图 7　长安郭杜东祝村唐墓左侧壁画

图 8　长安郭杜东祝村唐墓右侧壁画

图 9　长安郭杜东祝村唐墓胡人壁画局部

图 10　太原晋阳古城唐墓壁画

图 11　太原唐赫连简墓南壁东侧侍卫图

图 12　太原唐赫连简墓南壁西侧侍卫图

代北都以前出土壁画不多，画作水平也不高，但正反映了社会下层追慕高门大族生活的场景，也是大多胡人入华后的职业与地位的写照。[1]

在当时社会，达官贵族家里使用"仆人"的情况很普遍，随从中胡人、番人也很繁多，这些必然反映在壁画中。在山西太原唐赫连山墓出土壁画中，胡雏打扮的随从，脚蹬乌靴，腰裹粮袋，手持挑竿侍立，似乎正在听从主人吩咐。（图13）与同墓葬里出土的汉人侍从形象形成鲜明对比。

艺术创作是历史真实的升华，古代文献本身的历史记录并没有图像感性的视觉，但是经过画匠们的创作会呈现出一种互动关系，或许画匠使用了皇家工坊流传出来的"侍奉图""出行图"等粉本，挪移嫁接，改头换面，表现出当时胡汉

1　葛承雍：《门扉胡人：中古墓葬石门上的别样艺术》，《美术研究》2021 年第 4 期。

图 13　山西太原赫连山墓东壁壁画　　图 14　咸阳洪渎原唐康善达墓壁画胡人驾车图

契合的社会图像，连接了艺术与历史、图像与文献的意象。（图 14）

　　在当时喧嚣躁动、酣歌醉舞的社会背景下，画匠们揽活与做工只是他们借以养家糊口的营生，壁画不仅要为主人助兴，表现享乐画面，还要体现墓主家族安居乐业的盛况，尤其是距离入葬时间紧迫，不敢怠慢的"画工作坊"，有时集体创作，分段完成；有时分工配合，从良工画匠起稿、勾线到徒弟小工补空上色。在以胡人为流行粉本的时代，画匠们不约而同地融入人性脆弱的一面，真切表达了下层人物的苦涩与委屈，或许蕴含着创作者本人的沉浸式体悟。我们在新疆阿斯塔那—哈拉和卓古墓群考古出土文书中，就看到一些胡人技术工匠，其中画师如石相胡、何相胡、竺沙弥、竺阿堆等，既有石国粟特人，也有南亚天竺人[1]。所以我们推测长安等大城市有流动的胡人画匠，不是无稽而谈。画匠流动艺术创作的本质是一种精神活动，他们思维的常态并不是规规矩矩地一味模仿，而是千姿百态、淋漓尽致地体现艺术主角，从现在来看，中古时期画匠们力求与众不同，所以壁画内容呈现出多样化。

　　画家浓缩了族群冲突、融合的点点滴滴。尽管史书湮没了生活的细节，但是壁画中出现的这些胡人形象，并不是模板化的固定范式，有些"诙谐气""江湖气"，甚至略显随意，揭示了其具有的鲜活性，至少是能做出选择的自由人，表面上看不出是底层人物，让人们看到丹青被遮蔽后的更复杂的面向。

1　吴震：《吴震敦煌吐鲁番文书研究论集》，上海古籍出版社，2009，第 387 页。

三、超级现实主义的艺术"匠情"

美术考古中壁画研究的关键是透物见人。胡人入华后命运跌宕起伏，有的悲惨无靠，有的富贵依然，墓葬壁画深深参与文化命脉的延续与精神图景的勾画，借助胡人形象加强了对民族融合深层意蕴的挖掘和表现，鲜活地传递了当时的社会生活图景，可以说是最有特色的"见证"艺术。

画家对胡人面部的描绘能体现人的性格，人们辨别胡人角色主要通过面部——深目高鼻、卷发须髯、长颈面容。画家通过各类胡人面部的喜怒哀乐表情，以可见的脸表现了不可见的事。（图15、图16）尽管面容遮蔽了胡人的坎坷遭遇和跌宕人生，可是面容也是人身上最为袒露的地方，有真诚的示意，有谦卑的裸露，也有暧昧的苦笑，直观地显现了当时人们的现实感、沉浸感，按照画作水平高低区分的不同画师、画匠、画工，他们所体现"匠情"，与皇家工部"官匠""大匠"并不相同，有着超级现实主义的艺术价值。

中小型墓葬壁画属于"户外画法"，在荒郊野外的家族坟地作画，与在城坊室内固定光源下绘画完全不同，色彩受季节影响，还受地域土壤差异的影响。陕西咸阳洪渎原出土的唐代康善达墓壁画上的胡人[1]，有的牵马，有的执棍吆喝牲口（图17、图18、图19），推测画匠们在小稿粉本勾线阶段就有了情景设定，

图15 咸阳洪渎原唐　图16 咸阳洪渎原唐康善达墓壁画之一
康善达墓壁画之一

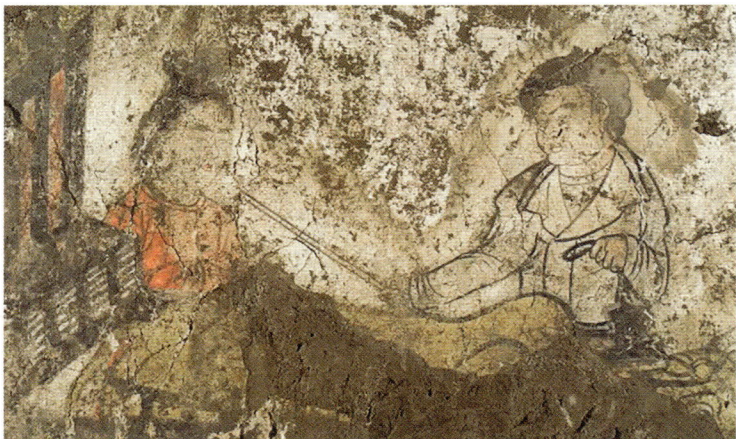

1　韩宏：《陕西空港新城发现两座唐代纪年壁画墓》，见 http://wenhui.whb.cn/zhuzhan/jjl/20210108/387342.html。

图 17

图 18

图 19

图 17—图 19　咸阳洪渎原唐康善达墓壁画胡人图

考虑了人物造型的刻画。素材初稿得到墓主家人认可之后，绘制到墓道或墓室墙上，从而画出新的壁画作品。

墓葬封闭空间里所留下的壁画，让世界的眼睛感到震惊。墓主人下葬后不可能看到生前的再现，可是要合乎礼仪尊严，事死如生，就要在壁画上构思出"为人"的过程，寻回灵魂的归宿，壁画图像延伸的力量由此可见。尤其是胡人的面相，既有担忧惊恐，又显露希望的微笑，放大了人物的肉身性，胡人凸出的眼睛更是成为视觉的表达（图 20-1、图 20-2、图 21），从而使墓葬墙壁上的胡人形象不是冰冷的偶像，而是回归真实的人性，壁画在画家笔下似乎有了生命力。

图 20-1　唐昭陵韦贵妃墓胡人牵马壁画之一

图 20-2　牵马胡人脸部

图 21　咸阳洪渎原唐康善达墓墓道仪卫

有人认为画家对胡人有着轻蔑、讽喻的态度，捕捉的是胡人虚伪的笑容和奸诈的面容，有歧视之意。也有人认为是画匠们的幻想，身穿异国服饰，鹰鼻须髯，仿佛在扮演一个新角色供人欣赏。笔者对此不想做出具有误导性的分析，因为族群接触特别是跨越群体界限的偏见，在任何社会都会出现。

需要指出的是，唐朝不同等级和身份的画工、画匠、画师等，流动性很大，这是前朝后代罕见的。开元十九年（731），有六位"画工"被派往漠北为毗伽可汗之弟阙特勤立祠绘制壁画："诏高手工六人往，绘写精肖。"[1] 这六位巧匠高手在庙宇四面墙上图画战争场面，画出突厥未见过的写真画像，最后毗伽可

1　《新唐书》卷二一五《突厥传》，《册府元龟》卷九六二《外臣部·贤行》，中华书局，1960。

汗遣人将画家送返中原，但估计这六位画工属于朝廷"工部画工"。天宝十载（751）怛逻斯之战，阿拉伯呼罗珊军团俘虏了长安人杜环，他在后来撰写的《经行纪》中记载："画匠，汉匠起作画者，京兆人樊淑、刘泚。"[1]这两位中国画匠为巴格达宫殿建筑绘制壁画，"起样"就是为壁画打底稿。史料提示我们，当时画匠四处游动，熟悉各个族群的风土人情，因而我们对各类胡人容貌和生活场景都不陌生。

安史之乱后，墓葬里出现的胡人样貌者急剧减少，画工们在社会动乱中四方流散，朝不保夕，艺术创作水平也日趋下降，中晚唐的壁画里胡人形象已经与以前不可相比了。2020年10月甘肃天水市伯阳镇出土唐乾符四年（877）的所谓胡人壁画（图22），是晚唐秦州脱离吐蕃占据后民间墓葬中的壁画，已经很生硬呆滞，人物造型也已经僵化了[2]。

无名画匠或画家在为墓主绘制壁画时，有着追求真实的"匠情"。在当时创作圈子里，画匠有着超强的写实主义追求，有的画得纤毫毕现，甚至连胡人脚穿的尖角靴都清清楚楚（图23），

图 22　甘肃天水晚唐墓壁画乾符四年（877）

敷色平涂也值得赞扬，"通变巧捷，色纯风正"，但如果缺乏意义就会被评价为"匠气"。画家本身也是身份卑微的，能看到世态人情的真相，他们独具冷眼，阅尽世间，对同样身份卑微的胡人有着理解和共情，在那些达官贵人寻欢作乐场景中，奴仆、侍卫、士卒等出乖露丑、毫无尊严，都是被捕捉描绘的对象，在烟火气的生活常态中反映了不平等的社会现实。

1　《通典》卷一九三《西戎五大食》附杜环《经行纪》"大食国"条，中华书局，1988。

2　张弛：《天水伯阳晚唐壁画墓题记刍论》，《陇右文博》2021年第3期。作者依据该墓题记"人张简璋"，认为是"客商"之意，推测墓主人是胡商。

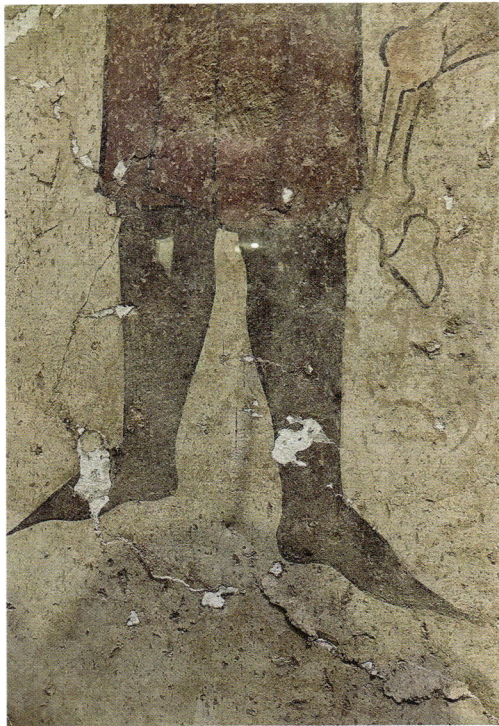

图23 唐昭陵韦贵妃壁画胡人

图24 唐李宪墓壁画胡人打马球

陈寅恪先生曾说："外夷习俗之传播，必有殊类杂居之为背景。"[1] 胡汉族群经过北朝至隋唐几百年或上百年时间的杂居混住，可以说在中土大地上实现了融合，但是种族全体分离的情况仍然基本未能改变，特别是胡人中，有些人跻身汉人主流阶层，而那些处在社会底层的胡人更加失望，即使有的胡人凭借自身努力得到了升迁，脱离了原有阶层，但是由于阶层劣势，也过着难以摆脱困境的生活。

有人认为从唐代墓室的壁画高超的技法和艺术表现力来看，笔法从开始的疏体、密体到灵活应用，赋彩从平淡填涂到妍丽渲染，人物造型由初期滞涩到优雅律动，体现出审美水平的变化轨迹。[2] 其实，新出土的中古墓葬壁画均拓宽了艺术研究领域的视野，也让我们对中古社会文明发展有了更多认识。（图24）墓主人选择较为流行的胡人形象，替代了汉代以来儒家孝子和道家升仙的设计图像，这是胡汉融合历史环境下的产物。与贵族高官墓葬中巨型壁画相比，中下层社会地位者墓葬尺寸合宜的壁画也

---

1 陈寅恪：《元白诗笺证稿》，商务印书馆，2015，第269页。

2 佘城：《唐代绘画史》，荣宝斋出版社，2019，第122页；张维方：《"光荣著于俗"的唐墓壁画》，《艺术品鉴》2018年第9期，第42—47页。

是时代的回应，而画匠们率性用笔、淋漓挥洒地描绘出他们所认知的胡人形象。依据《历代名画记》的记载，南北朝到唐朝都有画匠专攻独擅的人物画，出现了"人物""写貌""楼台人物"等称谓名词；官吏、仕女、孩童等人物画非常丰富，特别是外国入华画僧擅长绘画"外国人物图"[1]。进入中国的各国异族画家、画僧非常多，他们熟悉异域题材和技法，对唐代绘画的浸润涉及方方面面，为唐朝艺术带来了新鲜素材，激发了无数画家的创作灵感[2]，壁画更是给我们留下视觉艺术的独特记忆。

壁画里的胡人在中古这一时期集中涌现，带给我们的不只是惊鸿一瞥，在此的探讨不涉及胡人具体的沉浮命运，而聚焦色彩斑斓的日常生活，让人意识到壁画艺术不仅仅是祭祀的工具。重新审视隋唐王朝这个国家的形态，延续了一个半世纪的蓬勃活力，这种活力源自它为各类人群确立了生活的空间，有着法律等级赋权和阶级权利保护的框架，最终"入华"变为"融华"，造就了大唐时代的国势强盛与文化辉煌。

2021 年 10 月 28 日完稿

[本文为国家社科基金冷门绝学团队专项"敦煌壁画外来图像文明属性研究"（项目编号：20VJXTO14）阶段性成果，笔者曾在 2021 年 10 月 31 日中央美术学院"中古中国视觉文化和物质文化国际学术研讨会"上发言。]

1　〔唐〕张彦远：《历代名画记校笺》（下册），许逸民校笺，中华书局，2021，第 533 页。
2　陈畠：《唐代异域画家与丝路美术交流》，载阎纯德主编《汉学研究》2021 年春夏卷，学苑出版社，2021。

寻找起稿线
——唐墓壁画赭线起稿与凹线起稿

张建林（西北大学文化遗产学院）

宿白先生 1979 年在新疆克孜尔石窟考察期间曾赋诗一首，名为《克孜尔石窟杂咏》。其中有"赭稿易墨线，流云现后期"句[1]，前半句是对壁画制作技法的观察，后半句是对壁画题材的总结。宿先生可以说是中国考古学家里最早留意壁画起稿技法的，当时就注意到了克孜尔石窟壁画的起稿线是一种赭色线条，遗憾的是，先生此后并未进一步深究。后来，这种赭色线条的起稿技法遗痕引起克孜尔石窟研究人员的注意，1993 年出版的《克孜尔石窟志》中即有如下描述：

> 刻划（画）法是使用一种坚硬的锥状物在壁面上刻划（画）人物轮廓，再施以线描勾勒和色彩晕染。这种不受笔头含墨定量的限制，可以不间断地连续运行，线条具有连贯不断的气韵，产生了独特的效果。其绘制过程一般用赭色（或土红色）起草裸露人体，用深色给裸体"穿"上衣服（不勾画内部折叠的衣纹），再用坚硬的刻划（画）物刻出衣内肌体的赭色线，然后着色晕染或勾描色线；亦有直接用刻划（画）法起稿，在刻划（画）线上再线描勾勒。
>
> 第 175 窟供养比丘的腹部、大腿、小腿和胳膊两侧，均以刻划（画）法显示人体；第 123 窟主室左壁立佛衣服上的线条细密贴体，不仅人体主要结构用刻划（画）法刻线，而且，所有衣纹也用刻划（画）线重勾一遍；新 1

1　宿白：《克孜尔石窟杂咏》，原发表于 1979 年的《阿克苏日报》，后收入龟兹石窟研究所、拜城县史志编纂委员会、阿克苏地区史志编纂委员会：《克孜尔石窟志》，上海人民美术出版社，1993，第 269 页。

窟右甬道外壁的比丘像，线刻之上遗存用赭色勾稿后留下的断断续续的色线，好似直接用刻划（画）法起稿。第 4、13、14、17、38、80、92、171、175、188、189、206、219 等窟的刻划（画）线一般只限于对人物肌体的描绘；第 69、163、178、179、192、206 等窟的人物，不仅其肌体施以刻划（画）线，而且，肉体与衣服相交处的袖口、领口、飘带、璎珞等也用刻划（画）法勾勒。[1]

从以上描述中可以得知，克孜尔石窟中至少有 21 个窟明确保留有线刻起稿痕遗迹，而且这些窟的年代多为第二期（5 世纪中叶至 6 世纪中叶）和第三期（6 世纪中叶至 7 世纪上半叶）。[2]2001 年笔者在参观克孜尔石窟时特别注意观察了 175 窟的供养比丘壁画，刻画的起稿线深刻而流畅，不仅表现出人体的结构，甚至表现出袈裟的复杂衣褶。

关于唐墓壁画的绘制技法，一直被认为是雕虫之技，不被考古研究者重视，20 世纪 80 年代至 90 年代发表的几篇关于这方面研究文章大多为博物馆从事壁画临摹的学者所撰写。作为仅见的考古和文保专家的研究文章是王仁波等发表的《陕西唐墓壁画之研究》，在文中他们是这样阐述壁画绘制技法的："墙壁的画面作成后，在画面稍干未干时，画家们就开始起稿，用炭条在画面上勾勒。初稿作成后，还必须经过修改才能定稿，在唐墓内常常发现有废弃不用的起稿线，例如懿德墓前墓室东壁、南壁的侍女像上发现有两种截然不同的线条，起稿时的线条较细较淡，定稿时的线条较粗较黑。……画家们采用'硬抹实开'的办法，在霸定的底稿上按不同的题材因类着色。"[3]其中谈到起稿方法是使用炭条来勾勒底稿。李西兴[4]、唐昌东[5]两位也持相同观点。另有学者经过对壁画的细微观察提出不同看法，李域铮认为："仔细在壁上观察，犹可看出清晰存在的原稿，这些微凹的稿痕好像是用硬枝或炭条在尚未全干的粉壁上刻画勾勒起稿，疑为师父先勾大样，弟子据此涂色，然后再由师父用笔墨勾勒而成。起

1　龟兹石窟研究所、拜城县史志编纂委员会、阿克苏地区史志编纂委员会：《克孜尔石窟志》，上海人民美术出版社，1993，第 149 页。

2　廖旸：《克孜尔石窟壁画年代学研究》，社会科学文献出版社，2012，第 271—295 页。

3　王仁波、何修龄、单暐：《陕西唐墓壁画之研究（上）》，《文博》1984 年第 1 期，第 39—52 页。

4　李西兴：《陕西唐代墓葬壁画》，载周天游主编《陕西历史博物馆馆刊　第二辑》，三秦出版社，1995，第 258—262 页。

5　唐昌东：《唐墓壁画的制作工艺》，载陕西历史博物馆馆刊编辑部编《陕西历史博物馆馆刊　第三辑》，西北大学出版社，1996。

稿时线较淡，而定稿时墨线较浓。"[1] 李国选也根据自己的观察结果印证："如懿德、章怀墓中有些壁面稿线痕呈凹形划痕迹象，说明这是壁面未干透就急于起稿所造成的现象。"[2]

笔者从2005年对唐墓与壁画绘制技法发生兴趣，也得职业之便，有机会对发掘现场和修复现场的唐墓壁画详细观察，曾撰文论及西安及附近地区唐墓壁画的制作技法，其中特别关注到起稿方法。总结西安及关中地区唐墓的起稿方式有毛笔墨线绘制、毛笔色线绘制、赭石块绘制、竹木枝刻画等多种[3]。之后，有申秦雁撰文专论唐墓壁画起稿方法，根据她的观察和分析，总结出唐墓壁画的几种起稿方式：墨斗崩线、毛笔淡墨或褐色颜料绘制、木枝（或竹签）刻画、赭色粉笔绘制[4]。

在笔者所观察过的唐墓壁画中，虽然有墨斗崩线、毛笔淡墨绘制、毛笔彩线绘制、刻划凹线、赭石块绘制等多种起稿方式，但却没有发现一例可以确认是使用炭条（朽子）进行起稿的，发现较多的是赭石块绘制和凹线刻画起稿痕迹，往往凹线刻画痕迹中也有赭色存在。这两种起稿技法正是本文关注的重点。

据申秦雁对陕西历史博物馆所藏唐墓壁画的观察，使用赭石块或赭色粉饼绘制起稿线的壁画墓有李寿墓（631）、韦贵妃墓（667）、李爽墓（668）、房陵大长公主墓（673）、节愍太子墓（710）、南里王村墓（年代不详，约为8世纪中叶）、李宪惠陵（742）、苏思勖墓（746）、杨玄略墓（864）等9例；使用木竹枝刻画起稿的有李凤墓（675）、懿德太子墓（706）、永泰公主墓（706）、章怀太子墓、节愍太子墓（710）、惠庄太子墓（724）、唐安公主墓（784）等7例。除了上述申秦雁观察到的个例，笔者发现至少还有9座墓，如戴胄墓（633）、长乐公主墓（643）、段简璧墓（651）、新城长公主墓（663）、李震墓（665）、韦泂墓（708）、胡氏墓（747）、武惠妃敬陵（737）、李邕墓（727）等。以下选较为典型者略做介绍，以年代早晚为顺序。

贞观五年（631）的李寿墓为初唐最有代表性的壁画墓，其第四天井东壁

1 李域铮：《浅谈壁画源流及唐永泰公主墓壁画的艺术成就》，载陈全方主编《陕西历史博物馆馆刊 第二辑》，三秦出版社，1994，第106—109页。
2 李国选：《唐代墓室壁画之研究》，载陕西历史博物馆馆刊编辑部编《陕西历史博物馆馆刊 第五辑》，西北大学出版社，1998，第278—284页。
3 张建林：《西安及附近地区唐墓壁画的制作技法》，载《唐墓壁画国际学术研讨会论文集》，三秦出版社，2006，第337—343页。
4 申秦雁：《唐墓壁画起稿方法的考察和研究》，《书画艺术学刊 第七辑》，台湾艺术大学，2009，第41—54页。

图 1　李寿墓第　四天井东列戟图

图 2　段简璧墓第五天井东壁龛北侧的三位仕女图

列戟图中笔者观察到一位挎刀武士肩颈部分有数道弧形凹线，可以窥见原刻画的数道轮廓线。此外，身前的列戟架也有竖线一道，显系戟架侧板的起稿线。（图1）

贞观七年（633）戴胄墓壁画笔者未得亲见，幸有赵飞燕等所撰《唐太宗民部尚书戴胄墓壁画的揭取保护》一文做了较为详细的描述："戴胄墓壁画上凹线起稿的现象分为两种，一种是起稿线与定稿线完全吻合，另一种是定稿线偏离起稿线。从第二种现象可以看出，起稿线为不带任何颜色且边缘光滑的凹线，推测起稿工具为细木条等某种硬物，凹痕为潮湿墓室中壁画底层未干透即起稿留下的痕迹。"[1]文后所附图三、图六可以看出，凹线似乎出现在衣纹部分。

永徽二年（651）段简璧墓壁画现藏于昭陵博物馆，在刊布的照片中可看出一些起稿线痕迹。如第四天井东壁龛南侧的仕女图就可以在脖颈后、双肩、左臂等处观察到凹线起稿痕迹；第五天井东壁龛北侧的三位侍女图也都可看到，特别是中间穿间色裙侍女的发髻后和两臂处尤为明显（图2），而且定稿的墨线与起稿线稍有偏差[2]，

1　赵凤燕、李书镇、张小丽等：《唐太宗民部尚书戴胄墓壁画的揭取保护》，《文博》2015年第2期，第96—101页。

2　徐光冀主编《中国出土壁画全集·6·陕西上》，科学出版社，2012，第172、174页。

也许正是偏差使我们得以察觉，压于墨线和浓彩之下的起稿线则遮蔽不显。

龙朔三年（663）的新城长公主墓保留起稿线较多，可以说随处可见，墓道、过洞、天井、甬道、墓室均可找到。墓室壁画受损较轻，画面基本完整，保留的起稿线也更为清晰。笔者在发掘时曾在现场有所观察，揭取后藏于陕西历史博物馆，又有机会再次观摩。以墓室东壁的一组仕女图为例，四位侍女中左侧持杖侍女头部残损，高髻前及双臂均见与墨线稍有偏离的赭色起稿线；中间捧盘侍女有着椭圆形脸部起稿，颈部、双臂、长裙上也有未被墨线和施色覆盖的赭色线条。（图3）[1]

图3　新城长公主墓室东壁一组仕女图

章怀太子墓（706）是学界关注较多的唐代壁画墓，被揭取的壁画现藏陕西历史博物馆，后甬道和后室还存留有未被揭取的壁画。墓道东壁的"狩猎出行图"中表现得最为清楚，不少骑马人的头部都有不太规则的椭圆形凹线轮廓，一些马匹的臀部、腹部和颈部也有同样的凹线轮廓，其中一执旗骑马者手中的旗子也有起稿线，与定稿的旗帜有较大偏差。（图4）没有揭取的后甬道东壁，有一位戴幞头男子的袍服上有清晰的起稿线，定稿时有较大调整。（图5）

苏思勖墓（746）是早年发掘的一座唐代壁画墓，揭取的壁画收藏于陕西历史博物馆。墓室东壁乐舞图壁画保留有较为完整的赭色起稿线，六位乐工的头部、身躯都可看出赭色起稿痕迹，甚至手持的乐器在起稿中也有所表现，如拍板、横笛、笙、琵琶等。定稿的墨线在起稿的赭线基础上有较多调整，身体的姿态、衣纹、乐器的位置都显示出调整的痕迹。（图6）

天宝六载（747）张思九夫人胡氏墓，墓室西壁鹤屏风图有明确的凹线起稿痕迹，特别是西壁南侧第一幅屏风，鹤的背部、腿部都有起稿线，与墨线高度吻合[2]。简报未说明是否有起稿线，但从所附图版即可看出，笔者曾在西安曲江艺

1　徐光冀主编《中国出土壁画全集·6·陕西下》，科学出版社，2012，第383页。

2　西安市文物保护考古研究院：《西安韩森寨唐张思九夫人胡氏壁画墓发掘简报》，《中原文物》2021年第3期，第26—37页。

图 4　章怀太子墓道东壁狩猎出行图

图 5　章怀太子墓后甬道东壁内侍

图 6　苏思勖墓室乐舞室东壁

图7 杨玄略墓第一过洞东壁"持笏吏图"

术博物馆壁画修复现场观察鹤屏风壁画，确认有凹线起稿痕迹。

杨玄略墓（864）是为数不多的晚唐壁画墓，此墓第一过洞东壁有一幅"执笏男吏图"现存于陕西历史博物馆，从发表的照片来看，似乎是一位在乐队中演奏拍板的胡人乐工，其侧身的后背和衣袖保留有明确的褐色起稿线，其中后背的定稿墨线外放了不少，增强了前恭后倨的姿态（图7）[1]。

以上所举不同时期的唐代壁画墓，均保留有凹线起稿或赭石块起稿的痕迹，但由于没有做整幅画面的观察，只是散见于局部，还不足以了解整体布局。近年，我们对少量唐代壁画墓出土的壁画做了侧光摄影或电脑处理，将起稿线提取出来并绘制成图。我们可以通过以下两例进一步了解整幅画面的最初构图。

观察较为仔细并采用侧光拍摄方法提取起稿线的一例，是与日本东京文化财研究所的学者合作，对节愍太子墓一幅人物图的分析。观察对象是节愍太子墓第二过洞东壁壁画的三个人物，右侧两位是盛装的侍女，左侧是一位头戴幞头，身穿圆领窄袖袍服的男装侍女。在正常光线下，起稿线可以观察到的不多，只是在男装侍女右臂之下和袍裾前方的壁面有刻画的线条暴露。（图8）而在与画面30度斜角的侧光照射下，掩盖在人物形体的色彩和墨线下的一些凹线被清晰地显现出来。从线条的走向及凹入壁面痕迹的近距离观察，可以认定是用某种较硬的枝状工具刻上去的，有可能是在地仗层还没有完全干的时候加工出来的。

1　徐光冀主编《中国出土壁画全集·6·陕西下》，科学出版社，2012，第383页。

接下来，我们在现场确认了所有凹线，并将之摹写成图，确认各个人物图像与凹线之间的关系。最右侧人物发现的凹线最多，头部的高髻、脸庞、脖颈、双肩的披帛、两臂、长裙的两侧和裙裾均发现有凹线，而且在肩部披帛和腹下披帛处可看到多次刻画的痕迹，以表现衣纹和褶皱。这个人物的凹线与完工的人物形体高度吻合。中间一人的凹线较少，仅在高髻顶部和两侧、前额、披帛相交处、长裙两侧有单条凹线，特别是高髻顶端和长裙左侧的凹线与完工后的人物形体有少许偏离。左

图 8　节愍太子墓第二过洞东壁壁画侧光拍摄照片

图 9　节愍太子墓第二过洞东壁壁画提取起稿线

侧人物发现的凹线也较少，只是在头部刻画出椭圆形轮廓和幞头下沿，身体部分刻画出两臂位置，袍服只有右侧轮廓和袍裾下缘。这个人物的凹线与完工后的形体有较大偏差，特别是右臂与腰部以下的袍服偏差更大，使得原来较为直立的身躯变为前倾姿态。虽然还不能肯定制作当初的凹线是否都完整无缺地保存下来，但根据遗留至今的凹线，仍可大体看出一个完整画面的起稿与构图。（图 9）

另一例是韩休墓壁画。韩休墓壁画一经发现，就引起学界和社会各界热议，

关注点集中在墓室的山水图、乐舞图这两幅罕见的壁画上[1]；也有对制作工艺及材质的探讨，但主要关注的是地仗层的制作和颜料成分[2]。对于韩休墓壁画绘制技法及绘制过程详加探析的只有郑岩《试析唐代韩休墓壁画乐舞图的绘制过程》，郑岩将乐舞图的绘制过程分为"五期"，并将从落笔、调整、修改、定稿、着色等不同阶段用图示方式逐一展现[3]。文中也关注到最初的起稿问题："当然，这并不完全排除画工对画面有总体的设想，甚至还可能曾简略地起一大稿，但草稿却未必面面俱到，如人物头部可以画一圆圈，确定其大致位置和尺度，而无须具体到五官。"[4]

其实，若仔细观察画面，韩休墓壁画最初的起稿线还是保存得相当完好的。墓室现存的壁画均可见到起稿线，起稿线使用赭色颜料块或赭色粉饼在干燥的地仗层上快速画过，留下的线条边缘不是很齐整，线条本身也不是很实在，有类似"飞白"的现象。经过广州汉阆公司付长青的精心处理，从壁画高清照片上提取出不同画面的原初起稿线。这个起稿线提取工作首先要将拍摄的高清照片放在专业级的矢量图像设计软件 Adobe Illustrator CC 之中，然后通过仔细辨认，将褐色起稿线从覆盖其上的墨色和赋彩中甄别出来（当然也有一些起稿线在留白处），最终以红色线条将其在原照片中一一绘出，形成完整的起稿线。我们看一下北壁山水图的起稿线，最初的起稿线条较为杂乱，但仍可看出两侧高低错落的山峦在下方融为一体，并不见成图之后的溪水和两座草亭。上部山峰集中两侧，中间空出 V 形缺口，缺口处有远处的低矮山峦。可以看出，后来绘制的山水图在原初稿基础上做了较大调整，一是中间的溪流，二是两座草亭，三是绘出红日和两侧的浮云。（图 10）

另一幅是墓室西壁的六扇屏风画。西壁屏风画原为六扇，左起第二幅和第四幅已被盗墓者揭取，仅存四幅，其题材是北朝滥觞至盛唐时期流行的屏风式"树下老人图"[5]。盗墓者拍摄的西壁壁画照片可以看出，被盗揭的左起第二幅、第四幅亦为头戴莲花冠的老者形象[6]。汉阆公司付长青从高清照片中提取的赭色起稿线

1　王春苗：《韩休墓壁画研究现状综述》，《丝绸之路》2019 年第 2 期，第 67—69 页。

2　严静、刘呆运、赵西晨等：《唐韩休墓壁画制作工艺及材质研究》，《考古与文物》2016 年第 2 期，第 117—127 页。

3　郑岩：《试析唐代韩休墓壁画乐舞图的绘制过程》，《文物》2019 年第 1 期。

4　郑岩：《试析唐代韩休墓壁画乐舞图的绘制过程》，《文物》2019 年第 1 期，第 77—78 页。

5　马晓玲：《从摆脱世俗的潇洒风度向现实生活意趣的转变——以北朝—唐墓室发现的屏风式"树下老人"图为中心的考古学观察》，《考古与文物》2011 年第 3 期，第 67—75 页。

6　笔者承发掘者刘呆运先生美意，得以观看公安局缴获的这批照片。

图 10　韩休墓光壁山水图提取的起稿线

表明，每幅屏风均有起稿线存留至今。（图 11）左侧第一幅的起稿线出现在树干、树枝、人物莲花冠两侧、脸庞、肩臂、袍服交领、袍服阔袖衣褶及下摆等处，人物脚下的石块和散乱的小卵石也可见到。上方的小鸟和树下的小草则未发现起稿线。与后来完成的图形相较，树干的根部向下延伸，树枝也没有完全按照起稿线走向；人物的头部和身躯基本上都叠压在起稿线上，特别是右侧阔袖部分包括衣褶都与起稿线吻合程度较高，袍服的下摆则完全不受起稿线约束，向下伸展并绘出双履。其余三幅与左侧第一幅的情况大体相同，在树干及人物头部、身躯部分发现起稿线，袍服的阔袖和下摆表现出衣褶并与完稿图像吻合度较高，不同的是下方的石块均没有发现起稿线。第六幅有一个现象值得注意，人物左肩原有向上伸出的两条斜线，似乎是想绘出一个杆状手持物，后来又放弃了原有设计。

337

图 11　韩休墓室西壁屏风画提取的起稿线

墓室东壁的乐舞图因为画面人物、植物较多，而且在绘制过程中有数次改动[1]，起稿线的提取较为困难，但还是明显观察到不少部位有起稿线。如：1. 左下角的一丛竹子的竹枝之间即可看到有四条纵长的起稿线，应该是原初标示的竹丛位置。（图 12）2. 左侧乐队中吹笙女子、拍板女子、奏琴女子均可观察到起稿线：吹笙女子的发髻顶部、脸庞轮廓、肩颈部的起稿线与绘制的墨线基本吻合；拍板女子的肩臂部、拍板部分都有起稿线，与墨线稍有偏差，脸庞前方有一道弧线，似为原脸部轮廓线，依此分析，原来的

图 12　韩休墓室东壁乐舞图——竹丛

1　郑岩：《试析唐代韩休墓壁画乐舞图的绘制过程》，《文物》2019 年第 1 期，第 76—83 页。

头部稍稍前倾；奏琴女子脸庞、肩臂处有起稿线，与墨线稍有偏差。（图13）。3.仔细观察，右侧乐队七人均发现有多少不一的起稿线，多在头部和上半身。（图14）较为明显的是后排击钹者，脸庞有椭圆形轮廓线，头顶有原设计巾子的轮廓，肩臂上也可看出起稿线，除了巾子形状完全没有按照原有设计，其他部分与墨线较为吻合。（图15）吹筚篥者和身后站立者也保留有明显起稿线，后者脸部和肩颈部的起稿线与墨线较为吻合。（图16）就连后来被黄色涂抹近半的蹲坐咏唱者身上也发现有起稿线。乐舞图起稿线的确定，可能导致我们对此图的绘制过程的重新进行考虑。按照郑岩的推测，第一期画面上的右侧男

图13　韩休墓乐舞图——女子乐队三人

图 14 韩休墓室东壁乐舞图——右侧男子乐队

图 15 韩休墓室东壁乐舞图——击钹者

图 16 韩休墓室东壁乐舞图——吹竽篥者

子乐队只有五人，前面蹲坐的咏唱者和后排站立者原本没有，直到第四期才加上这两人；两侧的竹丛和中间的树木是第三期绘入的。[1] 起稿线向我们揭示，男子乐队的前后两人和两侧的竹丛在最初的设计中已经赫然在列。

　　总结以上案例可以看出，刻划（画）凹线起稿和赭石块绘制起稿这两种起稿技法从初唐到晚唐都有，凹线起稿流行于初唐、盛唐，中晚唐则主要使用赭石块绘制起稿的方式。作为底稿的凹线往往粗细深浅不等，大多宽1—2毫米、深约1毫米。线的边缘有的较为光滑，有的较为粗糙。总的来说都比较随意，只是画出布局、位置和大致的轮廓，有些则进一步刻画出细部，形体较大的人物图如韦洞墓"侍女图"的脸部轮廓可以细致到五官的位置。对照前述的赭石色凹线，中晚唐墓葬壁画的起稿线多为浮在壁画地仗层表面的粗涩线条，并没有形成凹线，或只是极浅的划痕，基本可以推测当时起稿所使用的工具是一种赭石色的干颜料块。线条颜色有深浅之别，多数为浅褐色。从韩休墓起稿线的颜色来看，偏深褐色，犹如泥土，说明当时可能有不同原料制作的颜料块。初唐至盛唐时期的起稿较为细致，勾勒的墨线与起稿线偏差很小，加之施色较浓厚，起稿线往往被覆盖，不易被发现；中晚唐的起稿线显得随意粗率，勾勒墨线时多有改动，有些甚至移位较大，而且施色淡薄，有些甚至近乎白描，故起稿线一眼可见。

　　唐代的刻划（画）凹线起稿法既非首创，也不是墓葬壁画所独有。开篇提到的新疆克孜尔石窟二、三期多见的刻划（画）凹线起稿遗迹可早至5世纪中叶，延续使用至7世纪上半叶。北朝时期的墓室壁画也发现数例刻划（画）凹线起稿者。山西太原南郊北齐壁画墓"壁画先以硬笔起稿，再用墨线勾勒，然后平涂填色"[2]。山东济南东八里洼北朝壁画墓"壁画是在白灰面上先以细棒刻划出轮廓线条，再用笔墨描绘"[3]。河北磁县湾漳北朝壁画墓采用了两种起稿技法，一是毛笔淡墨勾线，一是"划（画）线"起稿。"起稿中还少量使用了划（画）线的方法，划（画）线一般浅而细，工具可能为竹签之类，在白灰壁尚未干透时刻划（画）初稿，如地画左右两列装饰纹带。东壁第33、35人所持仪仗也是用划（画）线方

1　郑岩：《试析唐代韩休墓壁画乐舞图的绘制过程》，《文物》2019年第1期，第76—83页。

2　山西省考古研究所、太原市文物管理委员会：《太原南郊北齐壁画墓》，《文物》1990年第12期，第1—10、98—101页。

3　山东省文物考古研究所：《济南市东八里洼北朝壁画墓》，《文物》1989年第4期，第67—78、101—103页。

法起稿的。两种起稿方式同时并用，这表明浅墨线初稿也是完成于湿壁面上的。"[1]陕西、宁夏的北周墓葬壁画中尚未发现起稿痕迹。

关于敦煌石窟壁画的起稿技法，以往学者留意不多，2005 年出版的《敦煌石窟艺术概论》仅有如下简略描述："绘制洞窟壁画的第一道工序是对整个窟内各壁所绘内容和题材的总体设计规划。……作为动笔的第一步，首先是安排一幅画的结构布局，也就是所谓的'经营位置'，确定好画的总的框架以后，便可以在墙壁上画出'起稿线'了。……敦煌壁画的制作，在早期十六国北朝时期的洞窟壁画中，起稿线多清晰可见，土红线，以后各代壁画也均有反映，但不是十分的清晰。"[2]此外没有更为具体的描述和分析。

在 2006 年出版的《敦煌画稿研究》一书中才有了对石窟壁画凹线起稿较为详细的观察与描述。作者沙武田将凹线起稿技法称为"刻线法"，并认为与藏经洞中发现的"雕空"画稿有关。据他的观察，"敦煌洞窟壁画使用刻线法并不多见……目前仅在莫高窟盛唐第 130 窟甬道男供养人画像和第 107 窟佛龛北侧菩萨像中可以看到用锥刻印画稿后再用墨线描的印痕。经笔者仔细的实地考察发现，第 107 窟西壁龛内南、北、西三壁屏风画，南、北壁各三扇，内各画一立菩萨像，面向龛外，均使用了'刻线法'。其中南壁第二身和北壁外侧第一身表现最为明显，人物线条压痕清晰，是一种略扁平类的工具在白灰面上先画出人物轮廓线，然后再依痕描绘墨线而成"[3]。作者还观察到在"晚唐五代宋归义军时期的部分洞窟壁画佛像头光、背光的画法中可见刻线法的使用"。沙武田还在张掖马蹄寺千佛洞第 2 窟发现下层壁画保存有"刻线法"起稿的痕迹，下层壁画被认为是北凉时期，千佛的头光、背光均可见圈状的凹线底稿。[4]

在日本 7 至 9 世纪的壁画中也发现有使用凹线起稿的例子。已知的仅有两例，一例是キトラ古坟壁画，另一例是法隆寺金堂新发现的壁画。

キトラ古坟和高松古坟是日本迄今发现的两座 7 至 9 世纪壁画墓，均被视为国宝，日本学界曾有大量研究成果刊布。其中的キトラ古坟被发现有凹线刻画起稿的痕迹，百桥明穗曾有详细论述："キトラ壁画上发现如同法隆寺金堂壁画线刻草稿的起稿线。即最初起稿时将原大的底稿贴附在壁面上，用竹刀或

1 中国社会科学院考古研究所、河北省文物研究所编著《磁县湾漳北朝壁画墓》，科学出版社，2003，第 186 页。
2 郑炳林、沙武田编著《敦煌石窟艺术概论》，甘肃文化出版社，2005，第 15 页。
3 沙武田：《敦煌画稿研究》，民族出版社，2006，第 379—381 页。
4 沙武田：《敦煌画稿研究》，民族出版社，2006，第 381—382 页。

尖状的笔从上向下绘制到灰泥上。
キトラ壁画特别是十二生肖壁画上
可以清楚看到这样的线条痕迹，但
在高松冢壁画却没有这样的痕迹，
高松冢是怎样在壁面上起稿的，还
不明了。キトラ壁画与法隆寺金
堂壁画使用了相同的绘画技法。这
种凹线起稿的技法在中国特别是唐
代陵墓壁画中较为多见，西安的章
怀太子墓等壁画可以明确认为有这
样的凹线起稿。因此，我们认为这
种用竹刀刻划（画）凹线的技法并
不是真正意义上新技法。"[1]（图
17）百桥明穗注意到唐墓壁画的凹
线起稿法，同时似乎在暗示这种技
法影响到了日本。

法隆寺金堂的早期壁画大约绘
于7世纪末，1949年遭受火灾损毁。
正是因为火灾对表面墨线与赋彩的
损坏，原有的凹线刻画起稿得以显
现。河原由雄有这样的描述："其

图17　日本古坟壁画寅虎1

中2号和5号、3号和7号两组菩萨像是同一个原稿正反两面使用，这种情况
同样出现在20个同样大小的飞天各二躯描绘中。壁画原稿（纸质）内面涂上色
粉，将纸质原稿紧贴在壁面上，用竹签或尖笔沿轮廓用力描画，在壁面上形成
类似线刻的凹线或押（压）线。"[2]从发表的清晰照片可以观察到7号圣观音像
用细密流畅的凹线起稿（图18），几乎所有的细节都在起稿中被描绘了出来。

纵观北朝至唐代墓葬壁画、石窟壁画的起稿技法，凹线刻画起稿和赭线起稿

1　百桥明穗：《キトラ古坟壁画の美术史的位置》，《佛教艺术》二九〇号（2007年1月号），
　　每日新闻社，第39页。
2　河原由雄：《アジャンークから敦煌そして法隆寺壁画》，载朝日新闻社编、法隆寺监修《法
　　隆寺再现壁画》，朝日新闻社，1995，第62页。

图 18　日本法隆寺金堂 7 号壁画圣观音

遍及北方广大区域，甚至影响到日本，成为长达数百年壁画起稿的主要技法。其中蕴含着怎样的技术传承？又是如何完成这种超长距离的传播？本文只是发现问题、提出问题，期待有更多学人关注并参加探讨。

"中古中国视觉文化与物质文化国际学术研讨会"综述

纪东歌（故宫博物院副研究馆员 中央美术学院博士生）

袁　欣（中央美术学院博士生）

2021年10月30日至31日，中央美术学院人文学院主办的"中古中国视觉文化与物质文化国际学术研讨会"于中央美术学院北区礼堂和腾讯线上会议同步举行。本次会议是人文学院继成功举办2017年"美术史在中国"、2019年"明清中国与世界艺术"等产生重大影响的国际学术会议之后，再一次召开的学术盛会。来自国内外艺术史、考古学、历史学和科技史界的40余位学者跨越时空，与人文学院师生于线上线下齐聚一堂，切磋学术，气氛热烈而融洽。本次会议得到学界的肯定和好评，反映了近年来人文学院在追求新文科创新发展过程中所付出的努力。

开幕式于10月30日上午举行，中央美术学院院长范迪安教授、中央美术学院人文学院院长李军教授分别致辞。开幕式由中央美术学院人文学院贺西林教授主持。

首先是范迪安教授做视频致辞。他表示，这次研讨会的召开为中国的艺术史与考古学者以及国际同行构筑了一个广泛交往、深度交流的平台。一时代之学术，必有其新视野、新问题、新材料与新方法，这次研讨会的主题将"视觉文化"与"物质文化"相连，从多维的研究视角打破传统学科概念，有助于丰富艺术史的书写，建构新的学术研究格局，更有助于重新认识和思考物质文化与视觉文化合为一体的文化生命力，由此建立具有中国特色、中国风格、中国气派的考古学研究体系。

范迪安教授还谈到，中央美术学院始终重视人文学科的建设与发展，从当年的美术史系到今天的人文学院，从学科的内部建设到扩展的学术文化功能，从几代优秀的教授、学者筚路蓝缕到一批批有志的青年学子竭力传承，积累形成了视角丰富多元、辐射范围宽广的研究与教学格局。这些年来，人文学院坚持弘扬优秀学术传统，积极探索学科发展新的结构与内涵，增加了文化遗产、视觉文化理论等专业，加强了历史哲学的支撑，尤其在中国美术史和世界美术史的关联性研究上有了新的拓展，这些都体现了大学文化传承的功能，为新时代艺术人文学科建设打开了新的路径。

李军教授在开幕式上发表了热情洋溢的致辞，他回顾了中央美术学院美术史学科 64 年的发展历程及其取得的成就，强调了不同学科交流互鉴的重要性，表达了对本次会议顺利召开的祝愿。

研讨会围绕中古中国"考古新发现""视觉文化""物质文化""理论与方法""思想与观念""礼仪、制度与文化交流"六大议题展开，艺术史、历史学、考古学、科技史等研究领域的与会代表就学术前沿问题进行了广泛而深入的交流讨论。

一、考古新发现

第一场报告由北京大学齐东方教授主持，西北大学张建林教授与北京大学杭侃教授评议。5 位发言人均为长期主持发掘工作的考古学者，他们分别介绍了近年来陕西、山西、青海、河北、浙江发现的重要墓葬、遗址及遗存的发掘、研究和保护情况，并对这些考古新发现的学术价值和意义进行了解读。

陕西省考古研究院研究员李明以《咸阳洪渎原唐代壁画墓新发现》为题，介绍了汉唐长安城以北洪渎原高等级墓葬区中 5 座隋唐壁画墓的发掘情况，重点就康善达墓墓道东、西两壁壁画和杨知什夫妇墓墓室内壁画和遗存进行阐述。他认为康善达墓现存壁画中的胡人驯马和胡人牵驼图生动别致，或与墓主人的胡人身份和作为马政官员的经历有关，并体现了墓葬等级观念。杨知什夫妇与隋唐皇室皆有姻亲关系，地位显贵，该墓墓室东壁乐舞图具典型的盛唐风格。太原市文物保护研究院文博馆员龙真的《太原地区唐墓"树下人物图"壁画的新发现》重点介绍了太原果树场唐墓、龙山火葬场唐墓、乱石滩唐墓、小井峪郭行墓、西镇M13 的壁画，并结合赫连山墓、赫连简墓和焦化厂唐墓壁画，就该地区"树下人物图"壁画的整体面貌、思想意涵进行探讨，推测其中可能表现有"季子挂剑""王裒攀号""庐于墓侧"等典故，认为是褒奖墓主人高尚品德并暗含升仙思想的"溢美之图"。中国社会科学院研究员韩建华在《古道西风——青海都兰热水墓群考古新发现》中介绍了热水墓群的考古发掘概况和历史背景，以及运用聚落考古学方法分析游牧民族聚落形态的工作过程。2018 年血渭一号墓的发现举世瞩目，最具代表性的是地下五神殿、壁画彩棺和印章等重要考古发现，同时出土大量具有中西文化元素、游牧民族特色、中原特色的珍贵文物，证明了阿柴王陵的吐蕃化特征，由此强调丝绸之路青海道考古材料的重要学术价值。中国社会科学院副研究员何利群的《近年来邺城考古的主要发现与收获——以邺南城宫城区的考古为中心》介绍了近年来邺城佛教遗迹、窑址、宫城区的发掘情况和保护修复工作，其中详述了北齐大总持寺遗址、核桃园北齐佛寺遗址的发掘工作，并分享了北吴庄佛教造像埋藏坑出土的丰富精美的宗教造像遗存。他特别指出邺南城宫城区的勘探发掘为探索宫城结构、城市格局、建造技术和宫院制度研究提供重要线索，具有重要学术意义。浙江省文物考古研究所馆员谢西营的发言《发现秘色瓷——慈溪上林湖越窑考古新收获》梳理了历代文献中关于秘色瓷的记载，重点介绍了2015—2017 年慈溪上林湖越窑后司岙窑址的考古发现，认为该发现确认了秘色瓷的产地，揭示了唐五代越窑青瓷，特别是秘色瓷的工艺成就和发展状况。他通过分析实物和瓷器上的文字，证明秘色瓷为宫廷用瓷的性质，其先进的生产技术对越窑和其他地区瓷业产生深远影响。

在评议环节中，两位评议人就各报告进行了精彩点评，并与发言人展开讨论。张建林认为 5 位学者的发言均体现了近年来考古学研究中跨学科合作的特点，以及对壁画、造像、器物等遗存的微观观察。针对阿柴王墓，他提出了存在非典型吐蕃文化因素的看法。就太原地区唐墓壁画的研究，他建议结合关中地区唐墓壁画加以考量。杭侃强调应在大历史背景下考察个案。关于唐墓壁画中"树下人物图"的解读，他认为应当系统而非孤立地观察图像，就邺城遗址内佛教造像埋藏坑的时间和附近是否存在寺院等问题向发言人提问。他结合自己的经验，建议在研究唐康善达墓壁画的马饲形象时可考虑自然和社会因素的影响。针对秘色瓷的新发现，他建议应更多地从技术、时间、地域等因素考虑其对后世的影响。关于热水墓群的族属的问题，他提出可以尝试运用科技手段解决。5 位发言学者均对评议人提出的问题和建议做了相应的回答和解释，线上其他与会代表也加入讨论中，在热烈而融洽的氛围中切磋学术，扩展了考古学和美术史的视野与新知。

二、视觉文化

第二场报告由复旦大学李星明教授主持，山东大学李清泉教授与北京大学韦正教授评议。5 位学者围绕中古中国绘画的题材、技法、意涵等问题展开讨论。

北京大学郑岩教授在《关于早期绘画"分科"问题的思考——以北朝石葬具画像为中心》中，以文献和图像相结合的方式，分析了北朝石葬具画像中有关人物、山水、台榭、花卉的母题，认为这些母题至迟于 6 世纪初已成为相对独立的表现对象，为探究早期绘画"分科"问题提供了新的思路。中央美术学院吴雪杉教授以《目送归鸿——中国早期绘画对眼睛的再现》为题，从东晋顾恺之的画论切入，探寻了绘画中眼睛与人物精神气质的密切关联。他通过对战国到南北朝大量视觉材料中人物眼睛的细读，观察到眼睛与目光之间的独特关系，并联系印度、中亚佛教艺术对眼睛的表现方式，认为 5—6 世纪中国绘画中出现的"莲花眼"受到了早期印度佛像视觉传统的影响。中央美术学院耿朔副教授和中国人民大学李梅田教授的发言均涉及中古墓室壁画中的改绘现象。耿朔在《北齐徐显秀墓图像改动现象探析》中以北齐徐显秀墓壁画中人物面部的改绘痕迹为例，总结出技术性调整、题材与构图改动各种情况，并认为墓主画像未遵循严格的绘画标准，存在明显程式化的现象。此外，他推测徐显秀墓的修建和壁画绘制是在比较仓促的情形下完成的，改绘现象反映了墓葬建造的动态过程，以及丧葬观念和制度的具体运作。李梅田的《略谈中古墓室壁画的改绘现象》则关注到更多壁画墓中的改绘现象及原因，他以大同北魏梁拔胡墓、临朐北齐崔芬墓、朔州水泉梁北朝墓、唐金乡县主夫妇墓等墓葬壁画中多种改绘现象为例，对其制作工艺和葬仪活动进行分析，总结墓室壁画改绘的原因包含对前代建材改造、画工失误、合葬等因素，推断合葬是壁画改绘的主要原因，同时强调了壁画图式与性别观、尊卑观相关联，合葬时间和合葬夫妇身份等级之差异会对改绘的可能性构成影响。中央美术学院赵伟教授以《山西太原唐代赫连简墓"树下老人"图试读》为题，依据文献，就赫连简墓围绕棺床的 6 幅"树下老人"屏风壁画依次展开深入剖析，认为图像中执杯、持节、哭坟、背柴薪等细节并非表现传统孝子和高士，其意涵与道教相关，推断这些图像为道教法师参与世俗丧葬活动的表现，反映了墓主或其后人"内儒外道"的生死观。

主持人李星明感谢各位发言学者带来的新观点和新视角。在随后进入的评议环节，李清泉肯定了郑岩通过考古材料关注绘画史问题的思路，并同意 6 世纪绘画出现分科端倪的观点。此外，他补充了画史文献中关于绘画分类的依据，并建议对不同"画科"形成的时间、缘由可再做深入思考和探讨。韦正从考古学角度出发，提出 5—6 世纪人物画能否独立成科及分科的意义等问题，建议分析壁画时需注意材料来源及局限性。郑岩在回应口谈到，魏晋南北朝绘画独立的自觉性是在实践中形成的，进一步研究需要更多证据支持。就吴雪杉的发言，李清泉建议应关注顾恺之"传神论"中的"对位"概念，韦正提出可结合石窟造像中的相关材料进行思考。本场两位学者涉及墓葬壁画改绘研究，评议人认为以往墓葬制度研究多限于考古学，而美术史研究为此提供了新的思路。墓葬壁画改绘涉及图像选择和墓葬设计等问题，需通过对画面主题或程式的细分，合理地还原创作过程和改绘动因。针对赫连简墓壁画"树下人物图"的研究，韦正认同图像受道教思想主导的观点，李清泉提出是否所有图像都能纳入道教范畴的问题。赵伟在回应中解释这类图像弱化了对孝道美德的褒奖，表现的是在达到儒道标准后继续修仙求道的形象。

三、物质文化

第三场报告由中国文化遗产研究院葛承雍教授主持，故宫博物院王光尧研究馆员和南京大学张学锋教授评议。5 位学者围绕不同物质材料遗存发表了有关中古中国物质文化的最新研究成果。

中国科学院苏荣誉教授以《论中古两驾青铜牛车模型》为题，以山西省博物院、深圳市博物馆和美国明尼阿波利斯美术馆藏的青铜牛车为例，讨论了中古青铜车模的形制结构、铸造技术、制作年代以及功能内涵等问题，分析国内藏两件牛车为失蜡法混铸，具高度写实特征，年代为北魏至唐之间；而美国藏牛车为分铸组装工艺，年代为北朝之前。此外，他还将研究视域扩展至整个欧亚大陆，指出中西方的造车技术流程存在差异，中国牛车的制造工艺和源流问题值得进一步研究。故宫博物院副研究馆员纪东歌的《汉晋堆塑罐的再思——从故宫博物院藏品谈起》，以 3 件分别代表东汉、东吴、西晋时期的青釉堆塑罐为引，结合吴晋时期浙江地区制瓷技术，探究装饰变化规律以及工艺对纹饰图像的产生和传播的作用与影响。堆塑罐上手工捏塑和模印贴塑装饰分别集中表现本土传统文化和外来文化因素，佛像及白毫相与长江流域其他媒材实物装饰形象一致，平面和模式化的特征表明模具在传播中的重要作用。对比唐代长沙窑陶瓷装饰，模具装饰的兴盛与多民族互融、人口流动的高峰期相对应。武汉大学魏斌教授的《重思云峰刻石》围绕光州三山郑氏父子题刻展开讨论，他首先回溯原本语境中观察题刻生成的原因和过程，提出刻石目的是实用性的纪念、标识和告示。天柱山和云峰山题刻建立了游仙信仰和逝者纪念之间的联结，云峰山九仙题刻延续了汉晋以来传统的神仙世界想象，与当时在江南流行的神仙洞天观念存在较大差异，大基山题刻反映了个人修道的虚拟空间"云居馆"。这些题刻既在表达个人修仙观念，又是叠加情感的纪念碑景观。西安市文物保护考古研究院杨军凯研究馆员的《唐康文通墓釉陶彩绘俑》重点介绍了康文通墓出土的釉陶俑与彩绘陶俑，指出其中彩绘描金釉陶俑是三彩技术达到全盛的重要标志，也是釉陶俑发展中转折点的代表。通过梳理初唐至盛唐墓葬陶俑的发展变迁，他认为釉陶俑有流釉现象，且不符合唐人对服色制度的要求，所以在盛唐后逐渐消失。中央美术学院张鹏教授的《金仙公主塔谜考》通过一系列复原性考证，认为北京房山云居寺开元九年（721）唐石塔并非与金仙公主有直接关联。她首先复原了该塔建造的真实初衷，进而以塔铭内容和书写方式为线索，追溯了金仙公主与云居寺的历史渊源，从塔的形制、装饰和环境景观等方面，厘清了其被挪用的动因和被误读的缘由，并对美术史研究中的此类问题进行了反思。

在主持人葛承雍简要总结后，王光尧和张学锋进行评议。张学锋肯定了早期跨文化研究的重要意义，指出早期青铜车是世界主要文明体之间交流的重要物证，期待跨越时空差异深入讨论车和牛车传播的问题。就汉晋堆塑罐的报告，评议人认为以往讨论多集中在考古类型学和视觉文化上，纪东歌的研究以复合装饰工艺和装饰产生的视角切入较为新颖。王光尧建议持续系统地通过技术挖掘文化史因素，梳理江浙地区和岭南、福建等地域文化的关系，结合丧葬文化对其进行深入研究。张学锋认为魏斌对郑氏家族刻石的研究展现了自己建构的知识体系，对思考汉晋传统神仙思想和江南流行的洞天、仙官观念的差异具有启示意义。他肯定了康文通墓的重要价值，指出考古学整体观察和统计数据尤为重要，该墓出土釉陶俑是否有特殊意义，不同墓葬中的釉陶俑或彩绘俑是否能归类讨论需进一步思考。就张鹏关于"金仙公主塔"被"挪用"的讨论，张学锋认为其揭示了历史真相，是正本溯源的实证研究。此外，他提议有关公主和幽州之间的实际关联问题值得继续研究。

四、理论与方法

研讨会第四场分为上、下半场，是以"理论与方法"为主题的学术对谈。由中央美术学院李军教授主持，海内外艺术史、历史学、考古学界的 10 位学者进行互动，就视觉文化和物质文化研究的方法论展开深层对话。

对谈会上半场，李军教授先从艺术史学角度对"理论与方法"进行阐释，随后结合4位与会嘉宾各自的研究方向和领域，围绕美术史学方法论和视觉文化研究理论等核心问题展开交流。美国芝加哥大学巫鸿教授通过分享自己的研究经历，谈到学习和建立美术史研究"方法论"的过程，折射出近几十年来西方学界研究中国美术史的学术动向。他还谈到本世纪初视觉文化研究的流行重写了"美术"的概念，拓宽了美术史研究的范围。广州美术学院尹吉男教授认为不同时期和地区的美术史研究面临的语境不同，早期美术史研究由于缺乏同期材料支撑，"二重证据法"的有效性受到限制，而美术史家也在不断探求新的方法路径。另外，他还就美术史研究中的"贵族平民"论进行宏观思考。北京大学陆扬教授在对谈中强调了视觉和物质材料对中古历史研究的重要性，以及视觉文化的传播与文本材料之间的关系。另外他谈到了"唐宋变革"学说的内在逻辑，特别联系到晚唐五代至北宋的视觉转型问题。中央美术学院贺西林教授讲述自己的学术研究经验，认为方法是潜移默化地融入具体研究和写作中的，同时指出当今美术史讨论和解决的问题己不局限于艺术本体，已然切入了思想史、社会史，甚至政治史。

下半场对谈会中，李军教授和5位与谈学者继续就物质文化研究方法和发展趋势开启话题，涉及跨学科之间理论方法的借鉴与反思、对未来学术动向的展望等议题。美国哈佛大学汪悦进教授回顾了半个世纪以来艺术史领域物质文化研究的发展历程，反思了以往对传统历史文献和理论框架的过度侧重，以及近十年来对物质性的过度关注。他指出当今艺术史对物质文化的研究，需要探寻物质表象和深层内涵之间的关系，观察物质的复杂性和多维性，并强调了艺术体验及其他学科介入的重要性。美国芝加哥大学林伟正副教授强调了物质本体所具有的多重意义，认为可在"材质艺术"的概念下进行物质文化研究，面对学术差异逐渐缩小的趋势，国内外学者应利用自身优势加强合作，各取所长。四川大学霍巍教授从考古学角度思考了美术史研究的贡献，认为美术史研究补足了透物见"人"的维度，为考古学研究带来了新的启示。另外，他还举例说明美术史与考古学结合的方法利于在研究中回归原境，挖掘物质背后的思想文化，并对西藏地区的考古工作进行了展望。清华大学侯旭东教授指出，使用人类学和美术史学方法有助于在历史学视角下研究视觉文化和物质文化，挖掘文本文献和图像材料之间的关系和层次，从而重回历史现场了解丰富而真实的过去。浙江大学余欣教授肯定了图像在历史学研究中的重要性，同时反思了"以图证史"的研究方法，指出图像和物品都具有自身的脉络，不能将其简单地视为材料。他认为对物的研究当超越物质性和文本性，应将物置于信仰、风俗、礼仪等历史原境和实践中考察，以此建立新的研究范式。

五、思想与观念

第五场报告由中央美术学院罗世平教授主持，北京大学郑岩教授与中央美术学院张鹏教授评议。5 位学者皆围绕中古中国宗教美术展开研讨。

北京大学杭侃教授以《云冈石窟中的大像窟》为题，梳理前人学者对云冈石窟的分期研究，重新观察石窟的营建时间与过程，对第 5 窟和第 13 窟的分期问题进行再思，认为两窟均开凿于北魏献文帝时期，应与昙曜五窟同属云冈一期，以此就大型洞窟波折的营建过程与石窟中复杂面貌之间的关系做出阐述。北京大学李松教授的《有眼无珠与双目有神——关于云冈石窟北魏大佛像的"真相"》，通过比对海内外博物馆和机构藏佛眼珠的形态、材料和流传历史，联系云冈石窟大佛以及佛和菩萨的位置、姿势和表情，在文化传播的视域下对大佛镶嵌眼珠的制作时间、工艺变化和安装形式进行推测，并对其可能产生的视觉效果进行分析。中国艺术研究院助理研究员张南南的《以戒为尊、十方同证——敦煌早期三窟与戒法关系推测》，以莫高窟"北凉三窟"之中的第 275 窟为中心，从继承瑜伽系大乘菩萨戒的角度解释窟内菩萨为尊、佛像在侧的"矛盾"现象，认为该窟并非以再现弥勒天宫为重点，也不是以禅观为中心，而具有受戒忏悔的现实功用色彩，并推测其建造于北魏，是早期三窟中以戒、定、慧三学及戒律之于佛法的具体表现。中央美术学院王云教授在《是香？是火？还是灯？——中古中国佛、道造像主像下方中心图案研究》中关注到中古佛、道造像主像下方常见的一类图案，通过图像对比和文献研究，她认为释其为博山炉并不恰当，这类图像应与"光明"意涵相关，源自古埃及和摩尼教中对莲花和光明的崇拜被佛教吸收，大乘佛教借鉴了婆罗门教的思想，建立以光明的佛国为中心的宇宙观。北魏《师氏七十一人佛道造像碑》等例证表明，灯、火和宝珠被纳入佛教教义和道教仪式中，具有沟通天地的宗教内涵。中央美术学院郑弌副教授的《变动的法华——神龙至景云间佛教信仰与艺术演变的个案观察》，以隋至初盛唐之际法华图像的演变为中心，围绕几组个案讨论此期佛教信仰与艺术表现的转向问题。其中智颛的白塔与"法华无垢之塔"之个案体现了法华观念在丧仪和葬式中的渗透；而法华经变与山水之景的个案研究以隋唐莫高窟法华题材壁画为线索，展现了山水画的阶段性发展。该发言报告旨在建立一种将中古图像复归于整体社会文化景观中进行研究的方法。

评议环节，郑岩对前三位学者的发言进行了评议。他认为杭侃对云冈大像窟的分期研究具有说服力，是对前人研究结论的修正，解决了以往学者对于第5、6窟双窟差异的困惑，而第一期和第二期窟营建过程值得继续探究，推测其中存在两种不同的营建形制和观念。关于石窟造像眼睛的研究，郑岩认为是从微观角度进行细节研究的典范案例，李松观察、使用和分析材料的方法值得借鉴。敦煌早期三窟是学界关注的热点，郑岩认为以大乘戒法等佛学教义为中心重新对第275窟进行整体解释，将引发学界关注讨论。张鹏对另两位学者的发言进行评议，她认为王云的研究将文本和视觉材料放在文化传播中思考很有意义，其图文互证的方法值得肯定。她认为郑弌的报告将个案放在整体社会文化景观中观察图像的方法具有启示性。其后，发言学者对评议人进行回应，李松解释了佛眼嵌入凿洞的流程，谈到"唐宋之变"在造像和佛眼上的体现。就此杭侃表示云冈石窟的考古工作将不断纳入新方法进行探索实践。

六、礼仪、制度与文化交流

第六场报告由中国科学院苏荣誉教授主持，北京大学李松教授和中国人民大学李梅田教授评议。5位学者围绕中古中国的礼仪、制度与文化交流等议题对相关考古发现进行深入阐述。

北京大学韦正教授的《大同寺儿村石雕与北魏傩仪》关注到大同寺儿村古墓出土的一件北魏石雕，通过对其细节特征的考证，修正学界对该石雕的原有认知，指出石雕为5世纪中期前后的遗存，展现了北魏平城时代鲜卑的"军傩"场景。将两个主要的动态环节压缩在这一石雕中，这种二武士一人面一兽面怪兽的组合最终成为北魏洛阳时代官方镇墓组合，影响到隋唐时期。陕西省考古研究院研究员刘呆运在《洪渎原唐墓有关问题的思考》中对洪渎原唐墓进行了全方位解读，包括发掘情况、墓地成因、墓葬分布、墓主身份与关系、墓葬等级及墓葬文化个性多个方面，其中谈到窦孝谌墓室上方发现塔形建筑，认为是以墓为塔的象征；谈到唐豆卢建墓围沟内发现十二生肖，认为与唐代人的时空观念相关。北京大学沈睿文教授的《考古所见开元年间唐玄宗对丧葬制度的整顿》从帝陵择址、布局、随葬品禁断及墓葬壁画等方面入手，就唐玄宗对丧葬制度的整顿和墓葬制度重塑后的影响展开讨论，认为开元年间对丧葬礼制的重建包括桥陵和定陵的规划布局，李宪墓的营造成为确立墓葬制度的标志性措施，重建举措还包括禁断石葬具和唐三彩，至此墓室壁画开始转向新格局。此外，他也注意到墓葬制度重塑影响下发生的毁墓现象，并阐明了唐玄宗确立的墓葬制度对中晚唐和五代具有深远影响。中国文化遗产研究院葛承雍教授的《新出中古墓葬壁画中的下层胡人艺术形象》，以"匠心""匠气""匠情"三部分，详细分析了中古墓葬壁画中的胡人图像，以此探索当时下层胡人的生活面貌，展示了隋唐王朝胡汉互融的社会图景。他认为胡人形象入画，反映了画家与胡人、贵族与奴仆、家庭和国家的密切联系。西北大学张建林教授在《寻找起稿线——唐墓壁画起稿技法再探》中，针对唐代石窟及墓葬壁画中出现的赭色凹线等起稿痕迹展开研究，从韩休墓、李寿墓、新城长公主墓、武惠妃墓、李宪墓等墓葬壁画所见凹线起稿和定稿线的排布，再上溯克孜尔石窟、张掖马蹄寺石窟、敦煌莫高窟的壁画及洛阳、太原地区墓葬壁画上起稿痕迹，梳理出"一朽二落三成"壁画绘制技术和起稿重要技法自西东传的传播路径，甚至在日本的壁画中也发现有相似例子。

评议环节，李松赞同将大同寺儿村石雕的时间从孝文帝时期改到5世纪中期的观点，同时肯定了韦正视其文化元素源自关中的论点。对于将静态石雕转化为动态程序的研究，他提出了如何将叙事性和象征性区分开的问题。李梅田认为洪渎原墓葬群的发掘为研究墓葬制度提供了新线索，在唐代高度秩序化和等级化的墓葬制度下，还有将佛教和丧葬结合的窦孝谌墓等个性文化的存在，这是墓葬研究要重点关注的问题。就沈睿文的发言，李梅田认为唐玄宗时期建立了清晰的墓葬体系，包括礼仪制度和丧葬制度，是全面了解唐代墓葬制度的最佳切入点。针对葛承雍的报告，两位评议人均表示对探索中古时期下层胡人艺术形象开启了新的思路，同时提到应注意写实性的对应点，关联除壁画外胡人陶俑等素材，寻找胡汉形象之间的联系与差异。就张建林关于壁画起稿线的报告，两位评议人都谈到技术艺术史研究的重要性，新技术和新仪器的介入有助于发现更多信息，对于探寻文化和技术传播的路径有积极意义。

研讨会闭幕式由中央美术学院人文学院副院长黄小峰教授主持。贺西林教授就大会进行了全面的学术总结，黄小峰教授和李军教授分别致闭幕词，高度评价了本次研讨会的重要成果和积极意义，并对未来更广阔的学术前景寄以期许。本次研讨会与会代表发言内容广博，涉及考古新发现、视觉文化、物质文化、理论方法、思想观念、制度礼仪、文化交流等多个方面，既有中古视觉文化与物质文化研究的最新成果，也不乏各学科知名学者的真知灼见。另外，研讨会展示了多元的研究视角及方法，促进了各学科在材料、方法、观念上的融通，是一次跨越时空、打破学科界限的学术盛会。本次会议还注重反思学术壁垒，在发言与对谈中融入对艺术史、考古学、历史学学科发展的思考，这对突破传统研究范式，开拓新的学术格局具有重要意义。

后　记

　　近年来，中古中国视觉文化和物质文化日益成为学界关注的焦点，就此美术史、历史学、考古学、科技史等学科之间的互动日趋密切，于材料、方法、观念上不断融合促进，推陈出新。基于这样的学术背景和研究动向，中央美术学院于2021年10月30—31日举办了"中古中国视觉文化与物质文化国际学术研讨会"，哈佛大学、芝加哥大学、北京大学、清华大学、中国人民大学、复旦大学、浙江大学、南京大学、四川大学、武汉大学、山东大学、西北大学、台湾大学、故宫博物院、中国社会科学院考古研究所、中国科学院自然科学史研究所、中国文化遗产研究院、中国艺术研究院、陕西省考古研究院、西安市文物保护考古研究院、太原市文物保护研究院、中央美术学院等单位的40余位学者，或现场、或线上参加了会议。研讨会围绕中古中国"考古新发现""视觉文化""物质文化""理论与方法""思想与观念""礼仪制度和文化交流"六个议题，与会代表就中古中国视觉文化和物质文化学术前沿问题进行广泛而深入的交流讨论，会议取得圆满成功。

　　会议得到中央美术学院时任院长范迪安教授、人文学院时任院长李军教授、本院同事以及学界同人的大力支持。耿朔、胡译文、章名未、谭浩源、纪东歌、王安伦、曹可婧、袁欣分别参与了会议的筹备、组织协调、对谈整理和综述撰写以及论文集统稿工作，付出了辛勤劳动。《故宫博物院院刊》张露编审、学报《美术研究》张鹏主编及时刊发了会议对谈和综述，时任院党委宣传部部长秦建平研究员及时就会议相关内容安排了报道，高等教育出版社艺术分社梁存收社长为参会学者提供了赠书。会议举办期间，人文学院办公室同事以及部分在校博士、硕士研究生和本科生也提供了帮助。本论文集收录参会学者论文20篇及会议综述1篇，论文集的出版离不开广西师范大学出版社领导的大力支持以及谢赫编辑的精心编校。在此一并致谢！

贺西林

2023 年 12 月 5 日